ENSAIOS
FILOSÓFICOS

ENSAIOS FILOSÓFICOS
BENEDITO NUNES

Organização e Apresentação
Victor Sales Pinheiro

SÃO PAULO 2011

Copyright © 2010, Editora WMF Martins Fontes Ltda.,
São Paulo, para a presente edição.

1ª edição 2010
2ª tiragem 2011

Organização e apresentação
Victor Sales Pinheiro
Acompanhamento editorial
Helena Guimarães Bittencourt
Revisões gráficas
Maria Fernanda Alvares
Maria Regina Machado
Edição de arte
Katia Harumi Terasaka
Produção gráfica
Geraldo Alves
Paginação
Moacir Katsumi Matsusaki

Dados Internacionais de Catalogação na Publicação (CIP)
(Câmara Brasileira do Livro, SP, Brasil)

Nunes, Benedito
  Ensaios filosóficos / Benedito Nunes ; organização e apresentação Victor Sales Pinheiro. – São Paulo : Editora WMF Martins Fontes, 2010.

  ISBN 978-85-7827-337-8

  1. Filosofia I. Pinheiro, Victor Sales. II. Título.

10-09158   CDD-100

Índices para catálogo sistemático:
1. Filosofia 100

Todos os direitos desta edição reservados à
Editora WMF Martins Fontes Ltda.
Rua Conselheiro Ramalho, 330 01325-000 São Paulo SP Brasil
Tel. (11) 3293.8150 Fax (11) 3101.1042
e-mail: info@wmfmartinsfontes.com.br http://www.wmfmartinsfontes.com.br

ÍNDICE

Apresentação
Os ensaios filosóficos de Benedito Nunes, ou a *sinóptica* do
fragmento – Victor Sales Pinheiro VII

I. Confluências

Poesia e Filosofia: uma transa 1
Filosofia e memória 20
O fazer filosófico ou oralidade e escrita em filosofia 26
Casa, praça, jardim e quintal 43
Vertentes 60

II. Platão, Nietzsche e Arendt

Introdução à *República* de Platão 75
Andarilho do conhecer 118
A convergência política do *éthos* 126

III. Hegel

Atualidade da estética de Hegel 143
Por que ler Hegel, hoje 152
A morte da arte em Hegel 164

IV. Sartre

A crítica da razão dialética 197
Les Séquestrés d'Altona 235
Do romance à razão dialética 244

V. Estruturalismo

À margem do estruturalismo 257
Gênese e estrutura 262

VI. Hermenêutica

Nós somos um diálogo 269
Pluralismo e teoria social 276

VII. Tempo

Narrativa histórica e narrativa ficcional 305
O tempo na Literatura 333

Apêndice

A voz inaudível de Deus 357

Traduções 363
Sobre o autor 369

APRESENTAÇÃO
Os ensaios filosóficos de Benedito Nunes, ou a sinóptica *do fragmento*

Victor Sales Pinheiro

> *"Quem for capaz de ter uma visão do conjunto é dialético; quem não o for, não é."*
> Platão, *República*, 537c

> *"O ensaio pensa em fragmentos."*
> Adorno, *O ensaio como forma*

A existência de reflexão filosófica em nosso país se deve essencialmente à presença de pensadores que compartilhem o fruto de suas meditações pessoais com o público interessado. Além das academias universitárias, desempenha um papel determinante na formação filosófica da cultura a produção bibliográfica que engendre reflexão nos leitores, ajudando-os a conquistar certa autonomia intelectual através de sua inserção no diálogo multissecular da tradição filosófica ocidental.

Nesse contexto, Benedito Nunes tem sido um dos protagonistas, há pelo menos cinco décadas, na disseminação da filosofia entre nós. Desde a década de 1960, com a regular contribuição de escritos literário-filosóficos ao *Jornal do Brasil*, *O Estado de S.Paulo*, *Estado de Minas Gerais* e *Folha de S.Paulo*, posteriormente reunidos em livros, Benedito Nunes demonstra, fundamentalmente, a preocupação em *formar* leitores, cuidando não afugentar da filosofia os que não puderam cultivá-la. Esse senso de formação herdou-o da profícua tradição do ensaísmo jornalístico brasileiro, de que absorveu a "compreensão totalizante da cultura" – como mostrou Alexandre Eulalio no seu prestigiado estudo

O ensaio literário no Brasil[1] –, e à qual contribui pelo aprofundamento da filosofia, com ênfase no pensamento estético. Contornando com maestria a recorrente simplificação da disciplina filosófica – muitas vezes deturpada em nome de uma acessibilidade que a priva do que tem de essencial, a sua complexidade conceitual –, Benedito Nunes desenvolveu uma escrita fluente, de notável pendor didático, em que a sua erudição transparece num estilo límpido, clarificador de um pensamento denso e penetrante. *Introdução à filosofia da arte* e *Filosofia contemporânea*, obras que permanecem clássicas na nossa bibliografia didático-filosófica, evidenciam-no. Recentemente, *Filosofia contemporânea* foi enriquecida com seções consagradas ao estruturalismo, à hermenêutica, à arqueologia filosófica e à fenomenologia. Benedito Nunes continua a estudar e aprender, repassando-nos o seu conhecimento na intensa atividade intelectual que realiza nas conferências e cursos que ministra em diversas universidades, brasileiras e estrangeiras, e, sobretudo, pelos ensaios que escreve, como os reunidos neste livro.

Enfeixando pelo critério temático escritos cronologicamente distantes entre si, este livro engloba praticamente o período de toda a atividade intelectual de Benedito Nunes, do começo aos dias de hoje. A seção consagrada a Sartre, um dos primeiros autores a quem se dedicou, pela convergência da filosofia e literatura na sua obra, serve como exemplo do amplo espectro temporal que abarca esta coletânea. Nessa seção, consta o ensaio "Do romance à razão dialética", escrito na ocasião do centenário do nascimento do filósofo francês, em 2005, no qual Benedito Nunes retoma e amplia aspectos do ensaio "O mito Jean-Paul Sartre (necrológico)"[2], de 1980, para retraçar um panorama abrangente de sua obra, ressaltando a dimensão literária e as fontes fenomenológicas de seu pensamento.

Os outros dois ensaios desse eixo, publicados no início da década de 1960, remontam a um período de grande agitação política, social e estética no país e configuram importantes textos de recepção da filosofia

---

1. Alexandre Eulálio, "O ensaio literário no Brasil", in *Escritos*. Org. Berta Waldman e Luiz Dantas. São Paulo: Unicamp/Unesp, 1992, p. 19.
2. Incluído em Benedito Nunes, *No tempo do niilismo e outros ensaios*. São Paulo: Ática, 1993, pp. 44-51.

de Sartre no Brasil. Extensa monografia sobre o livro homônimo de Sartre, o ensaio "A crítica da razão dialética", publicado no Suplemento Dominical do *Jornal do Brasil*, analisa as antinomias em que se enredara o pensamento contemporâneo, a partir dos impasses gerados pelo marxismo e existencialismo, agonicamente conciliados na obra do filósofo francês. A inquietação intelectual, que revolvia tanto a consciência política quanto a estética de vanguarda, movia-se em torno da questão sartriana do *engajamento*, problematizado no contexto nacional, especialmente pelo pensamento do Instituto Superior de Estudos Brasileiros (ISEB). Sob o influxo comum do marxismo, o pensamento nacionalista isebiano e a filosofia de Sartre indagavam a compreensão da realidade como um todo; como lembra Benedito Nunes:

> No final da década de 1950, o presente trepidava. (...) Da filosofia à poesia, da poesia à linguagem, da linguagem à história, da história à política, tudo, no Brasil, se problematizava até à raiz. A poesia até à palavra, o pensamento filosófico até à existência social e histórica, a história até às grandes causas que a movem, luta de classes e desenvolvimento industrial, a política brasileira até à realidade nacional.[3]

Para a geração de Benedito Nunes, tratava-se de aclimatar o pensamento europeu à realidade brasileira, de formar a *consciência crítica* a partir da suspensão metodológica dos pressupostos ideológicos das ciências sociais estrangeiras, de acordo com o controverso livro de Guerreiro Ramos, *A redução sociológica*, de 1958, cujos fundamentos filosóficos, de Dilthey, Husserl, Heidegger e Sartre, Benedito Nunes investigou, nesse mesmo ano[4]. Ainda no contexto do pensamento crítico do começo da década de 1960, a militância cultural de Benedito Nunes se deu também pela participação no Segundo Congresso Brasileiro de Crítica e História Literária, ocorrido na Faculdade de Assis, em 1961, e

---

3. Benedito Nunes, *Trinta anos depois* – sobre a Semana Nacional da Poesia de Vanguarda, de 1963, in *A clave do poético* (org. Victor Sales Pinheiro). São Paulo: Companhia das Letras, 2009.
4. "O princípio de *intencionalidade* e as noções de *mundo* e *engagement*, entrelaçadas, reforçam a justificativa da redução, na teoria e na prática" (Benedito Nunes, "Considerações sobre a redução sociológica", in Guerreiro Ramos, *A redução sociológica*. 2ª ed. rev. e ampl. Rio de Janeiro: Tempo Brasileiro, 1960, p. 207).

na Semana Nacional de Poesia de Vanguarda, em 1963. Nessas ocasiões, como filósofo e crítico literário, Benedito Nunes contribuiu para a compreensão filosófica da poesia, colocando-a sob o foco do pensamento de Heidegger e Sartre, sublinhando a dimensão *ontológica* da linguagem, pela qual "a poesia é o fundamento do ser"[5], e, por conseguinte, a responsabilidade política do poeta perante a sociedade em que vive, "assumindo a linguagem como instância valorativa, estética e eticamente significativas", "induzindo o leitor a tomar consciência de si mesmo e de sua existência social alienada"[6].

O ensaio "Les Séquestrés d'Altona", motivado em identificar o substrato ideológico da peça de Sartre, relacionando as situações existenciais nela trazidas com os conceitos formados pelo pensador na reflexão abstrata de sua obra, ilustra bem a crítica filosófica realizada por Benedito Nunes no início da década de 1960. Foi dessa maneira, perfazendo a crítica como paráfrase filosófica, que Benedito Nunes se aproximou pela primeira vez da ficção de Clarice Lispector[7], subordinando as situações literárias apresentadas nos seus romances e contos às categorias existencialistas de Sartre, como *mundo, intersubjetividade conflitante* e *náusea*. Desenvolvendo a sua reflexão sobre a relação filosofia e literatura, Benedito Nunes admitirá, posteriormente, ser essa forma de "crítica filosófica" uma maneira reducionista de abordar o fenômeno literário, pois torna a literatura uma ilustração, pura e simples, de um pensamento filosófico abstratamente elaborado, descreditando a *força pensante autônoma da ficção*, a partir dos elementos poéticos que lhe são particulares. No ensaio "Literatura e filosofia", de 1992, ele considera

---

5. Na intervenção de Benedito Nunes à fala de Décio Pignatari (*A situação atual da poesia no Brasil*), ele afirma, ainda, articulando Heidegger e Sartre, que "o nexo do poeta com a linguagem é intencional e, se ele joga com as palavras como se fossem coisas, o destino do poema não é coisificar as palavras mas projetar-se nelas e por elas iniciar a possibilidade de ser" (Benedito Nunes, *Discussão na sétima sessão plenária do Segundo Congresso Brasileiro de Crítica e História Literária*. São Paulo: Faculdade de Filosofia, Ciências e Letras de Assis, 1963, pp. 400-1).
6. Cf. o comunicado final da Semana Nacional de Poesia de Vanguarda, substancialmente redigido por Benedito Nunes e Décio Pignatari, e assinado também por Augusto e Haroldo de Campos, Affonso Ávila, Luiz Costa Lima, Affonso Romano de Sant'Anna e Fábio Lucas, entre outros críticos e escritores (in Affonso Ávila, *O poeta e a consciência crítica*. 3ª ed. rev. e ampl. São Paulo: Perspectiva, 2008, pp. 206-7).
7. Cf. Benedito Nunes, *O mundo de Clarice Lispector*. Os ensaios constantes desse livro foram recuperados, com importantes modificações, em *O dorso do tigre*, em 1969.

que sua primeira interpretação existencialista de Clarice Lispector incorreu nessa "sedutora armadilha", tendo se retratado nas leituras subsequentes, sobretudo em *Uma leitura de Clarice Lispector*[8], em que prioriza a composição da narrativa literária, "a ficção mesma da romancista, com seus procedimentos peculiares, da construção dos personagens ao aparato da linguagem", o "propriamente literário", que, estando em primeiro plano, revela o "substrato filosófico" da obra[9].

A reflexão sobre o entrosamento de literatura e filosofia percorrerá toda a obra de Benedito Nunes, seja como crítico literário, no estudo de escritores preferencialmente filosóficos – como Fernando Pessoa, Clarice Lispector, Guimarães Rosa e João Cabral[10], autores incluídos na sua primeira coletânea de maior alcance, *O dorso do tigre* –, seja como filósofo, na teorização de um *pensamento poético*, a partir do qual se torna hermeneuticamente fecundo o diálogo entre filosofia e literatura, o que se pode notar nos seus dois livros de maior peso conceitual, *Passagem para o poético: filosofia e poesia em Heidegger* (Ática, 1986), e *Hermenêutica e poesia: o pensamento poético* (Ed. UFMG, 1999), assim como nos ensaios "Poética do pensamento", do livro *Crivo de papel* (Ática, 1998), e "Hermenêutica e poesia", do livro *No tempo do niilismo e outros ensaios*[11]. Escrito em 1995, o ensaio "Poesia e filosofia: uma transa", que abre o presente livro, pode ser considerado uma valiosa súmula do tema fundamental do autor, que contextualiza culturalmente os momentos mais importantes da história desse confronto, classifi-

---

8. Cf. também a edição revista e atualizada de *O drama da linguagem: uma leitura de Clarice Lispector* (1989).
9. Benedito Nunes, "Literatura e filosofia", in *No tempo do niilismo e outros ensaios*, cit., pp. 197-8.
10. Ao lado de Mário Faustino, esses são os escritores sobre os quais Benedito Nunes mais se dedicou. Sobre a obra de Clarice Lispector, ele escreveu *O drama da linguagem*. Com exceção do ensaio "A máquina do poema", constante de *O dorso do tigre*, o conjunto de sua produção sobre João Cabral está em *João Cabral: a máquina do poema* (org. Adalberto Müller). Os seus ensaios sobre Guimarães Rosa estão reunidos em *A Rosa o que é de Rosa: literatura e filosofia* (org. Victor Sales Pinheiro). Sobre Fernando Pessoa, cf. "Personimagem", *Estudos Portugueses e Africanos*, nº 8, 1986, pp. 47-62, e "Poesia e filosofia na obra de Fernando Pessoa", *Revista Colóquio/Letras*, nº 20, Lisboa, Fundação Calouste Gulbenkian, jul. 1974, pp. 22-34.
11. Estes dois ensaios, "Poética do pensamento" e "Hermenêutica e poesia", foram incluídos na coletânea, constante também de ensaios inéditos em livro, *Heidegger* (org. Victor Sales Pinheiro, no prelo), o que justifica a ausência de uma seção dedicada ao filósofo mais estudado por Benedito Nunes no presente livro.

cando-o como *disciplinar*, *supradisciplinar* ou *transacional*. A sua crítica literária, hermenêutica de ascendência heideggeriana, seria exatamente a relação dialógica, *transacional*, em que "a filosofia não deixa de ser filosofia tornando-se poética nem a poesia deixa de ser poesia tornando-se filosófica. Uma polariza a outra sem assimilação transformadora". Dimensões de uma mesma atitude poética do homem, filosofia e literatura interagem na confluência do pensamento fenomenológico de Benedito Nunes: "a atividade filosófica e a atividade poética se tocam pela hermenêutica da experiência e pela instauração da linguagem que lhes é comum" ("Vertentes"). É no ritmo dessa convergência hermenêutica da experiência filosófica e poética que ele analisa o poema místico *Ascese, os salvadores de Deus*, de Kazantzákis, em "A voz inaudível de Deus", incluído no apêndice deste livro.

Talvez seja a dupla vocação intelectual de Benedito Nunes, de crítico literário e filósofo, unidos num tipo híbrido e, por isso, fértil de reflexão, o que lhe permitiu estudar com tanta mobilidade certos temas complexos, a começar pela dimensão histórico-cultural da *estética*, sobre a qual um ensaio como "A morte da arte em Hegel" avulta pela lucidez de suas conclusões, articuladas também pelo estudo da lírica de Baudelaire. Se o profundo conhecimento da literatura ocidental lhe abastece as reflexões estéticas, a sólida formação filosófica, por sua vez, concede ao teórico da literatura um manejo eficaz dos conceitos centrais da filosofia[12], como atesta o ensaio "O tempo na literatura", síntese de um estudo mais detido sobre o tema, *O tempo na narrativa* (Ática, 1988), um dos pontos altos da ensaística de Benedito Nunes. Mas é em "O fazer filosófico ou oralidade e escrita em filosofia", tema hoje inescusável no estudo de filosofia antiga, que a consumada argúcia do crítico literário, sempre atento à dimensão constitutiva da forma de que se reveste o pensamento, ilumina os diversos "gêneros" filosóficos – o diálogo platônico, a suma medieval, o tratado moderno, a narrativa pessoal e o aforismo –, ressaltando as suas implicações estilístico-culturais, de modo a clarificar a natureza espiritual e material da filosofia.

....

12. Cf. o ensaio "Conceito de forma e estrutura literária", outro exemplo de teoria literária beneficiada pela reflexão filosófica, in Benedito Nunes, *A clave do poético* (org. Victor Sales Pinheiro).

Outra faceta importante da ensaística de Benedito Nunes é a sua interação com outros intelectuais brasileiros, consoante o seu espírito dialógico. Como crítico literário, conseguiu estabelecer um fértil diálogo com escritores como Clarice Lispector, Guimarães Rosa, Mário Faustino e Haroldo de Campos, sem prejuízo de um acompanhamento à produção de outros críticos, como Antonio Candido, Luiz Costa Lima, Alfredo Bosi e Wilson Martins. No que concerne ao debate com a bibliografia filosófica nacional, além do já citado estudo sobre *A redução sociológica*, de Guerreiro Ramos, Benedito Nunes estudou, entre muitos outros, o livro *Saudades do carnaval*, de José Guilherme Merquior, no ensaio "Introdução à crise da cultura"[13], e a obra *Ética e finitude*, de Zeljko Loparic, num ensaio de título homônimo[14]. No presente livro, dois ensaios foram redigidos em atenção a pensadores brasileiros, "Casa, praça, jardim e quintal", escólio ao livro *Jardim e a praça*, de Nelson Saldanha, e "Andarilho do conhecer", cujas reflexões foram "motivadas e abastecidas" pelo livro *Nietzsche e a verdade*, de Roberto Machado. Porém, para Benedito Nunes, esse diálogo nunca é a análise objetiva de um comentador distanciado; antes, influi na própria constituição de seu pensamento. Profundo estudioso de Nietzsche, tanto quanto de Oswald de Andrade[15], ele sabe que toda interpretação é *antropofágica* e implica assimilação, integração; por isso o seu texto incorpora e digere *canibalmente* os autores que estuda, tornando-os elementos de sua reflexão, que se move com vitalidade própria. Desse modo, a sua resenha crítica nunca permanece um escólio secundário e acessório à obra comentada, mas torna-se-lhe um interlocutor, que a enriquece pela discussão dos temas por ela levantados.

Neste momento, cabe indagar: qual é o estilo filosófico de Benedito Nunes? Como explicar a força literária de seu texto, regido na clave dupla de conceitos e imagens, desdobrando-se em várias texturas, num vibrante adensamento do pensamento transfundido na linguagem? Como entender a versatilidade de um pensador que se debruça, com a

---

13. Incluído em Benedito Nunes, *No tempo do niilismo e outros ensaios*.
14. Incluído em Benedito Nunes, *O crivo de papel*.
15. Cf. Benedito Nunes, *Oswald canibal*. Os ensaios desse livro foram incluídos em Benedito Nunes, *Modernismo, estética e cultura* (org. Victor Sales Pinheiro).

mesma intensidade, sobre Platão e Ricoeur, Agostinho e Arendt, Hegel e Nietzsche? O que dizer da transversalidade de um pensamento que se move da poesia à filosofia, da filosofia à teoria literária, da teoria literária à historiografia, da historiografia à hermenêutica das ciências humanas? A obra de Benedito Nunes infunde entusiasmo por essa energia intelectual que poreja, gozando da "liberdade de espírito" inerente à forma ensaística, que, como bem assinalou Adorno, "não admite que seu âmbito de competência lhe seja prescrito", renunciando qualquer "delimitação de objeto"[16].

Explorando em todos os textos deste livro as potencialidades dessa "espécie dúctil de escrita", como a chama em "Pluralismo e teoria social", Benedito Nunes caracteriza a forma literária do *ensaio* e suas significações filosóficas, a movimentação intelectual e a proximidade hermenêutica com a literatura, também em "Casa, praça, jardim e quintal". Nesse texto, ele reconhece ser "itinerante" o seu foco de estudo, movido por uma "prismática recapitulação da história ocidental". É em "Pluralismo e teoria social", porém, que a questão do ensaio é referida de forma mais elaborada por Benedito Nunes, ao considerar que "a interferência do estilo enquanto princípio de modalização estética" do pensamento estabelece "o nível hermenêutico, interpretativo, do próprio conhecimento que o texto apresenta". Se a escrita de Benedito Nunes muitas vezes alcança alta voltagem poética é porque, "nas ontologias que derivaram da diretiva fenomenológica, os limites entre literatura e filosofia já não podem ser traçados com nitidez" ("Pluralismo e teoria social").

Pensador repleto de hipóteses e erudição para *testá*-las, *experimentá*-las e *revolvê*-las, Benedito "escreve ensaisticamente", pois, na precisa caracterização de Max Bense[17], "compõe experimentando", visualizando o objeto estudado a partir das múltiplas perspectivas geradas pelo próprio ato da escrita, que se renova pelo exercício constante do pensamento. Se Platão soube plasmar a vivacidade do pensamento filosófico escrevendo *diálogos*, compostos de diferentes interlocutores – sendo,

---

16. T. W. Adorno, *Notas de literatura I*. Trad. Jorge de Almeida. São Paulo: Editora 34, 2003, pp. 16 e 29.
17. Max Bense, *Über den Essay und seine Prosa*, apud T.W. Adorno, *Notas de literatura I*, p. 36.

como diz Benedito Nunes em "Introdução à *República* de Platão", "o primeiro filósofo escritor, isto é, o primeiro a perseguir, num esforço constante (...), a concreção verbal do pensamento especulativo" –, o nosso autor preserva o veio dialético da filosofia através da *abertura* de seus escritos ensaísticos, que retomam os mesmos temas a fim de enfrentá-los sempre de uma nova maneira, iluminando-os sob outros ângulos, dispondo-se a novas *tentativas*, novas *aproximações*.

Mas a obra ensaística de Benedito Nunes, por ser composta dessas reflexões esparsas e abertas que são os ensaios, não configura uma espécie de rapsódia filosófica, adventícia e aleatória. Pensado em fragmentos, o olhar que Benedito Nunes lança sobre a realidade não é fragmentário e parcial, *disciplinar*. Ao contrário, como filósofo, a visão de conjunto da realidade, o alcance da visada *sinóptica* com que Platão qualificou os dialéticos na República (VII, 537c), é um dos traços distintivos de sua ensaística, que abrange os mais diversos aspectos da realidade, sem, contudo, compô-los confortavelmente num orgânico mosaico metafísico, cuja arquitetura, sistemática e completa, ajustaria as partes ao todo. A variedade de temas tratados no presente livro – a dimensão moral e política ("A convergência política do *éthos*"), religiosa ("A voz inaudível de Deus"), estética ("Atualidade da estética de Hegel"), literária ("O tempo na literatura"), antropológica ("À margem do estruturalismo"), psicológica ("Gênese e estrutura"), sociológica ("Casa, praça, jardim e quintal"), historiográfica ("Narrativa histórica e narrativa ficcional"), ontológica ("A crítica da razão dialética"), epistemológica ("Pluralismo e teoria social") e hermenêutica ("Nós somos um diálogo") – atesta a sinóptica do fragmento, a reflexão filosófica integral perseguida pela obra de Benedito Nunes. Referindo-se à amplitude do seu interesse, Benedito Nunes diz em *Meu caminho na crítica*: "Amplificado à compreensão das obras de arte, incluindo as literárias, [meu interesse] é também extensivo, em conjunto, à interpretação da cultura e à explicação da Natureza."[18]

A *visão sinóptica* de Benedito Nunes é também observada pela sua atenção ao movimento que constitui a história da filosofia. Por isso,

---

18. Benedito Nunes, "Meu caminho na crítica", in *A clave do poético* (org. Victor Sales Pinheiro).

detida ou sucintamente, prospectiva ou retrospectivamente, em diversos ensaios deste livro Benedito Nunes reconstrói os liames dessa história, acompanhando o confronto dos grandes pensadores, a partir de Platão, "de onde provém o pressuposto ontológico mais longínquo da matriz moderna do pensamento de Hegel" ("Por que ler Hegel, hoje"), e cuja "República continua sendo a primeira cena deste drama inconcluso que nos concerne" ("Introdução à *República* de Platão").

Com "arrojo hermenêutico" de interpretá-los, interessa-lhe *escavar os fundamentos da cultura* (cf. "Andarilho do conhecer"), considerada historicamente e no conjunto de suas múltiplas manifestações. Não se refere também a si mesmo Benedito Nunes na seguinte passagem de "Pluralismo e teoria social"?

> Daí ser o ensaio o lócus privilegiado da interpretação, aquele em que se tenta a proeza das sínteses ousadas, das formulações compreensivas de conjunto, sempre falhas mas sempre inevitáveis, visando o todo da História, da sociedade, da cultura, e que a ciência social rotineira olha com desconfiança. Combinando a liberdade de imaginação e a ordem dos conceitos, esse arrojo hermenêutico solicita a utilização convergente, interdisciplinar, das ciências sociais dispersas na forma individuada, estética, de um discurso favorável à hipótese fecunda e arriscada, à discussão de questões emergentes, não confinadas a uma única disciplina e às soluções problemáticas.

I CONFLUÊNCIAS

Poesia e Filosofia: uma transa*

"Cantar e pensar são os dois troncos vizinhos do ato poético."
Heidegger

Neste estudo empregamos o termo "poesia" principalmente no sentido estrito de composição verbal, vazada em gênero poético, tal como isso se entende desde o século XVIII, mas designando, também, no sentido lato, o elemento espiritual da arte. Por sua vez, "filosofia" designa seja o pensamento, de cunho racional, seja a elaboração reflexiva das concepções do real e de seu conhecimento respectivo. Fica estabelecido que o primeiro sentido de poesia não fica restringido ao verso; acompanha o poético do romance, do conto e da ficção em geral. Também o significado do vocábulo "filosofia" se estende do sistema e da elaboração reflexiva à denominação dos escritos, textos ou obras filosóficas que os formulam.

Mas parece-nos impossível determinar, antecipadamente, com precisão, os significados dessas duas palavras. Entendemos que o exame das relações entre os dois campos em confronto trará outros aspectos de tais significados, numa semântica mais específica do que a anteriormente assentada. O que se explica pelo caráter histórico do confronto,

---
* Em *Revista Olhar*. São Carlos: UFSCar, ano 1, nº 1, jun. 1999, pp. 9-16.

graças ao qual o decurso do exame empreendido neste trabalho corresponde a um certo curso de sua matéria, que exemplificamos nos tópicos adiante abordados.

O primeiro diz respeito à tradição das Belas Letras, relativa aos gêneros a que nos referíamos, remoldada, mal terminava o século XVIII, pelo conceito de "literatura universal", emergente num dos escritos de Goethe (1827-1828) sobre o futuro do gênero humano: "estou persuadido de que uma literatura universal está se formando". Podemos ver nesse prognóstico goethiano um dos sinais do aparecimento da "literatura como tal", de que nos fala Michel Foucault em Les Mots et Les Choses [*As palavras e as coisas*], enquanto compensação que o campo do saber da época, o "campo epistemológico" – redimensionado pela Linguística, Biologia e Economia enquadrando o incipiente trabalho das Ciências Humanas – ofereceria ao nivelamento objetificante da linguagem. De qualquer maneira, essa "literatura como tal", forma específica, separada, de linguagem, já tinha em face de si uma filosofia metafisicamente alquebrada, depois das três *Críticas* kantianas, às vésperas, portanto, da gestação quase simultânea do romantismo, da Estética e do idealismo germânico.

Antes, muito antes, na Idade Média, falava-se não em Estética ou Poética, mas em Retórica e Gramática. Havia então uma poesia sagrada, escrita em latim pelos clérigos, e outra profana, dos leigos, como os trovadores, escrita em língua vulgar, ambas aproveitando o rico filão neoplatônico da poesia e da prosa, oriundo da filosofia contemplativa de Plotino, que se estenderia do classicismo renascentista até o século barroco, e que, como a anterior obra de Dante comprova, não demoraria em confrontar-se com a racionalidade abelardiana das *disputatio*, serva no século XIII da teologia cristã. A Escolástica de Tomás de Aquino vedava à filosofia contradizer as verdades teológicas, a cuja sustentação deveria fornecer apoio lógico, mediada pela poética da expressão figural.

No século XVIII, o alquebramento da Metafísica significava a impossibilidade da teologia racional ao mesmo tempo que a possibilidade de traspasse do poético no teológico, já por conta da liberdade de imaginação do poeta romântico. Mesmo em Goethe, para quem a *Crítica do juízo*, de Kant, fora uma tábua de salvação intelectual, a poesia apelava para a autenticidade dos sentimentos individuais. O poeta, para ser bom e verdadeiro, deveria ser fiel às suas vivências (*Erlebnisse*), palavra esta que o criador do *Fausto* terá sido um dos primeiros a empregar no plano artístico ou estético.

Essa concepção goethiana está mais afinada com o nosso ponto de vista acerca da poesia, quase que inteiramente reduzida ao gênero lírico na época moderna. Na Filosofia – seja este o último tópico – a Metafísica, em contínuo alquebramento como ciência que era, está hoje em recesso ou em metamorfose na base do reconhecimento, que Kant lhe deu, de permanente disposição do espírito humano.

Podemos distinguir três tipos de relações entre filosofia e poesia, mantendo as acepções preliminares que emprestamos a essas duas palavras: disciplinar, supradisciplinar e transacional.

O primeiro tipo, que sintetiza a concepção corrente sobre o assunto, une a tradição clássica à hegemonia da Estética na época moderna, que culminou na Estética de Hegel. Cumprindo tarefa preliminar da Estética, a filosofia se empenha em conceituar a poesia, em determinar-lhe a essência, para ela um objeto de investigação, que recai, como qualquer outro, em seu âmbito reflexivo e rico. Unilaterais, as relações de caráter disciplinar são também unívocas: poesia e filosofia se apresentam, de antemão, como unicidades separadas – aquela pertencente ao domínio da criação verbal, da fantasia, do imaginário, esta ao do entendimento, da razão e do conhecimento do real. Formariam, portanto, diferentes universos de discurso, a Filosofia movida por um interesse cognoscitivo, que tende a elevá-la, mediante a elaboração de conceitos, acima da poesia, dessa forma sob o risco de ser depreciada como ficção e, assim, excluída do rol das modalidades de pensamento. A poesia é considerada inferior ao saber conceptual da filosofia, como pensamento que a supera explicando-a ou compreendendo-a. Tal superação ocorreria duplamente no plano cognoscitivo, pela explicação ou compreensão que a poesia recebe da filosofia e pela superioridade do conhecimento conceptual *in genere* que a essa última compete levar a cabo.

Nestas últimas formulações, embora de maneira muito precária e esquemática, reconstituímos o raciocínio de Hegel em suas *Lições de estética*, repetido por quantos limitam as relações que estamos apreciando a esse primeiro tipo, o disciplinar, súmula da tradição clássica, iniciada em Platão, e que consagra a superioridade hierárquica do filosófico sobre o poético.

Basta consultarmos *A República*. Lá está afiançado, naquela passagem do Livro X, a respeito dos três leitos, um fabricado por Deus, o segundo pelo carpinteiro e o terceiro pelo pintor, o caráter ilusório, de simulacro, das representações artísticas ou poéticas:

> Logo, pintor, carpinteiro, Deus: aí temos os três mestres das três espécies de leito.
>
> – Sim, três.
>
> ....
>
> – Aceitas que o designemos (Deus) pelo nome de criador ou coisa parecida?
>
> – Fora justo, observou, por haver originalmente criado isso como tudo o mais.
>
> – E o carpinteiro? Dar-lhe-emos nome de fabricante do leito?
>
> – Sem dúvida.
>
> – Bem; e o pintor, será também obreiro e fabricante desse mesmo objeto?
>
> – De forma alguma.
>
> – Então, como designarás sua relação com o leito?
>
> – Quer parecer-me, disse, que a designação mais acertada seria a de imitador daquilo que os outros são obreiros.
>
> – Que seja, lhe disse. Dás, assim, o nome de imitador ao que produz o que se acha três pontos afastado da natureza.
>
> – Perfeitamente, respondeu.
>
> – Ora, exatamente como ele, encontra-se o poeta trágico, por estar, como imitador, três graus abaixo do rei e da verdade, o que aliás se dá com todos os imitadores.
>
> ....
>
> – Logo, a arte de imitar está muito afastada da verdade, sendo que por isso mesmo dá a impressão de poder fazer tudo, por só atingir parte mínima de cada coisa, simples simulacro... (597b 598c)

Há, na verdade, nesse trecho do último livro da *República*, que justifica o tão decantado episódio, no Livro III, da expulsão dos poetas da nova Pólis que Platão fundava nesse Diálogo, sob a égide da ideia de justiça, toda uma tática ardilosa do raciocínio platônico para identificar os responsáveis por tal afastamento da verdade. Primeiramente se responsabiliza o pintor; depois a responsabilidade passa ao poeta trágico, que, imitando os sentimentos e paixões intensos, se afasta da verdade tanto quanto o outro. E, embora o poeta trágico não imite como o pintor a obra dos outros, ambos são colocados na mesma categoria do *mimetés*, que imitaria tanto a obra do rei, que é a ideia, o *eîdos* ou a essência, da qual está três graus distanciado, quanto as coisas do mundo sensível e os objetos fabricados, dos quais apenas produz o simulacro, ou seja, uma duplicada ou triplicada imagem que é um correspondente ilusório da modelar verdade suprassensível ou da verdade suprema, atinente, segundo Aristóteles, à Filosofia primeira ou Metafísica. Mas note-se: de pintor não se falara no Livro III e agora o inquérito ontológico – pois que se trata de uma inquisição em nome do real verdadeiro – junta o pintor ao poeta que não é senão o poeta trágico. O ex-poeta Platão condena os trágicos, autores de "discursos mentirosos", filhos todos da Retórica, estimada como requintada culinária verbal preparada pelos sofistas – da qual procedia o *Elogio de Helena*, de Górgias de Leontium – mas poupa seus colegas de outra veia, aqueles a que se reporta no *Ion*, os vates inspirados, porta-vozes dos deuses, impulsionados pela mania que os torna possessos, entusiásticos, plenos da divindade e por ela arrebatados do mundo das aparências à superior região essencial da verdade. Mas o ardil do raciocínio platônico vai muito mais longe em suas consequências filosóficas.

É que Platão, na passagem comentada, pretende sepultar, jogando uma pá de cal em cima, a "velha querela entre poesia e filosofia" – também querela entre Filosofia e Retórica – da qual está tratando. Mas ele omite ou quer omitir o fato de que velha é a Poesia, tão velha quanto a Retórica, e que a querela a que se refere é nova como a Filosofia. Platão resolve-a por um golpe de força ontológico: o rei, que manda e comanda, chefia um mundo hierarquizado; o pensamento verdadeiro reside no ponto mais alto desse mundo, até onde pode subir o filósofo por meio da escada da dialética ascensional; no primeiro degrau ficam a arte e a poesia trágica, sem capacidade de ascensão e por isso subordinadas hierárquicas do primeiro.

Arthur Danto resume do seguinte modo a tática ou o ataque platônico: "Há dois estágios do ataque platônico. O primeiro [...] consiste em estabelecer uma ontologia na qual a realidade está imunizada contra a arte. O segundo estágio consiste o tanto quanto possível em racionalizar a arte, de tal modo que a razão possa colonizar o domínio dos sentimentos, o diálogo socrático sendo uma força dramática de composição, cuja substância é a razão exibida como abrandando a realidade pela sua absorção nos conceitos." Estabelecimento de uma ontologia e racionalização da arte correriam paralelas. Não será, portanto, exagerado concluir como Arthur Danto que a filosofia teria conquistado sua identidade própria resolvendo sua velha-nova querela com a poesia, em detrimento desta.

Vinte e três séculos depois, Hegel, no fastígio de sua *Estética*, mesmo depois de ter colocado a arte na região do espírito absoluto, junto com a Religião e a Filosofia, homologaria a decisão platônica. Agora é a dialética da complementação dos opostos que coloca a poesia na etapa romântica do desenvolvimento artístico, mas no cume do sistema das artes, feita arte geral, que a todas sumariza, capaz de tudo representar, conectada à Música pela sonoridade e pelo ritmo da palavra. Mas, sintetizando todas as artes, ela, poesia, ingressa, pela forma e pelo conteúdo, pela proximidade da palavra ao conceito, no elemento genérico do pensamento, em obediência a um processo de desenvolvimento encetado na Arquitetura, e que nela alcança o seu mais alto ponto ascensional. Mas, nesse ponto elevado, a poesia já foi superada pelo pensamento dialético que moveu todo o processo e que a pôs no seio da Filosofia hegeliana, onde a realidade não é apenas objeto de apresentação (*Darstellung*) mas de conhecimento, como totalidade concebida, pensada pelo espírito.

A Estética hegeliana celebra, portanto, a final vitória da filosofia sobre a poesia. A poesia cai derrotada nos braços da filosofia, que passara a gerir o seu sentido. Isso não quer dizer, entretanto, que todo cuidado filosófico pela poesia seja nocivo a esta, como no-lo prova o uso, pela crítica literária, de certos conceitos procedentes da filosofia, a exemplo dos utilizados por Northrop Frye em seu *Anatomy of Criticism* [*Anatomia da crítica*] e por Kenneth Burke em sua *Philosophy of Litterary Form* [*Filosofia da forma literária*]. Enquanto este último desvincula o alcance do significado poético da alternativa lógica binária entre o verdadeiro e o falso, aquele reexaminando o princípio da polissemia na *Divina comédia*, que Dante invoca na apresentação-dedicatória de sua obra ao Can Grande de Scala, e que considera como "um fato estabelecido", afirma, por um lado, a dependência desse significado aos demais elementos contextuais do texto no qual aparece, como a sua *diánoia* e o seu *éthos*, ou, no caso particular de um texto narrativo, o seu *mŷthos*. Essa caracterização é, sem dúvida, neoaristotélica, no sentido de ser uma inteligente retomada de elementos constitutivos da Poética do Estagirita. Porém quando se volta para o nexo do significado poético com o real ou com o verdadeiro, Northrop Frye lhe defere, recorrendo à lógica semântica, o *status* de hipotético, tanto quanto em tal especificação, hipotético coincide com imaginário.

Será preciso, portanto, separar da relação disciplinar, que é sempre de subordinação hierárquica, a simples aplicação avulsa de conceitos filosóficos instrumentais, que pode ser esclarecedora para a poesia, nem sempre absorvendo-a no domínio conceptual de uma doutrina ou de um sistema. Em nenhum dos dois autores temos uma filosofia da poesia, isto é, uma filosofia que incorporasse a poesia, conceptualmente. Os primeiros românticos alemães, focalizando os quais poderemos entrever o segundo tipo de relação, a extra ou supradisciplinar, defenderam a incorporação mútua das duas disciplinas, de tal modo que uma fecundasse a outra.

Se hesitamos entre duas expressões, extra ou supradisciplinar para nomear esse segundo tipo, devemo-la à circunstância de que entre os românticos alemães, por volta de 1795, quando Friedrich Schlegel escreveu aforismos para o *Athaeneum* e Novalis projetou a sua *Enciclopedia*, as disciplinas todas, inclusive e principalmente Filosofia e Poesia, para não falarmos da Religião, da Ciência e da Política, foram desvinculadas de seus tradicionais moldes clássicos, e reexaminadas num espírito de suspensão, de *epokhé*, inspirada em provisório mas arrojado ceticismo. Por esse lado, caberia qualificar o nexo que perseguimos como extradisciplinar. Mas considerando-se que esses mesmos românticos, autorreconhecidos devedores da *Crítica do juízo*, de Kant (1790), da *Teoria da ciência*, de Fichte (1794), e do *Bildungroman*, de Goethe, *Wilhelm Meister* (1796), participaram, como românticos, da elaboração do Idealismo germânico, que os levava nas asas da liberdade do ideal, acima do real, na direção do suprassensível, talvez conviesse mais adotarmos o trans em lugar do extradisciplinar. Foi como românticos, defendendo uma poesia universal, síntese dos gêneros, mas também como partidários de Fichte em Filosofia, apelando para o Eu como ponto originário do saber e, contra o princípio kantiano de que a intuição é somente sensível, para a intuição intelectual, que esses poetas pensadores, igualmente receptivos ao ponto de vista da *Crítica do juízo* de que as belas-artes são as artes do gênio enquanto imaginação produtiva, dilaceraram a disciplina normativa do classicismo nas letras. Juntamente com a subordinação hierárquica destas últimas à verdade metafísico-teológica, tal como rememorado na seção anterior.

Quebrada essa subordinação hierárquica, a noção de gênio, para Kant só dominante na arte, excluindo-se, portanto, da ciência, vai, não obstante, tutelar tanto a produção poética quanto a filosófica. Graças à potência do gênio, a poesia, de diversificada unidade, une, onde quer que se manifeste, na *Divina comédia*, no teatro de Shakespeare e no de Calderon, postos em destaque pelos românticos naquela "literatura universal" acabada de fundar por Goethe, o interior espiritual e o exterior da Natureza numa só aspiração ao infinito, fundada na reflexividade do Eu. A filosofia será concebida sob esse mesmo padrão fichtiano da extrema reflexividade do sujeito, que se autoproduz produzindo o real, na medida em que intui intelectualmente, e que Schlegel e Novalis aplicaram à poesia romântica, expressamente definida pelo primeiro como universal e progressiva. De acordo com o aforismo schlegeliano, essa poesia do gênio, universal e progressiva deveria ligar-se à filosofia, com a qual, porém, já estava conectada no âmago da mesma atividade do espírito garantida pelo Eu, aspirante do infinito, e pela intuição intelectual, que forma os objetos no ato de concebê-los. "Toda a história da moderna poesia é um comentário progressivo ao curto texto da filosofia. Toda arte deve tornar-se ciência (*Wissenschaft*) e toda ciência tornar-se arte; filosofia e poesia devem unir-se"). A intuição intelectual, uma impossibilidade do ponto de vista das três críticas kantianas, é a base em que assenta esse dever de união.

Para os românticos alemães da primeira hora, o nexo entre poesia e filosofia justificava um gênero misto de criação verbal, que nos daria obras de mão dupla, poéticas sob um aspecto e filosóficas por outro, a exemplo daquela de Dante, do *De rerum natura*, de Lucrécio, e do *Fausto*, de Goethe. Era um intercruzamento do filosófico e do poético em correspondência com a interligação do romantismo com o idealismo. Enquanto Schelling, no *Sistema do idealismo transcendental*, direciona a Filosofia poeticamente, Schlegel e Novalis direcionam a poesia filosoficamente. Em comum, visavam ao entrosamento de ambas, tentando legitimar produtos híbridos: filosofia poética e poesia filosófica, poetas-filósofos e filósofos-poetas. Mais tarde, a ironia de Valéry recairia sobre esses compostos. Ele anotou num de seus *Cahiers* (*Tel quel*, II): "Confusion (Vigny, etc.) C'est confondre un peintre de marines avec un capitaine de vaisseau (Lucrèce est une exception remarquable)."[*]
Hölderlin, um inconformista, à margem da onda romântica, escreveu *Hyperion*, de certo modo, um romance filosófico, que apela para a intuição intelectual, nutriz do pacto entre a arte e a filosofia para o idealismo germânico. Nesse híbrido, a filosofia estará embebida num tema poético – o da viagem como retorno ao país nativo, ao lugar da morada, ao lar, que de outro modo serviu a Novalis para defini-la: "A filosofia é propriamente uma nostalgia do lar, um impulso para regressar ao lar em toda parte."

Mas os elementos desses híbridos não se aliavam sem tensão; os resultados do hibridismo não eram de conciliação, mas de oposição e de antagonismo. No entanto, a poesia, separadamente, convertia-se, por ser a "representação do fundo da alma" ou "a arte de pôr em movimento o fundo da alma", num meio de conhecimento superior à ciência, como

....
[*] As traduções das citações em francês ou inglês encontram-se no final do livro.

propugnava Novalis, de acordo com mais de uma passagem de sua *Enciclopedia*.

Estudando Kant e os idealistas, o romântico inglês, Coleridge, para quem Shakespeare era o poeta-filosófico e Platão o filósofo-poeta, não se embaraçaria com as abstrações e com as contradições que torturam os filósofos puros: a prestimosa poesia logo haveria de corrigi-las com a sua sensível concretude devida à imaginação, que nela supria a intuição intelectual, provedora maior da construção filosófica do idealismo, e a qual Coleridge se esmerou em caracterizar em sua *Biographia literária*, depois de aproximar-se de Kant e Schelling, seus mestres em filosofia, qualificando-a de criadora (*imagination*) e distinguindo-a da simples fantasia. "What shocks the virtuous philosopher, delights the camaleon poet" [O que choca o filósofo virtuoso deleita o poeta camaleão], afirmava outro romântico britânico, Keats. O filósofo é virtuoso porque aplica o seu entendimento num só ponto para alcançar resultado coerente, fundado em razões que o habilitam à pretensão de verdade. Camaleão é o poeta: muda como sua obra enquanto nela se transmuda, porque a imaginação o conduz (finge ou mente quanto enuncia ou diz). E a imaginação é cambiante; aplica-se a vários pontos do real; mas a concepção do romantismo pretenderia que alcançasse uma verdade superior à da ciência e à da filosofia. Eis que a relação extra ou supradisciplinar inverte a posição dos termos: a poesia é superior a essas duas. "Quanto mais poético, mais verdadeiro", dizia Novalis. Nas alturas em que poetaram e filosofaram, os românticos uniram tão estreitamente as parceiras de que estamos tratando, que viam sempre o filosófico imanente ao poético e vice-versa. Seria o mesmo que dizer que um corre para o outro, como rios confluentes. Na verdade porém, essa confluência não é a regra. Há poetas sensibilizados pela filosofia, como entre outros, o foi, declaradamente, um Fernando Pessoa e outros não. Como filósofos há indiferentes à poesia, como não o foram Wittgenstein ou Heidegger. O que importa, a nosso ver, é destacar essa polarização quando ela existe, e principalmente, tentar compreender como e por que isso se dá.

É certo, contudo, que, pelo substrato greco-latino de nossa cultura intelectual, a filosofia *stricto sensu* pressupõe a poesia historicamente, pois que esta, mais velha nasceu antes da outra (Platão estudou os poemas de Homero), e formalmente, pois no sentido mais geral a poesia mergulha no elemento originário da *poiesis*, seja que a tomemos como potência geradora do mito, seja que a tomemos como potência verbal formadora dos enunciados, verdadeiros e/ou falsos, que o discurso filosófico articula. Assim, nesse sentido preliminar restrito e só nele, toda filosofia é poética.

O que reforça essa tese é a nascente mítica da filosofia. A antecedência antes referida da poesia recua, de fato, aos mitos cosmogônicos e trágicos dos gregos antigos, com os quais ela aparece associada desde o começo, e dos quais a filosofia se separa por um movimento de ruptura que lhe conferiu identidade. A velha querela a que se referiu Platão e também a contenda com o mito, que, pode-se dizer, partejou a filosofia (aí está o trabalho de Cornford, *From Religion to Philosophy*) e cuja força de persuasão ele sopesou e quis utilizar.

Um pensador anticartesiano do século XVIII, Vico, antevira esse parto, quando, antecipando-se ao conhecido *From Religion to Philosophy*, de Cornford, postulou a prioridade da linguagem poética, reguladora entre os povos da primeira forma de saber, em que também englobou o mito, fonte de uma "metafísica sentida e imaginada", regida pela lógica dos tropos, na qual se destaca a metáfora, que vem a ser "uma pequena fábula", ainda viva nos primeiros poetas-filósofos, que foram os pré-socráticos.

Filósofos, os pré-socráticos pensaram o ser e o vir a ser como poetas que escreviam em versos, a exemplo de Parmênides, ou em aforismos sibilinos, como Heráclito. A partir deles, nenhuma filosofia viveria mais sem metáfora. E as metáforas dos pré-socráticos eram mitos revividos: vejam-se o rio e o fogo de Heráclito. A caverna de Platão pode ser interpretada como alegoria da realidade dualista, mas é antes de tudo um antro cavernoso, como a morada de Circe: um lugar crônico, semelhante à infernal morada de Deméter eleusina. Além disso, a escrita pré-socrática, conforme mostra Averincev (*Nas fontes da terminologia filosófica europeia*) está repassada por uma corrente paronomástica tão forte quanto a da poesia moderna. Toda verdade pronunciada, conforme martelou Nietzsche, deixa atrás de si "uma multidão movente de metáforas, de metonímias, de antropomorfismos, em suma, uma soma de relações humanas poética e retoricamente realçadas, transpostas, ornadas...".

Assim, em atenção a essa prioridade, não é descabido afirmar que toda filosofia é poética. Mas a proposição conversa – toda poética é filosófica – não vale, a menos que visemos, por exemplo, a *Divina comédia*, a que uma intenção especulativa, regida pela Escolástica, alenta. Para Jean de Meung, na Idade Média, poetar é "travailler en philosophe". O trabalho como filósofo era então feito num espírito de concordância do poeta com as verdades teológicas a expor, segundo o prévio contato admitido "entre o homem e o divino" que possa ser objeto de comunicação humana, conforme diz Eugenio Garin.

Fora desse prévio e tácito acordo, a intenção especulativa pode ser, e em muitos casos é, tão prejudicial à poesia quanto a intenção de poetar tem sido desastrosa para a Filosofia, quando o filósofo não é poeta e quando o poeta não é filósofo. Nos momentos em que Victor Hugo especula, evola-se o filósofo antes do poeta, de quem fica alguma coisa nos versos que sabe fazer. A poesia metafísica, tentada no século XVII em língua inglesa, pode ser boa, mas a científica, tentada no século XIX, mostra-se tão rebarbativa quanto a filosófica, salvo as honrosas exceções. Parece que estamos voltando, sob novo ângulo, ao assunto do poeta-filósofo, tantas vezes vexatório. Repetiremos Valéry? O poeta-filósofo ou é um híbrido, mas como um duplo do artista, ou é a expressão indicativa para um terceiro tipo de relação entre a poesia e a filosofia que chamaremos de transacional.

É dessa relação transacional que vamos nos ocupar agora, com o cuidado de não tomar o poeta-filósofo como uma entidade pessoal, posta no mostruário dos profissionais da inteligência, caso em que a inteligência combinaria o intuitivo com o conceptual de forma imprevisível. Mas tomemo-lo, sim, como um centro de transação, de passagem, de uma para outra das nossas ilustres comparsas em confronto.

Acho que ninguém melhor do que Juan Mairena, professor espanhol de retórica na década de 1920, um heterônimo do poeta Antônio Machado e como tal autor de interessantíssimas notas de aula, figurou, em nome de um seu antigo mestre, o tipo de relação transacional: "Hay hombres, decia mi maestro, que van de la poetica a la Filosofia; otros que van de la Filosofia a la Poetica. Lo inevitable es ir de lo uno a lo otro, en esto como en todo" (*Juan de Mairena – sentencias, apuntes y recuerdos de un professor apocrifo*).

É o movimento de ir de uma a outra, portanto separadas, cada qual na sua própria identidade, sem que cada qual esteja acima ou abaixo de sua parceira, numa posição de superioridade ou inferioridade do ponto de vista do conhecimento alcançado ou da verdade divisada, que constitui aqui o essencial. Se vamos de uma para outra, quer isso dizer que elas não são contíguas, mas que, guardando distância, podem aproximar-se entre si. A relação transacional é uma relação de proximidade na distância. A filosofia não deixa de ser filosofia tornando-se poética nem a poesia deixa de ser poesia tornando-se filosófica. Uma polariza a outra sem assimilação transformadora.

Bem outra é a situação do poeta-filósofo como duplo do artista, para quem o mundo só pode ser captado poeticamente. Nessa concepção, o cepticismo exerce relevante papel, quando, a exemplo do que ocorre em Santayana, o conhecimento do real, invalidado, cede lugar a criação poética, que o mesmo filósofo distingue da ficção literária, arbitrária e fantasiosa, em sua crítica ao idealismo da época, para ele uma simples psicologia literária. "Toda filosofia britânica e alemã é apenas literatura. O universo é um mundo cujo herói é o Eu, e o curso da ficção (quando o Eu é douto e animado) não contradiz sua essência poética."

Mas, se ao conhecimento do mundo se tem acesso poeticamente, a filosofia, em sua pretensão metafísica, só pode ser arte do pensamento ou simplesmente arte ou poesia – dirão, em uníssono, vozes tão discordantes como, de um lado, as de Nietzsche e Fernando Pessoa, e de outro, as dos neopositivistas e de certos filósofos analíticos.

Em síntese, abandonando-se determinados traços diferenciais para garantia da brevidade, sem sacrificar o essencial, diremos que os últimos, em conjunto, estimam que os enunciados verdadeiros possíveis decorrem do uso cognoscitivo da linguagem, que combina, na proposição, as funções de verdade com os estados de fato. Como essa combinação, concretizada nas afirmações científicas, falta nas teses metafísicas, é nulo o uso cognoscitivo destas; não é que careçam de sentido, mas desfalcadas estão da referência, para Frege o que assegura o valor veritativo do que enunciamos. Se, por isso, a filosofia perde o *status* de ciência, poderá ganhar o *status* de arte ou de poesia. Só que a maioria dos neopositivistas e analíticos atribui, no mínimo, à poesia uma função emocional. Nada de conhecimento se encontra do lado artístico.

Para Nietzsche, ao contrário, o artístico é o lado essencial do conhecimento. Por certo que ele rejeitou a metafísica, embora tivesse começado por uma "metafísica de artista", que foi como se referiu ao seu *A origem da tragédia*. O metafísico era, para ele, o avatar do padre, do asceta, e de quem não ficaria longe o cientista. Mesmo os enunciados deste ainda são alentados pelo que há de artístico no pensamento; o que decide "não é o puro instinto de conhecimento, mas o instinto estético…" (*Ph. Buch*, 61). Em vez de prejudicar a filosofia, esse instinto, que move o poeta, a ela se associa e vivifica. Como poética, a filosofia não é menos verdadeira do que a ciência. O que é a verdade senão "uma multidão movente de metáforas…"?

Mas a verdade, assim ondulante e arrebatada, não é menos um conduto do erro, da mentira. Os poetas mentem muito, também afirmava Nietzsche. Mentem e se comportam como loucos. O instinto estético, que é vital, os empurra contra a verdade objetiva e o normal da virtude satisfeita. Necessita-se da loucura e da mentira para viver. Mas a metafísica e a religião mentem como detentoras de uma verdade que não possuem. A mentira leal e, portanto, verdadeira é a mentira da arte, como afirmação trágica. Fernando Pessoa, que frequentou Nietzsche, e para quem a filosofia constituía uma espécie de literatura, com a particularidade de poder "figurar mundos impossíveis" e mundos possíveis, todos igualmente verdadeiros e reais, não poderia senão concordar com esse entrançado e movente jogo de linguagem. Pois que, para Fernando Pessoa, mirando-se no seu espelho nietzschiano, o verdadeiro recalca poderosa vontade de fingir. Fingir é conhecer-se, dizia ele. No que também ecoa o que enunciou um seu contemporâneo, Paul Valéry, a respeito da filosofia, como *art de feindre*. Como o poeta, o filósofo exerce a arte de "fingir a dúvida, fingir o universo, fingir uma ordem de pensamento, fingir Deus, fingir pensar aquele que pensa. São possíveis análogos aos do poeta e do pintor".

Mas voltando à linguagem: é ela, em que cabem a verdade, a mentira e o fingimento, o meio transacional do relacionamento entre o filosófico e o poético. Mas como?

Trata-se, apenas, de reconhecer o truísmo de que pela linguagem, e pela linguagem escrita, em que o poético e o filosófico se elaboram para serem lidos, transitamos de um a outro? Ou o meio transacional, de passagem, é o que possibilita a permeabilidade não entrevista entre ambos, como um parentesco admitido na Antiguidade e até o século XVIII, depois escondido com a separação disciplinar, e que de novo vem à tona, com a ascensão da linguagem no horizonte do saber atual, como esse *a priori* material que condiciona o pensamento a fazer-se obra, ora literatura ora filosofia? Não basta, certamente, assinalarmos, com Habermas, a "guinada linguística", historicamente detectável, em nossa cultura, se não lhe acrescentamos a ciência, que se fez consciência, de que o pensamento recebe a forma da língua, e que é essa forma, conforme sugere Benveniste, que possibilita todo enunciado e toda expressão possíveis. O meio transacional, de passagem, significa que a transa da linguagem, a mesma imperante no desencadeamento das palavras e de suas figuras no fenômeno da verdade, para Nietzsche, é o que aproxima, na distância, filosofia e poesia. Mas por que pode fazê-lo?

A consciência da linguagem é uma consciência histórica; e a aproximação de sua transa é o que permite retirar do insulamento aquelas nossas duas protagonistas, que as mudanças do pensamento, nesta época, já tinham aproximado. Quanto ao par traumático de fenômenos, no horizonte da época, que a ambas atingiu – o declínio da metafísica e a morte de Deus – ocorre um paralelismo entre tais mudanças, mas não a sua concomitância.

Em sua linguagem mista, sublime e vulgar, alta e baixa, a poesia moderna, com traços de religiosidade e antirreligiosidade, na busca, antes de qualquer outra das artes, de uma *unio mística* secularizada, interiorizou, desde os poemas de Baudelaire, a "morte de Deus", depois do abalo produzido pela *Crítica da razão pura*, início da crise, na metafísica, da noção de substância (os paralogismos) e, consequentemente, da alma, da unidade do sujeito e de sua imortalidade.

No terreno filosófico, a culminância dessa crise, desligando o alto do baixo, o sensível do suprassensível, possibilitou a descoberta da vida e, logo a seguir, a descoberta da importância ontológica da parte baixa, subterrânea, pré-teórica, da experiência, em que a teoria se funda e acima da qual se eleva. Ocorre, então, a tematização dessa parte irreflexiva, distinta do sujeito humano como consciência de si: a facticidade e a compreensão do existente enquanto *Dasein*, o que nos daria o grande bloco hermenêutico do pensamento contemporâneo, construído por Heidegger e enriquecido por Gadamer. Compreendendo o mundo e a si mesmo como poder-ser, o *Dasein* não conhece antes de interpretar-se; o conhecimento funda-se no ser interpretado como "tal ou qual", porque previamente compreendido na fala, no discurso que nos constitui como ente, e que possibilita os enunciados proposicionais. Mas a verdade pré-teórica, originária, não reside nesses enunciados e sim no desvelamento da compreensão, que é temporal e histórica.

A noção de verdade, assim deslocada de seu eixo proposicional para o âmbito do discurso, da linguagem objetificável, como o solo comum de nossa experiência, enfeixando as possibilidades do conhecimento científico, do poético e do filosófico, é, igualmente, onde poesia e filosofia já se avizinham. Tal vizinhança sustenta a aproximação histórica atual das duas protagonistas.

Conceituado como *Dasein*, e assim como poder-ser, fáctico nos sentimentos fundamentais da angústia, da alegria, do medo e do tédio, compreendendo-se no imediato de sua situação e nas possibilidades que o tornam temporal e, portanto, ente do longínquo, jamais coincidente consigo mesmo, o homem é, pela compreensão que o projeta no mundo, ser de imaginação e não apenas de razão. Será dispensável, agora, a apologia da imaginação feita por Coleridge. Salto no conceito e acima dele, a imaginação seria comum de dois, à poesia e à filosofia.

Sob esse foco da linguagem-discurso também se poderão distinguir, além dos contrafortes poéticos (metáforas etc.), os contrafortes retóricos dos escritos filosóficos – seus mecanismos de persuasão, tais como os circunlóquios de Descartes (estratégias, dir-se-á hoje) –, a ordem geométrica de Espinosa, as retificações kantianas (como nas *Introduções à crítica do juízo*), o pensamento "romanceado" de Hegel, principalmente na *Fenomenologia do espírito* (o herói e o mesmo *Geist*, conforme observaria Santayana), a *belle écriture* bergsoniana, o estilo *journal intime* de Kierkegaard (compare-se com Amiel), os trocadilhos e as paronomásias heideggerianas, seus gêneros (o tratado, o ensaio, o diálogo, frequente no Renascimento e nos séculos XVII e XVIII, em recesso no século XIX, e raro e ralo hoje), sua individualização num estilo, sua conformação verbal no todo de uma obra de linguagem. Disso tratou, com inexcedível acuidade, nos anos 1950, em sua *Metaphilosophie*, o injustamente esquecido Henri Lefebvre. Tenha-se em mente a retórica sartreana de longo hausto literário: começa num romance, *La Nausée* [*A náusea*], que precedeu o tratado *L'Être et le Néant* [*O ser e o nada*], o qual estabelece, como gasto sem usura de frases negativas sobre o ser e o não ser (parodiadas por Raymond Queneau) uma ontologia dramática, com desdobramentos nas peças teatrais do filósofo.

Heidegger, depois de *Sein und Zeit* [*Ser e tempo*], deu à filosofia a missão de "dialogar" com a poesia – que pensaria cantando, em ritmo. Para os filósofos, de modo geral, esse diálogo é um diálogo limite, na fímbria da própria filosofia, e já para fora da lógica. Para os poetas, o diálogo com a filosofia é um diálogo de limiar, do batente das ideias para o trabalho de elaboração do poema – Camões e os barrocos – absorvendo os neoplatônicos, Rimbaud, os gnósticos, Fernando Pessoa, Nietzsche e tantos outros pensadores que ressurgem filtrados na criação, depois de incorporados à experiência pessoal, histórica e cultural do poeta, ou seja, à sua interpretação compreensiva de si mesmo como ser no mundo.

Assim, o movimento de vaivém da filosofia à poesia e da poesia à filosofia remonta à compreensão preliminar, linguageira do ser no meio do qual nos encontramos. E é por isso que "na medida em que a filosofia se torna mais consciente da maneira pela qual o pensamento requer a linguagem, mais ela se aproxima da poesia..." (Waren Shibbles, *Wittgenstein, linguagem e filosofia*). Mas agora já sabemos por que o pensamento requer a linguagem interligada à fala, ao discurso, e que requerendo a linguagem já se interpretou nela. Inversamente, a poesia moderna, consciente de sua fatura verbal, como no-lo mostra a ocorrência nesta da tematização predominante do ato poético, é a que mais se aproxima da filosofia. Não obstante, se poderá dizer, de modo geral, tal o requerimento da linguagem sobre a nossa experiência de interpretantes, que para nós, leitores, a literatura pensa, não apenas no sentido da bem lograda tentativa de Macherey de extrair a filosofia implícita de certas obras literárias, como romances franceses dos séculos XVIII e XIX, mas, também, no sentido do efeito analógico, conversor, que o ato de sua leitura propicia, semelhante à da súbita "iluminação", ou, como diria Gerard Manley Hopkins, de um *inscape*, que nos leva para além de nós mesmos, do entendimento banal do cotidiano e para fora da couraça das ideologias.

No entanto, Nietzsche e Fernando Pessoa têm razão: não há dúvida de que os poetas mentem e fingem muitas vezes, e muitas vezes, como já sabiam as Musas que inspiraram a Hesíodo sua *Tegonia*, falam a verdade. E falam a verdade porque sabem que mentem e fingem. De qualquer modo, como observa Rasmussen, quando ocorrem nas palavras de um poema, as verdades medidas pelo teor factual das proposições lógicas, que resistem no teste da verificação, são apenas acidentais.

Mas de que verdade essencial podem falar as obras da literatura, particularmente as poéticas, tanto no sentido estrito quanto no amplo, para o filósofo?

Além das respostas, de Heidegger e de Paul Ricoeur, que têm caráter hermenêutico, merece consideração a do positivista heterodoxo, marginal, Wittgenstein, obtida pelo seu método de excludência lógica.

Heidegger exclui a poesia, que mobiliza as palavras, da literatura. Poesia e arte (e arte no que tem de poética) põem em obra, revelam a verdade do ser, escamoteada pela Metafísica. Pondo-a em obra, a arte mostra a verdade do ser, torna-a visível ou audível, quebrando a banalidade do cotidiano. Também o faz a poesia por um dizer retrátil, que tanto fala quanto silencia; guardando a potência mítica do verbo, esse dizer extraordinário, não lógico, infenso à racionalidade técnica, é um pensamento poético e pós-metafísico, destinado a espraiar-se na vida, prover a dialogação futura entre os homens, à busca de um novo Deus num mundo poeticamente habitável. Aí o filósofo faz-se poeta, e o poeta profetiza. Não fosse poeta um homônimo de profeta.

Em poucas palavras, a resposta de Ricoeur, cuja complexidade reflete a sua origem polêmica (crítica do estruturalismo, na filosofia analítica, etc.) e que ressalta a autonomia do texto literário, organizando segundo gêneros o discurso como obra, destinado a um leitor que o executa, é uma resposta semântico-hermenêutica. O lado semântico concerne ao plano da escrita, para onde passa o discurso como obra: subtraindo a escrita à relação dos interlocutores no discurso, e com ela suspendendo os referenciais correntes dos enunciados descritivos, afetos à verdade proposicional, o texto literário devolve ao leitor, com um novo referencial, o mundo de sua experiência pré-teórica, o mundo do texto. Autônomo é ainda o texto literário por desprender-se das intenções do autor, por isso podendo vingar o mundo do texto como texto do mundo. Por esse lado hermenêutico, a obra de discurso é capaz de dar-nos variações imaginativas sobre o real, como que (lembremo-nos de Northrop Frye) enunciados hipotéticos da ação humana, reveladoras do *éthos*. Sem a literatura de ficção jamais teríamos conhecimento dos conflitos éticos e do empenho moral do homem. Aqui o filósofo não é poeta, mas um hermeneuta da ficção.

Concordando com Frege acerca do valor veritativo da referência, Wittgenstein negou o conhecimento ético, mas não a importância fundamental do empenho moral do homem. Para ele, paradoxalmente, o *Tractactus logico-philosophicus* era uma introdução à ética. Introdução negativa: os enunciados sobre o bem ou a felicidade, que tendem a absolutizar-se, são insustentáveis e sem sentido. Não é possível escrever uma ética – disse-o Wittgenstein numa conferência. Por quê? Porque não correspondendo a estados de fato, os juízos da ética seriam intraduzíveis, inexpressáveis, à falta de proposições que os asseverassem. "Sobre o que não podemos dizer é melhor silenciar." O ético, o religioso e o metafísico pertenceriam à categoria do indizível, isto é, daquilo que não pode ser articulado proposicionalmente. O indizível é o místico. "Das Mistische zeigt sich" [O que é místico mostra-se a si mesmo]. O indizível é o que só pode ser mostrado. Wittgenstein, leitor e adepto de Tolstoi, admirador de Trakl e Rilke, poria à conta da literatura, por excludência lógica, o que pode ser mostrado (dito numa forma de linguagem não proposicional): a verdade essencial relativa à ação humana, a verdade do *éthos*, de que a filosofia não pode falar. Mas pode a filosofia, ironicamente, sem omitir-se, falar dessa sua impossibilidade e, por meio dela, transar com a poesia.

Filosofia e memória*

A filosofia está comprometida com a memória por um laço originário. Voando ao crepúsculo, a coruja de Minerva pousou no ombro de Mnemosyne. Engastada nos grandes mitos órficos da Imortalidade e da Queda, a anamnese socrático-platônica foi a primeira figura completa da racionalidade que surgiu no século V a.C. entre os gregos.

Pela voz de Sócrates, o *Ménon* de Platão enunciaria a doutrina da reminiscência: conhecer é recordar (81a/85d). Da imagem sensível, a anamnese, contrapartida ético-pedagógica dessa doutrina, faria despertar, sob o traço da reminiscência perdurável, a lembrança do mundo suprassensível das Ideias, fundamento da visão das essências, da intuição noética, ligando o destino do homem à possibilidade de recuperação de um estado anterior da existência eterna de sua alma. Entre os marcos repetitivos de um *tempo cíclico*, a experiência humana, tanto individual quanto coletivamente, realizar-se-ia como passagem da lembrança ao esquecimento e do esquecimento à lembrança de padrões eternos.

A Cidade exerceu o papel da mediadora coletiva dessa passagem; no espaço público da Pólis, a prática das virtudes políticas, que imitam aqueles padrões eternos, principalmente o da Justiça (*Diké*), garantiria aos

---
* Trabalho apresentado no Fórum de Ciência e Cultura sobre o tema "Cultura e memória", UFRJ, 1987, pp. 7-10.

cidadãos a fama que lhes perpetuasse os atos dignos de remembrança, e que a palavra dos poetas e historiadores transformava em tradição.

Muito mais tarde, Santo Agostinho, principal executor, no fim da Antiguidade, da herança platônica retomada de Plotino, convidaria o leitor de suas *Confissões* a ingressar nos "vastos palácios do memória", para poder desencavar, do mais secreto de seus compartimentos, os mesmos padrões eternos que aí deixara gravados na alma, com sua imagem e semelhança, o Deus pessoal, providencial e transcendente dos cristãos. Mas já então, em vez de uma Cidade única, vigem duas Póleis, uma temporal, outra eterna, a do Homem e a de Deus. A primeira, o antigo espaço político que se desestruturara, reincorporou o *tempo cíclico*, abrangendo nascimento e morte, labor cotidiano e sucessão das gerações; a segunda simbolizou a duração infinita da Igreja, guardiã da Revelação, e, portanto, da chave que abre o lugar recôndito da memória. A Cidade temporal permaneceria unida à de Deus por um tempo único – tempo retilíneo, contínuo, irreversível, progressivo – por onde se faria a passagem, o trânsito de retorno do homem para o destino sobrenatural que lhe traçara a soteriologia cristã.

Porém não era mais ao homem como cidadão, e sim ao homem como molde de todos os indivíduos, ao Espírito, ao sujeito humano, aquele a quem a Igreja ofereceria a passagem de que é a única mediadora, pois que, guardiã da Revelação, como fonte de conhecimento superior, transformada em tradição verdadeira, ela também o é tanto da memória das coisas passadas quanto da expectativa do futuro através do presente, esse intrincado nexo das três dimensões do tempo, em que se deteve, perplexo, Santo Agostinho, no livro XI das *Confissões*.

Durante o Medievo, época em que "o passado, objeto de Fé, se opõe ao presente, objeto de conhecimento, essa tradição verdadeira, consagrada pela autoridade religiosa, e sobre a qual, inerme, o tempo contínuo, progressivo só no sentido de cumprimento das promessas de Cristo, não exerceria nenhuma espécie de ação"[1], foi a matéria repetida e diversificada da narrativa histórica. A História Sagrada detém o sentido da História Profana. As mesmas fontes teológicas instruem a respeito de

---

1. K. Pomian, *L'Ordre du Temps*. Paris: Gallimard, 1984, p. 20.

um mesmo passado – Criação do Mundo, Queda, Redenção – de que a História Sagrada conserva a perene lembrança, determinante do futuro.

Com o Renascimento, o *tempo retilíneo* começaria a ser transposto para a órbita da atividade humana, embora o *tempo cíclico* se infiltrasse, como se pode concluir da concepção de Vassari, no sentimento de um período que era novo, jovem, moderno, por força de um pensamento e de uma arte, que recuavam, opondo-se ao passado perempto do Medievo, à Antiguidade Clássica. Juntando a infinitude do *tempo linear* a um espaço também infinito, a revolução científica dos séculos XVI e XVII, imbuída das potencialidades infinitas do conhecimento humano proclamadas por Giordano Bruno, completaria aquela transposição.

Uma segunda tradição, oriunda das ciências físico-matemáticas e respaldada no magistério da Natureza, concorreria com a herança metafísico-teológica da Idade Média. No entanto, a filosofia cartesiana, nisso firmando a tônica do racionalismo, neutraliza o nexo da experiência com o tempo, e consequentemente com a memória, mediante o *princípio de evidência* – a certeza do pensamento em sua relação consigo mesmo – que exige a intuição instantânea das ideias claras e distintas, renovável, a cada momento, pelo apoio intemporal da razão analítica, sem imagem, desprendida da continuidade mnemônica entre passado e presente. Mas o Espírito, detentor da aprendizagem cristã, tornar-se-ia o sujeito cognoscente da filosofia moderna, sujeito que tanto pode ser o indivíduo quanto a espécie – nesse caso "a sequência dos homens durante o curso dos séculos", da qual falou Pascal no prefácio do *Discours sur le Vide*, e que "deve ser considerada como um único homem que subsiste sempre e que aprende continuamente".

Quando, à época do Iluminismo, intensificou-se o processo de secularização, e o tempo histórico passou a ter uma ação efetiva, embora ainda não tematizado pela filosofia, a economia cristã da Providência persistiu disfarçada na noção do *progresso* como aperfeiçoamento gradual da espécie humana. E a história, a caminho de converter-se na *ciência do passado*, abriu a segunda fonte moderna da aprendizagem ao lado da ciência natural.

Entretanto, encoberta pelo *racionalismo*, a memória haveria de transparecer, apenas de maneira discreta, na filosofia hegeliana, que enfeixou na totalidade do Saber Absoluto o curso do desenvolvimento histórico do Espírito Humano. Em cada etapa desse desenvolvimento, conflitivo e contraditório, a consciência recapitularia as fases de suas sucessivas transformações – do subjetivo à objetividade das instituições, da vida dos povos e do Estado – articulando-se dialeticamente, graças, como se lê no Prefácio da *Fenomenologia do espírito*, à "intimidade da lembrança" (*erinnerte Ansich*).

Foi a obra de Bergson, à margem da tradição racionalista, em seguimento à antiga teoria das faculdades, para a qual os empiristas ingleses contribuíram, que deu à memória o porte de tema filosófico extensivo. Tomada por base de uma intuição efetiva, de caráter instintual, a memória relacionar-se-ia, também, diretamente com o tempo – com o fluxo da consciência como duração interior (*durée*), em que passado e presente se interpenetram. A diferença entre *memória orgânica*, *memória-hábito* e *memória-lembrança* (*souvenir pur*), em *Matière et Mémoire*, não teve apenas um alcance psicológico. A identidade individual – o verdadeiro Eu – dependeria da concatenação entre o presente sensório-motor e a lembrança do passado, "joué par la matière, imaginé par l'esprit"[2]. O "souvenir pur" atestaria, sobretudo, a capacidade de inovação do Espírito, como a duração real (*durée réelle*) anteciparia a corrente do evolução criadora.

Quero crer que, atualmente, a temática da Memória pode ser enriquecida com a discussão, levada a efeito principalmente pelas correntes fenomenológico-hermenêuticas, de três questões capitais – a *historicidade*, o *tempo histórico* (como o tempo da História ou Historiografia enquanto ciência do passado) e a *consciência histórica*, a seguir afloradas.

A *historicidade*, forma completa da temporalidade da condição humana, segundo a Analítica heideggeriana, e que possibilita tanto a ideia de fatos históricos, do curso dos sucessos que fazem a História (*Geschichte*), quanto o conhecimento do passado pela Historiografia (*Historie*), pressupõe a continuidade do passado no presente sob o foco da expectativa do futuro. Essa continuidade do homem como ser-no-mundo extravasa da memória individual para a memória coletiva.

---

2. "Matière et Mémoire", in *Oeuvres*. Paris: PUF, 1959, p. 336.

É a memória coletiva a questão básica do *tempo histórico* – do tempo elaborado pela Historiografia, que articula a temporalidade da existência –, o tempo humano propriamente dito – ao tempo natural ou cósmico. Dos três conectores, destacados e discutidos por Paul Ricoeur[3], através dos quais se efetue essa articulação – os *calendários*, a *sucessão de gerações* e o *vestígio* – este último enquanto condição de acesso às fontes históricas –, o segundo merece especial consideração.

Enquanto os calendários permitem converter os instantes do tempo cósmico em momentos significativos, enquanto o vestígio (*trace*) contém a marca do passado no presente, como via de acesso às fontes, a sucessão das gerações – a relação anônima entre contemporâneos, predecessores e sucessores – leva-nos ao tempo público, intramundano, que é, também, sedimento da memória coletiva. O conhecimento histórico do passado não poderia ser alcançado por uma simples ampliação da memória individual.

Finalmente a *consciência histórica* – perdida a ambição hegeliana de um saber totalizador da realidade – não mais conduzida por uma pretensão de síntese completa, ostentada pela filosofia da história – submeter-se-ia a um balanço crítico entre o presente, o passado e o futuro, resguardando-se a tensão entre essas três dimensões do tempo, sem que se valorize alguma delas em detrimento das outras. Desse balanço resultaria, depois de passar por uma análise dos conteúdos ideológicos, o reconhecimento da força da tradição, integrando a dialética da experiência, que constitui "a cadeia de interpretações e reinterpretações das heranças do passado"[4], o futuro não é unicamente a flecha do progresso material e técnico, mas o horizonte utópico do presente inquieto, que a modernidade transformou no mito do *tempo novo*, sucessão de rupturas com o passado.

Diante da diversidade das culturas, em nossa época de fastígio da ciência, como forma de conhecimento sob dominância tecnológica – época, também, de exacerbação das rupturas com o passado e de valorização ideológica do futuro, como dimensão privilegiada do tempo –,

---

3. *Temps et Récit*, III. Paris: Gallimard, 1985, p. 87.
4. Paul Ricoeur, op. cit., p. 319.

a filosofia assume, entre outras funções modestas, o encargo hermenêutico de intérprete das heranças culturais e das modalidades de consciência histórica. Com isso, a coruja de Minerva torna a encontrar seu pouso no ombro de Mnemosyne. Tal como a poesia, de que se aproxima, a filosofia tende hoje a lembrar o que não deve ser esquecido.

O fazer filosófico ou oralidade
e escrita em filosofia*

A expressão "fazer filosófico", que me foi dada para tema desta palestra, é semelhante a tantas outras, como "fazer poético", "fazer político", "fazer teatro", "fazer cinema", que designam, respectivamente, sob o gênero comum de atividade habitual, os trabalhos de escrever poesia, exercer funções de mando, de representação parlamentar ou de direção de grupo partidário, praticar artes cênicas, seja como diretor, seja como ator, seja como cenógrafo, e, ainda, o trabalho do operador, do diretor, do cineasta, do fotógrafo e o do ator, requerido para que o cinema exista. Tais fazeres, que na verdade são afazeres, inclusive o filosófico, no sentido daquele que, respondendo pela elaboração da filosofia, assegura a existência desta, a cargo de um profissional chamado filósofo, não correspondem, exatamente, a modalidades simples de trabalho manual, intelectual e artesanal, que parece havermos tomado, inconscientemente, por base – "fazer um banco de madeira", "fazer um apontamento", "fazer uma medição", "fazer o almoço".

Fazer filosofia importa em anotar mais de um apontamento, em considerar mais do que medições; não será menos complicado do que

....
* Em Benedito Nunes, *Dois ensaios e duas lembranças*. Belém: Secretaria de Cultura do Estado do Pará (Secult)/Universidade da Amazônica (Unama), 2000.

fazer um almoço nem mais simples do que construir bancos de madeira. Para filosofar talvez precise só de livros, papel, caneta e pessoas a meu redor que não utilizem aparelhos de som em altos brados. Se fosse fabricar um banco, precisaria de madeira talhada, martelo, pregos, plaina, enxó, serrote, e não faria algo que valesse a pena.

Mas os gregos antigos, no meio dos quais apareceu o tipo denominado filósofo, não entenderam que a filosofia fosse um *poieîn*: o fazer produtivo, a produção de algo. Seria antes atividade consistente em ver o que está diante de nós, de maneira abrangente, como num espetáculo, exigindo mais do que a visão sensível – um ver intelectual por meio de conceitos gerais elaborados reflexivamente, como matéria, vida, alma, Deus etc., e que chamaram de *theoría*. No entanto, essa elaboração reflexiva só se completaria pela fala, como ato de linguagem, formadora do discurso, composta de frases e enunciados, de que os conceitos são partes integrantes mínimas. Ora, a linguagem, já também o sabiam os antigos gregos, é a fala de uns com os outros a respeito de coisas que nos concernem. Esse movimento da linguagem oral acompanha o exercício do ver teórico ou teorético: esse é um ver conjuntivo, em comum, que alcança um estado de consenso, por meio do raciocínio compartilhado, em debate, argumento contra argumento, enquanto falamos com os outros, justificamos o que vemos. A elaboração reflexiva conceptualmente justificada na interlocução, no falar contraditório com os outros, constituiria, também para os antigos pensadores gregos, o cerne da filosofia, por eles aparentada, desse modo, com o *agir* (*práttein*) e não com *poieîn*, com o fazer.

Considerado do ponto de vista da linguagem, o ver da *theoría*, equivale porém, embora distinto do agir, enquanto prática motivadora de normas ou máximas de conduta, a uma ação do pensamento, inseparável dos efeitos das palavras ou do discurso sobre as pessoas que os escutam. Mas antes de agir sobre os outros a quem nos dirigimos, e perante os quais testamos a procedência dos nossos conceitos, o pensamento já atua sobre nós, mesmo quando só falamos conosco em surdina.

Dizia Platão que o pensamento é o diálogo da alma consigo mesma (*Theeteto*, 189e). Mas a ideia do diálogo implica interlocução, em troca de palavras entre um e outro; dialogando consigo mesma, a alma já se confrontaria com o outro dentro de si, antes de relacionar-se a terceiros fora dela mesma. Platão reproduziria esse confronto numa forma escrita, que manteria a oralidade própria da interlocução, e denominou-o "diálogo". Já um *poieîn*, porque o confronto com terceiros aí se trava em torno do sentido das palavras escritas, exteriormente produzidas, o "diálogo" pode ser exemplo do ponto extremo em que o fazer filosófico se concretiza: a obra como texto. Teríamos então a Filosofia feita obra, reproduzindo, com palavras escritas, textuais, a ação do pensamento na interlocução. Platão admitia que a oralidade da fala, mesmo transposta à escrita alfabética, se recuperaria na estrutura coloquial do "diálogo". Mas essa devolução da oralidade já se deverá ao ato de leitura, uma outra forma do pensamento em ação, ao encontro da *theoría*, materializada poética ou literariamente numa obra.

Até agora vimos genericamente a relação da oralidade com a escrita, implicada no nexo do pensamento em ação com o texto filosófico. Mas também podemos abordá-la, de maneira histórica, dado que na Grécia antiga, a partir do século VI a.C., houve, como nos revelam os fragmentos dos pré-socráticos, transação do oral com o escrito, num processo de transição multifacetada operado na própria cultura grega, e do qual a Filosofia participou.

A primeira face dessa transição foi socioeconômica: inventou-se a moeda, coisa de valor altamente abstrato, e cada cidade grega passou a ser regida por leis comuns. Como a outra face da transição, a maior invenção do século foi, porém, a cidadania, ou seja, o reconhecimento do direito de cada indivíduo que não fosse escravo poder participar da feitura das leis comuns, pela discussão e pelo voto, tomando assento, tal como sucedeu em Atenas, em assembleias públicas. O que significava que cada cidadão, livre e igual a todos os outros pelo princípio de *isonomia*, da igualdade das leis, podia usar publicamente da palavra, contestando e sendo contestado, até que, por esse meio contraditório, se chegasse a uma conclusão aprovada pela maioria. Assim elaboradas, as leis eram públicas, ao alcance do conhecimento de todos. Inventando-se a cidadania, inventou-se a *pólis*, o Estado-Cidade, a *politeía*, constitutiva do domínio público, separado do domínio privado, da *oikía*, da casa, que era ao mesmo tempo a órbita da família, da propriedade e da produção. E, segundo os antigos gregos, só o domínio público asseguraria permanência aos atos humanos por meio das palavras que os externassem perante todos.

Pólis é a raiz verbal mesma de *politikè*, relacionada com *polítes*, o habitante da *pólis*, da Cidade-Estado, aquele que possuía, como membro da Cidade, da *politeía*, enquanto espaço de convivência delimitado pela autoridade das leis públicas, o preliminar direito da cidadania. Quando Aristóteles chamou o homem de animal político, estava lhe atribuindo a condição de membro da Pólis. A vida na Pólis, segundo dizia ainda ele, é a vida mais feliz. E essa felicidade superlativa advinha da satisfação decorrente do exercício da palavra dialógica, dialogal, pública, contestadora e contestável, que já é o agir do pensamento livre, como prática distinta da filosofia.

Assim o elemento político, em conexão com o surgimento da Pólis, se destaca no advento da filosofia. Mas ao surgirem as duas, Filosofia e Pólis, mutuamente entrosadas pela ação pública da palavra, a cultura grega já passara do estado ágrafo, da tradição oral, ao estado gráfico, do uso da escrita e, consequentemente, já havia incorporado a prática da leitura.

Habituamo-nos a identificar a cultura grega toda com a cultura letrada e mesmo literária. Admite-se, hoje, porém, que os grandes poemas homéricos, a *Ilíada* e a *Odisseia*, foram elaborados oralmente e mantidos, muito antes de terem passado à forma escrita, como a mais forte tradição dos gregos. O que não quer dizer, contudo, que não existisse um poeta chamado Homero, com inúmeros colaboradores (ou coautores), também poetas, chamados *aedos*, a serviço dos quais os *rapsodos* recitavam de cor, por toda a Grécia, de lugar em lugar, os versos da *Ilíada* e da *Odisseia* aprendidos de memória. No interesse do nosso assunto, realço alguns pontos capitais dessa questão – a questão homérica – seguindo, principalmente, a notável tese de Eric Havelock, *A revolução escrita na Grécia e suas consequências culturais*[1].

Oralmente elaboradas portanto, a *Ilíada* e a *Odisseia* teriam sido transcritas, de forma completa, nas vinte e quatro letras do alfabeto

---

1. São Paulo: Unesp/Paz e Terra, 1994.

grego, talvez no final do século VI a.C., a mando de Psistrato. Dessa transcrição, os poemas homéricos receberam não uma nova carga de sentido, mas uma face material perceptível, que os tornava legíveis, como um todo. Gravados assim em signos escritos, foram memorizados no pergaminho, na pedra, no papiro e não precisavam mais do auxiliar da memória humana. Antes eram recitados pelos rapsodos e ouvidos por uma assistência grupal. Agora a escrita permitia que todos pudessem ler, a qualquer momento, os hexâmetros dos poemas homéricos. Não dependendo mais de quem os recitasse, a leitura gerou uma atitude diferente da que se tinha antes.

Feito em tempos diferentes, o ato de ler, que levou o leitor a deter-se no texto, a examiná-lo, a comentá-lo, tornou-se ação do pensamento, análogo ao exercício filosófico. Mas a escrita ainda era relativa novidade; como nos revelam os fragmentos de Heráclito, Parmênides e Empédocles, os pré-socráticos conheceram a tensão entre o dito oral e a frase escrita. Como *poieîn*, como fazer, como produzir, a materialidade ajudou, em compasso com o pensamento, a assentar as práticas de conceptualizar, raciocinar e demonstrar, que ajudaram a configurar o teórico.

Assim, ao contrário do que antes pensávamos, *poieîn* como fazer, não é tão heterogêneo ao teórico e ao prático, a não ser que se decida restringir o significado desse verbo ao fabricar e ao produzir conotados pelo verbo latino *facere* – do qual se originou o nosso verbo fazer. Mas a língua inglesa têm dois verbos, *to make* e *to do*, e a língua alemã outros dois, *machen* e *tun*, que correspondem respectivamente à ideia de fabricar e produzir, de um lado, e à ideia de efetivar, de realizar, de formar, de afirmar, de outro. Que podemos então concluir?

Que o nosso verbo fazer também pode empregar-se tanto para nomear a fabricação de um banco quanto para designar a maneira como efetivamos ou realizamos isso que se chama de filosofia. E caberia, então, de novo perguntar: se a Filosofia é um fazer, como a fazemos?

Fazemo-la mediante o ver conceptual reflexivo do pensamento teórico (*theoría*), que se prolonga na dialogia da interlocução oral, exteriorizável publicamente (*práttein*), e na concreção da escrita, que põe o pensamento teórico em obra (*poieîn*), na forma literária de um texto.

Daqui por diante gostaria de me aventurar a tecer comentários livres sobre a carga histórica, que pesa, como herança inalienável, sobre cada um dos elementos componentes dessa cadeia do fazer filosófico – a teoria, a ação do pensamento e a produção do texto – que nenhum estudioso da Filosofia pode ignorar.

Se, como disse Merleau-Ponty, filosofar "c'est chercher, c'est impliquer qu'il ya des choses à voir et à dire" [é buscar, é implicar que há coisas para ver e dizer][2], também não há dúvida de que esse imperativo de uma incessante investigação que move a filosofia como teoria, conquistado foi, na cultura grega em que se originou, sobre um fundo ancestral, religioso, de mitos arcaicos, com os quais rompeu, sem desligar-se completamente dessa sua primeira herança histórica. Sujeito a leis (*nómoi*), por sua vez dependentes de uma ordenação superior, o real como *phýsis*, que pôde primeiramente ver e dizer o pensamento teórico, na incipiente escrita dos pré-socráticos, nisso afirmando a sua identidade própria, já estava dimensionado, conforme nos ensinou Cornford[3] pelo grande mito das *Moira*, do destino, atuando em distintas esferas de competência ou de poder. Mas, pela sua crítica aos deuses e aos rituais, foi reagindo contra essa herança mítica que a filosofia se tornou capaz de investigar, sem o auxílio do sobrenatural, as leis da mudança e do movimento, como princípios ou causas inerentes às próprias coisas. Não tardaria, porém, que se hierarquizassem essas causas, entre inferiores, derivadas da matéria, e superiores, derivadas do movimento das esferas celestes, que se reputava fossem imateriais e, por isso, mais verdadeiras do que as primeiras. Para os pensadores gregos, de Platão a Aristóteles, o que está embaixo é sempre menos real, o que está em cima é sempre mais verdadeiro. E por quê?

Essa distinção se deve a Platão: reconheceu ele o alcance explicativo dos conceitos, mas deu-lhes o caráter de modelos ideais, arquetípicos, separados das coisas de que são as essências. Esses modelos ou *ideas* comporiam, em conjunto, um mundo sito *uper ouranos topos*, um

---

2. Maurice Merleau-Ponty, *Éloge de la philosophie*. Paris: Gallimard, 1953.

3. Cornford, *From religion to philosophy. A study in the origins of western speculation*. Cambridge, 1912.

lugar acima do céu, mundo inteligível e imutável, oposto ao mundo sensível que o reflete, abaixo do céu, e de que as coisas terrenas, sob o fluxo da corrente do tempo, constituiriam cópias imperfeitas e passageiras. Nossos olhos veem as cópias, que estão embaixo, mas os modelos, como ideias suprassensíveis, que estão em cima, são invisíveis. Assim o invisível se acrescenta à maior altura do suprassensível, como índice de mais realidade e de mais verdade, daquilo que é, o ser real (*ontos on*). Na direção desse ser real, a alma ascenderia impulsionada pelo amor ao belo, enquanto desejo de imortalidade, passando do conhecimento sensível das imagens às simples conjecturas, destas às hipóteses, e das hipóteses à apreensão das ideias, a partir daí vislumbrada a mais alta delas, a ideia do Bem (*agathós*). Eis o percurso, denominado por Platão dialética, que vai da opinião (*dóxa*) ao conhecimento fundamentado (*epistéme*).

Aristóteles rearticularia de outra maneira esse esquema platônico dos planos sensível e suprassensível do real, em torno do ente (*tò ón*), daquilo que é. Como objeção ao seu mestre, dir-nos-á que faltou a Platão distinguir, entre as múltiplas acepções do ser, a realidade da verdade. A verdade não se aplica ao real senão por intermédio de discursos, as proposições, que unem um predicado a um sujeito. Enquanto na realidade sensível, a ideia, como forma, ordena a matéria, atualizando-lhe a potência, a realidade suprassensível, menos material e, portanto, menos potenciada, é mais da natureza do ato puro, comparável a uma causa primeira, inteligente, o *theîon*, ser divino e eterno que tudo move.

Coisa singular: como inteligência regente, nascia o Deus dos filósofos antes do Deus cristão. Do esquema platônico resultaria a estrutura do pensamento metafísico. Entretanto, a importante corrigenda aristotélica não lhe deu essa denominação. Nomeou-a Teologia como ciência das primeiras causas e dos primeiros princípios, exemplo da mais alta filosofia teorética. A ela "compete considerar o ente enquanto ente", acrescentava o Estagirita. As outras ciências teoréticas, precedidas, como a Teologia, por uma propedêutica, a doutrina da Lógica, que trata das proposições, dos enunciados suscetíveis de verdade ou falsidade, focalizariam aspectos particulares do ente (o físico-orgânico, o psíquico), por meio da noção de alma, substância do sujeito individual. Entre as proposições, aquelas a respeito do *theîon*, primeiro motor do universo e da alma intelectual, enquanto função superior da substância anímica, que é a mesma para todo o universo, avultariam como as mais importantes, como as mais altas.

Temos aí, em poucas palavras, a súmula de um dueto filosófico dos tempos antigos, Platão e Aristóteles, que ainda continua ressoando em nossos ouvidos modernos, como se as suas preclaras vozes contivessem os motivos harmônicos da filosofia toda. Que conceitos filosóficos restaria por inventar? Entretanto, quantos desses conceitos, analisados com vagar, nos parecerão estranhos: a alma, por exemplo, que ascende, na subida dialética às ideias, acha-se sob o império do atrativo do Bem, e a substância que a constitui é a mesma que preside, sob diferentes funções, a nutrição da planta, a sensibilidade do animal e a inteligência do homem. Essência, alma, substância, ideia, causa, Deus: como incansáveis emigrantes, esses conceitos atravessaram a Idade Média e abordaram a terra ignota da nova época, reaparecendo, com roupas novas, nas páginas dos filósofos franceses, britânicos e alemães, entre os séculos XVII e XIX.

O sujeito individual de caráter substancial dos filósofos antigos ainda não é o particular e singular sujeito de pensamentos e sentimentos – o indivíduo da época moderna – do qual nos falariam os franceses, também sujeito de direitos, segundo acrescentariam os britânicos. Longe, muito longe, ainda estávamos do individualismo, este contraponto histórico da teorização filosófica nessa época, entoado, de primeira, por Descartes, no século XVII. Filósofo do *Cogito*, do *eu penso*, firmando na evidência do pensar o princípio do conhecimento incontcusso, indubitável, Descartes também inaugurou o solo germinal do Eu moderno, e portanto, também, do individualismo. Não é irrelevante para o desempenho desse papel fundador que ele tenha redigido o *Discours de la méthode* e as *Meditationes de prima philosophia*, seus dois escritos capitais, em forma de narrativas pessoais.

O emprego, nesses escritos, da primeira pessoa do singular atesta a interiorização do próprio filósofo-autor ao redigir esses textos, principalmente o primeiro, o *Discours*, que conta, relatando episódios de sua formação intelectual, como ele, numa pausa de suas atividades militares, em lugar sossegado, ao pé do fogo de uma lareira, decidiu formular regras que lhe permitissem nortear a sua razão, com segurança e contra o "espírito maligno" da dúvida, na busca da verdade nas ciências.

À luz dessa interiorização, o reconhecimento da verdade e a identidade da razão, após a ocorrência da dúvida, não só se integram à vida do sujeito, como aspectos ilustrativos de seu drama espiritual, mas nele se localizam e o têm por único suporte. O filósofo se retirara do mundo para pensar numa ocasião – era inverno – em que, sem o escolho de conversas que o divertissem, e não tendo, "felizmente, cuidados nem paixões que me perturbassem, ficava o dia inteiro sozinho trancado numa sala aquecida, onde tinha o tempo todo para entreter-me com os meus pensamentos" (je demeurais tout le jour enfermé seul dans un poêle, où j'avais tout loisir de m'entretenir de mes pensées...)[4]. Essa retirada temporária, contudo, cortava-lhe os vínculos com o mundo circundante. No auge da dúvida, que o levou a admitir a possibilidade de que os sentidos o enganassem a respeito de tudo, já pode imaginar-se sem cabeça, sem braços, sem ventre, sem pernas. Que trabalhosa será, nessas condições, a elaboração do método baseado na evidência do pensamento! No segundo momento do mesmo drama espiritual, obrigar-se-á, para assentar esse método, a refazer, tomando o novo foco da evidência como princípio, o que a dúvida antes desfizera. Mas, na reconquista efetuada, Descartes mudaria a localização do real, do pensamento e das avaliações. Para esse sujeito moderno já descomprometido com o mundo, de que nos fala Charles Taylor, em seu monumental *As fontes do eu (Formação da identidade moderna)*, "o pensamento e a avaliação se situam no espírito num sentido novo e mais forte, porque o espírito é agora o lugar exclusivo dessas realidades que podemos doravante chamar 'psíquicas'"[5].

As ideias platônicas não desaparecem; agora, porém, Descartes, as localiza no meu espírito; a substância, de que tratou Aristóteles, existe para mim como ideia de uma coisa que não precisa de outra para poder existir; eu mesmo sou substância pensante, porque, explica ele, "eu descubro aqui que o pensamento é um atributo que me pertence: somente

---

4. *Discours de la méthode*. 2ª Parte.
5. Charles Taylor, *Les sources du moi: la formation de l'identité moderne*. Paris: Seuil, 1998.

ele não pode ser separado de mim; Eu sou, eu existo, isso é certo: mas por quanto tempo? A saber pelo tempo que eu assim pensar" (*A savoir autant de temps que je pense*).

Eu penso, logo sou: a primazia do Eu, como sujeito individual, particular e singular, antes de tudo consciência de si, é o oculto fundamento do silogismo incompleto registrado no *Discours de la méthode* – Penso, logo existo – cuja conclusão amplificada enuncia a fórmula do individualismo do nosso tempo: penso, logo sou indivíduo único e insubstituível, com ideias, sentimentos, paixões e direito inalienáveis que me pertencem, salvo a infinita ideia de Deus, originando-se de mim, na medida em que as coisas exteriores afetam-me os sentidos.

Platão escreveu diálogos, que podiam ser recitados ou lidos em voz alta; Descartes escreveu monólogos, que apenas silenciosamente podemos ler, tentando acompanhar o solilóquio de um filósofo que não lecionou, não deu aulas, e que os elaborou trancado num aposento aquecido. Em Descartes, portanto, a *theoría* foi contígua ao *poieîn*, sem o intermediário da prática oral do pensamento, que antes considerei uma modalidade de ação. Como Kant, ele deveria pensar escrevendo; filósofo-escritor, o seu fazer filosófico cumpriu-se assim, em primeira linha, na escrita, na feitura de texto.

Assim como a subjetividade moderna do Eu deslocou o real, assim também a escrita triunfante na filosofia moderna desbancou a dialogação, que associamos imediatamente ao "diálogo", enquanto forma literária, com a qual, entretanto, não se confunde. A dialogação está para o "diálogo" assim como o pensamento em ação, interlocutório, opondo entre si dois ou mais contendores, que discutem de viva voz, está para o texto dramático, que mimetiza essa discussão na alternância das falas, cada qual perguntando e respondendo uma depois da outra, intermediadas por agentes em confronto pessoal, durante certo tempo e em determinado espaço.

Sabemos já que esse tipo dialogado de texto, por isso mesmo dramático, foi criado por Platão com o propósito de manter, contra a fixidez da forma escrita, o batimento pulsante da oralidade no ato de sua leitura. O diálogo nos devolveria à dialogação, ao inquieto movimento do pensar vivido dos que, situados uns diante dos outros, conversassem e discutissem para firmarem, seja mediante motivações retóricas, seja pela força lógica dos argumentos expendidos, uma conclusão por mútuo convencimento. Denominado *dialética*, o processo de discussão e conversação, travado com esse fim, inspirou-se, basicamente, na *maiêutica de Sócrates*, o saudoso mestre de Platão: a parturição das ideias, método oral, em que, de pergunta em pergunta, no confronto entre mestre e discípulo, este é conduzido por aquele a obter, pelos seus próprios meios, o verdadeiro conhecimento acerca da questão em debate, aprendendo do outro a aprender por si mesmo ou a partejar os conceitos que lhe nascessem no espírito.

Nada, para Platão, substituiria a ação do pensamento que nesse parto se consumava como um ato de reminiscência: retirar da memória a lembrança de noções em dormência, latentes na alma do discípulo. Cumprindo esse papel rememorativo com maior amplitude, a dialética concretizaria, na sua oralidade dialógica, o único ensino filosófico real e relevante, que poderia ser recapitulado pela escrita, mas não por ela ministrado. Só a palavra falada transmitiria o que importa ensinar e fazer aprender. A escrita é um complemento, um adjutório a esse ensino-aprendizagem, de que os "diálogos" platônicos foram outros tantos coadjuvantes, deixando de fora o essencial, que apenas a palavra viva do mestre faria chegar ao discípulo.

Ao receber das mãos do deus Teute, a escrita por este inventada, o rei Tamuz advertiu-lhe que essa sua descoberta, com a qual pretendia conseguir aumentar a memória dos egípcios, teria feito contrário ao almejado: grafando o pensamento, a nova invenção impediria que recordássemos as coisas que merecem ser lembradas. Daí, conforme ponderou Sócrates a Fedro, no diálogo platônico com esse nome, depois de contar-lhe essa fábula, o perigo da escrita, "parecidíssima com a pintura, pois esta, em verdade, apresenta seus produtos como vivos; mas, se alguém lhe formula perguntas, cala-se cheia de dignidade. O mesmo se passa com os escritos. És inclinado a pensar que conversas com seres inteligentes; mas, se com o teu desejo de aprender, os interpelares acerca do que eles mesmos dizem, só respondem de um único modo e sempre a mesma coisa. Uma vez definitivamente fixados na escrita, rolam daqui dali os discursos, sem o menor discrime, tanto por entre os conhecedores da matéria como entre os que nada têm que ver com o assunto de que tratam, sem saberem a quem devem dirigir-se e a quem não. E, no caso de serem agredidos ou menoscabados injustamente, nunca prescindirão da ajuda paterna, pois por si mesmos são tão incapazes de se defenderem como de socorrer alguém"[6].

Rolam tais espécies de discursos escritos anonimamente de pessoa a pessoa, cada qual podendo interpretá-los a seu talante, abuso que demanda a intervenção paterna do autor para explicar o que quis dizer. E esses pensamentos escritos não socorrem ninguém, ensinando a quem precisa saber, pois quem necessita do verdadeiro conhecimento, irá ao seu encontro guiado pela fala do mestre, e quem já o possui nada de essencial encontrará nessas páginas destinadas à leitura. Os verdadeiros discursos, não os seus simulacros escritos, são os que a palavra oral leva de alma a alma; só "nesses colóquios amistosos, acrescenta Platão em sua *carta VII*, em que perguntas e respostas se formulam sem o menor ressaibo de inveja, é que brilham sobre cada objeto a sabedoria e o entendimento, com a tensão máxima de que for capaz a inteligência humana. Eis a razão de todo homem de senso abster-se de escrever sobre esses temas sérios e de expô-los à inveja e à incompreensão do público"[7].

No entanto, Platão, escritor nato, legou-nos, pelo menos, vinte e sete diálogos. Se, pois, não se absteve de escrevê-los, a considerar-se como autênticas essas restrições que acabamos de citar, teremos então de concluir, diante ainda da chocante negativa em sua *Segunda carta*, endereçada ao tirano Dionísio de Siracusa – "Não há escritos de Platão nem nunca haverá; o que aí corre com esse nome é de Sócrates belo e remoçado"[8] –, teremos de concluir, dizíamos, que os diálogos, nos quais, com raras exceções, é Sócrates o principal personagem, ficam sempre aquém da dialogação de que constituiriam prudente e parcial registro. Dizendo muito pouco, os diálogos parecem dizer tudo em virtude de sua força poética. Consequentemente, a doutrina de Platão, só em parte

---

6. Fedro, 275 d/e, in *Diálogos*. Trad. Carlos Alberto Nunes. Belém: Universidade Federal do Pará, vol. V, 1975.
7. VII Carta, 344 b/c, in *Diálogos*. Idem, vol. V.
8. II Carta, 314 c, in *Diálogos*. Idem, vol. V.

exposta nos diálogos escritos, complementar-se-ia no ensinamento oral, tradicionalmente inculcado pelo Mestre ao discípulo, na convivência da Academia, e de cuja existência não faltaram testemunhos, hoje recolhidos pelos especialistas. Graças a essa hipótese, que valorizou a ação do pensamento na Academia, e portanto as fontes não escritas da doutrina de seu fundador e chefe, puderam Kramer, na Alemanha, e, Giovanni Realie, na Itália, este num livro já clássico traduzido em nossa língua[9], renovar a interpretação de Platão, somando a teoria dos Princípios, oralmente lecionada, à teoria das Ideias, exposta isoladamente nos diálogos.

Mas a despeito de que se tenha estabelecido, com isso, um novo paradigma interpretativo da metafísica platônica, não se respondeu às indagações curiais que a cada um de nós parecerá pertinente fazer: qual o serviço prestado pelos diálogos ao ensino acadêmico? Circulariam eles entre os discípulos, passando de mão em mão? Valeriam como textos de aula para recapitular o que já se aprendera, de maneira essencial, pela fala autorizada do Mestre? Eram apenas lembretes para o prosseguimento da dialogação de viva voz, que os ultrapassava? De qualquer forma, não há dúvida de que os diálogos foram lidos. Mas é de supor que Platão, ou os seus alunos por ele, liam-nos em voz alta, colocando, assim, o texto escrito no plano da oralidade dramática reclamada pela estrutura dessas composições, em que pessoas atuavam como personagens. É preciso convir: nunca se leu do mesmo modo em todas as épocas. Essas diferenças de leitura não deixam de fazer parte da história do pensamento.

Obrigado a ficar de pé, quem lia desenrolando pouco a pouco com uma das mãos um rolo, feito de pele ou de papiro, enquanto com a outra segurava a vareta superior na qual se prendia, elevava a voz, sem vagar para concentrar-se no texto dividido em duas colunas, diante da assistência que deveria escutá-lo. A leitura silenciosa, meditativa, já foi favorecida, quando o livro tomou o formato de códex ou de fólio, coleção de folhas sobrepostas, a princípio volumosa, pousando sobre mesa ou estante, as páginas, entre as quais o texto se desdobra, viradas uma

---

9. Giovanni Reale, *Para uma nova interpretação de Platão*. São Paulo: Loyola, 1997.

a uma, sob a vigilância de um leitor atento à continuação do sentido da escrita. Na Idade Média, antes portanto do livro impresso, já se distinguia essa leitura silenciosa, trilha para o futuro leitor de jornais, poemas e romances na Idade Moderna, da leitura "em voz baixa, chamada de murmúrio ou ruminação, que servia de suporte à meditação e de instrumento para a memorização" e da leitura "pronunciada em voz alta, que exigia, como na Antiguidade, uma técnica particular e se aproximava muito da recitação litúrgica e do canto"[10].

A ação ou a prática do pensamento, como aspecto do fazer filosófico, se concentrava, pois, na leitura de um texto, procedimento corrente do ensino, que as duas palavras latinas, *lectio* e *lectura*, igualmente nomeavam, tanto se firmou no Medievo o prestígio do livro, lido, glosado e comentado, fosse a Bíblia, fossem os comentários de Boécio a Aristóteles ou mesmo, a partir do século XIII, a Física e a Metafísica de Aristóteles, estudadas por novos luminares, como Tomás de Aquino e Siger de Brabante, na efervescente Universidade de Paris, que crescera sob a direta proteção do Papado, e onde, talvez, tenha aflorado a consciência do despertar de um diferente tipo de trabalho – o intelectual – não mais produto do esforço das mãos. Ali os professores declaravam-se *philosophes*, e honravam-se com essa especificação de um novo ofício não manual[11].

À dialogação grega corresponderia, para esses filósofos, também homens de poucos livros, o treino dialético no debate das questões teológicas, naturais, cognoscitivas, religiosas e morais, de que as grandes *Sumas* fixaram o tratamento contraditório, de refutação e comprovação, num estilo argumentativo francamente oral: a questão formulava-se como uma pergunta, respondida de maneira antitética, oposta à tese que se queria demonstrar; em seguida, refutava-se cada um dos argumentos expendidos, para, em seguida, formular-se o enunciado conclusivo, finalmente corroborado em cada um de seus aspectos, quer por razões de ordem lógica, quer pelo argumento de autoridade, com cita-

---

10. Guglielmo Cavallo e Roger Chartier, *História de leitura no mundo ocidental I*. São Paulo: Ática, 1998, p. 14.
11. Jacques Le Goff, "Conscience de l'Université médievale", in *Pour un autre Moyen Âge*. Paris: Gallimard, 1977, p. 186.

ções da Bíblia, dos Padres da Igreja ou de Aristóteles, argumento que, na época, alcançou função decisória no estabelecimento de premissas e no encadeamento do raciocínio dedutivo de caráter silogístico.

O estilo oral da exposição argumentativa escrita, *Ad prima respondeo* [...] *respondeo, secunda dicendo*, entre pergunta e resposta, réplica e tréplica, tornou-se na Escolástica medieval uma ação pública do pensamento, exercitado nos primeiros ajuntamentos estudantis dos tempos de Abelardo, antes de ressoar sob a abóbada das escolas catedrais e na Universidade de Paris, mesmo independentemente de qualquer texto, como *disputatio*, travada de viva voz entre contendores, sob a orientação de um mestre.

Previamente anunciada pelo mestre, o assunto e o dia da discussão marcados, as aulas ordinárias interrompidas para que os interessados pudessem acompanhá-la, na presença do clero parisiense, a *disputatio* assemelhava-se a uma justa ou torneio entre cavaleiros feudais: os arremessos, as investidas, os lances de ataque e defesa eram argumentos pró e contra, novas objeções favoráveis e desfavoráveis, que ofereciam, no final, uma matéria diversificada, em ocasião posterior retomada pelo mestre, e por ele ordenada, doutrinalmente, de forma coerente. Mas, além da *disputatio* ordinária, havia a *quodlibetale*, de participação e desenvolvimento livres.

"Na disputa quodlibética, explica Jacques Le Goff, qualquer pessoa pode levantar qualquer problema. E isso constitui, para o mestre que os aceita, o grande perigo. As perguntas ou as objeções podem vir de qualquer lado, hostis ou curiosas ou malignas, pouco importa. Podem interrogá-lo de boa-fé para conhecer a sua opinião; mas podem tentar levá-lo a contradizer-se, ou obrigá-lo a pronunciar-se sobre assuntos escaldantes, os quais ele preferia nunca abordar"[12].

Com a difusão da imprensa e o barateamento do livro, a leitura mais se diversificou, à conta, sobretudo, do aparecimento do romance, que capitaneou, como "épica moderna", a formação da ideia de literatura universal, abrangendo a prosificação dos antigos gêneros de poesia, expandidos e renovados. Mas as obras filosóficas, ainda parentes próximas

---

12. Jacques Le Goff, *Os intelectuais na Idade Média*. Lisboa: Estudios Cor, 1973.

da poesia entre os pré-socráticos, quando começavam a desprender-se de suas matrizes míticas, já prosificadas em Aristóteles depois do hausto poético que lhes insuflaram os diálogos de Platão, sofreriam do século XIX em diante, até se confinarem aos limites expositivos dos tratados, drástica redução em seus gêneros e estilos: rareou o diálogo, ainda renovado pelos humanistas do Renascimento, depois dos estoicos na Antiguidade e de Santo Agostinho no fim do mundo greco-latino, com esporádicas reaparições em Fichte no século XIX e em Santayna e Heidegger no século XX.

Dividido em partes, seções e capítulos, o tratado, que vai de Locke a Hume, de Kant a Hegel e de Husserl a Heidegger, não obedeceria a uma disposição sistemática uniforme, variando, dentro da produção dos filósofos, conforme o individuavam as particularidades da escrita em cada um. A última das três *Críticas* kantianas, a *Crítica da faculdade de julgar*, é oscilante e tortuosa; a rigidez da *Ciência da lógica* de Hegel contrasta com a flexibilidade das *Lições de estética* do mesmo autor, talvez por ser obra póstuma, refundindo apontamentos de aula de seus discípulos.

A despeito disso, quanto mais nos aproximamos dos dias de hoje, mais a escrita, primando sobre a ação do pensamento, que deixou de ser pública, se tornaria insegura. Heidegger publicaria em 1927 um tratado incompleto, *Ser e tempo*, um dos mais fecundos de nossa época, que nunca chegou a terminar, porque, segundo alegou, lhe faltavam os conceitos adequados para ultrapassar a barreira metafísica da linguagem com que se defrontara. Talvez tenha sido para evitar essa barreira que Wittgenstein, numa réplica à *Ética* de Espinosa, escrita em ordem geométrica, as proposições e os escólios deduzidos de axiomas e postulados, elaborou em ordem numérica decimal os parágrafos de seu *Tractatus logico-philosophicus*, semelhantes, na forma sintética, aos pensamentos fragmentados de Pascal e aos aforismos de Nietzsche.

Só a incessante leitura das obras filosóficas, na perspectiva do mundo atual, poderá, para nós, estudantes de filosofia, reacender o perdido fulgor público da ação do pensamento, pois que a leitura dessas fontes também age sobre nós no plano moral. Quando lecionava, eram os alunos menos inclinados à teoria, em cada turma, que me diziam sempre: "Sua disciplina é difícil mas bonita." Maneira delicada de afirmar: Bonita mas inútil. É certo porém que o fazer filosófico se tornaria irrelevante se lhe faltasse a incômoda e inútil beleza de um afazer, mais, portanto, do que um fazer – um fazer aliciante, que compromete a minha vida pessoal com a de todos os outros.

O *práttein*, o agir das obras sobre nós, toma agora um sentido propriamente prático. Começando como conhecimento do mundo, todo afazer filosófico, graças ao poder da leitura das obras-fonte, nos quais se concretiza, e que reclama o agir, tende a terminar como ética, como orientação prática da vida.

Casa, praça, jardim e quintal*

> *"Vão demolir esta casa.*
> *Mas meu quarto vai ficar..."*
> Manuel Bandeira, *Última canção do Beco*

> *"São muitos e milhões de jardins*
> *e todos os jardins se falam."*
> Guimarães Rosa, *Jardim fechado*

> *"A praça! A praça é do povo*
> *como o céu é do condor."*
> Castro Alves, *O povo ao poder*

In principio erat hortus. No princípio não era a casa, mas o jardim; nossos pais bíblicos habitavam ao ar livre, sem outro teto, senão o céu e a copa das árvores, nessa primeira residência: uma só paragem aberta, o imenso plaino edênico com inúmeros recantos e refúgios. Parecia ilimitado, mas já nascera pronto, obra do jardineiro que amassou o barro do primeiro casal, largado no meio do Éden, com as restrições que se sabe quanto ao uso de duas árvores eternas lá plantadas. Não se pode calcular o tempo que as duas primeiras criaturas humanas aí passaram.

---

* Em Luis A. de Boni (org.), *Finitude e transcendência: Festschrift em homenagem a Ernildo Stein*. Petrópolis: Vozes, 1996, pp. 31-46.

Porém, qualquer que tenha sido, breve semana ou um século, acompanhou-os, a despeito da residência vigiada, a sensação fagueira de um viver solto como o do ar e plácido como o das árvores. A suposição não é arbitrária. Tanto se regalaram nesse jardim, que mesmo longo tempo depois de expulsos por infringirem as sabidas restrições, seus filhos, principalmente quando crianças, sempre haveriam de tentar recuperar, em análogos sítios plantados, fossem jardins ou parques europeus, fossem quintais do Novo Mundo, a liberdade perdida.

Formalmente fechado o divino jardim após a expulsão, ter-se-ia construído a primeira casa – embora disso não haja menção no episódio bíblico subsequente; trabalhando, os descendentes imediatos do primitivo casal, Abel e Caim, este agricultor e aquele pastor, precisavam de teto, uma cabana rústica ou uma tenda, provisórios abrigos de gente nômade. Mas, reminiscência da liberdade perdida, os jardins que floresceriam de palavra persa que passou ao hebraico *pardes* e ao grego *parádeisos*, só puderam prosperar quando circundassem moradas firmes, construídas com materiais sólidos e duráveis, moradas já dentro daquele recinto, a cidade, que consta Caim ter fundado ao fugir da presença de Deus. À tradição da cidade remonta Babel, edificada num vale de Senaar.

A Bíblia não nomeia os que a construíram. Menciona, apenas, como homens, os que afluíram para o vale de Senaar: "como os homens emigrassem para o Oriente, encontraram um vale..." Pelo que fizeram, por certo que eram numerosos, os que aí tentaram se fixar; e para poderem erguer uma torre que subisse até o céu, fabricando-a com tijolos ao fogo, esses muitos entendiam-se entre si, porque falavam a mesma língua. Disseram um ao outro: "Vinde! Façamos tijolos e cozamo-los ao fogo." Com a torre, provavelmente levantada no centro da cidade, inaugurou-se a primeira praça, de que o texto sagrado não fala. O mesmo texto silencia acerca do destino da torre, com a qual os homens quiseram alcançar nomeada, evitando a dispersão. "Vinde! Construamos uma cidade e uma torre cujo ápice penetre nos céus. Façamos um nome e não sejamos dispersos sobre a terra." Ao contrário do Éden, em que um prévio interdito foi infringido, em Babel a sanção *post-factum* abateu-se sobre a língua comum e não sobre a construção que havia sido produzida graças a ela. "Confundamos a sua linguagem para que não mais se entendam uns aos outros."

Interrompida foi a construção, mas é de supor que ao dispersarem-se, e a despeito da confusão das línguas, seus construtores, descendentes do Paraíso perdido e da tradição cainita, tenham transportado para outras plagas, onde as casas seriam erguidas com o mesmo sólido material da torre, o ainda mais longínquo modelo do edênico jardim.

Escreveria essa paródia mítica, arrevesada como primeiro escólio ao *O jardim e a praça* (um estudo sobre o privado e o público na vida social e histórica do pernambucano Nelson Saldanha, precedendo esta e as seguintes notas a esmo, todas variações em torno do tema principal daquele ensaio que as provocou – o espaço enquanto categoria da "instalação" histórica do homem e de sua cultura, em concorrência com o tempo. Desse tema deriva a correlação espacial do jardim e da casa com o domínio privado e da praça com o público, que é o foco itinerante do ensaio, repassando fases históricas, classes sociais, relações de poder, formas de governo, regimes políticos, movimentos de ideias, numa prismática recapitulação da história ocidental. As alterações daqueles dois domínios conduzem, sob o mesmo foco, ao segundo tema, interligado ao primeiro: a crise, interpretada em termos espaciais. Crise da praça, do jardim e da casa.

O pressuposto dos dois temas é o entendimento da história "como história dos espaços, história das relações entre cultura e espaço e do modo como os homens vêm utilizando o espaço" (p. 17). A experiência humana se organiza espacialmente no sentido individual e grupal: a distinção valorativa de lugares marca tanto a ocupação de territórios quanto as relações dos homens entre si, vinculados moral e socialmente por aproximações, afastamentos horizontais e verticais. O próprio tempo se especializa quando divide os ciclos da vida e da natureza. Em suma, a divisão em níveis, planos, dimensões, setores, esferas, parece construir um requisito da inteligibilidade do mundo. Já a palavra "instalação" para referir a humana existência, localizada no mundo, também conota o amplo e ilimitado espaço em que a nossa atividade se espraia. E é nesse espaço maior que traçados ficam os domínios interconexos do público e do privado, que são planos alternativos do viver, um "o viver de todos (ou com todos, na medida em que tal imagem pode caracterizar-se), e o viver consigo mesmo: o viver pessoal, que é o privado, e que consiste no plano da convivência mais íntima, mais direta, correlata do existir individual" (p. 19). Não deturparei o pensamento de Nelson Saldanha se afirmar que nesses planos o viver exprime possibilidades ou modos de ser do homem, de que a praça, a casa e o jardim são concreções históricas variáveis.

Mas, considerando agora a elasticidade existencial tomada pelo espaço, o termo categoria, que lhe deferimos no início, pode empobrecê-lo. Não evitou o prejuízo conceptual desse risco o próprio autor. Por duas vezes, apela, como fundamento da conformação espaçotemporal da experiência, às categorias kantianas, privilegiando o espaço pela sua exterioridade objetiva. Entretanto, os planos do viver antes mencionados, e suas respectivas concreções históricas variáveis, são expressivos, como autoimagens do homem, imagens mutáveis sobre as quais a antropologia filosófica se debruça na busca de constantes humanas. O tratamento histórico do público e do privado e de seus três correlatos espaciais – a casa, o jardim e a praça, ao mesmo tempo sítios que os localizem e construções que os conformam – tem por horizonte, num esforço de elucidação da crise do mundo moderno, a delimitação dessas constantes.

Um lugar ao ar livre, onde progrediu o desejo de renome cerceado em Babel, foi a *ágora* grega, centro da *pólis* ateniense, depois das reformas de Clístenes no século VI. Aí não se ergue uma torre, como no avulso episódio bíblico, mas o *bouleterion*, em que os homens livres, independentemente das *fratrias* a que pertenciam, usavam da palavra para discutir as leis da Cidade que impunham a si mesmos, em nome da imemorial deusa da justiça a que serviam. Mas esse serviço religioso tomava um sentido político – cívico, como se diria a partir do latim: a defesa e preservação da *pólis*, como um espaço livre, delimitado por *nomoi* que o debate estabelecia, qualificando o integrante da cidade pela sua ação a céu aberto, que se estendia da aplicação das leis pelos tribunais às tarefas de mando e de governo de que participavam. O espaço sagrado, de exclusivo serviço dos deuses, deslocou-se para o alto da Acrópole.

O solto exercício da fala, seu uso não ritual em discursos contrastantes, polêmicos, de efeito persuasivo, punha os indivíduos fora de suas casas, em contato uns com os outros; em vez de dispersá-los, a palavra os unia por um *lógos*, por uma razão comum. É verdade, porém, que somente os proprietários das casas, já então solidamente construídas, usufruíram dessa razão comum, de que eram destituídos os escravos e os bárbaros, *aneus logos*. Mas debaixo do teto, no espaço fechado e particular das moradias, que provia a subsistência material e a continuidade da família, e onde exerciam a máxima autoridade sobre o grupo doméstico, estavam privados da ação no livre, aberto e comum espaço da *ágora*, que os tornava membros da *pólis*, qualificando-os de cidadãos.

Vinha de longe, do final da época arcaica, a distinção, já presente em Homero, entre o particular e o próprio de um lado e o comum de outro, entre o *ídion* e o *koinon*, como domínios separados da atividade humana. Mas a democracia ateniense acentuaria o desigual valor do primeiro como privação do comum ou público, o único a assegurar ao indivíduo, retirado do âmbito da família, o renome como membro da *pólis* – nomeada que, ao louvá-lo, na interpretação de Hannah Arendt, proporcionava-lhe, equivalendo a uma garantia de imortalidade, sua realização enquanto homem.

Por certo que, embora separados, não faltava conexão entre o privado e o público; sem aquele, localizado na *oikía*, a casa, unidade econômica de trabalho e de produção, provendo à satisfação das necessidades básicas, e, por isso, liberando o indivíduo para a *vita actuosa* e *negotiosa* da *ágora* – também local do mercado –, a excelência do homem, sua virtude, deixaria de manifestar-se. Isso foi reconhecido por Aristóteles, que considerou a Ética uma parte da Política e o homem um *bios politikos*, isto é, um animal político, que não poderia viver fora da *pólis*. Quem não tivesse casa estaria abaixo do humano; mas só o cidadão, que começa a agir politicamente quando sai de casa, levaria uma vida plenamente humana. Embora divergissem os filósofos, sobretudo Sócrates e Platão, na época clássica da democracia ateniense, retraindo-se do envolvimento da vida pública, todos, do século VI à época clássica, aceitavam a superioridade da *pólis*. Ambas, Filosofia e Cidade, possibilitadas pelo uso contraditório da linguagem, desenvolveram-se juntas.

Sócrates fugia da *ágora* a conselho de seu *daímon*; e Platão detratava a Retórica, arte da praça, que empresta à palavra todo o seu poder de persuasão. Mas Sócrates não filosofava dentro de sua casa; diálogos platônicos, como o *Eutidemo*, *Eutifron* e *Lisis*, começam no bosque de Apolo Likeios. Aí Aristóteles perambulou de dia com seus discípulos, lecionando a parte esotérica, mais pesada, de sua doutrina. Não muito longe, a Academia sedia a escola de Platão num lugar aconchegado, entre oliveiras, por onde, na imaginação de Willamowtiz, o mestre passearia escutando os rouxinóis na primavera. Sócrates diz a Fedro, quando param para conversar num aprazível recanto, que mais parece jardim do que bosque: "Por Hera! Que belo sítio para descansar! Este plátano, realmente, é tão copado quanto alto, e aquele pé de agnocasto, além da sombra agradabilíssima que sua altura proporciona, embalsama toda a redondeza por estar em plena florescência. E sob o plátano, também, que fonte encantadora! A água é bastante fria, o que os pés nos confirmam. Deve ser consagrada às Ninfas e a Aqueloo, a julgarmos por estas imagens e figurinhas. Observa também como aqui a brisa é delicada e aprazível; sua melodia clara e estival acompanha o coro das cigarras. Porém, o mais agradável de tudo é a relva, que se eleva gradualmente para formar uma camada espessa. Se nos deitarmos neste ponto, disporemos de travesseiro em tudo cômodo."

Afastando-se tanto da casa quanto da praça, a prática da filosofia ocuparia o espaço intermediário dos bosques ou dos jardins.

In principio erat domus. No começo era a casa, parece dizer-nos Nelson Saldanha. Não só porque, segundo afirma, "o que se edifica para a privacidade é evidentemente uma parte muito especial da instalação do ser humano no mundo, uma parte que exprime em termos concretos e particulares (contraprova do abstrato e do genérico) o próprio ser do homem, com suas fraquezas e seus prolongamentos" (p. 27), como também porque as grandes casas senhoriais entraram para o nosso imaginário, com a força arquetípica dos castelos medievais e dos palácios renascentistas e barrocos, a que não se furtou o palacete burguês. Em matéria de casa, o *ancien régime* não cessou no século XIX, quando a morada passou a abrigar, com a família, em seus "terraços e pátios, porões, andares superiores, pinturas nas paredes, colunatas e cavalariças", ponhamos também em suas escadarias, sótãos e corredores, a câmara escura da subjetividade, o introspectivo indivíduo moderno. A casa torna-se um mundo interior fechado como o sujeito; é o lugar em que ele se encobre e se descobre na época da nostalgia romântica. Um pouco depois, para aproveitarmos a sagaz observação de George Steiner, esse lugar seria retraçado no "cenário freudiano tripartite da psique", que reduplica o porão, os aposentos de convivência e o sótão "carregado de memória" da casa burguesa.

Não terá essa nostalgia romântica gerado a imagem, a grande e senhorial imagem, do mundo como casa? Pelo menos, se dermos a palavra a Novalis, o pensar é um ir para a casa, um *zu Hause zugehen*, termo do infinito *Sehnsucht*, que alimenta a arte e o conhecimento. E não nos admiremos que essa voz romântica ecoe na ideia heideggeriana do estar-no-mundo como um morar. Mas na conotação que lhe deu, de tráfego humano, de lugar da história, de *foyer* de decisões, o mundo, para Heidegger, funde, numa só instalação da existência, o público e o privado.

Obrigado pelo seu foco espacial, o ensaio de Nelson Saldanha move-se numa dupla pauta, entre conceitos e imagens – entre as concepções do público e do privado, que são modos do existir humano, e as suas concreções correspondentes, casa, jardim e praça, visualizados na iconografia ou na imaginação, e que de qualquer maneira os corporalizam ou conformam física, sensivelmente. Daí a alternância ideal a que obedece, da concepção, sempre muito ampla e diversificada, porquanto aqueles modos de existir conjugam-se a estruturas sociais e culturais de diferentes ordens, com a descrição, destinada a apreendê-los no espaço que os circunscreve em formas ou sítios determinados. Assim, o que se descreve no espaço, nunca objeto de geometria plana, tenderá ou à topografia ou à morfologia – nesse assunto muito afins. Mesmo diante do versátil tratamento histórico preponderante, de aérea leveza – atributo do autêntico ensaísmo, como lepidez das ideias e de seus enlaces, sem peso e torpor dogmáticos – não se pode esquecer nem Spengler nem Simmel, quando Nelson Saldanha nos diz que é simbólica a correlação do jardim com a vida privada e da praça com a vida pública. Separados em tantos pontos essenciais, aqueles dois pensadores alemães tomaram o espaço como transfusor das forças vitais da cultura.

Uma das teses da morfologia de Spengler é que "não há símbolos que não sejam sensíveis e espaciais". Mas são as artes que os constroem, retrabalhando, em estilos distintos, a serviço das almas apolínea e fáustica, a matéria e o espaço. Abstraindo as almas, a dinâmica das janelas, por Spengler tão realçada, como portadora da força vital da cultura do Ocidente moderno, poderia ser desinvestida da morfologia e incorporada a uma possível topografia das casas, descritas por traços direcionais: oposição dentro/fora, entrada e saída, alto e baixo, sob a tensão da porta de acesso, limite entre o interior, de que Simmel tratou, de maneira exemplar, em seu escrito *A ponte e a porta*. À descrição das casas senhoriais e burguesas, não faltaria, por certo, a dinâmica dos corredores, das salas, dos desvões, das escadas, que fortaleceu o interior doméstico, a partir do século XX, junto com o jardim, recesso da vida privada, resguardado da convulsiva vida pública, agitando ruas e praças.

Outra seria a dinâmica do jardim, lugar ambíguo, que é "e ao mesmo tempo não é uma parte da casa": surja dentro ou fora dela, acrescenta ao interior doméstico do qual se desprende o exterior da natureza sobre o qual se abre, fechando-a, porém, num recinto cultivado que a domestica. Nesse sentido, a natureza domesticada é um segundo interior, *extramuros*, aberto em relação à casa e fechado em relação ao exterior urbano de ruas e praças, que se afastam da natureza. Em ambos os casos, a oposição interior/exterior reverte ao constante intensificado pela cidade, entre cultura e natureza, que o jardim recobra e alivia, como um limite tanto do espaço privado da casa em relação ao público quanto do público em relação ao espaço natural, que é, por si, o ilimitado lugar da "instalação" humana. Sem essa dialética da vida urbana, não poderíamos reaproximar-nos da natureza de que a cidade nos distanciou: a primeira reaproximação é a do olhar que a circunvaga da perspectiva da cidade, antes de circundá-la, transformando-a em paisagem. O jardim pressupõe a paisagem, assim como a paisagem pressupõe a cidade. Mas ele traria de volta o mítico envolvimento, não paisagístico, do espaço natural edênico.

O cultivo de que surge o jardim é a técnica da cultura nascente – o trato da terra, o cuidado com o solo, a agricultura, o plantio sem outra colheita além das plantas e sua floração, com a terra em que as circundam, com a água que as reflete. Quaisquer que sejam as variações históricas desse cultivo – do ajardinamento oriental, árabe e japonês, aos ocidentais clássico e romântico – essa técnica delimita o ilimitado. Num sítio único, isola o espaço natural, e, isolando-o, realça o conjunto de seus elementos ponderáveis e imponderáveis, terrestres, aéreos, luminosos e líquidos, reunidos em torno da imóvel vitalidade dos vegetais. É uma arte que trabalha diretamente sobre o corpo das coisas e o solo em que se localizam. Arte que nos dá a extensão corporal e não a sua aparência, diria Kant, no século XVIII, antes de incluí-la, ao lado da pintura, entre as artes estéticas.

Para Kant, as artes estéticas valeriam pela sua urbanidade, ou seja, pelo estímulo que proporcionariam ao cultivo do espírito. E haveria arte mais urbana, mais civilizada, do que a dos jardins? Pois que, ao contrário da música, não favorece muito mais a cultura (*Kultur*) do que o prazer (*Genuss*)? Entretanto, ao considerá-la "como uma espécie de arte pictural", na medida em que produzindo a ornamentação do solo "com a mesma variedade que a natureza apresenta à contemplação" sua bela disposição de objetos naturais só à vista se impõe, Kant passava da paisagem ao paisagismo. O jardim é antes de tudo um quadro da natureza viva, que combina "de maneira interessante o ar, a terra e a água com a luz e a sombra". Tal como na bela pintura, a pintura estética, sua contemplação incita o jogo livre da imaginação: o espaço ajardinado abre para o sujeito contemplativo menos um exterior ilimitado do que o recesso de sua vida interior, de que é o espelho reflexivo. O paisagismo assinala a estetização da natureza, que possibilitaria, na urbanização da era industrial, quando se operou o recesso do espaço público, a fixação romântica, burguesa, do jardim, como refúgio da vida privada, posta à margem do movimento das ruas e imune à avalanche das multidões nas praças. Não demora muito para que o jardim se tornasse "*un paysage choisi*" [uma paisagem escolhida], interiorizado enquanto estado d'alma.

O jardim clássico, o *locus aemenus*, como espaço intermediário entre o público e o privado, é, por certo, paisagem dentro do espaço urbano, mas não lugar de isolamento subjetivo. Para filosofar, Sócrates precisava, embora se retraísse à participação na vida pública, e, portanto, política, dos sítios públicos – do mercado e dos ginásios. Não filosofava em casa e tampouco se demorava nos jardins e bosques: "... nem o campo nem as árvores não me ensinam coisa alguma; somente os homens da cidade". Quando a filosofia passa, com Epicuro, a morar no jardim, depois da desagregação da *pólis*, o *locus aemenus* já se tornara o lugar da privação, mas ampliando a vida privada que ali se cultiva fora do grupo familiar, das relações de parentesco; a "experiência satisfatória", prazerosa, que ele proporciona, é correspondente ao prazer da amizade e da conversação.

Talvez então, no período helenístico, tivesse começado, delineado uma dessas frequentes linhas quebradas da história da cultura, o "sentir paisagista da natureza", de que nos fala o sábio Burckhardt. A época tendia ao "sentimental e ao melancólico", o campo, o rural, visto como um antídoto da cidade e de seus males políticos. Mas, por mais que valorizado fosse tal sentir paisagístico, longe estava do moderno sentimento de "retorno à natureza" que encaminhou Rousseau aos jardins de Ermenonville, feitos por transposição de quadros paisagísticos, prévia e expressamente pintados para lhe servirem de modelo. Réplica de uma paisagem pictórica, o jardim já é o expansivo recinto da subjetividade; e, por isso, percebê-lo, "importa menos do que imaginar a existência que nele se poderia ter". Seu arranjo imaginário contorna a história e recua até o lugar nativo do homem, à natureza que lhe serviu de berço.

Claro está que esse homem não é o cidadão, mas o indivíduo isolado, solitário, do estado natural, que a piedade aproximaria de seus semelhantes e que a vontade uniria politicamente no contrato social. Eis o paradoxo individualista do estado natural ou do rousseauniano. A natureza, lei para a razão, fundamentaria o pacto político, e, portanto, assentaria na vida pública a nova ordem social; mas, como berço ao qual se retorna, a natureza liberta o indivíduo da vida pública, libertando sua fantasia sonhadora. O estado natural antecipar-se-ia ao privado: é o particular concreto da individualidade que com esse estado, mítico vizinho do paraíso perdido, Rousseau, o caminhante solitário, recupera, ao sonhar, ocioso, no fundo de um barco ou sentado à beira do lago, nas paragens da ilha Saint--Pierre, um jardim boscoso: "De que se goza numa situação semelhante? De nada exterior a si e somente de si mesmo, de sua própria existência, e, enquanto esse estado dura, é-se autossuficiente como Deus."

Tratando da arte dos jardins, em sua *Estética*, Hegel mostra, segundo a concepção guia dessa obra, que tal arte, para ele adjunta da arquitetura, dissolver-se-ia, com esta, no ajardinamento romântico do grande parque semeado de recantos, pontes e pequenas construções, que distraem a vista do conjunto ordenado, perdendo-se a alma viva da natureza em proveito da subjetividade. O jardim ainda era para ele, às vésperas das mudanças que a urbanização do capitalismo industrial ascendente determinaria, enquanto produto de uma arte tão urbana quanto o foi para Kant e quanto era nos séculos XVII e XVIII, o cortejo da natureza ao pensamento do homem em passeio ou em conversação – pensamento do geral, não distraído pelo particular.

No parque goethiano, descrito sucessivas vezes e por diferentes ângulos no *Afinidades eletivas*, a ordenação da natureza, já quase um empreendimento de dominação fáustica, concilia o clássico e o romântico, o subjetivo e o objetivo, o particular e o geral. O particular dos bosquedos, do lago, da cabana, entremeando campos cultivados e aldeias, é distração dos personagens em relação às suas paixões, e objeto de um plano de remodelação da propriedade, que toma a região como um todo, genericamente pensada de acordo com a melhor distribuição dos elementos naturais, principalmente das árvores, organizadas em paisagem, mas reconhecidas e classificadas como espécies vegetais. A partir daí podemos surpreender um talvez inesperado sentido público do sentimento de retorno à natureza. Além daquele que se casa com o alcance geral do empreendimento privado de remodelação da propriedade, esse sentimento derivaria, em Goethe, para o estudo da Botânica, a que também se afeiçoara Rousseau, e, portanto, para o enquadramento classificatório, que só pode ser consensual, público, de uma parte da natureza.

Até a metade do século XVIII, em Londres e Paris, já populosas metrópoles, como centros do comércio expansivo e da atividade financeira – ambas palcos, antes do capitalismo industrial, da "ascensão da burguesia" –, a metamorfose dos jardins em logradouros para facilitar a circulação de carruagens e pedestres é paralela à das praças, construídas ou de forma monumental, como em Paris, em grandes espaços vazios, ou em estilo de parque, como em Londres, em espaços arborizados, que entremeiam blocos de residências. Dentro desse quadro traçado por

Sennet, a mudança da disposição espacial das duas cidades que disso resultou, com a perda da função coesiva da praça, não mais lugar de concentração e de transação, denuncia uma diversificação do domínio público, desviado da corte para o teatro, para os salões e os cafés, os três âmbitos de formação e difusão do pensamento antitradicional, moderno, no âmbito maior da cidade.

De fato, como reconhece Saldanha, o meio urbano predispõe à racionalização, termo ambíguo que comporta a força maior de outro termo em ão – a secularização, como diretiva desse pensamento, seguindo um curso certamente meândrico, mas, com um de seus canais desaguando naquela crença no valor dos processos imanentes, suporte psicológico do individualismo que fortaleceria a vida privada. Embora nessa época a que nos referimos a vida pública começasse a se problematizar como o domínio estranho, anômalo, dos transeuntes que já eram multidão – mas não ainda a massa que conheceria Baudelaire e que Rimbaud chamaria de "*parade sauvage*" [parada selvagem] – e a vida privada tivesse naturalizado a casa, mas não ainda feita abrigo da personalidade, o real imanente e verdadeiro de cada indivíduo por ela defendido, as duas modalidades de relacionamento humano ainda se equilibravam.

Dependente de múltiplas causas que jamais acabaremos de destrinçar, o desequilíbrio entre essas modalidades, culminando em nossa tríplice crise – da casa, da praça e do jardim – nunca será inteligível se esquecermos de considerar por trás dos efeitos mais ostensivos do capitalismo industrial – racionalização do trabalho e conversão de seus produtos em valor de troca – ordinariamente invocados para explicá-lo – o deslocamento, no espaço, da atividade econômica, tal como fora na Antiguidade e no Medievo. Refiro-me à transferência dessa atividade do âmbito da casa (*oikía*), onde garantia a subsistência do grupo familiar, ao plano público, das relações humanas, onde deve garantir a subsistência de cada qual e de todos. Mas, com semelhante traspasse, para Hannah Arendt a origem do social, indistinto do econômico, enquanto fenômeno moderno por excelência, as relações humanas convertem-se, neutralizada a ação política, numa instância coletiva anônima, independente dos indivíduos, exterior e superior a eles. A casa abria-se para o mercado, acrescentará Habermas. Porém, quando isso se dá, o mercado deixa o seu lugar na praça e torna-se o espaço abstrato da compra e venda, ordenada a produção pelo consumo, e ambos pela rentabilidade, que a economia das nações, denominada política, formulará como lei natural da concorrência, última instância do valor de troca das mercadorias.

Essa metamorfose do domínio privado, véspera de sua posterior separação do público desfigurado em sua função política, prepara a ruína da casa, e engrena-se à metamorfose das praças e dos jardins, segundo descrevemos no início deste fragmento. Os estigmas da crise – suas marcas espaciais na era da massificação e das técnicas de comunicação, quando aumenta, com a rentabilidade dos espaços urbanos, a abstração da natureza na cidade, aumentando, concomitantemente, a sua dominação exploratória fáustico-empresarial – podem ser conferidos no livro de Nelson Saldanha: as casas perdem o velho sentido de morada, os jardins tornam-se "áreas de lazer", disponíveis para o indivíduo nômade, e a praça, lugar de adensamento do tráfego automobilístico, perde a sua virtude de congregar os homens para o uso da palavra persuasiva, no duro ofício da cidadania. Mas os jardins suspensos dos espigões das megalópoles, fantasmas da natureza, da terra abstraída e avassalada, são a memória dos espaços perdidos. E, por sua vez, os espaços perdidos são símbolos do transitório, marcas históricas, mordidas do tempo.

A simbólica do espaço nada mais é do que o exterior localizável do tempo histórico finito – do tempo como dimensão da finitude do homem, arrimada ao mundo – que possibilita acontecimentos e decisões. Se é verdade que não basta, para falar da condição "do homem, mencionar o seu estar-no-mundo" (o sempre citado *in-der-Welt sein*, de Heidegger), sem dizer dos contextos em que se encontra, das instituições a que se integra ou das "constantes universais" de sua organização social e política, parece-nos também insuficientes, quando se trata de descrever os correlatos espaciais da vida privada e da vida pública, incluídas entre essas constantes, e que pressupõem, como possibilidades, como modos de ser da existência, a "instalação" do homem no mundo – sucedâneo verbal do *in-der-Welt sein* – fundamentar no espaço *a priori* kantiano, exterior e objetivo, a ideia de uma história espacial, com suas características formações localizadas, particularmente daquelas que aqui examinamos.

A simbólica espacial, enquanto expressão, tantas vezes invocada, e que, nessa medida, exprime um modo concreto de ser, é o outro lado do tempo finito, da temporalização sedimentada no que o homem faz e constrói. Desse ponto de vista, o espaço não consiste na ordem externa das representações, mas no localizável, no situacionar-se *hic et nunc* de todo empreendimento humano. Para o homem, existir já é arrumar espaço para si, e isso significa tomar um rumo, uma direção relativamente à instalação de seu sítio, dele podendo aproximar-se ou distanciar-se, movimentos que implicam temporalidade. Espacear seria sinônimo para esse arrumar espaço – uma arrumação variável, segundo contextos, sempre a partir do mundo, ou da Terra (no sentido que Husserl deu a essa palavra na *Krisis*) e das diferentes paragens a que se afeiçoa, tais como as históricas paragens chamadas cidades, com suas casas, jardins e praças.

Entre as paragens por onde difundiu-se a lembrança da liberdade edênica, mencionamos os jardins europeus ao lado dos quintais tropicais. Mas ainda não falamos dos quintais. A intromissão desse assunto comezinho como tema espaçotemporal foi particularmente motivada, conforme adiante se verá, pela reflexão de Nelson Saldanha sobre o privatismo brasileiro.

Ainda é o clássico *Raízes do Brasil*, de Sérgio Buarque de Holanda, que nos oferece o mais completo apanhado das razões históricas desse privatismo: o feitio exploratório do assentamento português, como um vício de origem, o ruralismo predominante da família patriarcal, organizada com base na grande propriedade e na monocultura, e a consequente precariedade da vida urbana.

Invertendo o que foi regra em outras partes do mundo, a prosperidade centralizou-se na propriedade rural, onde habitavam permanentemente os senhores, e não nos centros urbanos. As cidades se estabeleceram caprichosamente e nunca surgiram, como na América Espanhola, obedecendo a um prévio e regular traçado. Daí o desalinho das ruas e a desordem na disposição das casas, construídas aqui e ali, segundo a fantasia dos proprietários. A casa patriarcal preponderava no campo e a família sobre toda a sociedade colonial. Dessa forma, o quadro familiar "torna-se [...] tão poderoso e exigente, que sua sombra persegue os indivíduos, mesmo fora do recinto doméstico. A entidade privada precede sempre, neles, a entidade pública".

Mas, acastelado na moradia, esse rígido privatismo de casa-grande, passivo histórico das estruturas arcaicas ainda subsistentes, é, até hoje, "um privatismo sem jardins. Sem jardins, pelo fenômeno da pobreza ou por falta de influências adequadas" (p. 107). As duas razões se somam: faltam-nos jardins. Mas replico que, de norte a sul, e de leste a oeste do país, nunca nos faltaram quintais nas cidades. E até há bem pouco tempo, coisa de vinte ou trinta anos, quando a especulação imobiliária urbana não era tão alvoroçada como atualmente, podíamos ser considerados um povo de quintais, espelhando um outro aspecto menos rude e mais simpático do nosso rígido privatismo.

O que é, porém, um quintal?

Quanto à extensão, variável ao extremo, o quintal é o terreno livre, que sobrou da construção da casa, em geral nos fundos, em certos casos dos dois lados dela e adjacente à rua. Em parte utilitário, prolonga, a céu aberto, o interior da casa: tem o seu tanto de horta, o seu tanto de jardim e o seu tanto de pomar – podendo também funcionar como saguão ou pátio – sem que nenhuma dessas funções, em conjunto ou isoladamente, receba identidade, porque, também, abriga serviços que não caberiam no âmbito doméstico, a exemplo das enumeradas por Manuel Bandeira, numa das poucas tentativas, até agora, de definição do quintal nas letras brasileiras, tomando por base o da rua da União, no Recife da meninice do poeta: o tanque de lavar roupa, a armação de madeira com folha de zinco, o coradouro ou quarador, a talha com água potável, e, de maneira muito particular e datada, o cambrone, a casinha do sanitário, aqui no Norte denominado, à mesma época e um pouco depois, entre a classe média, retrete (*retraite*) ou comodidade.

Além disso, também entram na descrição de Bandeira, do que talvez fosse um quintalejo, "os canteiros de flores singelas, hortaliças, arbustos medicinais de preferência (sabugueiro, malva, etc.)". Todo esse conjunto híbrido, a parte ajardinada singela não suplantando as demais e o cultivo de hortaliças e plantas medicinais dão ao quintalzinho do poeta um aspecto interiorano, mais acentuado nos terrenos maiores, onde podiam crescer arbustos e mesmo árvores em franca desordem, a aglomeração com um jeito de terra inexplorada e abandonada.

De qualquer forma, pequeno ou grande, o quintal era um enclave do rural no urbano ou um espaço desurbanizado. A casa, que pela fachada abria-se para a rua, pelo seu quintal estava sempre meio fora da cidade. Em outros lugares, como em Belém, cidade nascida numa clareira que o colonizador abriu na floresta, esse fora da cidade era o mato, presente em cada fundo de terreno.

Bandeira diz, no mesmo escrito citado, que as horas passadas em seu quintal foram "de treino para a poesia". Enquanto na rua brincava com os meninos de sua idade, "ginasticamente, turbulentamente", no quintal "sonhava intimidade de mim mesmo".

Não foram os jardins que prepararam a nossa intimidade individual, mas os quintais. Últimos rincões das paragens edênicas, retiravam-nos cada dia, por momentos, do absorvente círculo de família, para a convivência com o quieto e mágico mundo vegetal. Colher frutas silvestres, subir nas árvores, plantar flores singelas como as de Bandeira, descobrir trilhas e veredas nesse mínimo bosque ou nessa fingida floresta cheia de perigos e de bichos fantásticos, eram exercícios poéticos da infância que suavizavam o privatismo adulto.

Com o desaparecimento dos quintais, morrerá um local privilegiado, senão uma das fontes principais de nosso imaginário, talvez entre o único espaço privado, domiciliar, limítrofe da cultura, a pôr-nos em contato com o ilimitado espaço da natureza.

Referências bibliográficas

Além de *O jardim e a praça* (São Paulo: Edusp, 1993), de Nelson Saldanha, foram consultadas para a redação dessas notas as seguintes obras:

AA. VV. *História da vida privada*. São Paulo: Companhia de Letras, 1990s., vols. I e III.
Arendt, H. *The Human Condition*. Nova York: Anchor Books, 1959.
Bonnard, A. *Civilização grega (de Eurípides a Alexandria)*. Lisboa: Estudios Cor.
Burckhardt, J. *Historia de la cultura grega*. Barcelona: Iberia, t. V, 1954.
Coulanges, F. de. *A cidade antiga*. Lisboa: Clássica, 1911.

Giamatti, A. B. *The Harthly Paradise and the Renaissance Epic*. Princeton: University Press, 1969.
Habermas, J. *Mudança estrutural da esfera pública*. Rio de Janeiro: Tempo Brasileiro, 1984.
Hegel, G. W. F. *Vorlesungen Über die Aesthetik*. Frankfurt: Suhrkamp, 1970, vol. II.
Hollanda, S. B. de. *Raízes do Brasil*. Rio de Janeiro: José Olympio, 1982.
Kant, I. *Kritik der Urtreilskraft*. Stuttgart: Reclam, 1966.
Petrie, A. *Introducción al estudio de la Grecia*. México: Fondo de Cultura, 1946.
Platão. *Fedro*. In: *Diálogos*. Belém: Universidade do Pará, 1975, vol. V.
Ribon, M. *A arte e a natureza*. Campinas: Papirus, 1991.
Rousseau, J.-J. *Les Revéries du promeneur solitaire*. Paris: Flammarion, 1964.
Sennet, R. *Les Tyrannies de l'intimité*. Paris: Seuil, 1979.
Simmel, G. *La tragédie de la culture*. Paris: Ed. Rivages, 1988.
Splengler, O. *A decadência do Ocidente*. Rio de Janeiro: Zahar, 1964.
Steiner, G. *Reélles Présences (Les arts du sens)*. Paris: Gallimard, 1989.
Vernant, J.-P. *L'individu, la mort e l'amour*. Paris: Gallimard, 1989.
_____. *Mito e pensamento entre os gregos*. Rio de Janeiro: Difusão Europeia do Livro, 1973.
Willamowitz-Moellendorfe. *Platon: Sein Leben und sein Werk*. Berlim: Weidmannsche, 1959.

Vertentes*

I

Num certo momento da história da metafísica, que correspondeu à plenitude do romantismo e do idealismo, a poesia, como princípio da arte em geral, tornou-se a forma adequada da verdade transcendente, o meio de intuir aquilo mesmo em que a especulação racional desemboca. Desse ponto de vista, não somente as poesias de Hölderlin e Novalis, como as de Wordsworth e Shelley, continham a imagem da metafísica realizada, da metafísica triunfante. Produzir-se-ia pela imaginação poética um esforço construtivo da realidade, semelhante àquela intencionalidade criadora, de ordem estética, que Schelling apontou no discurso filosófico. A criação estética, afirma Schelling, apresenta, de maneira objetiva, o princípio, a intenção e o mecanismo da dedução filosófica. Acha-se portanto realizada na primeira o que a segunda somente pode alcançar mediante o encadeamento lógico dos conceitos.

Quando Fernando Pessoa, que considerava sua *heteronímia* um empreendimento sério – sério porque continha fundamental ideia metafísica –, escarnece, por intermédio de Álvaro de Campos, da especulação filosófica, para, finalmente, em diversas passagens em prosa, legitimá-la

---
* Suplemento literário do *Estado de S.Paulo*, 8 e 15 nov. 1969.

como atividade artística, percebe-se bem que se trata de uma versão irônica do romantismo schellinguiano. "Todos os sistemas filosóficos devem ser tratados como obra de arte" (*Textos filosóficos*). "Não rejeito a metafísica, rejeito as ciências virtuais todas, isto é, todas as ciências que não se aproximaram ainda do estado, vá, 'matemático'; mas, para não desaproveitar essas ciências virtuais, que, porque existem, representam uma necessidade humana, faço artes delas, ou antes proponho que se faça artes delas – da metafísica, metafísicas várias, buscando arranjar sistemas do universo coerentes e engraçados..." ("O que é a metafísica?", in *Páginas de doutrina estética*).

Fernando Pessoa é, sem dúvida, um poeta metafísico, mas já da fase em que a metafísica, substituída por uma teoria das concepções de mundo, está às vésperas de neutralizar-se no pensamento interrogativo de Heidegger, diante do qual a verdade significa *um evento*, anterior ao discurso, e que no discurso desponta como desencobrimento originário de que dependerão as possibilidades conjuntas do verdadeiro e do falso. Uma vez que a todo desencobrimento corresponde uma ocultação, o verdadeiro e o falso, objetivamente discernidos, seriam como que as áreas de luz e sombra de uma perspectiva. A passagem da luz à sombra e da sombra à luz também supõe a fusão de ambas no permanente claro-escuro, que a filosofia de Heidegger chama de *errância*.

Mas errante é tanto o homem como o ser, que se manifesta ocultando-se. E assim a única verdade possível seria aquela espécie de fingimento transcendental do poeta produzindo concepções do mundo, que são concepções metafísicas do sentido lúdico, elaboradas pela necessidade de simular que se compreende o mundo, ou antes "de fingir que se pode compreendê-lo". O fingimento de Fernando Pessoa, na esfera artística, é a contrapartida da errância do ser, que se oculta nos simulacros, nas projeções itinerantes, nas *máscaras* que de si mesmo revela, sem desencobrir-se totalmente:

> Do eterno erro na eterna viagem
> O mais que exprime na alma que ousa
> É sempre nome, sempre linguagem,
> O véu e a capa de uma outra coisa.

Se a verdade e o erro nascem, independentemente de nós, do ser mesmo que solicita a linguagem para nela encobrir-se, somente restou a Fernando Pessoa compartilhar dessa simulação transcendental, afetar uma compreensão do mundo que não se tem, e jogar com diferentes possibilidades de ser e de existir.

Nesse jogo estético, que assume várias concepções do mundo heteronímicas, produz-se uma interpelação dramática do ser, por força da qual a linguagem de Fernando Pessoa problematiza e constrói ao mesmo tempo o objeto da metafísica. Por trás da metafísica negada, perfila-se a experiência implícita do ser na linguagem, como a obstinação do oculto, da realidade clausurada, que se dissimula à consciência interpelante.

A essa experiência implícita na linguagem é que devemos referir-nos para qualificar Fernando Pessoa de poeta metafísico. Não será pois nos temas ou no conteúdo das diferentes concepções dos heterônimos, mas na própria forma da linguagem, que iremos encontrá-la. É aí, na forma da linguagem, que se apresentam as constantes articuladoras daquela experiência poético-filosófica, e que são, entre outras, as oposições abstratas e o paradoxo, que Jakobson resumiu na figura do *Oximoron*. Caberia acrescentar a essas constantes a correlação entre os verbos *ser*, *parecer*, *haver* e *estar*, empregados como verdadeiras categorias filosóficas. São esses os sedimentos da especulação metafísica e da invenção poética associadas, que dramaticamente se produziram, já no ciclo da metafísica esgotada, a que Fernando Pessoa pertence como poeta.

*

Foi justamente por causa do esgotamento da história da metafísica que a posição de Heidegger, perante a fenomenologia de Husserl, não pôde deixar de ser ambígua. Foi o método husserliano que possibilitou a investigação de *Ser e tempo*. Mas, na mesma passagem em que afirma isso, Heidegger desvincula esse método do registro transcendental com que Husserl se vinculou à tradição metafísica e contraiu um novo compromisso com o Cogito cartesiano.

Husserl viu na segurança apodíctica do Cogito, que é, para Heidegger, marco inicial do processo de consumação da metafísica, a legitimação da fenomenologia como *ciência rigorosa*. Principiando pela preocupação de certeza, que lhe deu o caráter de metalógica, e terminando por uma *egologia*, a investigação fenomenológica caiu no solo comum da metafísica moderna, que se entrincheirou na certeza da existência do sujeito, da qual depende, em última análise, a apreensão das essências dos fenômenos que condicionam o conhecimento objetivo. Em Husserl, semelhante certeza, que garante a correspondência entre *nóesis* e *nóema*, pressupõe o ato decisório, implicado pela redução, de suspender a crença no mundo exterior. Ato de vontade, a redução é ainda a expressão do querer dominante em que a afirmação cartesiana do Cogito se resolve. O último reflexo desse querer passa a integrar a órbita do Eu puro, agente constitutivo das evidências e do sentido dos fenômenos.

A compreensão heideggeriana da fenomenologia, como ontologia, que começa por uma análise da existência, exigiu a completa inversão do projeto husserliano. Dado que o homem, como *Dasein*, é o ente privilegiado, que compreende o ser de um modo que se torna manifesto nas formas de sua própria existência, a fenomenologia constituirá, para Heidegger, a retomada do *lógos*, do sentido ontológico implícito, que aparece nessas manifestações (fenômenos), a primeira das quais é a linguagem. Identifica-se aqui o ciclo hermenêutico que a linguagem e a existência circunscrevem, o *lógos* e os *fenômenos* interligados como partes de uma mesma estrutura interpretativa. O Eu transcendental desaparece em proveito da transcendência da linguagem. E a fenomenologia, em vez da ciência das vivências intencionais do conhecimento, transforma-se no conhecimento das possibilidades do *Dasein*, que já são *a priori* fenomenológicas e que, em vez de levar-nos de volta às coisas mesmas, abrem caminho na direção do Ser. É, afinal, como se disséssemos que Heidegger negou a fenomenologia husserliana para afirmar o caráter fenomenológico do homem, como intérprete nato do Ser.

*

O diálogo de Husserl não se travou apenas com Descartes. No esforço do criador da fenomenologia, para marcar a diferença que o separava de Fichte e de Schelling, havia a influência contrária de uma grande afinidade com eles.

É bem verdade que o Eu com que Fichte constrói o mundo pensado é pessoal e mundano, não depurado pela *redução*, que é a chave da atitude transcendental contemplativa e distanciada, que possibilita a descrição das vivências intencionais. Mas o Eu fenomenológico, não afetado pela redução, é o polo da articulação do sentido, quer dizer o polo centrífugo dos atos de consciência, que formam, para cada ordem de objetos, uma rede intuitiva de significações, que a própria consciência sintetiza. Quando Husserl fala da função constitutiva do Eu, ele se refere, portanto, não à atividade formadora do Eu relativamente ao mundo empírico, que Fichte admitiu, mas à sua função estruturadora, à gênese do sentido. Não obstante, o primado do Eu puro, como a tese das teses, a posição das posições (que substitui a atitude natural), leva-nos a pensar que o fenomenólogo partilha com Schelling da ideia de uma filosofia transcendental, como saber reflexivo, de uma filosofia que se constrói a si própria, como saber da subjetividade. "O saber transcendental é, então, um saber do saber, pela razão de que é puramente subjetivo" (Schelling).

O objeto do saber transcendental é o mesmo da fenomenologia: estabelecer uma ciência da ciência, um gênero de conhecimento *a priori* fundamental. Assim, a propósito da origem da geometria, o fenomenólogo vai buscar os atos de onde nascem as evidências. Não repetindo uma construção já feita, ele retoma a gênese dos objetos que legitimam a certeza do matemático. Ora, para Schelling, essa certeza repousa sobre uma intuição exterior, que "não diz respeito à construção, mas àquilo que está construído, que pode ser representado exteriormente, enquanto o filósofo não se interessa senão pelo ato de construção, que é um ato absolutamente interior" (Sistema do idealismo transcendental).

A redução husserliana, que descobre a experiência transcendental, é um ato desse tipo. Abrindo-nos as determinações aprioristicas do mundo, que decorrem dos atos intencionais, ela não é um processo necessário exigido pelo comportamento reflexivo do filósofo. A redução, que deriva da *epokhé*, descerra uma perspectiva nova, que o filósofo escolhe, que ele inventa quando decide, livremente, sustar o curso natural, empírico, das vivências. Pode-se dizer, então, que essa perspectiva do mundo transformado em fenômeno, com as suas conexões de ciência, existe enquanto produto da atividade livre do fenomenólogo.

E temos aqui mais um ponto de contato com Schelling, para quem "os objetos da filosofia transcendental só existem como produto da atividade livre", isto é, daquela atividade poética da imaginação, de certo modo constitutiva dos fenômenos para a consciência.

*

Duas vezes tentou Merleau-Ponty escapar ao envolvimento da fenomenologia: a primeira, quando esvaziou a *redução* de seu uso transcendental para utilizá-la como recurso descritivo, que põe em evidência os núcleos da percepção, irredutíveis ao pensamento reflexivo; a segunda, quando nucleou a estrutura perceptiva consciência-mundo na presença do Corpo. O projeto husserliano tornou-se, em Merleau-Ponty, roteiro de volta às coisas, que evitasse o escolho da reflexão na abordagem de "um mundo anterior ao conhecimento, de que o conhecimento sempre fala, e em face do qual toda determinação científica é abstrata...". É o mundo pré-reflexivo, que tem no Corpo e na percepção a intencionalidade primeira da consciência, que o dimensiona, temporalmente.

Mas como falar daquilo que é pré-reflexivo, como experiência que o pensamento não forma, e da qual o filósofo tem que retirar a matéria de um pensamento empobrecido? Em *Le Visible et l'invisible* [*O visível e o invisível*], o longo e penoso processo de divórcio com a fenomenologia transcendental, que *La Phenoménologie de la Perception* [*A fenomenologia da percepção*] instaurou, culmina na interpelação crítica da própria *fé perceptiva*, que Merleau-Ponty adotou para contornar a função transcendental do Cogito interpretada por Husserl.

A *fé perceptiva* é a contramarcha da reflexão – da reflexão que tende a transformar o mundo no polo complementar do Eu puro, e a fazer do sujeito uma instância de validação do conhecimento objetivo, um operador de sínteses que o sujeito realiza sem o saber. "Não se trata de substituir a reflexão pela *fé perceptiva*, mas, ao contrário, de considerar a situação total, que comporta remissão de uma a outra. O que nos é dado não é um mundo maciço e opaco, ou um universo de pensamento adequado, mas uma reflexão que se volta sobre a espessura do mundo para aclará-lo e que não lhe envia, enfim, senão a sua própria luz." Como, no entanto, poderá a reflexão, que é por natureza eidética, aclarar, simplesmente, a experiência perceptiva, sem constituí-la? Seria preciso regular o andamento daquela pela contramarcha desta, conter o pensamento reflexivo nos limites de uma interrogação que se contentasse em interpelar a experiência perceptiva, sem nela inferir. É uma interpelação que se destina, como na hermenêutica de Heidegger, a explicar o sentido da experiência, a desencobrir o seu modo de ser, a sua verdade, ainda que o pensamento, solícito e aderente, que interroga para não obter resposta, que vai ao âmago dos problemas e de lá retorna vazio, exponha-se, na busca do ser "em estado bruto e selvagem", ao risco de empobrecer-se até o silêncio.

Querendo sair dos domínios de Husserl, Merleau-Ponty vai costear o pensamento interrogativo de Heidegger, que se quer pobre, e que faz dessa ostentação de pobreza o regime ascético que haverá de preparar o destino futuro do pensamento. Em *Le Visible et l'invisible*, obra cujo inacabamento mais parece essencial do que acidental, cabe à filosofia, que "indaga à nossa experiência do mundo o que é o mundo antes de ser aquilo de que falamos...", a humilde tarefa de falar da experiência perceptiva, isto é, de trazer à linguagem o que não tem linguagem, de formar a experiência no ato de explicitá-la descritivamente, de apreender o ser no modo de dizer. A experiência existe em função da linguagem; a linguagem remete à experiência por ela formada. Fundem-se aí, nessa compenetração da linguagem com a experiência, os dois aspectos que a criação poética une inseparavelmente. E assim, por outros caminhos que não o idealismo romântico, a atividade filosófica e a atividade poética se tocam pela hermenêutica da experiência e da instauração da linguagem que lhes é comum. Merleau-Ponty registra esse contato, que Schelling pensou como filósofo e Fernando Pessoa realizou como poeta: a filosofia, precisamente como "Ser que fala em nós, expressão da experiência muda, é criação... O Ser é que exige criação de nossa parte, a fim de que possamos ter experiência dele. Fazer a análise da literatura neste sentido como inscrição do Ser".

II

Forçado a escavar, a revolver a terra, amontoando-a em torno de si, o arqueólogo vê-se exposto ao perigo de desabamento. Em alguns casos, o desabamento pode soterrar a escavação, obstruindo as galerias já abertas.

A escavação arqueológica de Michel Foucault chegou, em *Le Mots et les Choses*, a respeitável profundidade, de onde se divisava, para determinados períodos culturais, cuja delimitação se fizera com grande flexibilidade, diferentes sistemas integradores das espécies de conhecimento objetivo. São os sistemas epistêmicos, que guardam, nos seus respectivos âmbitos, as chaves conceptuais dos diversos discursos científicos possíveis nas três fases – Idade Média, Idade Clássica e Idade das Ciências Humanas –, que correspondem, respectivamente, a primeira ao Medievo e ao Renascimento, a segunda aos séculos XVII e XVIII e a terceira aos séculos XIX e XX. Entre um e outro sistema, o espaço de uma ruptura. E depois a reorganização do conhecimento, segundo uma estruturação, ora rígida ora frouxa da linguagem, solo comum das verdades nascentes que a irrupção das Ciências Humanas, verdadeiro abalo sísmico, encobrirá durante o século XIX até a época atual.

A ideia de desenvolvimento linear das ciências abstraía as rupturas, as passagens descontínuas que podemos encontrar, por exemplo, entre a História Natural no século XVIII e a Biologia no seguinte, a qual já faz parte, ao lado da História e da Gramática Histórica, de um outro universo científico. Essa descontinuidade vertical que não permite conceber a ciência como um universo que evolui escalonadamente, depende da vigência dos diferentes sistemas, que legitimam, cada qual dentro de sua ordem própria de conceitos, e funcionando como uma estrutura significativa para todo o período de sua vigência, o estabelecimento dos métodos e as possibilidades de conquista teórica.

O elemento positivo do conhecimento teórico transfere-se para as relações de conceitos no interior de um sistema, relações essas que constituem os limites da positividade do saber numa dada época. Veja-se, pois, a deslocação que, desse ponto de vista, sofre o tradicional problema epistemológico: de uma ciência transfere-se para o conjunto das ciências, e deste para a forma de concepção da época, fechada em si mesma, que condiciona, porém, como um *a priori* histórico, de acordo com a perspectiva que lhe é inerente, o desenvolvimento de cada domínio do saber. A história das ciências obedece à história das ideias e a história das ideias obedece a uma estruturação transversal, que toca o processo sócio-histórico naquele ponto de separação entre as Idades, entre os períodos correspondentes aos sistemas.

Se assim é, a determinação desses sistemas que encontramos em *Les Mots et les Choses* far-se-á por uma das duas seguintes maneiras: ou começando pela delimitação das épocas, com o que se alcançará o espaço de uma positividade presumível, devendo aí o arqueólogo documentar-se, munir-se das provas de que essa positividade existe; ou distinguindo, nos tipos de discurso científico, as modalidades diferenciais que autorizam a estabelecer modelos de *epistéme*. O primeiro caminho, queira-o ou não o arqueólogo, passa pela linha quebrada das três épocas sucessivas; o segundo exige que ele proceda à análise dos discursos científicos e determine a qual deles cabem as características modelares. Em ambos os casos, o analista da positividade vê-se na contingência de legitimar o seu método. Qual das instâncias, a linguagem ou a história, lhe propõe o critério seletivo dos elementos conceptuais configuradores de cada sistema epistemológico?

São as épocas que lhe abrem a senda para uma certa forma de organização discursiva ou são as ondulações temporais do discurso científico que o obrigam a fixar-se no desenho das épocas? Em suma, será preciso saber em que espaço se coloca o próprio arqueólogo para aceder à organização dos sistemas que ele distingue, e de onde extrai os elementos da linguagem descritiva e enunciativa com que delimita, cerca e escava largos trechos do universo das ciências. "On demande à l'auteur de l'Histoire de la Folie", perguntou a Foucault o Centre Epistémologique de l'École Normale Supérieure, "comment il définirait le point d'où il peut soulever la terre épistémique".[1]

Foi para responder a essas perguntas que Michel Foucault escreveu *L'Archéologie du Savoir*[2] [*A arqueologia do saber*]. Mas, pretendendo

---

1. *Cahiers pour l'Analyse*, 9, Génealogie des sciences, verão 1968.
2. Michel Foucault, *L'Archéologie du Savoir*. Paris: Gallimard, 1969.

aprofundar e consolidar o que já escavara, Foucault revolveu ainda o terreno de suas explorações, penetrando agora, com perigo de desabamento da construção anterior, num positivismo imaginoso, a que falta a severidade e a serenidade lógica das *Philosophical Investigations* [*Investigações filosóficas*], de Wittgenstein.

Michel Foucault vem confessar, na sua última obra, que a anterior continha pistas falsas. Induziu o leitor a compreender os sistemas postulados em *Les Mots et les Choses* como totalidades culturais, semelhantes às formas anímicas de Spengler e aos tipos ideais de Max Weber. Foucault, que admite a sua própria culpa na origem desse equívoco, declara haver faltado ao seu pensamento, naquela fase, o necessário balizamento metodológico. E é o que ele se propõe fixar em *L'Archéologie du Savoir*.

De fato, *Les Mots et les Choses*, adotando um método mais sistemático do que descritivo, dava por assente a existência de sistemas. Estabelecia, no limite de cada um deles, o limite da *positividade*, isto é, do fundamento do saber organizado dentro de um período cultural ou histórico. Descrevia-se, então, à ordem dos conceitos que configuravam *a priori* a experiência possível das coisas, nem empírica nem transcendental, e de cuja articulação dependeria até o início do período seguinte, a tácita legitimação nos conceitos, a admissão dos juízos científicos e a adoção de métodos de investigação e comprovação.

Para a *epistéme* da Idade Clássica, é a vigência da representação e da linguagem, esta como fonte dos signos que servem de veículo às representações, que condiciona a matéria e a forma da experiência. Na Idade Clássica, todo conhecimento se organiza como rede de diferenças e de identidades, de que se valem igualmente a Botânica, a Zoologia, a Análise das riquezas, a Lógica e a Gramática. Mas é uma dessas ciências que fornecerá os conceitos básicos do saber classificatório então vigente, conceitos através dos quais palavras e coisas se articulam numa só compreensão da realidade.

O arqueólogo, já situado perante dado material histórico – a coleção dos escritos da época, que Foucault denomina "arquivo" –, há de separar os textos representativos dos não representativos. É inevitável que selecione das formações discursivas do período um segmento de enunciados. Para a Idade Clássica, foi na Gramática Geral que ele encontrou os textos representativos da época. A formação discursiva inteira contraiu-se a um gênero de discurso científico, a uma ciência determinada: a Gramática Geral. Por intermédio da Gramática Geral é que se vislumbrou a positividade da Idade Clássica, "como disposição fundamental do saber, que ordena o conhecimento dos seres à possibilidade de representá-los num sistema de nomes"[3].

Já se podia perceber, nesse momento, que o método utilizado em *Les Mots et les Choses* descrevia a positividade, mas não a legitimava. O autor expunha a sua tática, mas não legitimava o seu próprio discurso. Faltava-lhe precisar "o ponto de onde poderia levantar a terra epistêmica". Corrigindo-se em *L'Archéologie du Savoir*, Foucault não situa esse ponto no recorte histórico das épocas. Situa-o nas formações discursivas (a corrente dos escritos, de práticas, de táticas metodológicas), onde vai à busca dos enunciados, cujas regras de transformação deverá formular. Muito embora *L'Archéologie du Savoir* seja todo dedicado a precisar os fundamentos – e até o objeto de um método anteriormente posto em prática e a que se continua dando, com base em exemplos quase que limitados ao domínio da Psiquiatria, uma extensão arriscada para o universo das ciências em geral – é aí, nesse passo da busca dos enunciados e da caracterização deles, que a construção arqueológica vacila e principia a ruir.

Os enunciados, que devem constituir o limite inteligível de uma dada formação discursiva, e dos quais provêm os indícios da positividade distribuídos por todas as ciências, não são nem lógicos nem linguísticos. Não podemos reduzi-los a frases ou a proposições. De natureza fluida, complementando-se ao longo da série que eles formam e a que se integram, traduzem-se como função enunciativa para os juízos particulares de cada ciência. Fugidios, indetermináveis como frases ou como proposições, os enunciados terão, contudo, existência material, no sentido de que só nos textos devemos buscá-los e só nos textos podemos encontrá-los, registrados nas várias peças escritas, que formam, em conjunto, o "arquivo" dos depósitos do saber.

---

3. Michel Foucault, *Les Mots et les Choses*. Paris: Gallimard, 1966, p. 170 [trad. bras. *As palavras e as coisas*. 10ª ed., São Paulo, Martins Fontes, 2007].

O positivismo de Foucault é o positivismo do *texto*. Inseguro, sempre na defensiva, esse positivismo tenta evitar qualquer interferência estranha no domínio difuso dos enunciados. Afirmando a presença objetiva destes, cujo sentido não depende dos atos do sujeito, nem requer um aprofundamento hermenêutico, Foucault golpeia as duas presenças associadas obsessivas, que ele dificilmente chama pelos seus nomes, da fenomenologia e da hermenêutica heideggeriana. Contra a primeira, afirma a existência material dos enunciados; contra a segunda, afirma que eles são não visíveis mas não ocultos: não ocultos, porque se encontrariam efetivamente no que se diz e no que se escreve, e não visíveis, porque não se confundem com a unidade linguística da frase e com a unidade lógica da proposição. Os enunciados formam um campo descritível, "que devemos aceitar na sua modéstia empírica, como lugar de acontecimentos, de regularidades, de relacionamentos, de modificações determinadas de transformações sistemáticas...".

É a modéstia empírica do "positivista feliz", que Foucault descobre e aceita...

*

Wittgenstein terá sido o positivista seguro e infeliz. Ao contrário de Foucault, delimitou perfeitamente os enunciados com que o pensamento poderia trabalhar: as proposições das ciências da Natureza. Mas para fazer o quê? Primeiramente, para distinguir aquele domínio das proposições verdadeiras, cujo sentido são os objetos empíricos que elas enunciam e cuja forma não é senão a forma lógica. Por meio desses objetos, a realidade nos é dada; mas é pela forma lógica que a realidade se torna pensada. Caberia ao filósofo manter a delimitação do saber, evitar que o pensamento, deslizando para fora do seu eixo, vá enterrar-se na areia movediça dos enunciados sem sentido: aqueles que não mostram, na transparência de sua forma lógica, equivalente a uma figura do mundo, determinada conexão de objetos, determinado estado de coisas.

Mas a tranquilidade, a felicidade do positivismo de Wittgenstein, começa e termina com esse pronunciamento. Pois que a delimitação que se exige do filósofo deverá levá-lo, a cada passo, até à margem do impensado e do indizível, até essa beira resvalante das significações em que a linguagem, não podendo mais ser controlada pela lógica, assume a função lendária do Demônio sedutor, que empurra o cavaleiro para o abismo. Os limites de minha linguagem, que significam os limites do meu mundo, não são precisos. E tanto mais imprecisos se tornam quanto mais procuramos fixar a lógica inerente à linguagem, a cuja busca dedicou-se Wittgenstein em sua *Philosophical Investigations*. As infinitas cautelas desse positivista infeliz, que concebe a linguagem como forma operacional, nascida de um conjunto de regras e utilizada como as regras de um jogo, levaram-no a percorrer um labirinto de que ele próprio teve consciência. "A linguagem é um labirinto de caminhos. Você se aproxima, vindo por um lado e sabe para onde vai; se você se aproxima do mesmo lugar, mas vindo por outro lado, já não sabe mais onde se encontra."[4]

A arqueologia de Foucault perde-se, agora, no labirinto dos enunciados, que levam a outros enunciados dentro de formas discursivas, que se compõem de práticas também discursivas, e de modalidades de vida institucional, que refluem sobre o discurso científico (no caso particular, da Psiquiatria) e são por ele delineadas. Onde então se coloca o arqueólogo senão como a toupeira gigante do conto de Kafka, no labirinto que ele próprio escavou, isto é, num espaço discursivo que se funda a si mesmo, outorgando-se, por um ato de legitimação tautológica, o privilégio de constituir a forma de positividade adequada à cultura desta época? "No momento e sem que possa prever um termo, meu discurso, longe de determinar o lugar de onde está falando, esquiva-se do solo onde poderia apoiar-se. É discurso sobre discursos, sem se preocupar porém em determinar neles uma lei oculta, uma origem encoberta que ele trataria de liberar..."[5]

Mais do que a legitimação de seu discurso, o que no momento parece sobremodo importante a Foucault é a negação da possibilidade de outras leituras dos enunciados: a *fenomenológica*, que procuraria o

....
4. Wittgenstein, *Philosophical Investigations*. Nova York: Macmillan, 1953, p. 203.
5. *L'Archéologie du Savoir*, pp. 267-8.

sentido ao nível dos atos intencionais do sujeito, e a *heideggeriana*, visando o sentido como verdade originária e oculta. Positivista feliz, o objetivo de Foucault é "libertar a história do pensamento de sua sujeição transcendental"[6].

*

Neutralizado o transcendental, a reflexão filosófica só é possível ou como elucidação lógica (Wittgenstein) ou como arqueologia do saber (Foucault). Para cada uma dessas formas de positivismo, a questão do *sentido* dos enunciados está de antemão resolvida. É a *significação* do enunciado o único sentido que ele comporta. Dois tipos de análise – a lógica e a linguística – delimitam a significação. Todo problema pendente, não solucionável nem por um nem por outro desses tipos, é ou sem relevância metodológica – devendo ser portanto neutralizado, como faz Foucault em relação à origem e à confirmação fenomenológica do sentido –, ou adventício e prejudicial ao pensamento, como um efeito perturbador mórbido, proveniente de esferas que lhe são estranhas, e contra o qual Wittgenstein aplicou a sua terapêutica de aclaramento analítico. Nos dois casos, reconhece-se a existência de problemas excedentários, de problemas interferentes relacionados com a prática de pensamento, com o uso da linguagem, sujeitos a ilusões semelhantes ao gênero das ilusões dialéticas, de que Kant se ocupou, e que são provocadas pelas ideias transcendentais. Assim, por exemplo, a tese aristotélica de que o ser comporta várias acepções, estaria arqueologicamente fundamentada na *epistéme* grega, articulada por uma formação discursiva de que fazem parte os textos de Platão, de Aristóteles e dos pré-socráticos, peças do "arquivo" onde se agrupam, na sua dispersão, conceitos diferentes e opostos, redutíveis porém a um sistema de enunciados (como a relação analógica entre palavra e coisa, a correspondência entre linguagem e mundo) que os explica. Para Wittgenstein, a afirmativa básica de metafísica de Aristóteles comporta, por força da substancialização do verbo "ser", uma extrapolação do lógico para o

---

6. Idem, p. 264.

ontológico. O sentido da proposição aristotélica exaure-se no seu significado e só tem de problemático o efeito distorcivo da substancialização do verbo a corrigir. Mas o enunciado não visa, com a ideia do ser e de suas modalidades, o que quer que seja de problemático. O sentido da proposição de Aristóteles abre-se para o interior dos significados que ela encerra para o interior de sua forma proposicional ou do universo do discurso a que ela se integra. Nessa exclusão da possibilidade de haver sentido no objeto intencional, o ser, a que aponta o enunciado de Aristóteles, está nitidamente traçada a divisória entre a fenomenologia e as interpretações positivistas.

Mas podemos fenomenologicamente compreender de duas maneiras o sentido daquele enunciado metafísico. A primeira, à maneira de Husserl, dá ao ser o sentido de objeto em geral, de *nóema* correlativo à consciência transcendental em sua função tética. De onde, conforme a modalidade dos objetos, a constituição de ontologias regionais, correspondentes às várias acepções do ser. A segunda, que é a de Nicolai Hartmann, transporta o sentido do mesmo enunciado ao que há de problemático na ideia de ser. O problematismo dessa ideia será o fio condutor, religando, através de análises sucessivas, o sentido do enunciado às coisas.

As coisas se encontram na raiz dos problemas; os problemas dão acesso à estrutura da realidade. Os problemas pensados se integram à estrutura da realidade e esta tem nos problemas ontológicos os seus pontos de rompimento. São esses problemas, como sugere Gilles Deleuze em *Différence et Répétition* [*Diferença e repetição*][7], as ideias transcendentais que a atravessam e lhe impõem o recorte de categorias, de diferenças escalonadas, com suas oposições inconciliáveis e suas aporias irredutíveis. Vemos então deslocar-se, nessa perspectiva, a questão da positividade dos enunciados. "O essencial", afirma Gilles Deleuze, "é que no seio dos problemas se produz uma gênese da verdade, uma produção de verdadeiro no pensamento."

O problemático impuro, figura do transcendental, emerge do universo do discurso, como o *sentido*, como a projeção de uma ideia, que a *significação* do enunciado não exaure.

---

7. Gilles Deleuze, *Différence et Répétition*. Paris: PUF, 1968.

II PLATÃO, NIETZSCHE E ARENDT

Introdução à *República* de Platão*

> *"Começa com Platão algo inteiramente novo..."*
> Nietzsche, *A filosofia na época trágica dos gregos*

I

Desde a Antiguidade, o extraordinário prestígio de *A República* sempre esteve associado ao fascínio de seu plano do Estado justo – da *Cidade* ou *politeía*, regida pelo ideal de Justiça – que proliferou, antes de chegar até nós pela via generosa do humanismo renascentista, dos estoicos na época helenística a Plotino na decadência do Império Romano. Estudada no Renascimento como fonte do pensamento moral e político da Antiguidade clássica, *A República* tornou-se, por obra dos humanistas, a venerável utopia, modelo da *Amaurotas*, de Thomas Morus, e da *Cidade do Sol*, de Campanella. No entanto, a sua vasta fortuna histórica correu à conta de um fenômeno bem mais extensivo e profundo: o pensamento mesmo de Platão, que trabalhou os alicerces metafísicos da cultura ocidental.

---

* Em Platão, *República*. Trad. Carlos Alberto Nunes. 3ª ed. rev. Belém: Ed. da UFPA, 2000, pp. 1-45. Este estudo foi publicado pela primeira vez em 1973, na primeira edição da referida tradução.

Se *A República* pôde ser o horizonte moral e político das utopias, foi porque aí se configurou a concepção do mundo sob a qual o pensamento de Platão conquistou identidade histórica. No traçado arquitetônico do Estado soberanamente justo, o inteiro perfil do platonismo se desenha. É o platonismo que responde pela extrema riqueza e pela complexa estrutura do grande diálogo em dez livros – apenas inferior em tamanho ao texto inacabado de *Leis* – em contraste com o ar de familiaridade que envolve não só alguns dos elementos mais popularizados do Estado platônico (os casamentos coletivos periódicos, a completa igualdade de direitos entre homens e mulheres, a supressão do parentesco de sangue), integrantes de um verdadeiro fabulário da cultura helênica, mas também as ideias que, nele expostas pela primeira vez, como o repertório clássico das formas de governo, a pedagogia e a divisão tripartite das faculdades da alma, passaram a fazer parte do subsolo "arqueológico" das ciências humanas. Originariamente articulados em *A República*, tais conceitos, que se ramificaram na História das Ideias, constituem bens de raiz do patrimônio científico e filosófico. E tão compenetrados se encontram à terminologia corrente, que perdemos de vista a fonte histórica de que um dia jorraram – a mesma de onde emergiram os esquemas ainda ativos, que fornecem ao nosso pensamento, como se lhe servissem de lastro interpretativo, um prévio enquadramento gnoseológico e ontológico de referência à realidade.

Por mais que muito ousados ou muito severos, os aspectos salientes do plano político que Platão edificou – a plena existência comunitária equilibrada e estável, o igualitarismo, a propriedade coletiva, a produção dos bens ao nível das necessidades, a educação comum, seletiva e planejada, a pureza dos costumes, o governo dos mais sábios ou dos filósofos, devotados ao conhecimento e ao exercício do poder – e que se incorporaram, por meio da Filosofia moral do Renascimento, à estrutura típica das utopias modernas, não esgotam a singularidade do diálogo. O que antes de tudo singulariza-o é que nele Platão erigiu, por intermédio de Sócrates, na intimidade de uma conversa entre jovens amigos, concomitantemente à Cidade ideal, as linhas mestras de sua concepção do mundo. O arcabouço do pensamento platônico, que sustenta a construção política, ergueu-se por intermédio dela. E ainda mais se destaca a relevância dessa construção, por onde o platonismo veio a furo, em estreita relação com a sociedade da época e com a sua cultura eminentemente política, ao considerarmos que ela foi soerguida numa obra de maturidade. Ao escrever *A República*, Platão se encontrava no meio do caminho da vida – de uma vida sem outra expressão biográfica senão a da própria atividade intelectual que desenvolveu como chefe de uma escola – a Academia, fundada após a primeira viagem do filósofo à Sicília, em 387 a.C. – e como escritor excepcional e tenaz.

Inventando uma forma dramática[1], Platão foi, a despeito da desconfiança que votou à linguagem escrita, o primeiro filósofo escritor, isto é, o primeiro a perseguir, num esforço constante que se estendeu da juventude à extrema velhice, e do qual o ato reiterado da criação dos diálogos presta testemunho, a concreção verbal do pensamento especulativo. Os quatro períodos biográficos em que se costuma agrupar esses diálogos (juventude, transição, maturidade e última florescência) constituem ao mesmo tempo fases da criação de um pensamento e etapas da realização de uma vida: de um pensamento que se fez obra e de uma obra que se fez vida.

A República apareceu em 375 ou 374 a.C., quando a Academia tinha mais de dez anos de fundada e Platão já era um quinquagenário. Apesar de pouco provável a hipótese de que ele divulgara uma versão prematura e abreviada desse diálogo, por volta de 390 a.C., data em que teria 37 anos de idade, é certo, porém, que o Livro I de *A República*, colocado como escrito independente, sob o título de "Trasímaco", no grupo dos escritos "socráticos", ao lado da *Apologia*, do *Críton*, do *Laquete*, do *Líside*, do *Cármides* e do *Íão*, foi muito cedo composto, ainda na juventude do autor. Absorvida na unidade da obra, a discrepância cronológica de sua feitura indica-nos o demorado trabalho de elaboração por que ela passou, atravessando, ao longo de duas décadas, entre a juventude, quando começou a ser concebida, e a maturidade, quando foi concluída, o período de transição, ou seja, a segunda fase dos diálogos, que vai do *Górgias* ao *Menão*[2].

---

1. O próprio diálogo platônico, mistura de todos os estilos e formas precedentes. Cf. Nietzsche, *A origem da tragédia*, I, Carl Hanser Verlag, p. 79.

2. Platão teria começado a trabalhar em *A República* antes de 388. Cf. Auguste Diès, *Introduction, La République* (Platão, *Oeuvres complètes*. Paris: Les Belles Lettres, 1932, t. VI, p. CXXXVII).

A *República* situa-se, portanto, já dentro do período da maturidade, ao qual pertencem o *Fedro*, além do *Crátilo* e do *Eutidemo*; mas só apareceu no final dessa fase, depois do *Fedão* e de *O banquete*, e antes da última florescência, que nos deu, a começar do *Parmênides*, a série dos diálogos da velhice, que finda com *Leis*. Assim, enquanto seu trabalho de elaboração uniu a juventude à maturidade, a criação definitiva de *A República*, no ponto limítrofe de duas fases, uniu a maturidade à velhice do filósofo. Estamos diante de um escrito retrospectivo e prospectivo, que encerrou tanto de passado quanto de futuro: *A República* dependeu dos diálogos que a precederam e preparou o caminho aos da etapa seguinte. Desta sorte, pode-se dizer que ela "olha para trás e não somente na direção do *Górgias*, mas também na direção do *Eutidemo* e do *Crátilo*, do *Fedão* e de *O banquete*. Ela se inclina para o *Fedro* e está cheia de pensamentos e de imagens, que vão amadurecer no *Parmênides*, no *Teeteto*, no *Sofista*, no *Filebo* e no *Timeu*. É a obra central em que se opera a síntese do passado e do futuro desse pensamento sempre mutável e sempre uno"[3]. Cristalizando as principais linhas de pensamento que a precederam e que nela convergiram, *A República*, em que se apoiam e para a qual se voltam, criticamente, os escritos da última fase, enfeixaria, no seu corpo doutrinário, síntese de passado e de futuro, a concepção platônica do mundo. É, pois, um ciclo da atividade criadora de Platão que se completou nesse diálogo. Daí a sua posição privilegiada como texto central, no conjunto das obras do filósofo. Mas, condensando a experiência política que condicionou, desde a juventude, o rumo do pensamento, o magistério e a atividade de indagação especulativa de seu autor, *A República* não foi menos o centro da vida de Platão.

Sabemos hoje pela reveladora *Carta Sétima*, escrita por Platão aos 70 anos de idade, que essa experiência política nasceu do malogro da intenção que ele firmara, ainda muito jovem, de participar da vida pública, seguindo nisso o exemplo de ilustres parentes e ancestrais. Membro de uma família da aristocracia ateniense, e até descendente de reis, conforme reza legendária tradição[4], não era, contudo, excepcional o propó-

---

3. Auguste Diès, op. cit., p. CXXVII.
4. Ver, a respeito, Carlos Alberto Nunes, *Marginália platônica*. Introdução, pp. 17 ss. Col. Amazônica, Série Farias Brito, Universidade Federal do Pará, 1973.

sito que acalentou, segundo confessa na mesma carta, de ingressar na política tão logo se tornasse independente. No tipo de sociedade escravocrata em que viveu, todos os moços que descendiam de cidadãos livres manifestavam igual pretensão para quando chegasse a maioridade. Não era, portanto, a marca de uma vocação incomum o propósito do discípulo de Sócrates. Excepcional era sim o momento que a sociedade grega atravessava, na onda de uma crise agravada depois das Guerras Médicas. As circunstâncias que desviaram Platão da carreira de homem público foram as mesmas vicissitudes do período que a infletiram, após o episódio decisivo da morte de Sócrates, na direção da Filosofia, sublimando-a num ideal de reforma das leis e das instituições de toda a Hélade.

Não recapitularemos as mudanças estruturais da sociedade grega, precursoras do esfacelamento da Cidade-Estado, que deram origem a tais vicissitudes à época do apogeu de uma Atenas enriquecida, e das guerras do Peloponeso no fim do século V a.C., quando a crise culminou. Mas a fim de compreendermos a importância dos ideais de reforma das instituições e da legislação, que serviram de diretriz à atividade intelectual de Platão, e particularmente à criação de *A República*, da qual foram o elemento catalisador, precisaremos evocar, pelo menos, os fundamentos políticos da cultura grega.

Política vem de *politikè*, relacionada com *polítes*, o habitante da Pólis (Cidade-Estado), aquele que possuía, na condição de membro da Cidade, da *politeía* como espaço de convivência delimitado pela autoridade das leis, o preliminar direito de cidadania. Esse espaço formava o domínio público, separado do domínio da família – o da *oikía*, da casa, da propriedade e da produção, compreendendo a órbita das relações econômicas. O direito de cidadania capacitava os indivíduos a participar direta ou indiretamente da atividade política, isto é, da própria vida da Pólis, na condição de homens livres e iguais entre si (*isonomia*). Não havia Pólis sem leis (*nómoi*) constitutivas, que detinham a força de uma autoridade impessoal, contrária à autoridade de um único homem e colocada no centro (*méson*) da Cidade[5]. O poder excessivo, inclinado à desmesura

---

5. "Deponho, pois, o poder no centro e proclamo-vos a *isonomia*...", declarava Maiândrio aos cidadãos de Samos, em 550, renunciando à herança do cetro de Polícrates. Cf. Jean-Pierre Vernant,

era o grande mal a evitar. A ele se opunha a *díke*, a justiça como função equilibradora das forças opostas e dos interesses em conflito.

Consolidada entre os séculos VIII e VII a.C., a Pólis, que surgiu ao fim da época arcaica, após a supressão do poder monárquico, do *basileus*, "é o marco social para a história da cultura helênica"[6]. Em seu espaço de convivência foi que atuou, em maior ou menor escala, conforme a natureza da legislação de cada cidade, o poder da palavra dialógica, do discurso persuasivo exercitado contraditoriamente por meio do debate[7]. Desconhecido no mundo Oriental, mais restrito em Esparta e mais amplo em Atenas, onde fundava a autoridade das leis que as Assembleias decidiam, era o exercício da palavra oral que melhor externava o vínculo dos cidadãos livres e iguais com a Pólis – a mestra do homem, como a chamou o poeta Simonides de Céus – e a que todos deveriam servir. O domínio público representava a esfera qualificadora da ação individual – a esfera de liberdade[8] – assegurando aos atos e palavras a sua permanência e conferindo ao homem o seu verdadeiro *éthos*: o seu caráter e a forma de sua humanidade. Não seria outro o sentido da vida pública que Aristóteles captou no século IV a.C., ao definir o homem como *zôon politikón*: o ser da Pólis, capaz de palavra[9], destinado a alcançar a *eudaimonía*, na medida em que age dentro da cidade e a favor dela. A relevância ética emprestada pela cultura grega a virtudes essencialmente políticas, como a justiça (*dikaiosýne*) e a cora-

....

Estrutura geométrica e noções políticas na cosmologia de Anaximandro, mito e pensamento entre os gregos. São Paulo: Difusão Europeia do Livro, 1973, p. 169.

6. Werner Jaeger, *Paidéia – os ideais da cultura grega*, I. México: Fondo de Cultura, 1946, p. 96. "A Pólis é o centro dominante a partir do qual se organiza historicamente o período mais importante da evolução grega. Acha-se, portanto, no centro de toda consideração histórica" (idem).

7. A palavra torna-se proeminente, como "chave de toda autoridade no Estado, o meio de comando e de domínio sobre outrem" (Jean-Pierre Vernant, *As origens do pensamento grego*. São Paulo: Difusão Europeia do Livro, 1972, p. 34). Lembra Vernant a divinização de *Peithó*, a força da persuasão. A palavra deixara, porém, de ser um termo ritual; é "o debate contraditório, a discussão, a argumentação" e é também o prestígio da arte oratória e da Retórica. Cf. op. cit., pp. 34-5.

8. Cf. Hannah Arendt, *The Human Condition. A Study of the Central Dilemmas facing Modern Man (The Pólis and the Household)*. Nova York: Anchor Books, 1959, pp. 27 ss.

9. A conceituação aristotélica do *zôon politikón* completa-se pela ideia do homem como *zôon lógon ékhon* (um ser vivo capaz de palavra). Cf. Hannah Arendt, op. cit., p. 26. Além da práxis (ação), a *léxis* (dição) é constitutiva do "animal político". Idem, op. cit., p. 25.

gem (*andreía*), que garantiriam a liberdade e a igualdade dos cidadãos, veio do primado hegemônico do domínio público. Independentemente do elogio romântico da vida grega, pode-se afirmar, apesar do despotismo que a ascendência da cidade personalizada gerou[10], e apesar também do caráter restritivo da liberdade – liberdade só dos homens livres, daqueles que não eram escravos, e da qual, até o século V a.C., os artesãos, os comerciantes e os estrangeiros participaram de forma limitada – que a Pólis, onde se estabilizou um domínio público, distinto do domínio dos interesses pessoais e privados, e onde se desenvolveu a *isonomia* – a ideia de igualdade de direitos –, foi a sociedade "que pela primeira vez descobriu a essência e a esfera do político"[11].

Constituindo, pois, não uma atividade específica e restrita como nas sociedades modernas, mas a forma da atividade propriamente humana, qualificadora da ação individual – o princípio da vida ativa, da *vita actuosa* ou *negotiosa* de Santo Agostinho –, a política teria que ser, guindada a elemento essencial, em que repousou o horizonte dos valores morais e espirituais da cultura, a preocupação congênita do pensamento grego.

As mudanças culturais da Pólis, até o momento da crise que culminou no século V a.C., acompanharam a marcha de um processo de laicização das instituições, ativo desde o século VII, e que canalizou não só para a filosofia nascente como investigação da Natureza, mas também para a retórica, a história e o direito, o uso da palavra dialógica, oposto à palavra mágico-religiosa[12], em torno da qual se articulou o saber mítico e divinatório dos sábios gnômicos, figuras híbridas de legisladores e de poetas com os quais se confundiram os primeiros pré-socráticos. Ainda muito próximos do saber mítico tanto quanto ligados à ordem da Pólis que esse saber projetou, os pré-socráticos, dos quais

---

10. A cidade-estado liberta o indivíduo do círculo das relações domésticas, ao preço de uma nova servidão e de um novo culto: o culto do "poder humano coletivo". Ver Toynbee, *Helenismo, história de uma civilização*. Rio de Janeiro: Zahar, 1963, p. 58.

11. Hannah Arendt, "Que é liberdade?", in *Entre o passado e o futuro*. São Paulo: Perspectiva, 1972, p. 201.

12. Marcel Detienne, *Les Maîtres de la vérité dans la Grèce Archaïque*. Paris: François Maspero, 1973, p. 100.

Nietzsche pôde dizer que pensavam como chefes de Estado[13], abeberaram-se – e aí estão os fragmentos sibilinos de Heráclito e as imagens teofânicas dos versos de Parmênides para comprová-lo – da mesma fonte da palavra mágico-religiosa, nutriz do sistema de representações que se estendeu aos poemas teogônicos e cosmogônicos, às narrações épicas e às tragédias. Somente no século V a.C., quando, no auge do processo de laicização, as leis e a justiça, as virtudes e a *isonomia*, também ingressaram no âmbito do pensamento reflexivo condicionado pela apreciação dialógica, foi que se completou a ruptura com o mito que a busca do *arkhé* (princípio) da Natureza (*phýsis*) iniciara entre os pensadores milesianos. A linguagem recaiu igualmente sob o mesmo foco, que permitiria descortinar o caráter instrumental e convencional das palavras já descarregadas da potência reveladora ambígua que alcançam no mito e na poesia, e a que se ligou o sentido primitivo da *alétheia*: a noção de "verdade"[14]. Aberta no século V – a época de Sócrates e de Platão, que foi também a dos sofistas –, a discussão em torno da origem das próprias palavras, que podiam ser vistas como produto da natureza (*phýsei*) ou da convenção (*thesei*), levaria a discutir-se, sob o mesmo prisma, a origem das leis.

Na atmosfera conflitiva da crise, que reclamava os títulos de legitimidade de novos e de velhos conceitos, o exame contraditório da dialogação alcançou a função magisterial da Pólis – a sua *paideía* ou educação – convertida em objeto de inquisição crítica. Cena desse conflito em que Sócrates e Platão se movimentaram, a Pólis foi então o lugar de confronto entre a sofística e a filosofia. Ambas descendentes da palavra dialógica, a primeira se colocou próxima da vida pública, a serviço da atividade política imediata, de que a segunda se distanciou, aproximando-se da vida pública sob outra forma, ou seja, pelo intuito de reformá-la.

---

13. "A filosofia grega arcaica não é senão uma filosofia de homens de Estado (*Staatsmännern*)" (Nietzsche, *A ciência e a sabedoria em conflito* [1875], *Le Livre du Philosophe* (*Das Philosophenbuch*), bilíngue. Paris: Aubier-Flammarion, 1969).

14. Originariamente, a palavra "alétheia" vincula-se ao pensamento mágico-religioso dentro de uma constelação semântica da qual fazem parte *Díke* (justiça), *Pístis* (crença) e *Peithó* (persuassão). A pré-história dessa palavra conduz para o sistema de pensamento do adivinho e do poeta. Ver Marcel Detienne, op. cit.

A atitude de Platão, que abandonou a política pela Filosofia, é, do ponto de vista desse confronto, uma atitude exemplar. Sua experiência de reformador, que deixa de prestar adesão à cidade tal como ela se tornara, a fim de concebê-la tal como deveria ser, equivale a uma experiência da própria Filosofia, que transfere a possibilidade de ação ao empenho da construção de uma nova Pólis, em nome de uma outra política. Afastando-se da *ágora*, dos pleitos dos tribunais e das disputas das assembleias, os filósofos afirmam a sua identidade à medida que se apartam dos sofistas. A estes caberia o uso da palavra persuasiva em função do poder político; àqueles caberia fundar, afastados da vida pública, um novo poder em função de um novo tipo de persuasão. Por conseguinte, ao reformar a Cidade, ao substituir a Pólis real pela ideal, Platão, que chegara à Filosofia "pela política e para a política"[15], abriu o caminho de volta à política por meio da Filosofia.

A demorada elaboração de *A República*, em que traçou esse caminho de retorno, formou, na verdade, um arco biográfico tenso ligando dois períodos da vida do filósofo – a juventude e a maturidade – e dois aspectos inseparáveis de sua obra – a especulação teórica e o empenho prático – que se alternaram, em Platão, de maneira constante, até o extremo da velhice. É um arco que circunscreve a aventura siciliana do fundador da Academia, iniciada aos quarenta anos e terminada aos setenta, junto aos tiranos Dionísio I, o velho, e Dionísio II, o jovem, de Siracusa, que Platão tentou converter à Filosofia, com o auxílio de Dião. Minuciosamente narrada na *Carta Sétima*, que lhe serviu de epitáfio, a aventura, de trágico desfecho, a que Platão se abalançou em sua velhice, por ter acreditado que bastaria persuadir um único homem para concretizar a reforma da Cidade, mostra-nos o caráter da experiência política que se condensou em *A República*. "Não cessarão os males para o gênero humano antes de alcançar o poder a raça dos verdadeiros e autênticos filósofos ou de começarem seriamente a filosofar, por algum favor divino, os dirigentes das cidades", sentenciou Platão em sua missiva[16], repetindo literalmente a diretriz de *A República*.

---

15. Auguste Diès, op. cit., p. V.

16. VII Carta, 326 h, in Platão, *Diálogos*, vol. V (Fedro-Cartas – O Primeiro Alcibíades), Trad. Carlos Alberto Nunes. Col. Amazônica, Série Farias Brito, Universidade Federal do Pará, 1975.

É por uma tal união da Filosofia com a política, que se entreabre nesse texto, onde tudo ainda aparece como um primeiro movimento de descoberta[17], a mais larga via da concepção platônica do mundo. Uma leitura atual de *A República* deverá tentar restituí-la, procurando recompor, a partir da discussão do problema da Justiça, a construção da nova Pólis, por meio da qual essa concepção do mundo se construiu.

II

A cena inicial do diálogo, que precede essa construção, é doméstica e tranquila: o debate sobre a Justiça começa no tom de uma conversa íntima, prolongando o prazer do encontro acidental entre dois velhos amigos, Sócrates e Céfalo, que havia muito não se viam. Sócrates fala da experiência da velhice, perguntando ao outro, homem de idade já provecta, como suporta a fase da vida que a maioria considera extremamente penosa. Céfalo discorda da opinião corrente. A velhice só lhe trouxera paz e liberdade. Indivíduo abastado, mas sem apego ao dinheiro, não é a sua fortuna mas o seu modo de vida simples que lhe conserva o bom ânimo. Não se dirá dele, quando morrer, que mentiu ou que deixou de pagar aos deuses e aos homens o que lhes devia. Em tudo e por tudo, a velhice de Céfalo retrata a satisfação dos justos.

Depois de louvar as palavras que acabara de ouvir, Sócrates interroga o seu interlocutor sobre a validade do conceito tradicional de justiça que ele usara ao discorrer. Da máxima do poeta Simonides de Céus – dar a cada qual o que lhe é devido – que está por trás dessa ideia, decorreriam implicações equívocas porquanto os padrões da moralidade grega corrente ordenavam que se devia fazer bem aos amigos e mal aos inimigos. Tal como propunha Céfalo, que, pondo fim ao exórdio do diálogo, se retira, para cumprir um sacrifício religioso, e tal como admite Polemarco, o jovem substituto do pai na discussão, a justiça consiste em beneficiar uns e prejudicar outros. Firmado o ponto de vista de que a justiça é uma virtude – com o que Polemarco concorda – e não

---

17. Heidegger, *Nietzsche*, I. Paris: Gallimard, 1971, p. 156.

podendo a virtude prejudicar quem quer que seja, a ideia tradicional é mais que uma ideia equívoca, descambando para o absurdo.

Nessa altura, a discussão iniciada se interrompe. Executando o duplo papel de narrador e de personagem-ator, que desempenha do princípio ao fim de *A República*, elaborada no gênero misto, de narrativa dialogada ou de diálogo narrado, Sócrates detém-se na figura do sofista Trasímaco. De grande efeito retórico, a rápida descrição que se segue prolonga, como num suspense, a interferência de Trasímaco, portador de uma ideia nova, até ali impedido de se manifestar, e que atacará impetuosamente, "à maneira de um animal de rapina" (336 b). Em poucas linhas, e não pela primeira vez na obra de Platão, retrata-se a figura típica do sofista, de cujo perfil moral e intelectual, tornado clássico, sobressaem os mesmos traços de arrogância, de incontinência verbal e de cupidez que já tinham sido fixadas no *Protágoras* e no *Górgias*. Depois de impertinentes dilações, que antecipam o irretorquível valor do que vai dizer, declara finalmente Trasímaco, a rogo dos circunstantes, a ideia com que pretende silenciar o adversário: "... o justo não é mais nem menos do que a vantagem do mais forte" (338 c).

Sócrates aproveita as palavras de Trasímaco: a justiça é vantajosa, mas não somente para aqueles a quem o sofista chama de fortes – os dominadores, aqueles governantes que a todos impõem a sua vontade ou os seus interesses. E novamente recorre ao argumento já invocado na primeira parte do debate, de que a justiça, como virtude, não pode ser mais vantajosa a uns do que a outros, e nem superior à injustiça, seu oposto como vício. Mas dessa polaridade da virtude e do vício vale-se agora o sofista para reforçar a sua tese, mediante a troca de posição dos termos: a injustiça, praticada à perfeição, tem os atributos da virtude, e o seu oposto, a justiça, constitui vício e fraqueza, próprios dos indivíduos urbanos e bonachões (349 b). Sócrates acompanha a *chasse croisée* da argumentação e, dançando conforme a música, conclui que, nesse caso, o injusto pode ser chamado de bom e de inteligente (349 d). Ora, se jamais se dirá de um indivíduo sábio ou bom que procede de maneira a conseguir vantagens descabidas, prejudiciais a outrem, muito menos se afirmará isso do justo, que se assemelha ao primeiro pelo gênero de ações que pratica.

Encaminha-se, pois, a questão para um só problema, o da unidade das virtudes e de seu conceito respectivo, do qual também se ocupara um diálogo da juventude, o *Protágoras*, do nome de um dos mais famosos sofistas, colocando emparelhadas a *justiça*, a *sabedoria*, a *temperança*, a *coragem* e a *santidade*[18]. A própria sentença de Trasímaco – a justiça como vantagem ou direito do mais forte – retoma o ponto de vista defendido por Cálicles, no *Górgias*[19], posterior ao *Protágoras*, em que Sócrates sustenta, tal como faz aqui, que somente o justo pode ser feliz.

O quadro conceptual da disputa parece, portanto, continuação de anteriores confrontos, nunca decisórios, nos chamados diálogos aporéticos da fase socrática, entre as posições irredutíveis da Filosofia e da sofística. Além disso, a conclusão mais explícita a que nesse momento se chega, de que de nenhum modo pode a justiça ser prejudicial ao paciente ou desvantajosa ao agente, não excede ainda, como bem mostra o ângulo de abordagem da virtude, o plano da conduta do indivíduo, e portanto da moral, no sentido estrito da palavra, muito embora, aqui e ali, certos exemplos e argumentos deixem entrever o plano de natureza política em que se reformulará a questão discutida. Só no Livro II, depois de uma nova mostra da eficácia da retórica platônica – o brilhante e longo *intermezzo* preenchido pelos discursos encadeados dos irmãos Glauco e Adimanto – verificar-se-á, com a mudança de ângulo, no exame da Justiça, a passagem do plano moral ao plano político.

Ao contrário do enquadramento cômico e grotesco que marcou a intervenção de Trasímaco, o efeito das alocuções dos jovens Glauco e Adimanto, nesta segunda transição, é de uma alta e séria dramaticidade. Glauco intima Sócrates a convencê-los, não pelo simples louvor de suas vantagens, de que a justiça é superior à injustiça. O que ele deseja saber, tal a desorientação diante das opiniões como a que Trasímaco acabara de expor, e ainda diante da atitude de menosprezo para com a justiça, não amada "como um bem mas apenas tolerada" (359 b), e que parece dar razão ao sofista, é "o que em si mesmo são os dois conceitos do justo e do injusto" (358 b). Hesitaria quem pudesse, a salvo da lei e da censura,

---

18. *Protágoras*, 349 b.
19. *Górgias*, 488 b.

perpetrar os atos mais infamantes, desde que disso viesse a tirar imediatos benefícios? Os homens aspiram ao poder ilimitado; cada qual gostaria de possuir o legendário anel do pastor Giges (359 d). No mesmo tom angustiado fala Adimanto. Ensinaram-lhe que a reputação de justiça é o quanto basta para assegurar a estima dos concidadãos, e que a aparência da virtude é o meio seguro de conciliar o favor dos deuses. Se assim se comportam e discorrem os mais velhos, "que impressão imaginamos possam deixar na alma dos jovens que os escutam?" (365 a).

Acuado dessa forma pela inquietação dos jovens, que radicalizaram a questão, transformando a matéria do debate num problema a ser urgentemente resolvido, restará a Sócrates, uma vez constatada a insuficiência dos padrões tradicionais e a inconsequência da posição sofística, propor, depois de um recuo tático, para retomar forças, muito a gosto do velho mestre da ironia, uma solução radical. "O fato é que não sei como sair em socorro da justiça, pois não me considero à altura de semelhante missão" (368 b). Convida então os seus interlocutores para que juntos repensem o assunto do princípio, isto é, que se vá buscá-lo em seus começos originais. Eis por que, tentando surpreender a justiça em estado nascente, o porta-voz de Platão propõe aos circunstantes que se exercitem a seguir "em pensamento a formação de uma Cidade" (369 a).

Daí por diante, Trasímaco não mais participará dos debates. É no entanto ao sofista, excluído da cena do diálogo e da construção da cidade, que se endereçará a solução final do problema da justiça.

III

A Cidade surge da carência dos indivíduos, "quando nenhum de nós se basta a si mesmo e necessita de muitas coisas" (369 b). Sua origem remonta, portanto, à de nossas próprias necessidades, a primeira das quais a de subsistência. De simples associação de indivíduos, a princípio ligados entre si pelos nexos de mútua dependência, que derivam do trabalho e da satisfação das necessidades comuns, a Cidade se transforma em agrupamento numeroso, territorialmente expansivo. Novas necessidades aparecem: o entretenimento, o luxo, e a defesa do território contra os inimigos de fora. E, como respeitar a especificidade das funções é regra fundamental nesse exercício de pensamento a que Sócrates convidou os seus amigos, ninguém devendo fazer senão aquilo de que for capaz, a necessidade de defesa exigirá desde logo o surgimento de um corpo de guardas. A justiça ou a injustiça nascerão, nesse momento, conforme a educação que se vier a dar aos defensores da Cidade. Eis o que explica o abandono do tema inicial em troca da exposição do programa educativo a eles destinado, e que ocupa o restante do Livro II e todo o Livro III. Trata-se, na verdade, de um regime de vida, completado no Livro V, e do qual nos limitamos a expor as linhas gerais.

A educação dos guardas visa à realização de um tipo humano. É portanto uma *paideía*, intrinsecamente formadora. Firmada na Música e na Ginástica, conserva, de maneira depurada, o ideal do *Kaloskagathos* da antiga aristocracia guerreira: o homem valoroso e vigoroso, interior e exteriormente equilibrado[20].

Em função desse duplo equilíbrio do corpo e da alma, a Ginástica, moderadamente praticada, diferindo da preparação atlética, inclui um regime alimentar sóbrio e associa-se à Medicina[21]. A Música, na acepção lata originária, rege-se pela mesma contenção e sobriedade, critério que se aplica, como norma seletiva de controle, contra os efeitos exorbitantes da poesia e da arte em geral sobre os sentimentos. A seleção é drástica. Estende-se da Música propriamente dita à poesia, restringindo o uso dos instrumentos à lira e à cítara (excluídos os de cordas múltiplas) e excluindo o emprego de modos musicais de caráter patético, as descrições de cenas desencorajantes – sobretudo das que inspiram o temor da morte e o desapreço aos deuses – a expressão de lamentações e queixumes, atribuída a heróis ilustres, as narrativas não edificantes, as representações trágicas, que induzem ao domínio das paixões violentas, e as cômicas, favoráveis ao desequilíbrio da conduta.

....

20. "A princípio, esta educação estava reservada só a uma pequena classe da sociedade: a nobreza. O *Kaloskagathos* grego dos tempos clássicos revela essa origem de um modo tão claro quanto o *gentleman* inglês" (Werner Jaeger, op. cit., p. 20).

21. Haverá uma relação tanto da Medicina com a Ginástica quanto da justiça com a legislação (*Górgias*, 464 b-c).

Se o fim imediato da educação é fazer com que os guardas se identifiquem com a sua função, para que, a salvo de desequilíbrios, possa a Cidade perdurar, essas restrições e exclusões se destinam a protegê-los dos perigos do comportamento imitativo. Estariam sujeitos à imitação (*mímesis*) caso fossem atores ou espectadores de tragédias e comédias. A imitação dispersaria cada homem, dividindo-o e colocando-o em conflito consigo mesmo, até torná-lo, em vez de física e mentalmente saudável, inapto para dedicar-se "exclusivamente à liberdade da Cidade" (395 c). A *mímesis* ou servirá à *paideía* ou será proscrita. A terem de imitar alguma coisa, os nobres guerreiros da República platônica, que hão de combinar o espírito animoso ao amor do conhecimento, imitarão as virtudes desde a meninice. Em consequência, o programa educacional que então se define estatui a disciplina da produção poética, segundo modelos previamente estabelecidos, e prevê a expulsão honrosa do poeta que ousar transgredi-los. Ungida sua cabeça com mirra e adornada com uma coroa de algodão, será posto "no rumo de qualquer outra cidade" (398 a).

Mas a educação principia pela *música*, e a Música pressupõe o uso do *lógos* – da palavra e do discurso. O critério da pertinência moral, como norma seletiva da arte e da poesia, é apenas a consequência de um princípio de maior alcance, assentado no ato de fundação da nova Pólis, antes de começar "a história da educação dos nossos homens" (376 e), ainda no Livro II, e que respalda o processo de formação dos cidadãos desde o seu início: *a discriminacão entre o verdadeiro* (*alethés*) *e o mentiroso* (pseudos) *na ordem do discurso*. Os discursos "podem ser de duas modalidades: verdadeiros e mentirosos" (376 e). Ora, a história (*mýthos*), a narração mítica, oferece a primeira via da Música, e portanto da educação. A ação educativa germinal formadora começa pela ação das narrações míticas – das histórias contadas às crianças, em geral mentirosas, contendo porém algo verdadeiro (377 a). É o que autoriza, desde logo – uma vez que a verdade deve ser tida em alta consideração (389 b) –, a que se reveja a matéria dos mitos e que se exerça severa vigilância sobre os criadores de fábulas (377 c). A diferença dos estilos ou modos de linguagem, a imitação (*mímesis*) e a narração (*diégesis*), feita posteriormente (392 d), complementa e reforça a primeira discriminação.

Distinguem-se nitidamente, a partir daqui, os dois planos da discussão do problema da justiça: *o moral*, relativo à conduta do indivíduo, de que partimos, e o *político*, da autoridade e do poder, a que chegamos. Mas já se pode perceber também uma outra questão fundamental silhuetada no problema da justiça – a da linguagem e do mito, da arte e da poesia. Com a formação dos guardas, que começa quando essa última questão parece já estar resolvida, começa também o processo do poder político, que legitima o exercício da autoridade e, paralelamente, o regime de vida decorrente da imitação da virtude.

"Inicialmente nenhum (guarda) deverá possuir nada a não ser o estritamente necessário" (417 c). O fim da atividade dos guerreiros exige que, resguardados da dissipação hedonística, dos "prazeres fáceis", da ambição e da avareza, prejudiciais à constituição do indivíduo e da cidade, eles vivam "em comunidade como soldados em campanha" (416 c). Outrossim, seria infringir a regra da especificidade das funções, e contrariar a isonomia dos cidadãos livres, igualados pelos mesmos direitos no desempenho da atividade para a qual foram educados, que homens e mulheres recebessem tratamento desigual. A diferença de sexo só aparentemente implica uma diferença de natureza, em nada prejudicando a execução dos misteres comuns, de que as mulheres, educadas como os homens, deverão participar.

Veladamente anunciada no Livro IV, a comunidade sexual – assunto delicado que Sócrates ousa abordar no Livro V, alegando, após um prudente circunlóquio, que o faz somente para satisfazer à curiosidade de seus jovens alunos – restringe-se a casamentos coletivos, periodicamente celebrados, e completa a comunhão da existência e a propriedade coletiva dos bens na República. Cuidando desde cedo dos rebentos das uniões matrimoniais que autorizou, a Pólis, única mãe comum, poderá assegurar a seletividade e a continuidade da educação como meio de formação do poder político. Esse poder repousa, de fato, na classe dos guardas, mas o seu exercício só seria confiado aos perfeitos (414 a), àqueles que, após revelarem maiores aptidões intelectuais e morais na aprendizagem da Ginástica e da Música, chegassem ao fim de uma preparação especial, a filosófica, de que trata o Livro VII, prolongada até a maturidade. Estudariam primeiramente o Cálculo, a Geometria, a Física e a

Astronomia, aprendendo a valorizar cada uma dessas disciplinas em relação às demais, e a ver em todas a expressão parcial e incompleta de um mesmo saber superior buscado por meio delas, a que acedem, já aos trinta anos, por intermédio do estudo da Dialética (537 d).

Mas não é senão gradualmente que conquistam esse saber, ao qual ficarão para sempre ligados depois de o haverem conquistado. Pela primeira vez assim definida, como *paideía* dos dirigentes, e pela primeira vez organizada como conjunto de disciplinas que formam um único caminho, a preparação filosófica prolongar-se-ia, de fato, para além da maturidade cronológica, durante a vida inteira e correspondendo a uma forma de vida autônoma, isolada e ascética. São filósofos os dirigentes que adotam essa forma de vida e de pensamento. Mais do que um grupo de elite, situados hierarquicamente acima dos auxiliares, pois assim passariam a chamar-se os guardas ordinários (414 b), os governantes-filósofos ou filósofos-governantes constituem a primeira classe do novo Estado. À custa da *paideía* filosófica, o poder e o conhecimento se uniriam numa forma perfeita de governo, denominada ora *aristocracia*, tendo em vista a classe que exerce o poder, ora *realeza*, considerado o caráter real do conhecimento, que investe, de cada vez, na função de governar, a um dos membros dessa classe. Os dirigentes da República, dirigidos pelo conhecimento que o saber filosófico atingiu, comandariam os auxiliares e os trabalhadores – artesãos, lavradores e comerciantes – membros da terceira e última classe (415 a).

Eis o fundamento da Pólis estável e virtuosa – da *kallipolis*, sábia, valente e temperante (427 c) –, onde, integralmente realizada, não para cada cidadão mas para o conjunto das três classes, a justiça se equipara à felicidade de todos (420 c). Nem rica nem pobre, porém sóbria, frugal, harmônica e sadia, mantendo sob rigoroso controle a produção de bens e mercadorias, deixada ao encargo da terceira e última classe, a Cidade, a salvo de crises, regulada pelo seu próprio equilíbrio interno, perduraria, tempo afora, graças à força cogente de sua pedagogia e de suas leis.

O processo pedagógico que acompanhamos fecha-se então em círculo. Colocado no começo da formação da Cidade, efetiva-se como regime de vida somente no fim, quando se completa como regime político, que gera a sua própria fonte da autoridade. Quem educaria os primeiros supremos governantes, educadores e legisladores da República, senão os próprios filósofos já atuando por trás desse processo, que criaram e que os cria a seu turno? O ato fundador da Cidade, instaurando a pedagogia, é um ato de autoridade que emana do conhecimento. Transformado o conhecimento em poder, essa autoridade afirma-se pela primeira vez, ao fundar-se a nova Pólis, com a discriminação dos discursos verdadeiros e mentirosos. O princípio em que assenta o poder de controle – ou o controle do poder – sobre os criadores de fábulas, em nome da pertinência moral dos efeitos da poesia e da arte, deriva da espécie de conhecimento que a preparação filosófica delimitou.

Se o Estado assim concebido depende da continuidade da educação, que assegura a imitação da virtude, tal continuidade não dependerá menos do controle da *mímesis* pelos filósofos, "pois em parte alguma as leis da música são alteradas sem que concomitantemente se modifiquem as leis fundamentais da comunidade..." (424 c). Os maiores riscos à estabilidade da República provêm desse domínio por onde "mais facilmente se insinua o desrespeito às leis" (424 d)[22].

A questão da arte torna-se, desse modo, a questão política e filosófica fundamental, quer dizer, a questão que, politicamente resolvida, continua subjacente ao plano filosófico do diálogo, explicitado da parte final do Livro V ao Livro VII – com um antecedente isolado no Livro IV – e que passaremos a examinar adiante.

IV

O plano filosófico tem por fundo a distinção entre ciência (*epistéme*) e opinião (*dóxa*), e se desenvolve diretamente ligado à *paideía* dos dirigentes, que culmina com a Dialética como forma do saber filosófico, depois das Matemáticas e da Astronomia (522 e/528 d). O processo educativo encadeia num só e único movimento o conteúdo das disciplinas

---

22. Isso implica reconhecer que a questão política se decide no terreno da *mímesis*. Sendo assim, a arte não é uma questão entre outras: "C'est dire que la question de l'art est la question centrale de la République – ou de la république" (Ph. Lacoue-Labarthe, "Typografie", in *Mimesis des Articulations*. Paris: Aubier-Flammarion, 1975, p. 227).

ao saber que elas representam. É um saber que se perfaz para além de uma aprendizagem comum e receptiva, à custa de uma dupla conversão, exemplarmente figurada na Alegoria da Caverna (514 a), e da qual depende o próprio sentido da Dialética.

Detenhamo-nos um pouco na aventura do prisioneiro, habitante da caverna, que se libertou de suas correntes nativas, passando da região obscura e subterrânea onde nasceu ao lado de outros companheiros, como ele acorrentados, para a região superior e luminosa da superfície da terra. "De início perceberia mais facilmente as sombras, ao depois as imagens dos homens e dos outros objetos refletidos na água, por último os objetos e no rastro deles o que se encontra no céu e o próprio céu, porém sempre enxergando com mais facilidade durante a noite, à luz da lua ou das estrelas, do que de dia ao sol com todo o seu fulgor" (516 b). Habituado à escuridão desde que nasceu, o olhar ofuscado pela luz, o trânsfuga sentir-se-á violentado pela claridade; a ela terá de acostumar-se pouco a pouco até poder certificar-se, levantando a vista em pleno dia, de que tudo o que antes percebera nada mais fora do que o desfile das sombras projetadas nas paredes da caverna por um lume aceso em sua parte exterior.

A situação imóvel e carcerária dos habitantes da caverna – símbolo de nossa condição, como adverte Sócrates – resolve-se desse modo, dramaticamente, com o livre movimento de um deles, seguindo a trajetória que o leva da escuridão à claridade. Mas essa trajetória é uma translação de sentido, apoiada em metáforas cumulativas, como a de *saída* – do interior ao exterior –, a de *ascensão* – do inferior ao superior –, a de *passagem* – do obscuro ao luminoso – e a de *mudança* – da imobilidade à mobilidade – que perfazem um só trânsito, que vai do ilusório ao real, do aparente ao verdadeiro. Nesse movimento metafórico reside a dupla conversão de que falávamos, e que é a conversão do homem quanto à sua natureza e do conhecimento quanto à verdade.

Depois de uma primeira ruptura – a queda de suas cadeias – o homem conquistou, gradualmente, uma nova posição. Dela pode ver mais do que o sol no céu, para além da terra. As coisas já se lhe afiguram como outras tantas sombras de um lume excedentário, nem maior que o sol nem mais alto que o céu, mas de uma grandeza de outra ordem. Até ali, vítima da ilusão sob o império da qual os seus companheiros ainda permanecem, o ex-prisioneiro toma consciência, ao passar de um lado para outro, que o seu livre trânsito, consequente à queda dos grilhões, equivale a uma mudança de estado. A rigor o homem que se libertou não ganhou uma nova natureza; libertou-se da aparente e entrou na posse da *verdadeira* – daquela mesma que era a sua própria sem que o soubesse e em que deverá perseverar depois que o sabe. A reconquista da verdadeira natureza humana à luz do verdadeiro conhecimento sintetiza a dupla conversão em seus dois aspectos interligados, a *paideía* e a *alétheia*. Luz que rege o jogo das imagens, predominantemente visuais, de sombra e de claridade, e as direções, passagens e transições metafóricas da Alegoria da Caverna, a *alétheia* é, afinal, a própria origem da analogia que, religando os dois termos dessa grande símile – o visível e o invisível, o ato de ver com a vista e o ato de ver com a alma – determina a diferença que separa a ciência da opinião. O visível está proporcionado ao sol, com o qual os olhos têm mais afinidade (508 b); o invisível, ao Bem, fonte da luz, sob cujo foco se pode ver intelectualmente as coisas por meio das ideias que as iluminam. A visão intelectual das ideias fundamenta o conhecimento verdadeiro, distinto do conhecimento de opinião, preso ao baço clarão de imagens e reflexos, análogos aos produzidos pela fogueira exterior à caverna, e que oscila ao sabor da experiência sensível. Luz geral do inteligível, a verdade desvela, desoculta a natureza das coisas, e o faz segundo as ideias que as aclaram e conformam.

De acordo com o significado do verbo grego *theorein* (alcançar com a vista, manter a visão sobre algo, contemplar), a teoria corresponde a um modo de apreensão intelectual apenas semelhante ao da percepção sensível, e dá-se quando a alma "se fixa nalgum objeto iluminado pela verdade e pelo ser..." (508 d). Contemplar é, como atitude constante e firme da alma, distanciada do imediato, ver de longe e de cima as próprias ideias imutáveis que escapam à visão próxima e rasa da experiência sensível[23].

---

23. "Qui dit *theoria* dit vue. Cette vue a pour objet l'intelligibie, le *noetón*. Elle exige donc un organe approprié qui appréhende cet objet. L'idée même de contemplation inclut en son essence un oeil spirituel, un nous" (A. J. Festugière, *Contemplation et vie contemplative selon Platon*. Paris: J. Vrin, 1950, p. 105).

O conhecimento só é ciência quando é teórico, isto é, quando sujeito à visão intelectual das ideias, e só é verdadeiro porque se realiza, em última instância, como a contemplação da alma, que se converte ao ser, ao *ontos on*, àquilo que é. Assim como a contemplação é superior à visão comum e a realidade à aparência, assim também a ciência é superior à opinião. A *dóxa*, que se limita ao domínio do sensível sem chegar ao inteligível, está aquém do ser, muito embora, a meio caminho da ignorância e do conhecimento (477 b), mais escura que o conhecimento e mais clara que a ignorância (478 c), não careça de certa equívoca realidade. Em tais condições, a *dóxa* subordina-se à *epistéme*, que desemboca no que é verdadeiramente real.

Mas a própria ciência não é um conhecimento uniforme. Como o da opinião, a cujo âmbito, correspondente ao primeiro termo do símile da caverna, pertencem, com suas sombras e suas imagens, os objetos iluminados que a vista apreende, o conhecimento fundamentado também se escalona conforme os graus da própria teoria, no rumo da pura visão intelectual das ideias.

A opinião e a ciência se articulam entre si como dois distintos domínios, o do visível e o do inteligível ou invisível. É o que nos mostra a figuração das porções simétricas de uma "linha cortada em duas partes desiguais, cada segmento dividido na mesma proporção" (509 e), numa relação horizontal, constante do Livro VI. O primeiro segmento representa o visível e o segundo o invisível. As imagens e as sombras alinham-se na primeira seção e os seres e as coisas perceptíveis na segunda do primeiro segmento. Simetricamente, no segundo segmento, as hipóteses estão para os conceitos assim como as sombras estão para as coisas no primeiro. As hipóteses funcionam como postulados, à maneira de apoios, ainda ligados ao sensível, que facilitam a passagem aos conceitos puros do inteligível, que nada mais figuram ou imitam.

A simetria das duas partes da linha do conhecimento e a divisão proporcional respectiva formam, pois, uma escala em quatro graus. A divisória do meio coincide com o ponto em que começa a aprendizagem do governante-filósofo, quer dizer, o movimento de conversão ou a saída da caverna, à medida que ele começa a afastar-se da *dóxa*, afastando-se de suas espécies, a *conjectura* (*ekasia*) e a *crença* (*pístis*), que correspondem ao perímetro das sombras e das coisas.

A *paideía* dos governantes preenche as duas seções do segundo segmento[24], que correspondem, sucessivamente, na ordem que vai das hipóteses aos conceitos puros, às duas espécies diferenciadas do conhecimento inteligível, a do *raciocínio* (*diánoia*) e a da *intuição intelectual* (*nóesis*), que consuma as possibilidades da *teoria* como ciência ou *epistéme*, permitindo discernir o objeto mais alto, o mais inteligível e o mais luminoso. A simetria delineada entre os dois gêneros do conhecimento reveste-se do caráter de oposição; somente à segunda parte da linha, a do inteligível, que diz respeito ao imutável e ao ser, se pode conferir o nome de verdadeiro conhecimento, ao contrário da primeira, a do sensível, confinada ao mutável e ao devir (534 a). E é na extremidade da segunda, em que passa à plena condição de teoria, que o conhecimento, adquirindo definitivamente o caráter de *epistéme*, integralmente se realiza[25].

Por conseguinte, tanto mais verdadeiro é o conhecimento quanto mais aumenta a sua altura contemplativa, quanto mais refina o seu teor de intuição ou de visão intelectual, até chegar ao Bem, a "fonte primitiva do conhecimento e da verdade" (508 e), que esplendendo sobre o inteligível, assim como o sol aclara o sensível, encerra o máximo de realidade e constitui, por isso, o ser no sentido eminente da palavra.

A Alegoria da Caverna, no começo do Livro VII, ensina-nos a colocar a linha segmentada representativa dos graus de conhecimento do Livro VI, em posição vertical – como o vetor de uma trajetória dirigida para o alto, "para a região inteligível" (517 b), de que a culminância é o Bem. A formação do governante se ultima nesse "limite extremo da região do cognoscível" (517 b), limite não alcançado por nenhuma das disciplinas, e tão só pela Dialética à custa das hipóteses que tomou por base[26]. As Matemáticas formam a escala inicial do raciocínio, nessa ascensão que a alma realiza por sua própria natureza, e que tem o seu

---

24. Cf. Werner Jaeger, op. cit., v. 3, p. 353.
25. Como objeto de teoria, ou seja, de intuição ou visão intelectual do imutável, a ciência platônica é contemplativa. Cf. Festugière, op. cit., pp. 232-3, idem.
26. A Dialética, explica Taylor, usa os postulados ou hipóteses das disciplinas como "starting--points" na descoberta de princípios autoevidentes que em mais nada apelam para o auxílio sensível da imaginação (ver Taylor, *Plato, the Man and his Work*. Londres: Methuen, 1960, p. 291).

último termo na apreensão teorética, na contemplação das ideias. O conhecimento matemático é hipotético; a Dialética, firmada nas hipóteses, mas utilizando exclusivamente a razão, é não hipotética. Porque ela explicita aquilo que a alma vê por meio da razão, que é o seu órgão de conhecimento capaz de suportar a vista "da parte mais brilhante do ser" (518 d), a Dialética, ciência superior, situada no topo das demais disciplinas, acha-se implícita, desde o começo, ao movimento de conversão que rompeu com a experiência sensível.

O posto elevado da Dialética em *A República* pressupõe, desta sorte, um anterior reconhecimento da superioridade do racional – ou da racionalidade da alma – na obra de Platão, paralelamente à admissão das ideias como objeto de visão intelectual.

V

A familiaridade dos interlocutores de *A República* com o caráter próprio das ideias como objeto de visão intelectual é expressamente mencionada por Sócrates, que se limita, ao abordar um assunto já tratado em muitas outras ocasiões, a reavivar a memória de seus companheiros (507 a). Essa referência vale por uma citação bibliográfica a, pelo menos, quatro diálogos que precederam *A República*: *Menão*, *Fedão*, *Fedro* e *O banquete*.

De fato, a teoria das ideias (tese da existência em si e por si das ideias como realidades separadas das coisas de que são a causa ou a razão necessária), que despontou na doutrina do *Menão* (o conhecimento como reconhecimento ou reminiscência), aparece desenvolvida no *Fedão*. Esse diálogo faz o elogio do filósofo como o aprendiz da morte[27]. Pelo seu tipo ascético de vida e pela dedicação ao pensamento – que não depende do corpo e que será tanto mais puro quanto mais do corpo se desligar – o filósofo se aproxima das ideias, e pode, assim, testemunhar a favor da imortalidade da alma, antes de comprová-la por meio do raciocínio.

....
27. *Fedão*, 64 a.

Mais satisfatória do que as suas três provas de imortalidade[28] é a certeza da atividade racional soberana da alma – de seu caráter divino – que o *Fedão* apresenta, seguindo a tradição órfica, e escudado na admissão de sua preexistência, já intrínseca à doutrina da reminiscência do *Menão*[29]. O caráter divino, eterno e imutável advém de seu parentesco, de sua semelhança com as ideias a que tem acesso por via da contemplação. Tão imperecível quanto as ideias de que participa, como poderia a alma perecer depois da morte? O *Fedro* ligaria a existência das ideias à existência da alma por um laço de origem. Quando a alma decai do cortejo celeste para a vida terrestre, interrompendo o seu eterno giro, esse nexo com a sua origem superior conserva-se latente no toco de suas asas[30], capaz de reemplumar-se sob o efeito do amor ao belo. A causa da dialética ascensional exposta em *O banquete* ainda é a soberania do racional que transforma o impulso erótico na paixão do conhecimento[31].

São essas as linhas de pensamento, já perfeitamente definidas, que sustentam, em *A República*, ao mesmo tempo que a natureza da Dialética, pela primeira vez tematizada nesse escrito[32], os títulos de independência intelectual e de elevação moral do filósofo, longamente avaliados no Livro VI. Amigo das ideias[33], o filósofo, tal como é retratado de corpo inteiro, recalca a figura tradicional do mistagogo, do adivinho, do profeta e do poeta, e opõe-se definitivamente ao sofista, cuja imagem passa a ser uma deformação ou caricatura da sua.

Filósofos são aqueles que se comprazem na contemplação da verdade (475 e), apreendendo o ser eternamente imutável (484 b): o Bem

....

28. Pela complementariedade dos opostos (vida/morte) (70 c-72 e); pela reminiscência (72 c-77 d); pela natureza divina da alma (75 b-84 b).

29. *Menão*, 85-86 b.

30. *Fedro*, 251 c.

31. *O banquete*, 210 a-d.

32. No sentido de que a Dialética se especifica, ocupando a segunda seção do segundo segmento da linha do conhecimento, correspondente à *nóesis*, como movimento da razão que se eleva das hipóteses aos princípios não hipotéticos em suas duas operações sucessivas: a que sobe até o gênero supremo (Bem) e a que, unicamente por efeito da potência da razão, sem recorrer à experiência, desenvolve as consequências dos princípios, reconstruindo a série das Ideias. Cf. Georges Rodier, "Sur l'évolution de la dialectique de Platon", in *Études de philosophie grecque*. Paris: J. Vrin, 1969, p. 56.

33. Amigo das ideias ou das essências inteligíveis, conforme expressão de *O sofista*, 248 a.

(*agathón*), termo da ascensão dialética e objetivo por excelência da teoria, já não bastam as ideias do *Fedão* ou a ideia do Belo realçada n'*O banquete* e no *Fedro*. Acima delas, *A República* coloca o Bem, que é, como ideia das ideias, superior à própria justiça, e em função do qual, confirmando a soberania da razão, a Dialética, instrumento legítimo do saber específico do governante, se tematiza. À soberania da razão vincula-se a hierarquia das funções da alma, cuja divisão tripartite ocorre no Livro IV (436 b), e sem a qual nem a justiça nem a felicidade da maioria seriam possíveis. Tal como foi organizada praticamente, antes que a questão da justiça fosse solucionada teoricamente, a Cidade reproduz ou imita a natureza da alma individual, determinada por três princípios: o racional, o irascível e o concupiscente (439 a-e). A Pólis compreende, num regime de competências distintas, as mesmas funções específicas – a sabedoria, a coragem e a temperança – que constituem as virtudes individuais (435 c). As duas hierarquias, a da Cidade e a da alma individual, ligam-se, termo a termo, por uma relação biunívoca. O racional comanda a segunda por meio da *phrónesis* – a sabedoria (441 c) – assim como os dirigentes comandam a primeira por meio da *epistéme*.

Ao estabelecer a hierarquia da alma, Platão reformulava a concepção pitagórica da *psykhé* como harmonia[34], conservando-lhe as imagens musicais e terapêuticas. As três partes de que ela se compõe são, "à maneira dos três termos da escala musical: o mais alto, o mais baixo e o médio" (443 d), análogas às três classes, acordantes e concordantes entre si na razão comum que mantém o acorde de suas atividades escalonadas. A posição específica da justiça, que permitira determinar finalmente o seu conceito, buscado desde o início do diálogo, decorre dessa razão comum, garantia do funcionamento harmônico da Pólis.

"Diremos, portanto, Glauco, que um homem é justo do mesmo modo que é justa a cidade" (441 d). Há justiça no indivíduo quando cada uma das partes da alma desempenha a função que lhe é própria, o princípio irascível servindo ao racional e o racional dominando o

---

34. Platão é guiado pela analogia pitagórica entre o instrumento musical afinado e a saúde do corpo e da alma. Cf. Taylor, op. cit., p. 269.

concupiscente. Da mesma maneira, a justiça existe eternamente, na Cidade, se as três classes guardam o nexo ordenador que assegura o funcionamento harmonioso do conjunto de que participam, não permitindo os governantes a quebra da especificidade de suas funções hierarquizadas. Além de dissonante, o procedimento injusto é um estado anômalo de insalubridade (444 c), sanável por meio da terapêutica da razão. Por isso mesmo, interiormente equilibrado, o governante-filósofo dispensará à cidade a atenção de um clínico, e aplicará, confirmando o entendimento do *Górgias*[35], a justiça como terapia, que visa a tornar melhores aqueles a quem castiga.

Longe, pois, de uma simples virtude como a sabedoria, a coragem e a temperança, a justiça é aquilo mesmo "que faz com que a cidade participe da virtude" (432 b). Consequentemente, só há uma forma de virtude, a política, que se atém ao modelo do Estado moralmente justo e saudável – modelo divino (501 e), porque extraído da contemplação do Bem que a *paideía* filosófica proporcionou ao governante.

Pode-se concluir, desse modo, que a solução encontrada para o problema da justiça foi uma solução política. Não há porém, a despeito disso, dada a paridade do indivíduo com a Pólis (434 e), superioridade do plano político sobre o plano moral do diálogo. O moral e o político situam-se no mesmo nível, espelhando a natureza hierárquica da alma. Limitada embaixo por essa natureza, que se prolonga na constituição ou forma de governo, e no alto pelo Bem – o ser verdadeiro e real –, a Pólis platônica, mantida por meio da técnica superior de cultivo da alma em que implica a *paideía* do governante, repousa na verdade eterna[36]. Em última instância, o princípio de autoridade se fundamenta, por meio do conhecimento teórico, nessa verdade eterna – de que a Dialética é a mais alta expressão – e que, transformada em eterna justiça, impõe ao

....

35. "Sócrates: já não dissemos que receber castigo é libertar-se do maior mal, a maldade? – Polo: Realmente. – Sócrates: É que o castigo nos deixa mais prudentes e justos, atuando a justiça como a Medicina da maldade" (*Górgias*, 478 d).

36. Para Lachièze-Rey, a ordem da República, a sua justiça, é divisada como "facteur nécessaire de la création et de la conservation d'une cité *envisagée* comme un systéme ayant, dans son essence et dans sa fonction, une vérité eternelle", p. 52; a organização do Estado "rentre inevitablement dans la sphère de la technique supérieure de l'âme…", p. 105 (Lachièze-Rey, *Les idées morales, sociales et politiques de Platon*. Paris: J. Vrin, 1951).

governante tanto a obrigação de usar a terapêutica do castigo quanto a do controle repressivo da produção poética.

O domínio dessa eterna justiça, que rege a ordem do Universo e estende-se à ordem estável da Pólis, recebe a sua consagração apoteótica ao fim do Livro X: a cena escatológica do mito de Er, que narra o julgamento, o castigo pelas faltas cometidas – numa viagem subterrânea de mil anos – e a purificação da alma dos mortos – "exaustas e empoeiradas as que subiam da terra, e limpas as que baixavam do céu" (614 e) – antes de escolherem perante as Moiras, no lugar onde o "fuso da necessidade" faz girar o orbe universal (616 e), as novas formas de vida sob a aparência das quais, cumprindo o ciclo da reencarnação, deverão retornar à existência terrena. Por um lado semelhante à *diké* do famoso fragmento de Anaximandro – que exige reparação[37] –; por outro, a eterna justiça, que permite readmitir, contra a concepção tradicional debatida e refutada no início da conversa de Sócrates, as vantagens permanentes do que é justo, inconfundíveis com as vantagens transitórias do que é injusto (613 d-e), assume um sentido ético – transmitido à própria ideia de reencarnação – na medida em que, no sorteio das vidas, cada indivíduo escolhe livremente o seu destino. "Quem escolhe arca com a responsabilidade" (617 e).

O suporte teórico do sentido ético dessa escolha é a imortalidade da alma, categoricamente afirmada e respaldada pelo princípio de sua imperecibilidade, já invocada no *Fedão*, e que agora se apresenta sob o invólucro discursivo de um novo argumento. A alma não pode dissolver-se pela ação dos males que atingem o corpo e que lhe são estranhos; ela permanece incólume, mas afetada moralmente pelos seus próprios males, que a tornam justiçável (611 a).

Assim, foi consolidando a solução política dada ao problema da justiça que a ideia de imortalidade da alma, implantada por Platão "no próprio coração da Filosofia"[38], consolidou-se em *A República*. Mas uma sementeira ainda mais fértil seria plantada nesse diálogo, em que se

---

37. "As coisas voltam ao princípio de que saíram, conforme está prescrito; pois que há entre elas reparação e satisfação de sua injustiça recíproca, segundo a ordem do tempo." Cf. John Burnet, *L'aurore de la philosophie grecque*. Paris: Payot, 1919, p. 55.

38. Erwin Rohde, *Psyché*. México: Fondo de Cultura, 1948, p. 241.

ultimou a cristalização do pensamento platônico. Todas as partes essenciais da doutrina de Platão se acham aqui interligadas de maneira coerente. Claro está, em que pese a aparência arquitetônica da doutrina, que não se trata da coerência de um sistema, tal como esta palavra viria a ser aplicada na época moderna. A coerência da construção platônica, no plano filosófico de *A República* – a sua ordem lógica como concepção do mundo –, corresponde à congruência da construção da Pólis – a sua ordem axiológica, no plano moral e político do diálogo.

Ao mesmo tempo que fixava o saber filosófico no uso exclusivo da razão, como mola do dinamismo ascensional da Dialética, foi nesse seu escrito de maturidade que Platão atribuiu sem hesitação às ideias o caráter de paradigmas, de formas modelares (*eîdos*), e às coisas o de cópias ou de imagens (*eikón*) dessas formas[39], de que se distanciam como o menos real do mais real – distância e separação entre o inferior e o superior, entre um mundo sensível de inteligibilidade mínima e um mundo suprassensível de inteligibilidade máxima.

As três linhas mestras provenientes dos diálogos anteriores – *a racionalidade dominante da alma, a Dialética e o mundo suprassensível das ideias* – interligam-se em *A República*, formando a estrutura da concepção platônica do mundo, condicionadas, porém, à perspectiva aberta pela *verdade*, e unidas à sua correlata compreensão do ser como ente. À luz das ideias, sob o foco superior do *agathón*, do Bem, firma a distância entre os dois mundos que o movimento de conversão do filósofo mantém.

Já resolvido na prática, à semelhança do que sucedeu ao problema da justiça, o destino da arte será finalmente decidido, do ponto de vista teórico, dentro dessa perspectiva, que se aplica à *mímesis*, como um prévio quadro de referência qualificador do real. Enquadra-se a imitação, como nexo da arte com a realidade – e não por acaso no início do mesmo Livro X, antes do mito de Er, que sanciona escatologicamente a organização da Cidade – sob a mesma relação entre as ideias e as coisas.

Se as coisas naturais refletem os modelos eternos a que estão subsumidas – modelos que só da verdade dependem –, a *tékhne*, a arte, con-

---

39. É na *República* que Platão começa a falar regularmente de "cópias", "imagens" ou "semelhança" das formas. Cf. Norman Gulley, *Plato's Theory of Knowledge*. Londres: Methuen, 1962, p. 53.

segue apenas, imitando aquilo que já é imitação[40], produzir cópias de cópias. A *mímesis* aumentaria ainda mais a distância do suprassensível ao sensível. Presa ao sensível, muito abaixo do ser, que é, como ideia das ideias, o ente dos entes, e do conhecimento, sob a égide da verdade, ela se aproxima da *dóxa*, e tende, como esta, ao não ser. Mas, por uma estranha reversão, o produto mimético reforça a aparência do ser pela simulação de realidade que introduz em tudo quanto alcança. Nem verdadeira do ponto de vista do ser de que se afasta, nem falsa do ponto de vista do não ser a que se sobrepõe, a *mímesis* oscila do real para o irreal e do irreal para o real, criando uma espécie diferente de ilusão – o simulacro, a mentira – irredutível às imagens dos sentidos e aos conceitos da razão[41]. Segundo o engenhoso paradigma dos três leitos (596 e), o artista e o poeta trágico estariam três graus abaixo do rei e da verdade do Bem e da *alétheia*. A discriminação da República à arte de imitar, "muito afastada da verdade, sendo que por isso mesmo dá a impressão de fazer tudo, por só atingir parte mínima de cada coisa, simples simulacro" (598 b), é uma derivação consequente do primado do Bem como ente supremo a que se elevou o saber filosófico, ao construir-se na construção do Estado ideal.

O filósofo é amante da verdade. Sua função ética, acima da de um simples juiz que faz cumprir a lei, é a de um terapeuta, de um *pharmakeus*[42], que dá à lei, por ele próprio feita, a sua destinação de veículo da

....

40. A *mímesis*, assim circunscrita pelos *eîdos*, é o ato de *produzir* (*poieîn*) algo que mostra ou dá a ver a ideia em seu aspecto. Esse produzir é um fabricar, como atividade de um *demiourgós*. O "artista" seria demiurgo de um gênero particular na medida em que as suas criações não mostram o aspecto da ideia, mas *phainómena*, aparências. "A imitação é aqui um produzir subordinado. O objeto mimético (*mimetés*) determina-se em sua essência, a partir do posto que ocupa na hierarquia dos modos de reprodução, escalonada de acordo com o puro aspecto do Ser, relativamente ao qual a mimesis é o mais distante" (Heidegger, op. cit., pp. 156-71).

41. A ilusão decorre da distância irredutível entre a coisa tal qual é (a ousía, a *quidditas*), o modelo, e a "cópia" sempre inadequada, como distância ontológica. Ver, a propósito, Gadamer, "A experiência da arte", in *Verdade e método* (*Wahrheit und Methode*, 3ª ed., J. C. B. Mohr, 1972, pp. 109-10). Mas essa ilusão persistente não é a simples falsidade. O simulacro, a mentira têm algo de verdadeiro, como se viu a propósito das narrações míticas (377 a), no capítulo III deste estudo.

42. O filósofo é o novo *phármakeus*, dispondo da verdade contra o encantamento da eloquência persuasiva (*peithó*) dos sofistas. O *eîdos*, a verdade, a lei ou a *espistéme*, a Dialética, a Filosofia – tais são os nomes do *remédio* (*phármakon*) que ele traz. Mas com isso torna-se o filósofo também um *phármakos*, isto é, um feiticeiro e um mago. Ver Jacques Derrida, "La Pharmacie de Platon", in *La Dissemination*. Paris: Seuil, 1972, pp. 132, 142, 146.

virtude para o cultivo da alma. O ofício de censor perfeito, decorrência de sua ação terapêutica, provém da mesma fonte, uma vez que é a verdade por ele amada ou possuída que o autorizou a separar os discursos verdadeiros dos discursos mentirosos, e a atribuir a essa discriminação, como partilha radical, o alcance de um princípio ou fundamento (*arkhé*) da *paideía*, marcando o limiar da formação do indivíduo e da Cidade. Mas já vimos que a preparação filosófica equivale a um movimento de conversão, de que a *alétheia* e a *paideía* são os aspectos fundamentais. O filósofo, que recalcou o vidente e o profeta, também recalcando dentro e fora de si mesmo o poeta, é a figura de um novo mestre da verdade[43], de um novo terapeuta, a que se concede, em lugar do sofista, o primeiro posto da República platônica.

Significando uma mudança de rumo do pensamento, a conversão do homem em filósofo – do prisioneiro da caverna em homem liberado – estadeia a conversão mais profunda do sentido da *alétheia*[44], no âmago da cultura grega em crise, e que trouxe à tona a concepção do mundo de Platão, por onde emergiu, a compreensão do ser como ente.

Antes aplicada à potência reveladora do mito e da poesia, a *alétheia* passava a significar, de conformidade com a compreensão do ser como ente, a evidência da ideia, a certeza do pensamento não contraditório – a *orthótes*[45], a que se ajusta a natureza racional da alma. O filósofo e o

---

43. A ascensão do filósofo como novo mestre da verdade é inseparável do processo de laicização da palavras, de que se tratou no capítulo I deste estudo, e portanto da ruptura com o mito – o que importa dizer também, da passagm do sistema mítico, religioso do pensamento – a que se vincula o sentido originário da *alétheia* – ao pensamento racional. Da constelação semântica da palavra *alétheia* (conforme nota 14), a Filosofia retém a *díke* e retira da *peithó* a sedução, o encantamento mágico (*apathés*). "Num sistema de pensamento que, se não se separa das formas míticas, se separa da lógica do mito, *alétheia* se torna uma potência mais estritamente definida e mais abstratamente concebida: ela simboliza ainda um plano do real, mas um plano do real que toma a forma de uma realidade intemporal, que se afirma como o ser imutável e estável na medida, mesmo, em que *alétheia* se opõe radicalmente a um outro plano de realidade, aquele que o tempo, a morte e Léthé (o esquecimento) definem" (Marcel Detienne, op. cit., p. 136).
44. Exprimindo essa conversão, a "alegoria da caverna", que contém a doutrina de Platão sobre a verdade, traduz uma mudança ou mutação da *alétheia*. Cf. Heidegger, "Doctrine de Platon sur la vérité" (Platon's Lehre von der Wahrheit), in *Questions II*. Paris: Gallimard, 1968.
45. "A verdade se torna *orthótes*, a exatidão da percepção e da linguagem" (Heidegger, op. cit., p. 153).

objeto de sua atividade intelectual autônoma abrigam-se no âmbito da evidência da ideia ou do domínio da razão já pertencente ao suprassensível.

"Fora da caverna, a *sofia* é Filosofia."[46] Fora da caverna, o saber é contemplação das ideias, conhecimento do suprassensível, conformado à interpretação do ser como ente e à verdade como *orthótes*. Fora da caverna, o saber converte-se definitivamente em Filosofia, ao termo do processo de conversão do qual a Dialética recebeu a sua direção ascendente. Ao mesmo tempo que o filósofo recebe o estatuto de sua conduta, configura-se o regime intelectual da Filosofia, misto de conhecimento e de atitude diante da vida, regido por um ideal de formação do homem ou *paideía*. Só então se preenche aquela sabedoria, de que a tradição pitagórica fizera muito antes um objeto de aspiração e de amor ou de *philía*. É nesse sentido que a Filosofia começa efetivamente em Platão, e, começando nele, "adquire daí por diante o caráter daquilo que se chamará mais tarde de *metafísica*"[47].

Firmou-se o platonismo, que responde pela identidade histórica do pensamento de Platão[48], e cujo perfil metafísico *A República* revela, sobre a dominância do suprassensível ou da verdade como nexo do pensamento com o que é eterno e imutável. Vincando o destino da Filosofia, essa perspectiva metafísica projetou-se na cultura ocidental com a força despercebida dos acontecimentos decisivos, historificantes: daqueles que marcham silentes com pés de pomba[49], abrindo ao pensamento o seu horizonte temporal de possibilidades interpretativas.

....

46. Heidegger, op. cit., p. 159.

47. "Platão nos apresenta a figura da Metafísica em suas grandes linhas precisamente nessa história que constitui o 'mito da Caverna'" (Heidegger, op. cit., p. 159).

48. Sem que a isso se reduza o pensamento de Platão, na unidade de cada diálogo, principalmente quando se considera a importância crítica de escritos da velhice, como o *Parmênides*, *O sofista*, o *Filebo*, que se voltam para a concepção do mundo de *A República*, questionando, de certo modo, do ponto de vista da Dialética, a *ousía*, o *ontos on*, como Ideia.

49. "Os pensamentos que vêm com pés de pombo (*Taubenfüssen*) dirigem o mundo" (Nietzsche, *Also Spracht Zarathustra*, Die Stillste Stunde, 2ª parte).

VI

Inseparável da concepção do mundo articulada em *A República* e da perspectiva metafísica que acompanhou a irradiação do platonismo, a construção da nova Pólis manteve estreitas relações com o estado da cultura política da sociedade grega da época em que surgiu.

Forma perfeita de vida virtuosa ou de governo justo para o indivíduo e para a Cidade, a realeza ou aristocracia serviu, como paradigma, de pedra de toque no reconhecimento das condições normais ou anormais – de saúde ou de doença – das organizações políticas existentes no momento. É um confronto praticado nos Livros VIII e IX – repositório clássico das cinco formas de governo – graças ao artifício do deslocamento cronológico, que marca a estrutura dramática da obra, recurso também empregado em outros diálogos.

A julgar-se pela ambiência festiva de seu introito, e pela segurança com que o velho Céfalo colhe os frutos da prosperidade, a ação de *A República* recua ao período da paz de Nícias (421 a.C.)[50], quando já atingia o auge, dez anos após a morte de Péricles, o imperialismo de Atenas, causa das guerras do Peloponeso para Tucídides, e quando a crise que se desencadearia no fim do século V a.C. ainda lavrava a fogo lento, encoberta no prestígio da riqueza e na força dos atenienses. A época fictícia da cena, de fermentação, de trégua e não de paz, prenunciando os desastres que decidiram o destino político de Platão (a tirania dos Trinta e a morte de Sócrates), contrasta com a fase da democracia restabelecida, durante a qual o diálogo foi concebido e elaborado. O contraste entre esses dois momentos da vida de Atenas, não muito distantes um do outro, prepara o efeito de confrontação crítica do modelo da realeza, de âmbito geral, com o conjunto das instituições da Hélade. A Pólis tal como deveria ser rebate-se sobre a imagem da Pólis tal qual ela se tornara.

Numa operação inversa àquela que guiou, do real para o ideal – das condições empíricas decorrentes das necessidades comuns a satisfazer às condições racionais da existência política a instaurar –, passa-se,

---

50. O Sócrates do diálogo é um homem de meia-idade. Cf. Taylor, op. cit., p. 263.

seguindo o caminho descendente que vai do ideal para o real, ao estudo das quatro formas imperfeitas, viciosas ou anômalas de governo: *timocracia* ou *timarquia, oligarquia, democracia* e *tirania* (444 e/545 a). Correspondentes a quatro estados de desequilíbrio, essas formas, que corroboram a validade do paradigma, estão para a vida política assim como os vícios para a virtude, na relação hierárquica das *funções* da alma[51], determinantes do caráter individual. Limite dessa teratologia, que respeita a paridade do indivíduo e da Pólis, o governo tirânico é o mais injusto, e o seu tipo ou caráter humano respectivo, em que a concupiscência liberada atinge o desenfreio, o mais afastado da razão e da virtude. Muito embora severo, não é tão sombrio o retrato do homem democrático, tipo fronteiriço, no qual a cupidez do oligarca se investe, e que está a um passo da desmesura do tirano. O que se diz do caráter vale *mutatis mutandis* da espécie correlata de poder político. Mas o pleno alcance crítico desses perfis em duas dimensões, de que sobressai o semblante turbulento e conflitivo da democracia (555 d), que dará origem ao poder do tirano (562 a), só se revela quando consideramos a experiência histórica concreta que neles se projetou.

Platão descreve uma democracia já decadente, no estado de antagonismo das facções opostas em luta pela conquista do poder, que mais tarde Aristóteles chamou de demagogia em sua Política[52]. À frente dessas facções se encontravam os discursadores, e por trás deles o conflito entre ricos e pobres, numa Atenas enriquecida, que produzira, com a sua massa de indigentes à busca de protetores, o fácil caminho da tirania.

Dir-se-á que a aventura siciliana comprometeu Platão com a tirania. O governante-filósofo tomaria o lugar do tirano; antecipação do "déspota esclarecido", seria ele afinal o bom tirano depois de convertido à Filosofia. Fora mais justo afirmar a respeito, em vez da secreta

---

51. *A República* define a virtude como função das faculdades, princípios ou potências da alma. Afasta-se, portanto, do socratismo dos diálogos anteriores em torno desse conceito. Cf. Victor Brochard, "La Moral de Platon", in *Estudios sobre Socrates y Platon*. Montevidéu: Losada, p. 171.

52. Aristóteles, *A Política*, Livro VI, Cap. IV, § 3-7.

aspiração à tirania dos *dionysiokolakes*, atribuída por Epicuro a Platão[53], que o filósofo esperava abolir essa forma de governo pela conversão do senhor da força e do poder. As formas de governo se sucederiam regular e necessariamente na ordem em que são estudadas, por efeito de uma lei eterna[54]. Último elo de uma cadeia causal, a tirania estava fadada a reabrir o ciclo, desembocando na realeza.

Não se pode pôr em dúvida a repulsa de Platão ao tirano. A sua linguagem atingiu o grau máximo de ironia quando, depois de haver examinado o governo democrático, apresenta o tirânico, que condenará em seguida por essencialmente vicioso e injusto, como sendo o mais feliz (562 a). Atacado do mal da licantropia (565 e) – o homem transformado em lobo – o tirano é, como caráter, o homem do desejo desenfreado, estranho à *sophrosýne*. Esse desenfreio, soltas as rédeas da razão, serve para conceituar, no Livro IX, a servidão ao desejo (573 a). A tirania se origina da violência dos desejos desencadeados. Escravo dos desejos, o perfeito tirano, que escraviza a cidade, injusta e infeliz sob o seu arbítrio criminoso, e para quem as piores penas estão reservadas no Hades, nasce quando o indivíduo se torna "ébrio, amoroso ou louco" (573 c).

Ainda que dispostas como elos de uma cadeia causal, cuja recorrência pode ser considerada o efeito de uma lei eterna, necessariamente imposta pela transgressão do paradigma, as formas anômalas de governo são, antes de tudo, aqueles regimes históricos da Grécia – a Timocracia de Esparta e de Creta (544 c), a Oligarquia[55] e a Democracia, de Atenas, que se alternaram, por toda parte, na Hélade, com períodos de tirania.

Vista por semelhante ângulo, *A República* não informa menos sobre a situação real da Grécia do que outros projetos políticos precursores,

---

53. Nietzsche, *Jenseits von Gut und Böse*, p. 572.
54. Lachièze-Rey, op. cit., p. 196.
55. A Timocracia, resultante da dissolução da realeza, ainda conserva certos aspectos do regime anterior, como o adestramento da classe guerreira; a Ginástica, entretanto, prima sobre a Música (548 c). A ambição prevalece, levando à oligarquia, em que só os ricos mandam (550 d). Na caracterização da oligarquia fundem-se a experiência do governo dos Trinta (404 a.C.) e informações a respeito do governo dos Quatrocentos (411 a.C.). Mas também não se pode excluir Esparta, que apresentava à época de Platão as características de uma oligarquia. Cf. Jean Luccioni, *La pensée politique de Platon*. Paris: PUF, 1958, pp. 12-9.

que propugnaram, numa direção oposta à da aristocracia, por reformas radicais. Antes de Platão, Faleas de Calcedônia e Hipódamo de Mileto, que não foram legisladores nem participaram da administração dos negócios públicos, também imaginaram formas ideais de organização política[56]. Faleas estabeleceu o nivelamento econômico dos cidadãos num Estado igualitário. Hipódamo, arquiteto da época de Péricles, contemporâneo do sofista Górgias, antecipou o controle do crescimento da população e a estrutura trinitária das classes da República de Platão. No entanto, em lugar dos governantes-filósofos, eram os artesãos que encabeçavam *A República* do urbanista e arquiteto grego; abaixo deles vinham os agricultores e, em último lugar, os guerreiros. Não havendo governantes-filósofos, as leis seriam elaboradas pelo conjunto dos cidadãos, sem distinção de classe, "igualmente elegíveis e eleitores para todos os cargos públicos"[57]. As reformas de sentido econômico e demográfico que compõem esses dois modelos, ambos diferindo sua inspiração democrática do platônico – sobretudo o de Hipódamo, que reservou os primeiros lugares em sua República àqueles que seriam os últimos na de Platão – visavam, contudo, ao mesmo fim a que se destinou a terapia política do filósofo: manter, diante de novas realidades, tais como o crescimento da produção, o aumento das populações e a concentração da riqueza, que solapariam as bases da cultura antiga, os limites e o equilíbrio interno da Pólis.

Nesse sentido pode-se falar da "modernidade" de Platão. Pensador da crise, ele soube captar a latitude e a novidade desses fenômenos e tentou corrigi-los[58]. Daí a preocupação, no seu projeto político, que preservava, quanto à educação dos guardas, na parte da Música e da Ginástica, os

....

56. Aristóteles, *A Política*, Cap. IV, Livro II.
57. Angel G. Cappelletti, "La Republica Pre-Platonica: Hipodamo de Míleto y Faleas de Calcedonia", *Revista Venezolana de Filosofia*, I, 1973, p. 22.
58. "Moderno" para sua época, a igual distância do novo e do antigo, entre inovação e tradição, arrostando a grande onda de uma crise – crise da linguagem (lógos), da ciência (espistéme) e da cidade (Pólis) –, Platão revelou-se um especialista de atualidades, quando visou remediar a economia hipertrofiada, e a divisão entre ricos e pobres que o êxodo rural à época da guerra do Poloponeso agravou. Além disso, a democracia ateniense decadente oferecia-lhe o espetáculo, que descreve em *A República*, de uma cidade de ociosos e de parasitas, onde imperava a prática da delação, da chicana e do sicofantismo. Cf. Henri Joly, *Le renversement platonicien* (Logos, Episteme, Pólis). Paris: J. Vrin, 1974.

fundamentos da *paideía* tradicional, não só com o controle da natalidade obtido por meio dos casamentos periódicos – mas igualmente com a disciplina da produção, colocada ao nível das necessidades, e da riqueza, distribuída e contida pelo regime da propriedade coletiva.

Mas o reformador foi também o arguto analista que descobriu aspectos essenciais do fenômeno político. Ao erigir o seu modelo, o diagnóstico acompanha o prognóstico e o traço essencial à prescrição normativa, como se vê a propósito do programa educativo que formulou. A pedagogia garante a estabilidade da Pólis porque – redescobri-lo-ia mais tarde Montesquieu – as leis da educação estão de conformidade com as leis do poder[59].

Como analista, Platão também alcançou, num trecho do Livro II, que merece releitura, o nexo do fenômeno político com a cultura, que Rousseau iria divisar novamente no século XVIII. Trata-se da passagem muito rápida, que focaliza a diferença entre a *cidade sadia* e a *cidade pletórica*, e que faz parte do preâmbulo da formação da Pólis imaginária, antes que se inicie o programa educativo, e onde se constata que as cidades se formam "quando nenhum de nós se basta a si mesmo e necessita de muitas coisas" (369 b).

Tal exórdio circunscreve uma possibilidade empírica – a satisfação das necessidades de cada qual e de todos – e nada tem de normativo. Pela satisfação das necessidades comuns, como princípio de organização política, chegaríamos à *cidade sadia*, descrita com traços de verdadeiro bucolismo (372 a-e). Entretanto, por força de outras necessidades, logo surge a *cidade pletórica*, com o lastro supérfluo "de caçadores e de imitadores", "ou de fabricantes de artigos de toda espécie" (373 b), suscitando então, e já findo o preâmbulo, pois que a ela se destina o corretivo do projeto político, o ato de formação imaginária da Pólis tal como deve ser. A diferença entre as duas cidades não é menos a transição de um estado social a outro, mais próximo o primeiro e mais afastado o segundo da Natureza pela mediação da Cultura.

A *cidade sadia* de Platão antecipa a sociedade nascente, anterior à propriedade privada, sem desigualdade, para a qual Rousseau se vol-

---

59. Montesquieu, *L'esprit des lois*. Livro IV.

tou. É a ela que ainda se vincula a forma da aristocracia ou realeza, sem propriedade privada, e que o tardio e minucioso rigorismo institucional de *Leis* manteve como o Estado de primeiro grau, em relação ao qual qualquer outra organização política seria provisória.

O projeto de Platão também alcançou a "modernidade histórica" por esses aspectos de análise ou de intuição dos fenômenos. No entanto, justificada à guisa de um circunlóquio, a fim de que Sócrates pudesse responder à questão sobre a natureza da justiça, e nascida como um ato de pensamento que é exercício de imaginação, a construção da *kallipolis* consubstanciou-se num projeto político para a sociedade grega do século IV a.C., a ela destinado tanto quanto os de Hipódamo e Faleas um século antes. Encarada na função que teve como projeto político, a República platônica não foi uma utopia, palavra de origem grega, mas criada no Renascimento, com o significado que tomou à época moderna[60]. Modelo ideal, já portanto realizado no nível das ideias, esse projeto possui a seu favor a verdade da essência. A realização teórica do paradigma responde pela sua exequibilidade prática, indefinidamente suspensa até que surgissem as circunstâncias favoráveis de concretizá--lo. O paradigma[61] seria falso se fosse inexequível. E como pode ser falso o discurso sobre a Cidade verdadeira? "Parece, portanto, arremata Sócrates, que de tudo isso temos o direito de concluir a respeito de nossa legislação que seria a melhor no caso de ser realizável, e que o plano, embora de execução difícil, não é inexequível" (502 c).

O projeto da República é, portanto, ideal como objeto de um juízo verdadeiro, muito embora sejam hipotéticas as condições de sua concretização efetiva. Assim, opera-se no diálogo à transferência do conhecimento das ideias, da ciência ou *epistéme* ao fundamento da legislação e do governo das cidades. A contemplação do ser e da verdade transformava-se em *teoria* ou *ciência política*.

---

60. "A la limite, l'utopie est le residu de la théorie politique ancienne, lorsque la lecture laisse échapper l'histoire des instituitions et la philosophie des constituitions" (Henry Joly, op. cit., p. 326).

61. O modelo da cidade como ideia é um paradigma – o paradigma da justiça, que se realiza pela ordenação hierárquica das funções. Sobre o alcance e o estabelecimento dos paradigmas mediante exemplos e como exercício dialético, ver, de Victor Goldschmidt, *Le Paradigme dans la dialectique platonicienne*. Paris: PUF, 1947.

A transformação da teoria pura numa teoria da Pólis, conduzindo à prática por intermédio da arte de governar nela inspirada, e que Platão abordou depois no *Político*[62], assinala, como parte complementar da trajetória do prisioneiro da caverna, o retorno do filósofo, ao fim do processo de conversão, interrompida a atividade contemplativa em que se detinha, para a órbita dos negócios humanos. Como o prisioneiro liberado que, compadecido da situação de seus antigos companheiros de infortúnio, voltou ao convívio deles (519 d), a fim de convencê-los a se libertarem, assim também procede o filósofo-governante, movido pelo intuito de esclarecer e salvar os seus concidadãos. Assumida em condições de sacrifício, a nova atitude do pensador, ditada pela missão que se impôs, não poderá deixar de ser dúbia. O princípio de sua autoridade funda-se no conhecimento que o manteria afastado do governo. E deverá atuar para o bem da Cidade, exercendo sem apego o poder ao qual não aspirou, em nome e por causa de um bem maior que se situa, excedentário à política, acima dos interesses deste mundo. É muito significativo, pois, que ao surgir a teoria ou ciência política, no âmbito da Metafísica, também tenha se manifestado a oscilação entre os polos da contemplação e da ação, do *theorein* e do *práttein*, que caracteriza, historicamente, até os dias de hoje, a conduta intelectual ambígua do filósofo, tentado pelo poder que rejeita. O encontro da Filosofia com a política será desde então um encontro polêmico e de resultados equívocos[63].

....

62. A arte política tem por fim cuidar de um determinado rebanho (267 d). Além dessa metáfora do pastor e das ovelhas, outras imagens, como a do piloto do barco, em relação aos passageiros e a do médico em relação ao paciente, de descendência platônica, subsidiarão o nexo governante/governado na Filosofia política da Antiguidade.

63. Seria também o momento de se considerar certos juízos equívocos acerca de *A República* do ângulo político: o de Cassirer em *O mito do Estado* e o de Popper em *A sociedade democrática e seus inimigos*. Não se terá determinado a contribuição de Platão, afirmando-se, como faz Cassirer, que o filósofo ateniense foi o primeiro a introduzir uma teoria do Estado e o primeiro defensor da teoria do Estado legal. O Estado legal da República platônica reafirmava o espírito da Pólis, e é uma abstração sem a *paideía* (ver Ernst Cassirer, *O mito do Estado*. Lisboa: Publicações Europa-América). Lançando-se contra o historicismo, Popper comete uma falácia histórica. Quando fala do Estado platônico, de que o indivíduo é a cópia, introduz sub-repticiamente na Pólis a imagem do Estado moderno. A harmonia da *politeía* do filósofo das Ideias está longe da autonomia organicista do Estado como totalidade, que o pensamento do romantismo nos legou. O processo que Popper move contra Platão adquiriria sentido se voltado para o domí-

Mas passaria por esse encontro da Filosofia com a política – e desta vez equivale dizer da ciência política da Antiguidade com o saber filosófico metafisicamente moldado – o eixo de maior penetração do platonismo, que condicionou, em suas projeções mais decisivas, a fortuna histórica de *A República*,

Lida pelos humanistas do Renascimento, a obra converteu-se no modelo das utopias, para as quais se transferiu, junto com a concepção da *kallipolis*, a compreensão do ser e da verdade que a susteve. Fora do espaço, as utopias nascem à margem do tempo; são ucronias que participam da verdade eterna, de que extraem o princípio de sua estabilidade.

A leitura política de *A República* no Renascimento tinha sido, porém, precedida pela leitura teológica de Platão. Na aurora da sistematização doutrinária do cristianismo, ao encontro do mais cristão dos filósofos pagãos, a Patrística traduziu a ideia de Deus do Velho Testamento pela ideia do Bem; o *ens realissimum* foi a versão latina de *agathón*[64]. A cidade de Deus, intemporal e transistórica de Santo Agostinho, ergueu-se nesse limite ontológico, onde antes se erguera o modelo divino da cidade imperecível dos filósofos. À luz dessas duas leituras, que explicitaram possibilidades interpretativas da compreensão metafísica inerente ao platonismo, *A República* revelaria para a modernidade as dimensões de um tratado teológico-político[65].

Os esquemas ontognoseológicos da Filosofia moderna incorporaram a distância do sensível em relação ao suprassensível, que o Livro X reiterou, ao determinar, a partir do ente supremo, numa espécie de anticlímax do diálogo, que precede a apoteose da justiça, o alcance inferior das criações miméticas no conjunto da realidade hierarquizada. O princípio aderido a essa diferença – o da discriminação entre os discursos verdadeiros e os discursos mentirosos –, que vinha claramente à tona no

....

nio da Metafísica. Mas nesse caso estaria julgando, numa outra dimensão que não a de um processo "judicial" para definir responsabilidades – separando os "amigos" dos "inimigos" da democracia –, a figura do nosso próprio destino histórico. Ver, de Karl Popper, *A sociedade democrática e seus inimigos*. Belo Horizonte: Itatiaia, 1959.

64. "Thus it is exactly what is meant in Christian philosophy by the *ens realissimum*, and is rightly regarded as distinct from and transcendent of the whole system of its effects or manifestations" (Taylor, op. cit., p. 289).

65. Werner Jaeger, op. cit., vol. II, p. 363.

momento da formação da Pólis, conservou-se, de Baumgarten a Kant, e de Kant a Hegel, na posição de princípio subjacente da Estética[66].

A Estética fez do belo, da poesia ou da obra de arte ora uma forma de conciliação ou de aproximação, ora um meio de superação da distância gnoseológica, que é também distância ontológica, entre o conhecimento do sensível e o conhecimento do inteligível. Tentou abrandar o império da razão, consequente ao domínio da *alétheia* como verdade objetiva, domínio que deu à partilha entre os discursos verdadeiros e os discursos mentirosos o sentido de uma ordem hierárquica institucionalizada, em que a separação do sensível e do suprassensível se estabilizou. Mas não tocou na solução platônica à velha pendência da Filosofia com a Poesia (607 a-d) – de Sócrates contra Homero – que veio a transformar-se, sob a disciplina da razão, num conflito irredento da própria cultura ocidental. Confinando-o a rubricas específicas – "a questão do Belo" ou "a questão da arte" – que o delimitaram, a Estética seria – e esta foi a grande descoberta de Nietzsche – o permanente sangradouro desse antagonismo.

Tal conflito, que se constituiu no problema mesmo do pensamento, é, aos olhos de Nietzsche, fruto da *vontade de verdade*, que estabelecera, gerando o movimento de conversão do filósofo, a equivalência da razão com a virtude e com a felicidade[67], esposada pelo modelo da República de Platão. A mesma *vontade de verdade* que lhe inspirou o missionarismo, levava o governante-filósofo a utilizar, em proveito de sua autoridade, os mitos com os quais a Filosofia rompera. A mentira por meio da palavra, a "fábula honesta" (414 c), podem ser úteis. Assim os governantes detêm e exploram o segredo da *mímesis*, posta sob o seu controle. A fim de consolidarem a ordem da República, contam aos educandos, como mito de origem das três classes – governantes, guardas e trabalha-

---

66. E conservou-se na distância preservada que vai do sensível inferior ao inteligível superior. Para Baumgarten, a poesia é o discurso sensível perfeito: aquele que tende ao conhecimento de representações sensíveis, "recebidas pela parte inferior da faculdade cognoscitiva", e que constituem o objeto da Estética. Ver, de Baumgarten, *Reflecciones filosóficas acerca de la poesia*. Buenos Aires: Aguilar, 1964.

67. *Vernunft = Tugend = Glück*. Por essa equivalência, o governo, a disciplina e o império da razão tornam-se tirânicos. Cf. Nietzsche, "O problema de Sócrates", *Crepúsculo dos ídolos*, vol. II, pp. 951-6.

dores – a fábula das três raças – a de ouro, a de prata e a de bronze (415 a), que não podem misturar-se porque possuem naturezas diferentes.

Mas esse desvio pragmatista da *mímesis*, como um recurso do poder político – ato da má-fé a que se expõe a boa consciência filosófica – já nos mostra que a República tira proveito de um outro poder mais originário com o qual transaciona: o poder da poesia, da *poíesis* na acepção ampla de *enérgeia* da linguagem, até onde realmente se estendeu ao alcance da vigilância sobre os criadores de fábulas firmada no Livro II, pois é desse poder que relevam as muitas criações e recriações míticas na obra de Platão, que integram organicamente, sem falar das metáforas e imagens[68], a doutrina do filósofo, e que, aderidas ao platonismo, difundiram-se junto com ele. Basta-nos mencionar, a propósito, o mito de Er, já citado. As paragens descortinadas pelo varão armênio, que voltou do outro mundo, projetaram-se na topografia do universo da *Divina Comédia* de Dante[69], depois de retraduzidas pelo Sonho de Cipião de Cícero, não sem terem deixado de contribuir para a concepção do aparato judiciário-penal do inferno da teologia cristã[70].

Recalcado pela disciplina da razão, o poder da *poíesis* se infiltra nos alicerces da República e na estrutura do próprio diálogo. O jogo da imaginação e da linguagem sobe até o alto nível das ideias, introduzindo a *mímesis* portas adentro da doutrina da alma, até comprometer o império da razão contra ela fundado. Que é o nexo de participação que liga as coisas ao *eîdos* senão uma relação de semelhança? Cópia das ideias, as coisas existem imitando os seus modelos. A existência da Pólis é a *mímesis* da alma; a prática da virtude é a *mímesis* da perfeição contemplada.

O gesto de Platão expulsando os poetas de sua República adquire, dentro do mesmo quadro de referência da compreensão do ser paralela

---

68. Ver a propósito das metáforas e imagens que suportam a concepção platônica do mundo, e consequentemente a Teoria das Ideias, Aloys de Marignac, *Imagination et Dialectique: Essai sur l'expression du spirituel par l'image dans les dialogues de Platon*. Paris: Les Belles Lettres, 1951.

69. O mito de Er dá-nos o esquema da *Divina Comédia*, com as suas três partes – Inferno, Purgatório e Paraíso. Cf. J. A. Stewart, *The Myth of Plato*. Condor: Centaur Press, 1960, p. 168.

70. Ver, a respeito, o capítulo V do importante ensaio de Hannah Arendt, "Que é autoridade?", in *Entre o passado e o futuro*, cit.

à mutação da *alétheia*, o significado de um gesto historicamente decisório assumido e repetido pela Filosofia: o esconjuro, o ocultamento interno da linguagem, de que o controle externo da poesia e da arte é o aspecto exterior normativo. Acumulando todos esses compromissos, a consciência filosófica, que conservará o mito em sua fímbria, recalcou o poder poético da linguagem no poder do conhecimento objetivo.

Platão, que assinalou à arte uma função mimética sem precedentes[71], tanto mais procurou racionalizar esse poder, quanto mais lhe reconheceu a força, canalizada à sua própria doutrina pelas condições em que ela se efetivou como obra escrita. O retorno, no Livro X, à arte e à poesia nivelando, por sinal, toda *mímesis* a uma só espécie de *tékhne*, a do pintor – depois de terem sido julgadas nos Livros II e III – é a primeira volta do pensamento, como um ato filosófico que será contínua e dramaticamente repetido, a uma questão não resolvida e jamais solúvel: a questão da língua em poética, que problematiza o conhecimento e o poder ao mesmo tempo. As reservas utópicas de diálogo sobressaem desse ângulo conflitivo, que mantém o fascínio e a fecundidade de *A República*.

A noção de utopia não é por certo contemporânea da obra de Platão; mas o caráter intemporal da Cidade idealizada pelo filósofo grego e de suas congêneres do humanismo renascentista, precursoras de outras tantas idealizações da vida política entre os séculos XVI e XIX, não esgota o fenômeno mais amplo da projeção imaginária que lhes deu origem. Se como forma de vida a utopia é estática, a projeção do imaginário político que a mobiliza nutre-se da mesma inquietude da *poíesis*, que burla a disciplina da razão e entrega o homem à errância de seu destino temporal[72]. Dessa forma, a primeira descoberta de *A República* – o reencontro da Filosofia com a política pela regência dos filósofos-governantes ou dos governantes-filósofos – extrai a sua força latente daquilo que a construção da Pólis e a construção do pensamento doutrinário de Platão tentaram em vão encobrir.

---

71. Ver Henri Joly, op. cit., p. 45.
72. Pode-se encontrar no diálogo *Crítias* uma projeção desse imaginário político, mas recuando ao passado remoto da Ática, quando, revestidos das virtudes cívicas dos guardas da *kallipolis*, os atenienses puderam derrotar os atlântidas.

A ideia do filósofo-governante – o governo da razão – foi tão decisiva para a Filosofia Ocidental quanto para a tradição política[73]. Mas deve-se reconhecer também que não o foi menos, por ter sido o caminho por onde essa ideia ascendeu, a renúncia de Platão, na sua obra de maturidade, da potência reveladora da linguagem – renúncia a duras penas, tanto manifestou ele na juventude – lembremo-nos do *Ião*, do *Fedro* e de *O banquete* – o apreço aos dons do poeta e do vidente. Mas não podem ser poetas, dizia Sócrates a Glauco, os fundadores de cidades (378 c/379 a).

Ainda mais dramática parecerá tal renúncia quando consideramos que ela acompanhou a outra renúncia de Platão à atividade política direta e imediatista. O filósofo surgira então de encontro ao sofista, marcado por uma última abdicação, que já era uma destituição dentro da Pólis real que o rejeitava. O governo da razão, que destituía o poeta, instaurava-se, à margem da Cidade, fascinado pelo poder que o destituíra.

Reduzida à sua autêntica dimensão, a resposta que a autoridade do conhecimento deu a esse desapossamento, preservado pela consciência filosófica, e que entrou na gênese do regime da Filosofia, é o poder da palavra dialógica, que problematiza a vontade de verdade e de poder.

Uma leitura atual de *A República* deverá restituir ainda, do ponto em que nos detemos, desconstruindo o que antes se construiu – o comum arcabouço metafísico da Pólis e da doutrina platônica – a força dramática irredutível dos problemas entrelaçados da *poesia*, do *conhecimento* e do *poder*, que, à margem das soluções morais e políticas encontradas pelo diálogo, são, aquém e para além de seu plano filosófico, os verdadeiros agentes do drama do pensamento e da cultura que ele representa. *A República* continua sendo a primeira cena desse drama inconcluso que nos concerne.

---

73. Consulte-se Hannah Arendt, op. cit., p. 145.

Andarilho do conhecer*

Poucos pensadores exigem tanto de seus intérpretes quanto Nietzsche. Não apenas porque lhes oferece, repassada nos mais violentos contrastes teóricos, uma concepção que, além de assistemática, adota por princípio a recusa ao sistema – à "vontade de sistema", em que Nietzsche viu uma falta de integridade intelectual – mas sobretudo porque os afronta com a experiência quase acintosa desses mesmos contrastes, dramaticamente incorporados, como causa pessoal, às formulações gerais de seu pensamento, obtidas enquanto prática da vida, e das quais não se apagam os traços de procedência pré-teórica impura.

"Eu escrevi todos os meus escritos com o corpo e com a vida; desconheço o que sejam problemas espirituais em estado puro", diz um dos conhecidos aforismos da fase de *Humano, demasiado humano* e de *Aurora*. Escândalo para a altaneria e a impessoalidade ascética do discurso filosófico, em que Nietzsche incutiu a ironia, o humor e a verrina, essa escrita arrebatada, corporal e vital, ainda mais dificulta para o intérprete o trabalho de delimitação da filosofia nietzschiana. É uma filosofia polemicamente firmada em confronto com as categorias metafísicas tradicionais. Nela, a reflexão, dirigida à crítica da Ciência e da Moral, se exerce à maneira de pugna fremente contra toda espécie de

---

* *Revista Tempo Brasileiro*. Rio de Janeiro: Tempo Brasileiro, out.-dez. 2000, nº 143, pp. 81-7.

servidão mental, contra as mentiras institucionalizadas do mundo moderno, num peculiar estilo de *escavação dos fundamentos*, extensivamente desenrolada por vários registros – filológico, psicológico e biológico – e passando, em movimento de vaivém, do plano individual ao histórico e do natural ao cultural.

Assim, tenha por alvo a objetividade do conhecimento, quando desencobre, por trás da simulação dos conceitos do intelecto urdidos sobre a trama metafórica da linguagem, a força esquecida dos instintos, que cria identidade onde há diferença, e verdade onde há ilusão, tenha por objeto os valores morais, quando lhes desencobre a base impulsiva reprimida ou soterrada, a escavação se impõe como um "movimento de retrocesso" (*Humano, demasiado humano*), capaz de habilitar o homem já descrente, "que teve coragem de prescindir de Deus" (*Genealogia da moral*), a compreender, para superar a Metafísica, e para, superando-a, alcançar maior grau de libertação, como se legitimou, pela origem psicológica, a dominância histórica das representações da Ciência e da Moral.

A vontade de potência, fonte incontornável tanto dos valores afirmativos, em consonância com os impulsos, quanto dos negativos, produto de seus desvios e "desnaturalização", em função de recusa ascética da vida – essa excedentária força da Razão que soergueu o mundo verdadeiro das essências acima do caluniado mundo das aparências, introduzindo na cultura o germe de seu estiolamento niilista – é o limite daquele retrocesso analítico, método subterrâneo como tortuoso trabalho de sapa aos conceitos tradicionais, que fez do pensamento de Nietzsche o rebate de uma contradoutrina.

Contradoutrina era já *A origem da tragédia*, que se voltou para a arte trágica dos gregos, tomada como modelo de uma metafísica do artista, e que consagrou a ilusão da aparência em resposta à essência, à coisa em si, da metafísica especulativa, reacional, antes convertida por Schopenhauer no substrato da vontade universal; e contradoutrina foi a genealogia da "vontade de verdade", que permitiu interligar "a consciência cristã aguçada nos confessionários" (*Genealogia da moral*) à atitude científica, e ambas à Moral considerada linguagem de signos a interpretar. Mas, num e noutro momento, a obra de Nietzsche, verdadeiro labirinto de escritos, entre os quais não há estrita continuidade temática, produzidos que foram em bloco, segundo planos que rapidamente se sucederam, com a descoberta de novos ângulos, senão com a conquista de pontos de vista novos sobre questões do conhecimento teórico e da Moral que permanentemente preocuparam o filósofo, desenvolveu-se ensaisticamente numa sucessão de investidas, de surtos verbais exploratórios, também consumadas "peças de bravura" retórica atacando o ponto vulnerável de uma ideia, e que, despidas do decoro do distanciamento reflexivo, são instantes luminosos de síntese ou de análise, nos quais se projeta o transbordante interesse pessoal de quem escreve. Nada ou quase nada, como soube dizê-lo Nietzsche, é impessoal num filósofo. Assim, em tudo quanto ele escreveu, o intento de comprovação objetiva é inseparável da provação subjetiva do pensador.

Nesse gênero tão singular e talvez único, o ensaio feito "prova modificadora de si mesmo no jogo da verdade", a que Michel Foucault referiu-se, incidem mesmo os escritos mais orgânicos de Nietzsche, a exemplo da *Genealogia da moral*, refletindo a duplicidade da condição do pensador, que nunca pôde ser um crítico desapaixonado, e que, andarilho do conhecimento em busca de si mesmo, expôs a sua própria paixão em tudo quanto criticou. Nietzsche falou-nos dessa paixão: a enorme avidez de sua alma, o desejo insaciável de multiplicar-se por outros indivíduos para poder tudo abranger, fisicamente, o passado e o presente. "Ai desta chama de minha ambição! Pudesse eu renascer em cem outros seres distintos. Quem não conhece por experiência esse anseio, não conhece tampouco a paixão do cognoscente", diz o aforismo 249 de *A gaia ciência*.

Por essa avidez de concretude, tão discrepante da contenção da ciência moderna quanto da abstração metafísica do Absoluto, a paixão do cognoscente, mais afim com o transbordamento da criação artística do que com a forma unívoca do discurso explicativo, extravasaria pelas frestas do sentido fugidio e expansivo do aforismo, centro móvel de escrita fragmentária, a caminho da expressão poética.

No conjunto da obra do filósofo musicista e poeta, duas vozes, distinguidas por Maurice Blanchot, alternam-se ou harmonizam-se em contraponto: a que concorre com a dos filósofos que o antecederam, tendendo para uma concepção coerente, e uma outra cheia de subentendidos, dizendo a mais ou a menos do que anuncia, nem simplesmente diagnóstico nem apenas prognóstico, e que se propõe como visão poética ou aceno profético. Mais acentuada durante a última fase da carreira intelectual de Nietzsche, quando se autonomizou em *Assim falava Zaratustra*, para anunciar o Super-Homem e a intuição do Eterno Retorno, preludiada em *A gaia ciência*, essa voz nunca deixou de acompanhar o andamento eminentemente crítico da primeira, que suspeitou da legitimidade do conhecimento racional, e que, arguindo as categorias filosóficas tradicionais, terminou por consumar a destruição do ideal da verdade.

Último mas não o maior desafio da obra de Nietzsche aos seus intérpretes, o paradoxal afrontamento do ideal de verdade em nome da vida — em nome das *blutige Wahrheiten*, das *verdades sangrentas* oriundas da vontade de potência, e que falseariam o mesmo ideal ao produzi-lo esquivamente — estampa-se nas inversões e deslocamentos de sentido, que marcam o aprofundamento da crítica nietzschiana. Porque a vontade de potência se antecipa ao nexo entre sujeito e objeto, já não havendo identidade da coisa ou totalidade do mundo, o verdadeiro é o ilusório, o ilusório é o real, o real é valor e o valor apenas signo das forças afirmativas ou negativas mediante as quais nos apropriamos do mundo, dentro de uma perspectiva que só permite interpretá-lo. A interpretação negadora da vida, que releva da Ciência e da Moral, conduziu a cultura ao niilismo. Daí o prolongamento da crítica do conhecimento numa crítica da cultura, isto é, numa semiologia de seus valores mais elevados, como diagnóstico ou desmascaramento da vontade de potência, falseada ao sublimar-se em vontade de verdade, igual à aspiração platônica do Bem. O que haveria entre a crença de Platão, enunciando "que Deus é a verdade e que a verdade é divina" (*Genealogia da moral*), e a fé cristã, senão o estreito laço de afinidade proclamado por Santo Agostinho?

"Os signos distintivos atribuídos à verdadeira 'essência das coisas' são os signos característicos do não ser, do nada; edificou-se o "mundo verdadeiro" em contradição com o mundo real: aquele é de fato um mundo de aparências, enquanto pura ilusão de óptica moral" (*Crepúsculo dos ídolos*). Desse modo, o mundo verdadeiro encobre o resultado de uma inversão que a genealogia crítica assinala e permite retificar. Essa retificação culminaria num ato de desmontagem, a marteladas, da hierarquia metafísica platônica, pondo-se para baixo, no domínio das aparências, o real verdadeiro que Platão colocou para cima, como mundo essencial da verdade superior, imutável, mas ilusório e aparente. O fragmento dramático de *Crepúsculo dos ídolos*, "Como o 'mundo verdade' tornou-se enfim uma fábula", figura semelhante reversão enquanto "fim do mais longo erro", a partir do qual começa a missão transvalorativa de Zaratustra.

Mas o martelo da crítica que aí desbasta a máscara " verdade" malha igualmente em cima da bigorna incandescente da História, ativando o processo do niilismo, com o fim de levar ao extremo – para além do Bem e do Mal, para além da Verdade – a desvalorização dos valores mais altos, já sem eficácia histórica, perdurando inercialmente, depois da "morte de Deus". Quando Zaratustra começou a pregar, ele já tomara conhecimento dessa nova que o Anacoreta não podia ouvir no silêncio da floresta: e o que Zaratustra sabe, porque a conhece, é que não mais possuímos a Verdade. "O que é novo na atual posição da Filosofia é a convicção que nenhuma outra época teve: o não possuirmos a verdade. Antes, todos tinham a Verdade, até mesmo os céticos" (fragmento da fase de *Aurora* e de *A gaia ciência*).

E esse despossessamento da Verdade que delega ao filósofo a função de criador de novas tábuas – a transvaloração dos valores – cujo suporte é a sabedoria trágica, dionisíaca, na qual se penetra pela porta da criação artística – aquela por onde, apoiado em Schopenhauer, o Nietzsche filólogo, profissional da *graeca eruditio*, ingressou na filosofia em 1872. "O artista trágico, escreveria ele 16 anos mais tarde, não é um pessimista – ele diz *sim* a tudo o que é problemático e terrível; ele é *dionisíaco*..." (*Crepúsculo dos ídolos*).

Finalmente, o maior desafio que o pensamento de Nietzsche lança àqueles que visam restituir-lhe, sem incorrerem em simplificações esquematizantes, as linhas de conjunto, é que saibam manter-se, resguardando o balanço das duas vozes antes referidas, entre o polo da criação artística, que mobilizou a crítica do conhecimento, e o rubro horizonte da sabedoria dionisíaca, prolongando o rastilho das *verdades sangrentas* de que despontou a destruição do ideal de Verdade.

Em livro recentemente reeditado, *Nietzsche e a verdade* (Graal, 2000), que motiva e abastece estas reflexões, Roberto Machado conseguiu, em poucas páginas e com impecável clareza, responder, em larga medida, ao insuprimível e instigante desafio, reconstituindo a *démarche* regressiva da investigação nietzschiana. O autor caracteriza-a como crítica não epistemológica do conhecimento, porque desde o seu primeiro momento, no âmbito da cultura grega, ela se deteve nas condições exteriores à ciência, ao saber racional. A reação repressiva da consciência socrático-platônica à irracionalidade do trágico assinalaria, por assim dizer, o *a priori* histórico do surgimento do saber racional, contrário a toda aparência e ilusão, em face do saber trágico, apolíneo-dionisíaco, em que se equilibram ilusão e verdade, aparência e essência.

Esse saber trágico, transferido à *metafísica do artista*, seria, a despeito do posterior deslocamento da arguição da crítica do conhecimento para a Moral, o permanente suporte da mais-valia da arte, "sempre utilizada por Nietzsche como paradigma em sua crítica da verdade" (p. 38), e que foi, se corretamente lemos o ensaio de Roberto Machado, o único rumo aberto à transvalorização. Mesmo depois de radicalizar-se na direção da "aparência, da ilusão, da superfície" (p. 118), negando o instinto de conhecimento, convertido em crença, e o amor da verdade em obrigação pragmática decorrente das condições sociais e políticas "ou, mais precisamente, morais" (p. 41), que o fizeram nascer das leis da linguagem – da extensão metafórica das palavras assegurando um consenso, como entendimento comum que exige a veracidade e reprova a mentira –, a arte continuaria a ser, para Nietzsche, a atividade que atesta a retidão vital da aparência, a conaturalidade entre ilusão e instinto, e que, por conseguinte, mais resistência oferece à *vontade de verdade*.

Enquanto a verdade passa de ficção útil a produto da *vontade de verdade*, sob o domínio do mesmo ideal ascético que se impôs na moral cristã, e que a transformou em ideal metafísico do conhecimento, a ilusão da arte permanece como ilusão, e é como ilusão que a arte resguarda a afirmatividade da vontade de potência. Moral e Ciência são, para Nietzsche, conforme reconhece Roberto Machado, metafisicamente homólogas: ambas incorporaram a vocação niilista que está no fundo do ideal ascético, de que o saber trágico pôde imunizar a arte.

Ora, desse ponto de vista, o vigor da crítica de Nietzsche contra o niilismo não se esgotou na radicalidade destrutiva que o levou a suspeitar do conhecimento e a questionar os valores até desencavar-lhes os fundamentos metafísicos, originariamente platônicos, na tradição filosófica. Essa radicalidade exteriorizou-se numa prática de luta intelectual – "contra a hierarquia dos valores instaurados pelo niilismo" (p. 99), e que se tornaram inefetivos – luta intelectual empenhada, como *niilismo ativo*, num projeto de transvalorização.

Quando desaba a cúspide do mundo superior – Deus enquanto *summum ens* e a verdade absoluta –, o filósofo crítico abandona o discurso reflexivo comprometido com o primado da consciência, ao qual se transferiu o nexo platônico entre verdade e realidade, e empunha o martelo para abater o recessivo predomínio do mundo verdadeiro já desvalorizado. Mas depois de abatê-lo, transformando-o em fábula, é ainda para a arte que ele apela, convertendo-se ele próprio, misto de legislador, de pedagogo, de poeta e de profeta a serviço da transvaloração, num criador de novos valores, de novas tábuas. O filósofo cede então a palavra a Zaratustra, ao núncio do Super-Homem; entrega-se ao supremo risco da sabedoria trágica, dionisíaca, afirmativa, que diz sim ao sofrimento, ao sensível, ao passageiro, ao querer da Vontade e ao seu Eterno Retorno.

É nessa fímbria da transvaloração – onde a voz do crítico já se fez ouvir em contraponto com a voz do poeta – que se detém a recomposição hermenêutica do pensamento de Nietzsche no livro de Roberto Machado, deixando de tematizar o Super-Homem e o Eterno Retorno. Limitação prudente, mas não prejudicial à autenticidade da interpretação, uma vez que o ensaísta soube realçar o horizonte da sabedoria dionisíaca transparente àqueles temas – horizonte que realiza, de novo e finalmente, o desempenho privilegiado da arte, alternativa para a ciência ou para a Filosofia, posto que a criação artística é "uma aceitação total da vida, sem instituir valores superiores..." (p. 124).

Da metafísica do artista à "Genealogia" conjunta da Ciência e da Moral através da Metafísica, e da "Genealogia" ao projeto de transvaloração – eis o caminho simples, porém não simplificador, desse livro, que alcança a excelente medida de uma introdução do leitor à "paixão do cognoscente", ao jogo da verdade ou à verdade como jogo da existência em Nietzsche.

A convergência política do *éthos*[*]

Do final do século XIX para o princípio do século XX, já portanto em nossa época, a vida contemplativa, até então o foco predominante da especulação filosófica, começou a perder terreno para o âmbito da vida ativa. Essa mudança foi assinalada, antes do predomínio das filosofias da existência, com a ascensão do *bergsonismo* e do *pragmatismo*.

Para Bergson, é a atividade que molda as categorias pelas quais o pensamento visa a compreender o real. Consequentemente, a prática condiciona nossa compreensão teórica até pelo caráter abstratificante que impõe aos conceitos. *No princípio era a ação* – essa descoberta goethiana a cargo do Fausto, poderia ser o resumo do pragmatismo, quando Charles Sander Peirce, um dos fundadores dessa corrente, ao lado de William James, afirmou a supremacia da crença na formação do conhecimento teórico. "Nossas crenças guiam nossos desejos e ações", dizia ele. Elas serão verdadeiras se forem guias eficazes da experiência, a única medida capaz de transformar as hipóteses em teorias. William James, ao qual se juntaria mais tarde o nome de Dewey, procura fundamentar esse novo princípio nas necessidades mentais dos seres humanos, que põem de acordo entre si o racionalista e empirista,

---

[*] Conferência proferida no colóquio "Reflexões sobre problemas políticos e morais modernos e contemporâneos à luz do pensamento arendtiano". Belém: Universidade da Amazônia, 2004.

solicitados, sem que o saibam, pela soberania da ação. A pergunta correta, segundo William James, é: para que serve a verdade? Os conceitos são instrumentos por meio dos quais agimos sobre as coisas e transformamos a Natureza. No entanto, os pragmatistas clássicos não esmiuçaram tanto a vida ativa quanto o fez a filosofia existencial de Martin Heidegger, focalizando particularmente, no sentido grego da expressão, os *negócios humanos (anthropon pragmata)* que a integram em sua germinada vertente ético-política. Abria-se a trilha a ser palmilhada por Hannah Arendt, já erudita mocinha de 19 anos, quando chegou a Heidelberg.

É certo que Hegel não esqueceu os negócios humanos em sua *Fenomenologia do espírito*. Lá estão em dois momentos, o da condição servil e o do trabalho produtivo, no qual Marx concentrou a sua crítica ao idealismo hegeliano, reduzindo o espírito à atividade do *homo laborans* como primeira forma da vida real enquanto práxis geradora do pensamento teórico.

Karl Jaspers, primeiro mestre de Hannah Arendt, procurara, numa obra de juventude, *Psychologie der Weltanschauungen* [*Psicologia das visões do mundo*], publicada em 1919, devassar as estruturas mentais ou psicológicas que presidiam visões ou concepções do mundo diferentes da teórica. "O livro", dizia o então psiquiatra às vésperas de tornar-se filósofo, "tem sentido unicamente para homens que começam a admirar-se, a refletir sobre si mesmos, a ver as problemáticas da existência e também terá sentido somente para aqueles que experimentam a vida como responsabilidade pessoal, irracional, que nada pode anular."[1]

Karl Jaspers recomendaria a jovem helenista ao então professor de Marburg, Martin Heidegger, que as circunstâncias do magistério obrigaram a publicar em 1927 um tratado incompleto, *Ser e tempo*, no qual delineara uma ontologia fundamental, assente numa grande *epokhé* dos conceitos tradicionais, como "espírito", "consciência", "homem", em proveito da essência humana arraigada na Existência (*Existenz*), e que passou a chamar de *Dasein*, esse ente já situado no mundo, isto é, embebido na compreensão afetiva de si mesmo, temporal e finito, trabalhado pelo

---

1. *Psicologia de las concepciones del mundo*. Madri: Gredos, 1967, p. 9.

tempo e destinado à morte desde o momento de nascer. A ontologia fundamental, que desvelou o fundo de todas as ontologias – a compreensão prévia do *Dasein* como ser-no-mundo e ser com os outros, e assim ponto axial das concepções metafísicas – remontaria ao nexo mais primitivo dos "negócios humanos", da vida ativa, ou seja, a nosso trato com as coisas, acessíveis na lida cotidiana como utensílios, que nos ocupam e que nos preocupam dentro do mundo cicundante. Essa descoberta, eminentemente prática, não tem a reflexividade inerente à visão teórica.

Para Hannah Arendt, porém, nosso trato é diferenciável e diferenciado, consideração que Heidegger não faz: diferenciável em duas escalas distintas e conexas, *labor* e *trabalho*, que sustentam, sem exaurir a amplitude da vida ativa, por sua vez diferenciada na peculiar intencionalidade da *ação*. Estaríamos diante dos dois polos da vida ativa por oposição à contemplativa, que os escolásticos já distinguiam, separando, numa divisão análoga à anterior circunscrição entre as escalas da atividade e o singular contorno da ação, para caracterizar o *éthos* em sua essência: os atos do homem (*actus homini*) dos atos humanos (*actus humani*). Aqui, nos atos humanos, temos modos de agir, ali, nos atos do homem, temos modos de fazer, tanto quando usamos o organismo como instrumento de vida – o uso do *labor* – como quando empregamos utensílios para produzir coisas antes inexistentes – a finalidade do *trabalho* (*work*).

Simplificando, diríamos que no *labor* e no *trabalho* os homens se relacionam com coisas, e no agir se relacionam entre si. Mas enquanto o labor continua a atividade do nosso organismo, seja ao conquistar os frutos da terra, na coleta ou na caça, o trabalho trata as coisas dominando-lhes a matéria submetida à previsão, ao ajuste entre meios e fins que caracteriza o regime de fabricação. No agir, para Heidegger comensurado ao ser com os outros, segundo a perspectiva da solicitude (*Solicitudo*), no sentido do *cuidar* de outrem, quer positiva (dedicação, amor), quer negativamente (hostilidade, aversão), o *Dasein* que nós mesmos somos intercruza-se com os outros no trabalho (*treffen sie bei der Arbeit*), o que implica uma compreensão imediata deles e do mundo em torno, longe portanto do nexo solipsista, cartesiano, do sujeito consigo mesmo. Na ação, salienta Hannah Arendt, é o homem, nunca *solus ipse*, mas em seu ser em comum, que, não mais mediado pelas coisas, entra em direta relação com os outros homens, porém já antes posto em contato com eles mediante o labor e o trabalho. Afinal, o *Dasein* não existe no singular. *The Human Condition* [*A condição humana*] – e não por acaso recebeu esse título o primeiro trabalho da pensadora diretamente escrito em inglês sobre o fundo da perdurável língua materna, o alemão, nunca por ela esquecido – tem por base a existência plural. Ora, a pluralidade é a condição da ação humana importando em unidade e diversidade. Os homens são sempre os mesmos e são únicos sendo os mesmos; cada qual é diferente de todos os que já viveram, de todos os que vivem e de todos os que poderão viver. No entanto, a condição humana não nasce da ação, mas é por esta conformada na medida em que sustenta a pluralidade. E a sustenta porque dos três aspectos da vida ativa, é a ação, na qual se entrançam os aspectos moral e político do *éthos*, que mais próxima está do permanente fluxo renovador da existência trazido pelo nascimento. A natalidade seria, para Hannah Arendt, a categoria por excelência da política como dimensão nativa do ser em comum. Pois o nascimento é o começo a cada dia do verdadeiramente novo ou, segundo diz o poeta João Cabral de Melo Neto, "... como o caderno novo quando a gente principia".

É o momento de lembrarmos que a polaridade entre vida contemplativa e vida ativa na pensadora – emigrada para os Estados Unidos – está circunscrita por outra oposição maior entre dois termos, domínio público e domínio privado, que experimentara, da Antiguidade aos nossos dias, notável mudança histórica a ponto de centralizar os dilemas do homem moderno. Se remontarmos aos gregos da antiguidade clássica, uma das fontes por excelência do pensamento da helenista Hannah Arendt, constatamos, entre eles, sobretudo na filosofia moral, o primado da contemplação sobre a ação, e, por outro lado, o pleno florescimento da Pólis, concentrando o domínio público, positiva ou negativamente influindo sobre essa filosofia, principalmente em Platão e Aristóteles. A vida ativa significava vida política e a vida política configurava o domínio público, enquanto a vida contemplativa, o que se verificou plenamente entre epicuristas e estoicos, identificou-se com o *bíos theoretikós*.

Para Santo Agostinho, a *vita negotiosa et actuosa*, correspondente ao *anthropon pragmatha*, era inferior à contemplativa, à vida teórica.

Mas então já começava a ser esquecido o conteúdo eminentemente político da Ética dos gregos. Tornar-se-ia incompreensível por paradoxal, para os pensadores cristãos, que os grandes filósofos gregos reputassem como virtudes fundamentais a coragem e a justiça (ver, de Werner Jaeger, "O estado jurídico e seu cidadão ideal", in *Paidéia*, cit.).

Estamos diante da considerável mudança de perspectiva histórica que justifica a tradução do aristotélico *zôon politikón* (animal político) por animal social já encontrada em Seneca e, mais tarde, em São Tomas de Aquino, que a explicaria na *Suma Teológica* (i.96,4; ii.2.109.3): "homo est naturaliter politicus, id est, socialis". Latina pela sua origem, a palavra *societas* ganhou sentido político limitado, significando aliança entre pessoas para fins específicos – *societas sceleris*, por exemplo – até alargar-se na expressão "societas generis humani" como a natural associação entre os homens em geral, movida por necessidade biológica, de que compartilhamos com os animais. Para os gregos, tal tipo de associação, sofrendo as limitações da vida orgânica, animal, e centralizada na *oikía*, na casa, como unidade econômica de subsistência, sustentada na escravatura, configurava o domínio privado; diferia essencialmente da organização política, sustentada na Pólis, como espaço do domínio público, onde se exerce a liberdade de ação, idêntica à liberdade da palavra ou do discurso. O domínio público é *koinon*, fundamenta-se no ser em comum, conforme vimos; o domínio privado é *ídion*, fechado, singular. Neste o homem é organismo perecível; naquele ganha uma segunda natureza, adquirindo vida nova e imortal ao expor-se aos outros, ao tornar-se visível para todos como cidadão – esse espaço de visibilidade, constitutivo da Pólis, também o do exercício da ação e da palavra em proveito dos negócios públicos.

Ser político é, portanto, viver na Pólis, e viver na Pólis é viver como cidadão, *polítes*, o que, por sua vez, significa decidir tudo por meio da palavra persuasiva, competência da Retórica, e não recorrendo à força e à violência. Hannah Arendt põe em ato a sua vida contemplativa, num exercício de visão teórica – num amplo exercício por sinal, porque a visão teórica não se limitará à episteme metodologicamente confinada à ordem provável ou certa de uma ciência, que focaliza o sensível, particularmente visualizado. Em primeiro lugar, deve-se dizer que esse amplo exercício é pré-epistêmico, indo à preliminar armação que estrutura o conhecimento – vai ao repetido dueto sujeito e objeto a ressoar em todo conhecer e que, aos ouvidos dessa filósofa (ela filósofa não se dizia), foi repercutido pelo ensinamento de Karl Jaspers, enquanto cisão por esses dois termos de uma totalidade englobante. "Desde que somos conscientes e estamos despertos, sempre estamos nela. Por mais que reviremos o pensamento, nunca sairemos dessa cisão..." (*Introdução à filosofia*, p. 33).

Esse dueto é mundano; pressupõe o mundo em que existimos, e por isso a anterior condição de pluralidade nesse plano considerada, assume um porte ontológico, dando origem a proposições conjugadas: 1ª, o que é existe para ser percebido, com um sotaque do idealista inglês George Berkeley, sotaque ilusório, porquanto a percepção de um só é aqui sempre confirmada pelo consenso de muitos; 2ª, que eu, um dentre esses muitos, existo no mundo, semelhantemente aos animais. E assim nós e os animais "somos sujeitos e objetos – percebendo e sendo percebidos ao mesmo tempo" (*The Life of the Mind* [*A vida do espírito*], p. 20). Existimos num mundo que precedeu o nosso nascimento e que continuará a existir depois. De Heidegger, do tão amado professor, veio o coral fenomenológico *obligato* daquele dueto: as aparências para o ser no mundo – e seria melhor dizer, sem inútil jogo de palavra, os apareceres que a nos se entreabrem naquela cisão, como as múltiplas e ordenadas (ou polifônicas) faces do ser. Pois ser e aparecer coincidem para o *Dasein* finito. E assim pode Hannah Arendt repetir com um terceiro pensador, Merleau-Ponty, como ela colocado entre Husserl e Heidegger, as duas maiores linhas de influência ou de descendência sobre ambos, o que ele deixou escrito numa obra inacabada, *Le Visible et l'Invisible*, a propósito das ilusões ou decepções perceptivas: "a 'realidade' talvez não pertença definitivamente a nenhuma percepção particular, (...) nesse sentido ela está sempre mais longe (...) que desse modo não há *Schein* (aparência) sem *Erscheinung* (aparecer)..." (p. 64, cit. in *The Life of the Mind*, I, p. 26). Encontrando apoio nas observações do zoólogo e biólogo Adolf Portmann sobre a função exercida pela aparência no comportamento animal, nossa pensadora propõe diante daquela simetria fenomenológica, e nisso diverge da supremacia heideggeriana do ser sobre o ente, uma ontologia da superfície que obedeceria ao princípio: "o que quer que possa ver quer ser visto, o que quer que possa ouvir clama por ser ouvido, o que quer que possa tocar se apresenta para ser tocado" (*The Life of the Mind*, p. 28). Em que pese a discordância com Heidegger, a sua discípula tenta superar as pressuposições da Metafísica. O invisível que ela se dispõe a aceitar de seu novo mestre, Merleau-Ponty, não é o suprassensível, mas o lado carnal do sensível, diferente da especialidade métrica do corpóreo e que o pensamento (*Denken*) já tomado com a latitude que Heidegger lhe confere, é capaz de alcançar. Do mesmo modo, como boa kantiana que foi, ela averba aquela tendência da metafísica natural do espírito de que trata, a *Crítica da razão pura*. E, averbando essa tendência, incorpora ao pensamento a razão (*Vernunft*) em Kant, com a sua insopitável tendência para transgredir a trama categorial do Entendimento. Este se encontra a serviço do conhecimento como tal enquanto episteme; o pensamento porém, agora significando razão (*Vernunft*), tende em seu movimento transgressivo a ultrapassar os limites do simplesmente conhecido, além do verdadeiro, do que é adequado ao entendimento ou intelecto, mas sem destoar do mesmo verdadeiro.

Assim vai além do verdadeiro, na acepção antes exposta, cada uma das proposições antinômicas. As antinomias não são nem verdadeiras nem falsas; mas a cada uma delas de per si não falta uma *intentio*, uma *nóesis*, ou seja, elas comportam um sentido que as rege e que intima a razão ou o pensamento a buscá-lo. Eis o primeiro ganho da intérprete de Kant. A verdade "está localizada na evidência dos sentidos. Mas essa não é de modo algum o caso do sentido e da faculdade de pensamento que o busca; esse último não indaga se alguma coisa é ou existe – sua existência é sempre pressuposta – mas o que para ela significa ser ou existir" (*The Life of the Mind*, I, p. 57). O segundo ganho à custa da interpretação de Kant efetuou-se em benefício da filosofia política em geral. De que trata o justamente famoso opúsculo de Kant, *História do ponto de vista cosmopolita*, senão de uma nova base política da sociedade moderna quando aí se fala da unificação civil da espécie humana? Isso confirma ao mesmo tempo, como princípio hermenêutico, o rol das grandes mudanças no pensamento, do século XVIII para o século XIX.

Agimos sobre a Natureza e a Natureza age sobre nós. Essas duas ações conjugadas se entrosam historicamente na refinada Tecnologia em que a Idade Industrial culminou. A História é interpretada juntamente com a Natureza como um processo, ambas ligadas pela ideia de ação. Seria perigoso ignorar, pondera "O conceito de história – antigo e moderno", um dos ensaios de *Entre o presente e o futuro*, que "pela primeira vez em nossa História, a capacidade humana para a ação começou a dominar todas as outras – a capacidade para o espanto e o pensamento contemplativo não menos que as faculdades do *homo faber* e do *animal laborans* humano" (p. 94). Primeiramente reputava-se a Pólis capaz de assegurar a máxima forma de vida, ao mesmo tempo ética e política. O conceito do homem como animal racional, dominante durante a Idade Média, é substituído na Idade Moderna pelo *homo faber*, até vir o *homo laborans* substituí-lo no século XIX, em correspondência com a noção de força de trabalho em Marx. "Contra o fundo dessas definições esquemáticas, seria adequado para o mundo em que vivemos, conclui Hannah Arendt, definir o homem como um ser capaz de ação; pois essa capacidade parece ter-se tornado o centro de todas as demais faculdades humanas" (idem, p. 95).

A natalidade, precedentemente considerada categoria fundamental da vida política, passaria a viger, em vocábulo novo (*Geburtlichkeit*), firmado, já no plano da hermenêutica da existência humana, e em oposição ao ser-para-a-morte de Heidegger, pelo filósofo alemão Peter Sloterdijk. A natalidade englobaria o aberto e o presente. "Pois que o presente como estada no aberto só nasce pelo movimento da vinda ao mundo do homem, e onde quer que esse movimento tome impulso o nativo, o presente e o aberto adquirem seu perfil num único e mesmo processo" (Peter Sloterdijk, *La mobilisation infinie*, p. 134).

Mas Arendt não abdicará em seu pensamento (*Thinking*) da extensividade e da largueza do *Denken* heideggeriano, a que é de certo modo correlativo. O que ainda a separa de Heidegger é o *status* metafísico que este seu antigo mestre conferiu à metáfora no capítulo VI de *Der Satz vom Grund* [*A essência do fundamento*], um livro de 1951, ao tratar da linguagem exigida pela Filosofia do ser. Vê-se aí que o autor pretende evitar as transposições de pensamento como quando se diz que vemos além do sensível ou que em nós reside o inteligível. Falaríamos de acordo com metáforas, pressupondo uma separação entre o sensível e o inteligível. "A noção de 'transposição'" e de metáfora repousa sobre a distinção, para não dizer separação, do sensível e do não sensível, como dois domínios subsistindo cada qual de per si. Semelhante separação estabelecida entre o sensível e o não sensível, entre o físico e o não físico, é um traço fundamental do que se chama metafísica e que confere ao pensamento ocidental seus traços essenciais [...]. Quando é entrevista essa limitação da metafísica, a concepção determinante da 'metáfora' cai por si mesma [...]. A metafórica só existe no interior das fronteiras da metafísica" (pp. 88-9).

A apologia da metáfora de nossa filósofa está de acordo com o ponto de vista antes admitido da coincidência entre ser e aparecer, o que a ela permite afastar-se da concepção metafísica. Essa apologia dá-nos, de começo, o trivial: os conceitos da Filosofia são metafóricos, mesmo os de Heidegger. No entanto, não é filosófica a origem da metáfora. A metáfora vem da poesia; vem de Homero e dos trágicos gregos. Por isso são os poetas os mais habilitados a discorrer sobre o assunto. Ezra Pound acertou em cheio ao afirmar que a metáfora, substância da poesia, é a ponte que possibilita passarmos da verdade menor do visível à verdade maior do invisível. Ora, como Merleau-Ponty, a escritora de *The Life of the Mind* não coloca o invisível acima do visível, mas como a sua contraparte. "Se o falar e o pensar, acrescenta ela, jorram da mesma fonte, então o verdadeiro dom da linguagem poderia ser tomado como uma espécie de prova, ou talvez ainda como uma marca de que o ser humano está naturalmente provido com um instrumento capaz de transformar o invisível numa aparência" (p. 109). Essa transformação aponta para a *Land des Denkens* [terra do pensamento], divisada por Kant, para a qual analogias, metáforas e emblemas nos fazem embarcar, sem que o pensamento perca o contato com a experiência e estando sempre "fora da ordem" (*out of order*) (*The Life of the Mind*, I, p. 109). Mas é preciso ter em conta a conexão entre pensamento e linguagem para compreendermos que a metáfora não nos proporciona uma visão intuitiva do visível. O outro lado para o qual ela nos transporta está acoplado ao visível e é uma sua encarnação ou dobradura. Dobradura mas não duplicação de mundo em planos distintos, um físico e outro metafísico. O que ela escreveu adiante, num texto posterior ao de Heidegger, sobre a servitude metafísica da metáfora pode ser considerado uma resposta ao velho mestre jamais esquecido: "Não importa quão perto estejamos enquanto pensamos do que bem longe está e quão longe estamos do que se encontra ao alcance da mão, o ego pensante nunca deixa totalmente o mundo das aparências [...]. A linguagem, prestando-se ao uso metafórico, habitua-nos a pensar, isto é, a ter intercâmbio com matéria não sensível, porque nos permite um transporte, *matapherein*, de nossa experiência sensível. Não há dois mundos separados porque a metáfora os une" (*The Life of the Mind*, I, 1971, p. 110).

Outra grande mudança no pensamento moderno, preparada por Kant, em conformidade com a ascendência que a ação começou a desempenhar na Filosofia, foi o reconhecimento de uma nova instância cognoscitiva – seria melhor dizer instância pensante –, a vontade, descoberta e formulada teologicamente entre o fim da Antiguidade e o começo do Cristianismo.

A Antiguidade grega desconheceu essa faculdade, que despontou com São Paulo e foi conceptualmente elaborada por Santo Agostinho, como faculdade de escolha ou de decisão para a alma cristã posta na luta do homem para livrar-se do pecado e alcançar a salvação, sob o império dos mandamentos divinos, entre o Bem e o Mal. Na sua Epístola aos romanos, São Paulo expunha dramaticamente essa luta sujeita ao fracasso: "Realmente, não consigo entender o que faço; pois não pratico o que quero, mas faço o que detesto" (7,15). Esse fazer o detestável é não querer o bem; quando se quer o Bem, agimos de acordo com a Lei, expressão da Vontade divina, com a qual a Vontade humana se concilia. Não era essa Vontade humana o que os estoicos absolutizavam? Para eles, é o querer interior que me liberta. Se a minha vontade é livre, ninguém me escravizará. Santo Agostinho já a via como um fraco poder humano diante de Deus. Mas, se Deus quiser, poderá ajudá-lo, mesmo que o homem não queira, com a sua assistência santificante, a Graça. Mas isso ocorre porque, segundo o santo Doutor da Igreja, há duas vontades, uma carnal, outra espiritual, esta voltada para Deus, aquela voltada para o mundo, sob a escravidão do Demônio. A Filosofia grega e a mensagem religiosa hebraico-cristã aí se encontravam por meio de uma síntese eminentemente teológica. A Idade Média a discutiu e amplificou o foco de um conflito entre a Inteligência e a Vontade em São Tomás e Duns Scoto, conflito sempre renovado no homem e perene unidade em Deus.

Ao receber essa síntese, Kant fez da Vontade o suporte da lei moral do Dever, antes que se essencializasse no idealismo alemão do século XIX paralelamente à explosão romântica em Schopenhauer, autor de *O mundo como vontade e representação*.

Houve, no entanto, uma descoberta kantiana única, o Juízo, acompanhado por Hannah Arendt, assinalando após as duas primeiras críticas, a da Razão Pura e da Razão Prática, um novo objeto de assentimento como domínio de uma terceira Crítica. A Crítica do Juízo incide sobre particulares de certa índole, a cujo alcance, excluída a moral, pertenceriam o belo natural, o belo artístico, na primeira parte dessa obra, e a finalidade da Natureza, na segunda. Trata-se na verdade de particulares universalizáveis ou de universais não precondicionados a categorias e imperativos, mas sim a sentimentos de satisfação desinteressada do sujeito ou de perfeição da coisa, que pressupõem um assentimento comum. O belo não pode ser belo só para mim; o meu sentimento de satisfação desinteressada, diante de algo não suscetível de conceito, que pode ser identificado com a forma da finalidade nos objetos, é comunicável aos outros e é, portanto, a todos extensível. Do mesmo modo, discernir a perfeição ou a plenitude das coisas uma a uma ou no conjunto delas é passar da forma da finalidade, de caráter estético, à finalidade da forma, de caráter teleológico. Ambas as expressões, forma de finalidade e finalidade da forma, que são comunicáveis entre interlocutores que contemplam esteticamente ou que admitem a perfeição, como se a causa eficiente se convertesse em causa final delas, repousam num sentido comum, num *sensus comunis*, qualificado de político por Hannah Arendt. Ela publicaria em 1951, logo após a Segunda Guerra Mundial, o seu primeiro livro de grande repercussão política, *The Origens of Totalitarism* [*As origens do totalitarismo*].

Admirável é nesse livro a confluência das múltiplas causas de um único e pouco diversificado fenômeno, o totalitarismo, que nem o conceito de ditadura ou de Estado forte esgotam. Em diferentes países, de regimes políticos distintos – na Rússia soviética, o comunismo, na Alemanha de Hitler, o nazismo, na Itália de Mussolini, o fascismo –, esse fenômeno se denuncia pela presença, ora mais ora menos acentuada, em todos, de certos traços, antissemitismo doutrinário, menos na Rússia, mais na Alemanha, epidêmico, talvez, na Itália, imperialismo sistemático, sob a égide de movimentos raciais ou nacionalistas (a exemplo daquele capitaneado por Friedric Naumann e pelo qual Martin Heidegger manifestou sua simpatia). Junte-se a isso a vigência de uma forma dominante de pensamento, qual seja a ideologia, disseminada principalmente nas grandes parcelas mobilizáveis da população, as massas, e o geral mobilizador, um partido com pretensões a órgão nacional do pensamento verdadeiro, norteado por um líder carismático, a serviço da "mão oculta da Providência" passando a chamar-se de inelutável marcha da História – e teremos, quase completa, a fisionomia do fenômeno político totalitário. Baseada na situação existencial que ocupava, na sua experiência do passado e na sua expectativa do futuro – Hannah fazia a história do presente que o professor Martin Heidegger, em *Ser e tempo*, autorizava a fazer.

O seu outro professor que ela tanto admirava, Karl Jaspers, investido de grande coragem e de indiscutível integridade moral, ousaria compreender algo difícil e arriscado: chamar a Alemanha à responsabilidade, avaliar-lhe a culpa. Esse livro flamante, *A culpabilidade alemã*, distinguindo as espécies de culpa, criminal, moral, política, atribui aos alemães todos uma responsabilidade coletiva, seja porque coniventes com a instalação do regime nazista, pela omissão e pelo silêncio aprobatório, seja porque vencidos pela propaganda teatral e intimidados pela aparatosa violência real. Os alemães teriam que assumir essa mesma responsabilidade. Só reconhecendo a culpa, poderiam superá--la e redimir-se espiritualmente.

Em 1966, a dileta aluna de Jaspers, sua amiga e também editora, que dele publicaria *Os grandes filósofos* (1957), se defrontou, num livro polêmico, *Eichmann em Jerusalém*, e enquanto judia, condição por ela jamais abstraída, com o caso do julgamento de Eichmann, um dos executores credenciados do Holocausto, preso no estrangeiro, levado a Jerusalém e aí julgado, sentenciado à morte e enforcado. Voltamos a questão kantiana do juízo sob outro aspecto. Não há sentença judicial que não seja aplicação da generalidade da lei a um caso particular. Mas Eichmann é responsabilizado por um crime que extrapola as balizas das leis criminais. O crime de que foi um dos agentes não é apenas grave ou hediondo. Sua vítima não é o indivíduo isoladamente, mas pessoas de origem semítica e de religião hebraica, como membros de um só povo, brutalizados e assassinados de várias maneiras, sempre metodicamente e em quantidade assombrosa, como quando Eichmann os reunia concentracionariamente para o abate em câmaras de gás. O crime do qual Eichmann participou é uma espécie singular de genocídio, infelizmente repetido crime ao longo da história. Como então julgá-lo? E quem teria competência para fazê-lo? Um tribunal internacional, como sugeriu Jaspers, em vez do Tribunal do Estado de Israel? A solução é tanto mais defensável quanto desnorteante a posição do réu; tantos outros, nem perversos nem sádicos, eram como ele "terrivelmente normais" (*Eichmann em Jerusalém*, p. 444). Por isso, o mencionado livro de Hannah tem como subtítulo "Relatório sobre a banalidade do mal".

Banalizado o Mal, a intenção criminosa se dissipa. Mas como se dissiparia se Eichmann praticou genocídio, esse inominável crime contra o gênero humano, contra a humanidade? O Tribunal de Jerusalém errou – Hannah teve coragem de afirmar isso – ao restringir a vítima do crime ao povo judeu. Em nenhum lugar do processo e em momento algum do julgamento, disse ela, "se fez alusão a uma outra possibilidade: que a exterminação de grupos étnicos inteiros, judeus poloneses ou ciganos constituía mais do que um crime contra o povo judeu, o povo polonês e o povo cigano; e que a ordem internacional e a humanidade inteira foram gravemente ameaçadas e atingidas. Esse fracasso dos juízes de Jerusalém estava ligado a um outro: a incapacidade deles para compreender quem estavam julgando". A coragem dessas afirmativas e, mais ainda, o fato de não ter poupado, em suas apreciações, a conduta de total colaboração, mesmo forçada, dos judeus com os dominadores nazistas, nos trabalhos de aprisionamento, condução e limpeza das vítimas, antes e durante o cruento sacrifício, levantaram contra Hannah a incompreensiva condenação pública de seus congêneres de etnia, até mesmo de um Gerson Scholem. Além disso, ousara, nesse caluniado livro, tomar o lugar dos juízes, e escrever, em linguagem não judiciária, a sentença que deveriam ter prolatado: "Suponhamos então, pelas necessidades da causa, que somente a falta de sorte conseguiu fazer com que vós vos tornásseis um instrumento concordante do assassinato em série. Mas vós o haveis sido mediante pleno consentimento. [...] E porque haveis sustentado e executado uma política que consistia em recusar a partilha da terra com o povo judeu e com os povos de um certo número de outras nações – como se vós e vossos superiores tivésseis o direito de decidir quem deve e quem não deve habitar esse planeta – nós julgamos que ninguém, nenhum ser humano, pode ter o desejo de conviver convosco neste planeta. É por essa razão, e unicamente por essa razão, que deveis ser enforcado."

Nessa situação extrema, a instância judiciária administrativamente montada, foge do estrito plano do Direito, atraída pela força de convergência política do *Éthos*. É na órbita dessa atração, na trajetória existencial do ser em comum, que recaem os temas estudados por Hannah nos últimos anos sob a largueza de um foco histórico-filosófico – a autoridade, com o seu correlato de legitimação, o exercício do poder, a força consentida em que se apoia não identificada com o impacto da violência, crua, como na rebelião estudantil de 1968-69, e com o ímpeto destruidor da alta tecnologia, posterior à industrialização. Aquela rebelião lhe inspirou cerrada reflexão sobre a violência e a revolução (*On Revolution*, 1963, *On Violence*, 1969) e a alta tecnologia a levou, de novo, para a vizinhança de Heidegger, que completara oitenta anos em 1969, data da morte de Jaspers e em homenagem de quem escreveu um artigo a propósito do natalício (Hannah Arendt, *Martin Heidegger zum 80. Geburtstag*, in Merkur 10, 1969).

Nesse ponto precisamos abrir um parêntese sobre a fase final das relações entre os proeminentes professores de nossa pensadora. É um final melancólico. Em 1950 Heidegger explica a Jaspers por que não o visitara depois de 1933 ("... apenas eu sentia vergonha"). Estranhas palavras essas. Jaspers foi, como velho amigo, um leito duro para o outro:

"você se comportou diante dos fenômenos do nacional-socialismo como uma criança que sonha" (p. 180). Heidegger confessa-lhe que passou baixo após 1937-38 e acrescenta: "depois foram as perseguições contra os judeus e tudo rolou para o abismo" (p. 183). Em 1959 Jaspers encerra a correspondência, achando que só pela Filosofia poderiam resolver a questão: "A própria Filosofia deveria falar. Nós nos tornamos velhos e eu não sou senão um pouco mais velho que você. O que nos pertence talvez não pôde ser dito" (p. 197). Heidegger ainda cumprimentaria o outro pelos seus oitenta anos ("Em lembrança dos anos vinte desse século demente", pp. 197-8, citações de Martin Heidegger, *Correspondence avec Karl Jaspers*, Gallimard, 1996). E reconhecendo Hannah, ao cumprimentá-lo pelo natalício, que, como filósofo, não soubera manter o seu lugar, fora do poder, ainda assim dirá em outra passagem, a Jaspers, após a última visita ao bruxo de Freiburg, bem antes de 1975 (ele morreria em 1976): "Deixem Heidegger em paz." A malquerença entre os dois foi política, no amplo sentido da palavra que se inclui no *éthos*. Mas afinal para que serve a Política?

A resposta começa a ser dada muito cedo, na tese de Hannah sobre Santo Agostinho (*O conceito de amor em Agostinho*, 1929), publicada em coleção dirigida por Jaspers, e se completa no livro póstumo *O que é a política?* (Seuil, 1995). Ela diz na tese, em nome de Santo Agostinho, que é a atitude de cada qual em relação aos outros, dando e recebendo, mostrada no intercâmbio, o que torna manifesta a fé, pelo fato da crença generalizada na vida social (p. 107). Mas é na sociedade leiga que sobressai a inerência da política "ao espaço que está entre os homens". O clássico conceito do homem como "animal político" sugere a essencialidade do político, no entanto inseparável do histórico *polítes* grego. "Não existe, pois", conclui o livro póstumo de 1995, "uma substância verdadeiramente política. A Política nasce no espaço intermediário e se constitui como relação" (p. 33).

É nesse espaço intermediário que tomam lugar as questões antes mencionadas – autoridade, poder, violência – acrescidas da tecnologia, da massificação e, finalmente, da cultura. Pelas alterações que determina na residência humana, a Terra, e até pelo afastamento do solo proporcionado ao homem pelas viagens interplanetárias, e em virtude da nivelação mediática da palavra massificada, seja possibilitando a rápida e impositiva transmissão da verdade convencional ou da mentira engendrada a título de razão de Estado, a tecnologia é uma questão política, como política é a cultura sobre a qual refluem os valores de troca da economia de mercado. A arte está na linha da frente da exposição ao mercado. No entanto, ela é a aparição por excelência, como beleza, segundo nos diz "A crise da cultura: sua importância social e política", um dos mais elucidativos ensaios de *Entre o passado e o futuro*. O juízo estético, enquanto arraigado no sentimento comum, extensivo a todos, também se integra ao plano político.

Mas, estando a serviço de tudo isso, a política serve antes de mais nada à liberdade, nas duas acepções delineadas por Hannah Arendt em *As origens do totalitarismo* e que se entramam a esse mesmo conceito, igualmente dramático e poético: a capacidade para começar coisas novas e o mutável espaço das relações recíprocas entre os homens.

III HEGEL

Atualidade da estética de Hegel*

À semelhança do que fez com a religião, a filosofia da história e a história da filosofia, Hegel expôs, nos seus cursos de Estética, entre 1818 e 1829, que tiveram publicação póstuma, um aspecto de seu sistema, já fixado, após o surgimento da *Fenomenologia do espírito*, na *Propedêutica* de 1808. Do ponto de vista sistemático, a Estética de Hegel, fruto daqueles cursos, é parte de enorme rede especulativa, da qual não pode a rigor separar-se, e onde a Arte aparece como primeiro degrau do Espírito Absoluto.

O simples relacionamento da Arte com o absoluto, já estabelecido por Schelling, e que foi o tema do idealismo pós-kantiano, enquanto filosofia do romantismo, não pode definir a originalidade da estética hegeliana. A contribuição desta, ainda hoje atual e atuante, está, a nosso ver, contida nos seguintes pontos: a modalização do belo; o ser específico da obra de arte quanto à sua subsistência e apreensão; e a historicidade da criação artística.

Colocando a arte na região do Espírito Absoluto, Hegel inverte a subordinação hierárquica do belo artístico ao belo natural, reafirmada na *Crítica do juízo*, de Kant, e transgredida nas *Cartas sobre a educação estética*, de Schiller. De fato, em Kant, a beleza, objeto de juízo de gosto,

----

* Suplemento literário do *Estado de S.Paulo*, 21 fev. 1971.

vem reforçar a tábua das categorias. Como livre finalidade das coisas, irredutível aos conceitos puros do Entendimento, ela pode ser considerada projeção de nós mesmos e, portanto, criação de nosso espírito. Já modalizada a título de experiência possível, e nos limites desta, a beleza seria uma espécie de região intermediária entre o conhecimento objetivo da realidade, de que é o coroamento ideal mas excedentário, e a livre idealidade do espírito enquanto agente ético, de que é o principal material e sensível. Num caso e noutro, essa região, não determinando nem o real nem o ideal, pertence ao domínio das aparências, por oposição ao infrangível domínio da coisa em si. De qualquer maneira, aquilo que o juízo estético apreende, em primeiro grau, nas coisas naturais, é da mesma ordem das aparências necessárias, das ilusões exemplares, que as Belas-Artes transmitem em segundo grau. Embora valiosa e significativa, a aparência, no sentido kantiano, que já não se pode interpretar à maneira de Platão, como realidade diminuída, é manifestação erradia, suntuária e lateral de ser, que nada acrescenta à natureza.

Para Schiller, sendo a beleza – "nosso ato e nosso estado" – formada graças à liberdade originária e criadora, que vai ao encontro dos elementos inertes e dispersos da Natureza, a aparência estética constitui a primeira e mais importante categoria do espírito. Consequentemente, sob esse aspecto formativo, da liberdade originária, que se traduz em operação lúdica, o belo é sempre artístico, mesmo quando se dá em espetáculo nas coisas.

Levando mais adiante essa modalização, Hegel subordina o belo natural ao belo artístico, e atribui a este a qualidade de dimensão do espírito cujo domínio específico são as obras de arte. Se a arte pode construir um domínio categorial novo é porque a obra já não pode ser compreendida nos limites da fenomenologia pela cisão da consciência de si, que se alinha sob a forma de Desejo nos objetos sensíveis e nos Outros, para, depois, encontrar-se em nova identificação na objetividade do pensamento conceptual. Nesse momento de cisão, a consciência vive relações antagônicas: tenta dominar o que lhe é oposto, e vê-se em permanente alteridade, desdobrada e estranha naquilo que produz.

A etapa do espírito somente começa quando a consciência se ultrapassa como obra, quando ela se reconhece no Outro e nos produtos do trabalho. Defronta-se então com o mundo ético parcelado das instituições e das normas. Ela se universaliza, deixando para trás a individualidade restrita ao Eu e ao Desejo. E quando galga o primeiro degrau do espírito absoluto, que é também o da razão concreta, e se torna "consciente de si mesma como de seu mundo e de seu mundo como de si mesma". Mas esse movimento ascensional é paralelo à totalização do pensamento, cada vez mais verdadeiro à medida que progride ao longo de numerosas mediações dialéticas – do universal abstrato para o universal concreto, do conceito para a ideia. A primeira de tais mediações é a formação histórica de um gênero determinado que chamamos obra de arte.

Conciliação do subjetivo com o objetivo, as obras de arte, em que a consciência abandona a sua condição infeliz e o trabalho a maldição que o afeta, fornecem à ideia, verdade em via de realização num determinado nível que não é outro senão o belo, a sua primeira instância temporal, o seu primeiro abrigo subsistente entre as coisas do mundo. Como determinação do Espírito, é a beleza "*das sinnliche Scheinen der Idee*" [o resplandecer sensível da Ideia]. Trata-se, portanto, de manifestação da ideia, mas de um modo que, não sendo nem o espírito, puramente exterior da Natureza, nem o interior, do pensamento abstrato, tem do primeiro a forma sensível e do segundo a ideia, que se individualizam ou se apresenta nessa forma, uma e outra constituindo o todo vivo, a realidade concreta, porque indivisa, da obra de arte, indivisamente abrangida pela intuição, que apreende, num só ato, o manifestante e o manifestado. Novamente encontramos o domínio das aparências, desta vez autonomamente estabelecido, com apoio de certas determinações categóricas a seguir especificadas.

A beleza existe, pois, como fenômeno no sentido originário da palavra. É um aparecer da ideia nas condições operativas materiais que possibilitam a forma sensível e individualizada da obra de arte. Por um lado, o espírito se projeta livremente na matéria, recriando-a, sem dominá-la e sem nela alienar-se; por outro lado, o objeto com que o artista se defronta, após o ato criador, e no qual se reconhece, transcende-o com a impositiva presença de uma coisa que existe necessariamente. O estatuto da obra de arte é, assim, de acordo com a Estética de Hegel, complexo e ambíguo.

Livremente criada, a obra de arte subsiste como se coisa fosse, mas num modo que, arraigado à manifestação da ideia, poderia chamar-se de necessidade livre. Sob o aspecto da consciência individual que a produz, a obra deriva de um ato criativo (ou recreativo e lúdico, na fórmula de Schiller), livremente motivado. Mas, uma vez formada, a própria ideia de que ela constitui a aparência sensível, e que é a verdade concreta se realizando, assegura a existência necessária de que antes falamos. Participa a obra de arte, mas numa medida diferente da que seria aplicável à existência empírica, da arte, que é um dos meios pelos quais a consciência se faz espírito, a necessidade livre pende de possibilidade ainda mais originária e radical.

Essa possibilidade decorre do caráter histórico de que se reveste a realização da verdade como processo mundial, que é, ao mesmo tempo, em duas escalas distintas e conjugadas entre si, história do mundo e história do pensamento. Ainda aqui, repetindo-se a função mediadora da arte, que liga o subjetivo e o objetivo, o sensível e o inteligível, o individual e o universal, e cujas obras têm o modo de ser da aparência, intermediária entre a natureza real empírica das coisas (ser em si) e a natureza pensante da consciência (ser para si), a vida histórica das artes reside na interseção da história do mundo com a história do pensamento, ambas concebidas como sucessão de figuras temporais, nas quais se concretiza o Espírito absoluto desde o começo existente.

Vamos porém abstrair esse horizonte do Absoluto, que possibilitou o sistema hegeliano, e considerar o essencial da historicidade da arte, entre a história do mundo e a história do pensamento.

O ideal, que é a ideia realizada na arte, assume diferentes figuras temporais historicamente datáveis cuja aparição depende do estado do *éthos*, isto é, das condições da existência social como um todo, quer sob o aspecto de suas particularidades – a vida civil, a organização jurídica, o Estado – quer sob o da *Weltanschauung*, que exprime as relações entre o indivíduo e o mundo. De modo geral, como não há arte sem conteúdo verdadeiro, como o fundamento da criação artística é a verdade em via de realização, mais significativa quanto mais próxima da realidade superior do espírito, certos estados do *éthos*, que deixam livre campo à atividade do indivíduo, favorecem representações artísticas do mundo que condizem com a serenidade, a elevação e a harmonia da existência ideal. Tais seriam as idades míticas ou heroicas, demarcando o início das civilizações quando as relações sociais ainda não se objetivaram completamente, como trama densa de nexos exteriores, opressivos, distintos do indivíduo e em oposição à sua vontade. No polo oposto, Hegel situa sua própria época, onde o espaço da representação ideal, correlativo à independência do indivíduo, reduz-se ao mínimo, na proporção em que a sociedade se torna para o indivíduo o mecanismo gigantesco que lhe determina os movimentos, a potência estranha que lhe guia os passos.

Ao espaço de ação livre, favorável à idealização da existência, substituiu-se a prosa da vida com todas as suas condições materiais: a rotina dos atos convencionais, a rotina do trabalho, a rotina da satisfação dos interesses particulares regulados por leis estritas. Nesse caso, o ideal não desaparece, infletindo-se, numa outra direção e num sentido diferente, a unidade do conteúdo e da forma, que jamais Hegel esqueceu de considerar, e que responde pelo modo de ser da aparência característica da obra de arte.

A forma não é a pura exteriorização de um conteúdo representável, preexistente no espírito à efetiva criação de uma obra. É a própria formação desse conteúdo, o órgão da ideia, a sua instância sensível, sem a qual a ideia não se produziria. Longe de ser o revestimento daquilo que se representa artisticamente, a forma essencial é um meio de ver, de sentir e de pensar. Mas estando ela condicionada pelo *éthos*, que se desenvolve diversamente no espaço e no tempo, a forma muda com as variações históricas do ideal, que podem ser datadas, cada uma dessas variações correspondendo a um momento determinado da história da arte: o *simbólico*, que se entronca nas civilizações orientais, o *clássico*, na civilização greco-latina, e o *romântico*, na Idade Média e na época moderna. São as figuras temporais desse modo operativo de manifestar-se a ideia a que chamamos arte. Sucedendo-se ao ritmo dialético pelo qual cada uma delas supera a anterior, guardam elas o segredo do fenômeno originário da forma. Dotadas da necessidade que o momento histórico a cuja superfície sobrevêm lhes garante, elas se particularizam na individualidade contingente das obras.

As artes particulares – arquitetura, escultura, pintura, música e poesia – têm o seu devir condicionado por essas grandes figuras temporais, no limite das quais não alcançam todas a mesma latitude e o mesmo grau de importância.

O advento datável e localizável das formas originárias da arte mostra-nos que elas, desenvolvendo-se horizontalmente à história do mundo, segmentam essa história nos três momentos típicos – *simbólico*, *clássico* e *romântico* – que correspondem a três perspectivas do real ou *Weltanschauungen* [visões-de-mundo]. Mas pode dizer-se que cada uma dessas interseções da arte com a história do mundo oferece, através das concepções do mundo respectivas, um apoio à evolução vertical do espírito, como história do pensamento, de que a religião e a filosofia constituem as últimas escalas ascendentes.

Na fímbria dessa história, a arte se revela eminentemente ativa, traçando o roteiro do espírito e tornando o mundo pensável. Assim, entre os gregos, o artista participa do processo mesmo de transformação dos deuses e pode ser considerado o criador da mitologia, na medida em que deu forma, pela imagem escultórica, a diferentes representações do sagrado. Não somente exprime ele a concepção do mundo de seu grupo, mas forma essa concepção ao formar as individualidades dos deuses tutelares. A função inicial da arquitetura, na fase simbólica, é demarcar o espaço do sagrado e, através dele, o relacionamento dos homens entre si. Em ambos os casos, a atividade artística e a religião são inseparáveis, a primeira impulsionando a segunda. Na passagem da fase clássica, que melhor se realiza na escultura, à fase romântica, sob a vigência da religiosidade cristã, o conteúdo dessa nova concepção, sobrepondo o princípio espiritual ao mundo sensível, manifestar-se-á exteriormente à arte, antes de revelar, sobretudo na música, na pintura e na poesia – artes românticas por excelência – a forma que a exprime e de cuja produção o artista não participou.

Nessa fase é a religião que determina a unidade entre conteúdo e forma. A arte não mais condiciona o sagrado e é por ele condicionada. A interiorização do princípio espiritual, mais exigente, leva ao triunfo da subjetividade no recolhimento da alma romântica, que condena a forma sensível a progressiva rarefação. Nenhuma espécie de concreção material será comensurável à transparência de um conteúdo que tende a alcançar a plena identidade consigo próprio, rompendo com a limitação das formas particulares e absorvendo-as todas na infinitude que o indivíduo descobre dentro de si mesmo. As mais vigorosas fontes da arte romântica, na Idade Média e no Renascimento, precedem a exaustão da atividade artística, superada pela religião. Por força da transgressão dialética de seu princípio animador, essa atividade, com a sua manifestação operativa – a obra de arte –, permanecerá apenas como prolongamento inercial de um movimento passado do espírito.

As noções de belo como aparência sensível da ideia, do ser específico e da historicidade da obra de arte, que sintetizam a contribuição fundamental da estética hegeliana, fertilizaram correntes filosóficas que têm sua origem fora da órbita de influência imediata do sistema de Hegel.

A "manifestação sensível da ideia" será o fio condutor das considerações preliminares da *Estética*, de Nicolai Hartmann. Submetida a uma retificação crítica, essa noção abrange a dualidade de planos da obra de arte como objeto estético. Globalmente apreendido, o objeto estético deixa-se atravessar pela percepção, que atinge, com o apoio dos elementos materiais e sensíveis constitutivos do primeiro plano (*Vordergrund*), um conjunto de formas, de objetividades, de relações e significações, aspectos da realidade manifesta e aparente que Hegel chamou de ideia (*Hintergrund*).

A análise fenomenológica da obra de arte, inclusive do texto literário assim qualificado, e que consiste em considerá-lo na multiplicidade de suas camadas integrantes (Hartmann, Roman Ingarden) a partir de uma primeira camada material fundamentante, move-se entre os polos inseparáveis, mas distintos, dos dados efetivos reais (massa, som, cor, signo gráfico) e dos fenômenos de retaguarda, que aparecem às costas do primeiro. Em Nicolai Hartmann, o objeto estético ingressa na problemática do ser, que caracteriza a ontologia fundamental desse filósofo. Não pertencendo nem à esfera do real, a que se aplicam as categorias de necessidade e causalidade, nem à esfera do ser ideal, o objeto estético, ligado ao real, de que porém se afasta, e oriundo da liberdade que cria, é o ser de *aparência transparente*.

Situado nessa linha de investigação ontológica, Max Bense, em contato com as obras do abstracionismo, do construtivismo e das mais recentes vanguardas artísticas, chamou de *correalidade* esse modo do ser estético, que corresponderia, em última análise, ao belo como domínio categorial. Max Bense, que fez da estética atividade teórica fundadora, toma de Hegel a motivação que associaria o pensamento filosófico ao trabalho de criação artística: as necessidades e exigências mais elevadas do espírito.

Foi entretanto nessa motivação, caucionadora do lugar ocupado pela arte na esfera absoluta do espírito, que Hegel encontrou o motivo determinante da historicidade da obra de arte e de sua superação no mundo moderno. O próprio movimento do espírito, verdade ativa e operante em via de realização, que por necessidade interna alça-se ao nível da manifestação sensível, desprender-se-ia secundado pelas condições da etapa final da fase romântica, desse médium de que se serviu, para tornar-se produtivo nos domínios da religião e da filosofia.

Significativamente, os sinais indicativos dessa superação, para Hegel, constituem, em conjunto, parte essencial da problemática da arte dentro da qual nos movemos hoje: a secularização da obra, paralelamente à perda de sua organicidade, pela falta de concepção do mundo de que o artista seja o órgão interpretativo; a envolvência cada vez maior do individual pelo social culminando na cultura de massa da civilização técnico-industrial; o recuo do artista à subjetividade, a princípio campo da liberdade reconquistada e depois transformada num polo conflitivo em relação ao mundo. Com o trato da ciência e da técnica, inseparável do desenvolvimento da sociedade burguesa, os interesses e as necessidades do espírito transportam-se para a reflexão crítica, numa época de cultura estética, em que a obra se torna objeto de conhecimento secularizado ou dessacralizado.

Diante da obra que – dirá Walter Benjamin – perdeu a sua aura, nossa atitude é a atitude fria e refletida, inclinada ao julgamento e não à veneração, de que Hegel fala em sua Estética.

A historicidade implicava para Hegel a imediata exaustão da arte, apenas subsistente como "coisa do passado". Para nós, a posição hegeliana assinala, retrospectivamente, o momento de abertura da problemática da arte, que existe hoje questionando a sua essência e a sua necessidade. Hegel deteve-se às bordas desse problematismo do qual ocupamos o centro. E é precisamente situado nesse centro que Heidegger, ao meditar sobre a origem da obra de arte, para ele um dos meios do advento ou da produção manifesta da verdade, retoma a perspectiva hegeliana do caráter histórico e contingente da atividade artística, indagando se essa atividade ainda constitui um modo essencial de nossa presente existência.

A atualidade da Estética de Hegel está, paradoxalmente, nessa indagação que a própria atividade artística nos propõe, presentemente, ao problematizar a existência da obra de arte como tal.

Por que ler Hegel, hoje*

Ao escrever em sua *Crítica da razão dialética* (Gallimard, 1960) que a totalização do saber é um dos traços distintivos da Filosofia, Sartre toma a concepção hegeliana por modelo do pensamento filosófico. Exposta panoramicamente na *Enciclopédia das ciências filosóficas* (*Enzyklopaedie der philosophischen Wissenschaften im Grundriss*, 1817), que sucedeu às duas obras mais importantes de Hegel, *Fenomenologia do espírito* (*Phaenomenologie des Geistes*, 1807) e *Ciência da lógica* (*Wissenschaft der Logik*, 1812-16), essa concepção integra o conhecimento do indivíduo e da sociedade, do Direito e do Estado, da arte, da religião e da vida dos povos, com suas particularidades nacionais, num único sistema igualado à Ciência (*Wissenschaft*). Enquanto ciência, como a verdadeira exposição do real em sua totalidade, o conhecimento filosófico, que une a amplitude do pensamento sistemático à certeza científica, é chamado de *saber absoluto*. Assim, pois, Sartre hegelianizava, transferindo à filosofia a ideia de totalização, característica da concepção sistemática de Hegel, de que cada parte é um "todo filosófico" (*Enciclopédia*, § 15), por sua vez correspondente ao conhecimento de uma *totalidade*. Mas com isso transferia-lhe também o ideal do saber absoluto que direcionou o sistema.

----

* Suplemento literário do *Estado de S.Paulo*, 4 out. 1981.

O filósofo de *Ser e nada* (1943) recusa, é certo, o Absoluto, e confere à totalização do saber, do mesmo modo que o fez Merleau-Ponty, o alcance de uma "razão alargada" (*Sens et Non-Sens*, 1948), que outra não é senão a *razão dialética*, que o marxismo teria resgatado do sistema, esse "aborto gigantesco, mas o último em seu gênero", do qual falou Engels (*Anti-Dühring*, 1878).

Pode-se, contudo, separar a dialética de sua matriz hegeliana, o saber absoluto, a que é inerente a ideia de *totalidade*? A resposta dependerá do nexo que a dialética, método e forma do pensamento hegeliano, entretiver com o pressuposto do sistema, que este artigo se destina a discutir.

O termo "dialética", com que Platão qualificou o conhecimento extraempírico das ideias, e Aristóteles o gênero de argumento não analítico, logicamente fraco e associável à persuasão retórica, reempregou-o Kant para caracterizar o pendor da Razão – a faculdade dos princípios – de transgredir os limites da experiência real e possível, condicionada às intuições puras do espaço e do tempo e aos conceitos puros ou categorias do entendimento. A razão desloca as categorias, que possibilitam o conhecimento empírico dos fenômenos, da função transcendental e sintética que desempenham, para o plano das ideias, a que empresta uma realidade em si, absoluta e transcendente. A esse deslocamento, cujo efeito mais curioso é o das proposições contraditórias, que compõem pares antinômicos, cada uma das quais podendo ser considerada verdadeira ou compatibilizada com a sua oposta, denominou o filósofo da *Crítica da razão pura* de *ilusão transcendental*. À Crítica caberia diagnosticar semelhante ilusão, natural e inevitável, reduzindo-lhe o alcance especulativo, transgressor da experiência, a um princípio regulador da unidade do conhecimento – conhecimento a salvo, quanto ao seu teor objetivo, nos juízos sintéticos *a priori*, isto é, naqueles juízos que sintetizassem o objeto pensado nos conceitos aos dados da intuição. Assim Kant separou a razão (*Vernunft*), que sistematiza o conhecimento sem produzi-lo, do *entendimento* (*Verstand*), que, além de produzi-lo, organiza-o e assegura-lhe objetividade. O dinamismo do raciocínio, que leva a primeira das condições da experiência ao incondicionado, impõe-nos uma *lógica da aparência* (*Logik des Scheins*). Só o segundo, a que se deve o alcance objetivo do conhecimento, recai sob a *lógica da verdade* (*Logik der Wahrheit*).

Não obstante essa distinção, a tentativa kantiana de operar a dedução das categorias (*Crítica da razão pura*, Lógica Transcendental, cap. II), subjetivamente fundadas, em última análise, na *apercepção transcendental* – o *Cogito* (Eu Penso), como consciência de si, correlativa à unidade do objeto em geral, que acompanha as representações – teria que legitimar-se por um ato da razão mesma, sobreposta, portanto, ao entendimento. Foi o que Fichte concluiu em seus *Princípios fundamentais da teoria da ciência* (*Grundlage der gesamten Wissenschaftlehre*, 1974), ao atribuir ao Eu, unidade puramente formal do ponto de vista kantiano, o caráter de *atividade originária*, incondicionada, em que residiria o princípio da ciência. A diferença entre o subjetivo e o objetivo derivaria da oposição entre o Eu e o não Eu, este posto pelo primeiro, ou da identidade primordial do sujeito e do objeto, defendida por Schelling em *Sistema do idealismo transcendental* (*System des transcendentalen Idealismus*, 1800), ambos instâncias, parciais do Absoluto, através deles manifestado, e ambos servindo de base a uma mesma ciência sistemática do real, unificando os domínios contrários do Espírito e da Natureza.

A originalidade da posição de Hegel, entre os sistemas de Fichte e de Schelling, consistiu em firmar no *Cogito*, enquanto atividade pensante, e portanto na reflexão, a mútua dependência do sujeito e do objeto. Foi assim para a consciência que Hegel se voltou, a fim de explicitar, por meio de seu desdobramento interno, reflexivo, o elemento de universalidade nela contido e que a torna razão, ao mesmo tempo sujeito do conhecimento e agente moral ou ético. Sobre esse surgimento da razão discorre a *Fenomenologia do espírito*, não por acaso comparado a uma *novela* (cf. Jean Hyppolite, *A estrutura da linguagem segundo a fenomenologia do espírito*), porquanto parece narrar, episodicamente, a transição prolixa da consciência a Espírito, a sua lenta e gradual metamorfose numa série de formas ou de figuras aparentes, que são etapas do desenvolvimento do saber absoluto, desde as primeiras manifestações subjetivas.

O nexo que existe entre domínio e servidão

A *consciência sensível*, a *percepção*, o *entendimento* e a *consciência de si* (*Selbstbewusstsein*) conduzem ao pensamento racional pela operação da vontade com que a última se universaliza, assumindo a certeza de ser toda a realidade (*Fenomenologia*, C-V). Cada uma dessas figuras, que se desdobra da anterior, levando à seguinte, inclui, porque todas tomam o seu lugar no confronto da consciência consigo mesma, por via da reflexão, um elemento de saber, como o do *singular* para a sensível, de coisa para a percepção e dos *fenômenos* para o entendimento. Mas a chave dessas transições, como etapas da subjetividade, é a *consciência de si*, por onde entramos "na terra natal de verdade", e que perfaz a experiência da *alteridade*, do ser outro do objeto, fora dela mesma, suprimindo no movimento do desejo, ainda quando o objeto a que se dirige é uma outra consciência de si; o antagonismo que as torna dependentes, pelo nexo encruzilhado de *domínio* e *servidão*, precede o recíproco reconhecimento de uma pela outra – da liberdade de cada qual como "um Eu que é um Nós e um Nós que é um Eu" (*Fenomenologia*, B-IV), primeira escala subjetiva da experiência do Espírito, enquanto vontade racional do indivíduo.

Da consciência à ciência, eis a proeza desse único protagonista da filosofia hegeliana, o Espírito (*Geist*), tanto razão teórica quanto vontade prática, e que existe como sujeito histórico, no modo de um processo interno e externo, individual e transindividual, que sobrepuja a exterioridade da Natureza. A transfusão do real na história, que passou a constituir, depois de Hegel, o limiar da consciência moderna, não era menos uma resposta ao "grande abalo" da revolução de 1789 e à problemática cultural e religiosa da geração a que pertenceu o filósofo, de um lado, procedente da integridade quase mítica atribuída à civilização helênica – exemplo de equilíbrio orgânico entre o indivíduo e a sociedade, a Pólis consubstanciando *um todo*, expresso na arte clássica – e, de outro, do alcance especulativo da revelação cristã, graças ao livre exame reformista, na esteira de um Eckhart e de um Jacob Boehme.

Tempo de gestação e transição

Progresso moral enquanto religião do amor, que decaiu, porém, ao institucionalizar-se, conforme Hegel se expressou em seus primeiros escritos (*Vida de Jesus*, 1795; *O espírito do cristianismo e seu destino*, 1798-99), a revelação cristã trouxe, com o aprofundamento da subjetividade, a interiorização do divino, o infinito no finito. Concebido à maneira mística de Eckhart, o nascimento de Cristo, o Natal, traduziria a encarnação do Absoluto na alma dos homens, e a Crucificação, a morte de Deus, a que se referiu a *Fenomenologia*, a metamorfose do Espírito, que perece para transformar-se e transforma-se para progredir. *In principium erat Verbum*. Mas agora o "Verbo feito carne" ingressaria no tempo e, atividade voluntária livre transformada num ideal de liberdade a realizar, antecipava o sentido das palavras do Primeiro Fausto de Goethe (1808): "No começo era a ação" (*In Anfang war die Tat*).

Pela ação conjunta dos indivíduos, a consciência se faz *espírito objetivo*: a vida ética de um povo, para onde se desloca a universalidade do imperativo categórico, produto da vontade autônoma – a *razão prática*, de acordo com a segunda *Crítica* de Kant – que não pode limitar-se à obrigação individual. O simples *tu deves*, apenas um momento isolado da consciência, é a forma abstrata da razão legisladora, que se universaliza, como "o puro querer absoluto de todos", nas leis comuns, tanto humanas quanto divinas, que regeram o mundo grego antes do formalismo jurídico predominante entre os romanos, apoiado sobre nova abstração, a existência da pessoa (noção elaborada pelos estoicos), como sujeito de direito, a que se contrapôs o poder isolado e triunfante de uma personalidade única, encarnando o exercício do mando imperial (*Fenomenologia*, VI).

Essas passagens da vida do Espírito, ao mesmo tempo que expressões do seu desenvolvimento objetivo, o que quer dizer momentos do evolver da razão por trás da qual se projeta a trama reflexiva da consciência, confrontada a si mesma e ao que resulta de suas atividades, também compõem figuras históricas da cultura ocidental. Assim a história da consciência é a consciência da história. O passado, entrevisto à luz do presente tenso, mostra que a universalização dessa vida, em que a subjetividade se objetifica, é igualmente uma exteriorização (*Äusserung*) sua, desde a cultura intelectual no século XVIII, que essencializa a liberdade e a igualdade individuais (ideário do Iluminismo), à riqueza e ao poder do Estado, sem excluir o Terror de 1793-94. Sempre irônico, afetando a exterioridade da Natureza nessas parcelas conflitantes destacadas de sua própria substância, o Espírito amadurece quando aparenta repousar: "De resto, não é difícil ver, que nosso tempo é um tempo de gestação e de transição a um novo período; o espírito rompeu com o mundo de sua existência (*Dasein*) e da representação que durou até agora; ele está no ponto de afundar esse mundo no passado, trabalhando para a sua própria transformação. Na verdade, o Espírito jamais se encontra em estado de repouso, sempre levado num movimento indefinidamente progressivo; entretanto, acontece aqui como no caso da criança; depois de uma longa e silenciosa nutrição, a primeira respiração num salto qualitativo interrompe bruscamente a continuidade do crescimento apenas quantitativo, e é então que a criança nasce..." (*Fenomenologia*, Prefácio).

O Espírito jamais se encontra em repouso

O novo período em gestação, que despontava com o império napoleônico (1804), inscreve-se na Fenomenologia, onde podemos encontrar, quase completo, o vocabulário hegeliano que o marxismo incorporou, principalmente o termo *alienação* (*Entfremdung*), que resume a condição temporal do espírito – sua ironia meio trágica – capaz de alcançar identidade no elemento que lhe é estranho, diferente de si mesmo; ele progride à medida que se transforma no seu oposto, mudando qualitativamente, e é, a cada passo, aquilo em que deverá tornar-se. Por esse estranhamento, traço geral de seu evolver, efetua-se o automovimento (*Selbstbewegung*) do Espírito de que as etapas ou momentos reflexivos, recompondo aspectos parciais, incompletos ou abstratos da realidade toda, são *totalidades* à parte: a primeira delas, depois da cultura, é certamente o Estado, aquele "todo ético" (*sittliche Ganz*), que tem a história universal por teatro (*Schauplatze*), concretizando a "unidade da vontade moral e da vontade subjetiva" (*Filosofia da história*, Introdução) – mas não a última, posto que a religião constitui "a base geral de um povo" (*Filosofia da história*, idem), expressão orgânica de seu espírito (*Volksgeist*), como totalidade temporal (*zeitige Ganzheit*). Atores da História, os indivíduos, que a paixão do interesse impulsiona, e que instrumentam, sem sabê-lo, os superiores interesses da razão, e os povos, que alcançam a vida política quando formam um Estado, servem de suporte à "marcha gradual da evolução do princípio ativo, cujo conteúdo é a consciência da liberdade". Mas o que se efetua no Estado, o conteúdo do espírito como liberdade, ainda é inferior à verdade substancial: a *totalidade concreta*, abarcada pela ciência filosófica enquanto sistema de saber.

Os atores da história e a paixão de cada um

Dessa forma, o conhecimento do Absoluto, ao longo do processo de recíproca correspondência entre o real e o racional, ultima-se quando a consciência da liberdade, chegando ao mais alto grau de seu progresso, chega ao conhecimento de si mesma – ao reconhecimento da certeza de ser a realidade inteira, em si (*Ansich*) e por si (*für sich selbst*), e conquista a universalidade da Ideia, que transfunde os opostos entre si, o subjetivo no objetivo e o geral no particular, pelo que a consciência da liberdade é também consciência da necessidade. Essa transfusão, pela qual o espírito se torna o Absoluto, encontra-se realizada na arte e na religião, uma dando à Ideia (a realidade em sua verdade ou o conceito realizado) expressão sensível e outra expressão representativa. Mas somente a filosofia arremata esse processo do qual participa e de que se apropria na escala do *pensamento livre* (*frei Denken*), isto é, do pensamento que se desenvolve conceptualmente, concretizando o seu conteúdo, verdadeiro e incondicionado, através do embate das doutrinas contraditórias.

O conteúdo é o mesmo conteúdo teológico que se desenvolve, trazido à captação intuitiva pela arte e à interioridade espiritual pela religião revelada: a vida de Deus como atividade, "o espírito que se sabe a si mesmo ou certo de si mesmo" (a verdade tornada igual à certeza), de que fala a *Fenomenologia*, e que a *Ciência da lógica* trata, tanto em sua generalidade objetiva quanto em sua concretude como Ideia. Para Hegel, a ideia é o mais concreto e o mais ativo; resultado do processo e não objeto de contemplação, pensamento em ação e ação de pensamento, ela resume o curso da atividade que a produziu e que explicitou. Se a *Fenomenologia* expõe a trajetória da consciência à ciência, e se essa trajetória é o conhecimento da consciência como espírito, a partir do movimento reflexivo do Eu, a *Ciência da lógica* "contém o pensamento enquanto este é também a coisa em si mesma..." (*Ciência da lógica*, Introdução). Naquela se resolve "a separação entre o objeto e a certeza de si mesmo...", a verdade igualando a certeza. Na última, o conteúdo oferece a verdade sem envoltório, "a representação de Deus, tal como está em seu ser eterno, antes da criação da Natureza e de um espírito finito" (*Ciência da lógica*, idem). Assim, por ser *teo-lógico*, o conteúdo do conhecimento filosófico – conhecimento do todo, e processo desse conhecimento que se totaliza – é igualmente *lógico*, do ponto de vista do objeto, e *metafísico* sob o aspecto do sujeito, do Eu transcendental.

"Eu é o conceito puro que chegou, como conceito à existência" (*Ciência da lógica*, II). Vem daí, na filosofia de Hegel, a supremacia do *conceito* – o pensamento do pensamento, a reflexividade atuante – sobre a *proposição*, a que se aplica, consoante a tradição do Organon aristotélico, a *lógica da verdade*, na *Crítica da razão pura*. O sujeito e o predicado lógicos da proposição dependeriam, em última análise, do sujeito metafísico, da *subjetividade da autoconsciência* (cf. Gadamer, *A dialética de Hegel*) em seu elemento de certeza, fundamento da ciência realizada no saber absoluto, que se desenvolve como verdade e se expõe tal como se desenvolve, totalizando o real num sistema completo, ou seja, num discurso especulativo contínuo, sem interstício entre o objeto e o pensamento. Sistema significa propriamente a totalidade, diz-nos Hegel na *Introdução à história da filosofia*.

Chegamos, dessa forma, ao fundamento da ciência: a certeza do sujeito, da consciência de si, que se conquista como razão e se faz espírito, explicitando esse mesmo conteúdo, e *que é o pressuposto do sistema*. Veremos, a seguir, a relação desse pressuposto, em que se completou a transposição ontológica da noção de *substância* na de *sujeito*, iniciada por Descartes na época moderna, com o método dialético.

Hegel se propôs "a apreender e exprimir o verdadeiro não como substância, mas precisamente também como sujeito" (*Fenomenologia*, Prefácio). É no sujeito pensante finito que se contrai a infinitude do conteúdo do pensamento. "A verdade é o todo. Mas o todo é somente a essência se realizando por meio de seu desenvolvimento" (*Fenomenologia*, idem) nunca o imediato, o particular, o abstrato. Esse desenvolvimento, pelo qual o sistema de saber equivale à realidade verdadeira, e a realidade verdadeira a um todo racional, reduplica-se na reflexão como método – o caminho do pensamento, que nasce da atividade do sujeito que se pensa, determinando o objeto através do conceito. "*Omnis determinatio est negatio*" [Toda determinação é negação], afirmara Espinosa em defesa da identidade da substância infinita, relativamente à qual o pensamento constituiria simples atributo. Para Hegel, que vê diferença na identidade, a negação converte-se no meio de totalizar, isto é, de explicitar o conteúdo infinito no finito, explicitação que só temporalmente pode efetivar-se como devir histórico.

A negatividade inere ao subjetivo, "que experimenta em si mesmo e por si mesmo uma carência, uma negação, que se esforça por negar a seu turno" (*Estética*, I, 1ª). E de que modo alcançar o todo, senão caindo o pensamento de contradição em contradição, dado que o sujeito é o todo "por seu conceito e um só aspecto desse todo pela sua existência real"? (*Estética*, I, 1ª). Encontrando na *Alienação* o seu regime temporal, uma vez que a natureza espiritual comporta *desdobramento* (*Zweiheit*) e *dilaceramento* (*Zerissenheit*), a contradição é o automovimento do conceito, produzindo a unidade dele e do seu contrário – o transpasse de um no outro, de tal maneira que a diferença entre os opostos, o positivo e o negativo, intrinsecamente eliminada, resolve-se com novo conceito (síntese), *superação* (*Aufhebung*) dos anteriores, que o mediaram, e que, superior a ambos em concretude, mais verdadeiro do que cada qual de per si, já impulsionando o pensamento para diante, constitui etapa do conhecimento racional, como momento do devir no processo do saber absoluto. Cada momento de síntese, cada *resultado* efetua-se como *negação da negação*, instante de provisória quietude, sempre de novo arrebatada pelo negativo, até ao final apaziguamento das contradições. O negativo, que extrai a sua força da linguagem como ação verbal, é o elemento propriamente dialético do método (precipuamente exposto na *Ciência da lógica*), que não possui uma estrutura "anterior à estrutura do discurso" (Jean Hyppolite, op. cit.). Aplicado à consciência na *Fenomenologia*, o método dialético aí acompanha o desdobramento reflexivo do sujeito, alienando-se no objeto para conquistar sua plena identidade no saber absoluto, isento de contradições.

O método que condena a ambiguidade

Não haveria, pois, para a dialética hegeliana, que transpõe ao plano dos conceitos o movimento reflexivo da consciência ou a experiência que a consciência faz de si mesma, de contradição em contradição, com apoio na certeza do *Cogito*, outro pressuposto senão o do conhecimento da totalidade do real, num processo de totalização, de que o sujeito, enquanto consciência de si, é o totalizador. Consequentemente, o método, que não é independente do processo de que participa, instrumenta o saber absoluto, a realidade transformada num todo sistemático. Esse vínculo, graças ao qual se pode dizer do método de Hegel, que é tanto o movimento do conceito (subjetivo) quanto o devir da coisa (objetivo), condena a dialética hegeliana a uma irreparável ambiguidade epistemológica.

Discurso da alma consigo mesma

Quando Marx a recuperou, o sistema hegeliano colocado sobre os seus pés, a práxis social posta em lugar do espírito, como autogênese histórica do homem – "a proeza extraordinária da Fenomenologia" (*Manuscritos econômicos e filosóficos*) –, a totalização do saber se transferiu à racionalidade prática, previsora da ação, endereçada à transformação do mundo. É justamente a autogênese histórica do homem como processo, esse laço genético entre história e verdade, o que acusa a dominância do pensamento hegeliano, ainda nos dias de hoje, dentro e fora do marxismo.

Se o sistema de Hegel pereceu com a sua época, historicamente desarticulado em razão de sua própria fecundidade, o longo fôlego do hegelianismo perdura na ideia de totalização do conhecimento, ou, em termos sartreanos, de totalização da experiência humana – permanente tentação do marxismo, que herdou a ambiguidade epistemológica da dialética hegeliana, presa à dicotomia do sujeito e do objeto (cf. Gerd Bornhein, *Dialética, teoria/práxis*), de que procede o comprometimento da noção de práxis, ora com o objetivismo, ora com o subjetivismo. Para corroborá-lo, basta colocarmos, lado a lado, a concepção naturalista de Engels sobre os princípios dialéticos, por ele identificados a leis gerais da história da Natureza e da sociedade humana (cf. *Natureza geral da dialética como ciência*) e a existencial-marxista de Sartre, fundamentando os mesmos princípios na exteriorização e objetificação da consciência (cf. *Crítica da razão dialética*, cit.)

Entretanto, Hegel não separou as chamadas leis da dialética (mudança da qualidade em quantidade e vice-versa, interpenetração dos contrários e negação da negação) da gestação do conteúdo do pensamento em sua generalidade, de que elas constituem momentos, assentes que estão, desde o início da *Ciência da lógica*, no ser em geral. Este, onde já se implanta, pelo traspasse do Ser e do Nada autoproduzidos, o começo simultâneo da *dialética* e do *devir*, remonta ao puro saber, "à absoluta verdade da consciência", alcançada na *Fenomenologia do espírito*.

Foi a essa verdade da consciência que recorreu a *Crítica da razão dialética*. Embora aí retome a dialética já reformulada pelo marxismo, considerando o saber do nosso tempo, Sartre volta a Hegel nessa obra, na medida em que fundamenta a totalização no ser da consciência: o para-si (*Pour-Soi*), origem da negação, exteriorizando-se como *práxis* no meio material da escassez. Portanto, o fundamento da dialética coincidiria com o pressuposto do saber absoluto, já insinuado na racionalidade prática de Marx. Consequentemente, em tais condições, a ideia de totalização, que acompanha a dialética, testemunha a sobrevivência do hegelianismo e não seu perecimento.

Depois disso, restaria perguntar sobre a possibilidade de uma dialética desvinculada de sua matriz hegeliana livre do conteúdo teológico-metafísico que lhe insufla o desmesurado alcance de um discurso cognitivo teórico e prático totalizador. Mas esse problema parte de outra questão maior, visto como a lógica dialética de Hegel se entronca ao duplo movimento, ascensional e descensional, da dialética platônica. O saber absoluto correspondente, como diálogo onicompreensivo, como *prosa do mundo*, capaz de exaurir a realidade, totalmente dita, pronunciada, numa só linguagem transparente, é, de certo modo, uma consumação daquele discurso da alma consigo mesma, pelo qual Platão definiu no *Teeteto* (189e) o caráter reflexivo da racionalidade metafísica.

A possibilidade de outra dialética dependeria, afinal, da possibilidade de ultrapassamento do platonismo, de que provém o pressuposto ontológico longínquo da matriz moderna do pensamento de Hegel – o que significa dizer também que dependeria da superação da metafísica, porquanto nesta, como Kant soube mostrar, é principalmente a ideia de totalidade absoluta, aplicada aos fenômenos, o que resguarda a "lógica da aparência".

A morte da arte em Hegel*

I

Hegel teria oficiado o primeiro serviço fúnebre da Filosofia contemporânea: as exéquias solenes da arte, celebradas nas *Preleções sobre estética* (*Vorlesungen über die Ästhetik*, 1835). Quase meio século depois Nietzsche oficiaria o segundo, comemorando em *Assim falou Zaratustra* (*Also sprach Zarathustra*, 1833) a morte de Deus. A possível conexão de sentido existente entre esses dois serviços apenas será aflorada no final deste trabalho, que recapitula e tenta interpretar as exéquias celebradas nas *Preleções sobre estética*[1], título daqui por diante simplificado para *Preleções* ou também para *Estética*. Se, de fato, essa obra tematizou a morte da arte, precisamos saber de que maneira o fez, e o que significa, para nós hoje, uma tal doutrina.

Embora a expressão literal: "morte da arte", que Ernest Renan empregaria em 1848 – *la mort de l'art* – num dos seus "Dialogues philosophiques"[2] [*Diálogos filosóficos*], falte na *Estética*, encontramos nessa obra

---

* Em Rodrigo Duarte (org.). Anais do colóquio nacional *A Morte da Arte*. Belo Horizonte: Laboratório de Estética, FAFICH/UFMG, 1993, pp. 9-33.

1. Hegel, *Vorlesungen über die Ästhetic*. Frankfurt: Suhrkamp, vol. 13. Todas as citações por esta edição.

2. *Oeuvres complètes*, t. I, pp. 599-600.

póstuma dos apontamentos das conferências de Berlim (1820-1929), retocados e, quem sabe, reescritos por Hotho, o discípulo-editor, os termos afins àquela expressão, tais como dissolução (*Auflösung*), decadência (*Zerfallen*), e fim (*Ende*), antecipados pelos *leitmotiven* elegíacos da Introdução: "Os belos dias da arte grega e da Idade Média avançada já findaram. As condições gerais do tempo presente não são mais favoráveis à arte... Sob todos essas relações, a arte é e continua sendo para nós, quanto à sua suprema destinação (*Bestimmung*), algo do passado (*ein Vergangenes*)"[3].

A doutrina hegeliana do caráter passado da arte (*Vergangenheitslehre*)[4], que essa última frase resume num lapidar epitáfio, conflita com o ensinamento fundamental da própria Estética: a conceituação da arte como produto da atividade do Espírito, sempre atual e permanente. Não podemos desviar-nos dessa aparente contradição que divide em polos antagônicos as interpretações da Estética. Mas essas interpretações, a que temos que recorrer, dependeram, em última análise, da retomada, em nosso século, do sistema hegeliano por marxistas e não marxistas.

Para os marxistas, a volta ao sistema de Hegel, muito depois da distinção canônica de Engels no *Anti-Dühring*, preservando o método desse "aborto gigantesco", separado de seu estofo idealista, acompanhou o desiderato de Lukács, em *História e consciência de classe* (1923), de nele encontrar, sob o cauteloso resguardo do menosprezo de Marx aos detratores do mestre de Berlim, que o tratavam como um "*toter Hund*" [cão morto], as categorias decisivas da "dialética concreta e histórica"[5]. Será de qualquer forma a dialética hegeliana, daí por diante a questão filosófica exponencial do revisionismo marxista, o caminho para a abordagem da Estética, não mais considerada um texto menor dentro da obra do filósofo da *Enciclopédia das ciências filosóficas* (1817), ou um escrito ameno para repouso do acendrado esforço daqueles que estudaram a Filosofia da História, conforme Engels dizia, em 1898, numa carta a Konrad Schmidt[6]. Quanto mais aumentou a crítica ao marxismo

---

3. *Ästhetic*, p. 25.
4. Werner Koepsel, *Die Rezeption der Hegelschen Ästhetic im 20. Jahrhundert*, p. 85.
5. George Lukács, *Histoire et conscience de classe*, p. 12.
6. Werner Koepsel, *Die Rezeption der Hegelschen Ästhetik im 20. Jahrhundert*, p. 4.

dogmático da revolução proletária, mais aumentou o interesse pela Estética. Dado que a essência espiritual da arte iguala-se, nesse escrito, ao curso de seu desenvolvimento histórico, e que este pode ser interpretado de acordo com as condições materiais da práxis social, a doutrina do caráter passado, a *Vergangenheitslehre*, ligada, então, em seu potencial dialético, à fase do capitalismo, adquiriu entre os pensadores de tradição marxista, a exemplo de Adorno e de Walter Benjamin, a relevância que não lhe deram por motivos diversos, do lado oposto, não marxista, nem Nicolai Hartmann nem Benedetto Croce.

N. Hartmann abstraiu do sistema a dialética, para ele uma arte do movimento conceptual que Hegel jamais chegou a fundamentar. À semelhança de Croce, dele rechaçou o panlogismo em que implicaria a extensão da dialética ao empírico, mas aceitou as formas do espírito objetivo. Na sua tardia *Ästhetik* (1953) aproveitou o conceito nuclear da Filosofia hegeliana da Arte, o belo como "o resplandecer sensível da Ideia" (*sinnlichen Scheinen der Idee*), considerando-o mais um produto final do idealismo germânico, já implícito em Schelling e explícito em Schopenhauer[7]. A Hegel apenas teria cabido o privilégio de sua cintilante formulação verbal. No entanto, apesar da amplitude histórica que Hartmann deu a esse conceito, a correção que dele nos apresenta – o resplandecer (*Scheinen*) da beleza é um aparecer (*Erscheinen*) sensível da Ideia – realçou o aspecto fenomenológico introduzido na interpretação do belo, retirado da região altaneira onde o colocara seu criador: o Espírito absoluto.

Mas, eis um aspecto capital a assinalar, da perspectiva elevada que tal posição nos descerra, o desenvolvimento da arte é um meio de desenvolvimento do próprio Espírito que a produziu, o qual, por sua vez, demarca o estágio superior da consciência feita pensamento racional, culminando nos conceitos da Filosofia, depois de haver transitado pelo sensível artístico e pelo sentimento religioso. Assim, segundo Hartmann e Croce, ao relacionar a arte com o Absoluto, Hegel preparou-lhe a dissolução que advirá da passagem do Espírito às duas formas superiores vizinhas. Porém somente o segundo, Croce, destaca esse destino da formação (*Bildung*) artística, por ele expressamente chamado de

---

7. Hartmann, *Ästhetik*, p. 76.

morte da arte, a seu ver uma das partes mortas do sistema hegeliano, que ele discutiria num artigo de 1933, La *"fine dell'arte" nel sistema hegeliano*, como a conclusão absurda da dialética[8]. Irrestrita, gradualmente preparada, essa morte consumar-se-ia na época moderna, de modo total, por razões lógico-sistemáticas.

No posfácio acrescentado à sua conferência de 1935, "A origem da obra de arte (Der Ursprung des Kunstwerk)", Heidegger comenta da seguinte maneira a frase elegíaca da Introdução à Estética, anteriormente citada: "Não se pode opor à frase de Hegel e a tudo o que ela implica o fato de que desde as últimas preleções do inverno de 1828-1829, na universidade de Berlim, continuem a ser criadas novas obras de arte e novas direções artísticas. Hegel não quis negar essa possibilidade. Entretanto, sua pergunta permanece: continua sendo a arte ou já deixou de ser um modo essencial e necessário de acontecimento decisivo da verdade para o nosso *Dasein* histórico?"[9] Perguntando se a arte é ainda um modo essencial e necessário de nossa atual existência, esse comentário interrogativo de Heidegger permite fazermos dois reparos pertinentes sobre a sentença final da Introdução às *Preleções*. O primeiro é chamar atenção para a cláusula modal, despercebida por Croce, que restringe a afirmativa daquela sentença: "... a arte é e continua sendo para nós, *quanto à sua suprema destinação*, algo do passado". Seria a destinação (*Bestimmung*) suprema da arte, sua finalidade, compartida preliminarmente com a Religião, de fazer passar à consciência os mais profundos interesses (*Interessen*) do espírito, o que dela teria morrido para subsistir retrospectivamente como objeto de rememoração. Eis aí, também, a dupla retícula valorativa – *destinação* e *interesse* – por meio da qual o sistema de Hegel, abrangendo as estéticas imediatamente anteriores, de Kant e Schelling, das quais diverge, reflete-se nas *Preleções*.

O segundo reparo é a renovada atualidade que a questão de Heidegger projeta na frase sentencial de Hegel, pondo-a sob o foco do nosso presente. Quando Ernest Renan, no escrito antes mencionado, emprega a expressão "morte da arte", estava ele fazendo uma conjectura:

---

8. Croce, *Ultimi saggi*, p. 155.
9. P. 66.

"Tempo virá em que a arte será uma coisa do passado ('*une chose du passé*'), uma criação já esgotada das idades não reflexivas, que se adorará mesmo reconhecendo que ela não pode dar mais nada."[10] Ao contrário dessa, a reflexão de Hegel não é conjetural. Trata-se de um singular prognóstico ao revés, de uma profecia já realizada sobre a existência retrospectiva da arte no presente mesmo em que essa reflexão estava sendo feita – o momento da dominância do romantismo. Mas é através do romantismo, de que a *Estética* de 1835 é, de certa maneira, uma teorização crítica, que podemos, seguindo o apelo da pergunta heideggeriana, ligar o presente de Hegel ao nosso atual *Dasein* histórico, e retirar do doutrina do caráter passado da arte a rígida dependência lógica, estabelecida por Croce, em relação ao sistema. É o que veremos depois de um sumário levantamento, em consonância com o sistema, que jamais poderá ser abstraído, das principais diretivas da Estética.

II

Kant escrevera no *Crítica* de 1788 que "todo interesse é finalmente prático", mesmo o da razão especulativa[11]. O complemento dessa sentença kantiana virá na terceira *Crítica* (1790): o estético, domínio do Belo, arraigado à Natureza, enquanto objeto de juízos de gosto, é *ohne interesse*, sem interesse. Os românticos quebraram esse desinteresse do estético, quando desligaram o belo da Natureza e religaram-no, por intermédio da arte, às aspirações morais e cognoscitivas. Segundo Schelling, o belo da arte transcende o belo natural, ainda dominante na *Crítica do juízo* e se irmana à Verdade. A primeira diretiva da Estética de Hegel, que sumariza seu afastamento da concepção de Kant e ao mesmo tempo sua proximidade, embora crítica, com os românticos, é a transferência do interesse cognoscitivo e ético à beleza artística, implantada, ao lado da Religião e em concorrência com a Filosofia, na região do Espírito Absoluto.

....
10. Ernest Renan, *Oeuvres complètes*, t. I, pp. 599-600.
11. Kant, *Kritik der Praktischen Vernunft*, p. 194.

Na tradição do idealismo germânico, o Absoluto é o nome do *incondicionado* kantiano – o real em si, sob as condições *a priori* da experiência – fora da órbita do conhecimento empírico e apenas visado, como ideal, pela razão. Depois que Fichte, seguindo o caminho da constituição transcendental do mundo através da ação originária do Eu, reconverteu-o a objeto de conhecimento racional, os pensadores românticos colocaram-no sob o alcance direto da arte como produção do gênio. É bem verdade que Kant já reconhecera expressamente que a Poesia, favorável, mais do que qualquer outra arte, à articulação de intuições sem conceito – as *ideias estéticas*, opostas às *ideias racionais*, conceitos sem cumprimento intuitivo –, poderia alcançar vislumbres do Absoluto, onde o ser e o dever, o real e o ideal se encontrariam. Mas, para o Schelling de *Sistema do idealismo transcendental*, que restabeleceu a intuição intelectual, condenada pela *Crítica da razão pura*, o gênio artístico conseguiria, graças à sua imaginação produtiva, suprir essa intuição, a qual conhece o seu objeto na medida em que também o cria. Desvinculada da ordem das representações empíricas, a obra artística seria a encarnação da verdade transcendente, infinita, idealizando o real, subjetivizando o objetivo, subordinando a Natureza ao Espírito, externando o infinito no finito, a criação artística do gênio individual concretiza, conforme pensava Schlegel, o teórico por excelência do romantismo alemão, o que a Filosofia, por essência abstrata, jamais alcança.

Mas essa capacidade de realizar concretamente o ideal do conhecimento filosófico não pertence tanto à arte quanto àquilo que a impulsiona para o Infinito: a Religião, o principal interesse da poesia e da Filosofia segundo os românticos alemães. O que chamaram eles de "interessante Poesie"? Nada mais do que a própria poesia romântica, denominada, de acordo com a distinção de Schiller a que recorreram, *Kunst des Unendlichen* [arte do infinito] por oposição à clássica, *Kunst der Begrenzung* [arte do limite]. Assim, ao afirmarem a superioridade da mesma arte, ligaram-na à Filosofia e à Religião, tal como faria Hegel ao confiar-lhe a destinação de fazer passar à consciência os mais altos e profundos interesses do Espírito. No entanto, o relacionamento entre as três, sob outro regime, que não o dos românticos, diferenciou-se em função da demarche filosófica, que levou o pensador da *Estética* a contestar o caminho do romantismo para chegar ao Absoluto, onde colocara o lugar da arte.

Tal caminho principiara em Fichte, com o primado ontológico e gnoseológico do Eu, o que significa dizer do sujeito, no qual se obrigaria o real verdadeiro e, portanto, o ideal infinito, que colide com a exterioridade orgânica e natural. Como, ainda segundo Fichte, só há "em toda parte relações de mim mesmo para mim mesmo"[12], Novalis, companheiro de Schlegel, poderia concluir, identificando o espiritual e o interior subjetivo, que o Eu é a passagem para o universo ("das Ich als Zugang zu dem Universum"). Mas esse ponto de passagem é, ao mesmo tempo, o centro do Absoluto, o recesso do infinito que nos consome de nostalgia e ao qual aspiramos: a *Sehnsucht*, anseio vago e indefinido, amor da infinitude e sua insaciável procura, em que a ironia romântica, dissipando todos os fins limitados, sustentou-se. Visando Schlegel e Novalis, a crítica à ironia, contida na Introdução das *Preleções*, como "concentração do Eu no Eu"[13], é um desdobramento da crítica, a eles mesmos endereçada, contra a intuição e o sentimento do Absoluto no Prefácio da *Fenomenologia do espírito*. À impaciência da filosofia romântica, confiante na imediatez, Hegel opôs a paciência do conceito e de suas mediações.

No sentido hegeliano, o Espírito (*Geist*), instância teórica e prática, pensamento e ação, um Eu e também um Nós, é reconquistado, como razão, à consciência imediata. Mas, nessa reconquista, ele converte o anseio de perfectibilidade, herdeiro da *Sehnsucht* romântica, que só a verdade, seu primordial interesse, homônima da Beleza, pode satisfazer, num ingente e conflituoso processo de desenvolvimento até o saber absoluto, aonde chega depois de, alienado, ter-se objetificado, como massa ética e substrato histórico, nos povos, na sociedade civil e no Estado. Uma outra conexão com o romantismo ressalta dessa equivalência, já postulada por Schelling e Novalis, entre Verdade e Beleza, ambas incluídas na categoria de Ideia, ali pensada universalmente, aqui em sua manifestação sensível, e ambas, como partes complementares de um só

---

12. *Die Bestimmung des Menschen*, p. 94.
13. *Ästhetik*, v. I, p. 95.

conteúdo, elevadas, junto com a arte que as concretiza e individualiza numa forma determinada (*bildliche Gestaltung*), à região altaneira do Espírito absoluto, abóbada do sistema hegeliano.

Resultado daquele processo ingente que absorve o anseio de perfectibilidade, e que a marcha reflexiva do conceito reconstitui, tal elevação é suportada pelos estágios anteriores do desenvolvimento do Espírito, principalmente pelo substrato histórico que individualiza os povos – o *Volksgeist*, esse conceito do nacional egresso da filosofia romântica da história. "Nas obras de arte os povos depositaram as suas mais ricas e profundas intuições e representações..."[14] Finito, o povo é como que o instrumento do espírito infinito, que trabalha através dele e vive do reconhecimento que lhe presta uma comunidade. Esse reconhecimento assegura a unidade entre o conteúdo e a forma nas diferentes artes e proporciona a adesão dos indivíduos ao que elas revelam ou manifestam.

Devido a esse nível revelatório ou manifestante, as autênticas obras de arte, que transluzem a Ideia, estão acima do entendimento abstrato e dos quadros lógicos do pensamento. Desse modo, o conteúdo que nelas toma forma não é propriamente representacional. Em vez de *Vorstellung* (representação), Hegel usa outra palavra, *Darstellung*, com o sentido de apresentação ou de exposição, para significar a provisão da Ideia concretizada, independentemente das representações que porventura lhe estejam associadas. Porém a mudança de palavra assinala que a obra se empresta uma origem para além da consciência e, portanto, um alcance irradiante, pervasivo à apreensão dos indivíduos, movendo-lhes a sensibilidade antes do juízo reflexivo estético. O juízo estético apenas confirmaria, sem função originária, a impositiva vigência do Belo. Já não temos a ascendência do gênio individual e sim a do espírito nacional, coletivo, de que o artista está a serviço. Entre o povo e o artista intercalam-se as visões do mundo, fonte das intuições comuns a que ambos aderem, e sem as quais a obra não seria nem bela nem verdadeira.

"Essas visões do mundo, escreve Hegel, que inspiram as religiões e formam o espírito substancial dos povos e das épocas, encontram igual-

---

14. *Ästhetik*, I, p. 21.

mente a sua expressão na arte e em todos os outros domínios da vida. E do mesmo modo que todo homem, enquanto filho de seu tempo, tem por encargo, em todas as suas atividades, religiosa, artística, política ou científica, exprimir o conteúdo essencial e a forma necessária desse tempo, também a arte tem por missão exprimir, à sua maneira, [...] o espírito de um povo."[15] Afinado com essas visões que integram a sua subjetividade, o artista alcançará, no que quer que represente, a forma em que se exterioriza a intuição do Absoluto e da alma das coisas (*das Absolut und das Seele des Gegenstände*)[16]. De acordo com essa passagem das *Preleções*, o divórcio com a autonomia da subjetividade romântica é paralelo ao estabelecimento de um vínculo de adesão, originário, orgânico, se não fosse abusivo dizer cultural, dos receptores à obra, que precederia o juízo de gosto. Tais são as condições de criação e de receptividade compatíveis com a destinação própria da arte, guindada ao Absoluto, ao círculo comum da Religião e da Filosofia, onde é uma forma "de expressar e de fazer passar à consciência o divino, os interesses mais profundos dos homens e as verdades mais elevadas do espírito"[17].

O sistema hegeliano, que nessa tríade completa a sua estrutura circular, integra-se ao desenvolvimento do Espírito que o constituiu, antes descrito a largos traços: trajetória agônica, conflituosa, impulsionada pela carência da vida subjetiva que a originou, e que desemboca na necessidade da arte. É como se Hegel repetisse, abreviadamente, nas páginas da *Estética* o embate da consciência na dialética de seu grande texto germinal de 1807, mas já, agora, partindo do conteúdo artístico, preliminarmente subjetivo.

Assim como o próprio desejo, ali, na *Fenomenologia do espírito*, vago em seu primeiro momento, à semelhança da *Sehnsucht* romântica mais de uma vez mencionada, desdobra-se por efeito da carência que ele carrega, assim, também, nesta passagem das *Preleções*, o subjetivo a que se opõe o objetivo, acusa um mal-estar, uma falha dolorosa, ressentida porém como o negativo da necessidade insatisfeita, a qual tende a

---

15. *Ästhetik*, V, p. 232.
16. *Ästhetik*, II, p. 232.
17. *Ästhetik*, I, p. 21.

negar-se para seu apaziguamento. Não há, insiste Hegel, uma relação exterior da falha com o objetivo. A carência, em si mesma e por si mesma, já é o negativo que se negará por seu turno, aplacando a contradição que nela se abriu, e que permaneceria imóvel, estéril, sem suprimir-se na objetivação do subjetivo que daí resulta. Aquilo que é somente afirmativo "é e permanece sem vida"[18]. A vida "caminha para a negação (*geht zur Negation*) com a dor que comporta e não se torna afirmativa relativamente a si mesma senão pelo apaziguamento da oposição e da contradição"[19].

Dessa forma, a necessidade da arte decorreria da carência, mas da carência geradora de conflito por força do negativo, elemento de inquietude que o leva a sobrepor-se quer ao mecanismo da Natureza, quer à premência dos interesses particulares e imediatistas. Ao contrário dos animais, "que vivem em paz consigo próprios e com as coisas que os rodeiam, a natureza espiritual do homem faz com que ele viva num estado de desdobramento e de dilaceramento (*Zerissenheit*), debatendo-se no meio das contradições engendradas por esse estado"[20].

A recuperação da carência e das contradições da liberdade, investida, a partir da necessidade com que conflita, na busca, para além do mundo interior, subjetivo, finito, de "uma região de verdade substancial mais elevada" que se consuma na arte e em que ela tem o seu lídimo conteúdo. No entanto, esse conteúdo verdadeiro é o mesmo que se redistribui pelas suas parceiras, a Religião e a Filosofia: o divino, a vida de Deus, nos termos concretos de *A fenomenologia do espírito*, ou o ser interno anterior à criação do finito, como matéria do pensamento, na linguagem abstrata da Ciência da Lógica (1812). Eis a coluna vertebral do sistema que, dando-nos a segunda, mas não a secundária diretiva da Estética, nela enxerta a dimensão teológica.

Tendo, pois, o mesmo estofo (*Stoff*) ou matéria, os três membros dessa tríade distinguem-se pela forma diferente com que o Espírito se realiza: direta e sensível, mediante a intuição na arte, indireta, por meio

---

18. *Ästhetik*, I, p. 134.
19. *Ästhetik*, I, p. 134.
20. *Ästhetik*, p. 135.

da representação (*Vorstellung*) interiorizada ao sujeito pelo sentimento (*Hertz und Gemuth*) na religião, e conceptual no pensamento livre (*frei Denken*) da Filosofia, que é Teologia racional, mas tanto quanto as duas anteriores, "um serviço divino (*Gottesdienst*) em honra da verdade"[21]. A ordem das diferenças implica um escalonamento ou uma sucessão, cabendo a primazia à arte, que a Religião suprime antes de, por sua vez, ser suprimida pela Filosofia. No entanto, nesse particular, como em muitos outros, o pensamento de Hegel, mais de que ambíguo, é tortuoso.

Se o prudente leitor recorre à Enciclopédia, constata que a exposição sistemática do assunto atribui precedência à beleza, e por conseguinte à intuição artística concreta. No entanto, dá-se conta de que essa intuição, ainda quando rudimentar, tem por base uma visão religiosa do mundo. E é forçado a concluir que é, de certa maneira, essa última, que precede a esfera artística e a engloba, o que poderá confirmar retroativamente, consultando *A fenomenologia do espírito*, onde não há rubrica autônoma pertinente à arte. Isso, se não quiser ir à *Filosofia da história*, onde se lê: "A arte é a segunda forma de união: entre o subjetivo e o objetivo no espírito..."[22]

Aí, de fato, tanto quanto na Fenomenologia, a arte se apresenta como um fenômeno derivado da religião, latente em sua primeira fase (religião natural), por isso então por ela determinada, autônoma na segunda (religião estética), por isso então determinando-a, e insuficiente na terceira (religião revelada), que dela tende a distanciar-se depois de havê-la colocado a seu serviço. Ambiguidade: o religioso mal se distingue do artístico nos mitos orientais, mas, por outro lado, o artístico mal se distingue do religioso nas formas de artesania grega. Tudo depende do momento de uma evolução conduzida pelo Espírito, que rege as transformações de um no outro, e que na religião estética se faz artesão da obra de arte viva, criando a imagem dos deuses, o espaço e a dramática do culto, até alcançar a autonomia nos *epos*, na tragédia e na comédia. Agônica, tal evolução não deixa de ser tortuosa quanto aos conceitos – religião natural, religião estética e religião revelada unidas numa só linha de desenvolvi-

....

21. *Ästhetik*, I, p. 139.
22. *Philosophie der Geschichte*, p. 99.

mento que culmina na segunda e declina na terceira, ao entrar em cena, com o cristianismo, o verdadeiro princípio espiritual que se sobreporá ao artístico. Como veremos mais adiante, no momento de culminância sobreleva a interferência da tradição clássica, sob o acento do helenismo mitificado pela geração de Hegel, e no de declínio, o movimento romântico, que Hegel generalizaria num conceito histórico. O que importa, por ora, é assinalar o destino da religião revelada, de religião cristã, que é quem entra na tríade da qual anteriormente partimos. Mas isso depois de nos referirmos ao da arte com as palavras do próprio Hegel: "Se nós concedemos à arte, por um lado, esse alto lugar, é preciso lembrar, por outro, que ela está longe de ser, quer pela forma, quer pelo conteúdo, a maneira mais alta e absoluta de trazer à consciência os verdadeiros interesses do espírito..."[23] Mas do mesmo modo que a arte tem o seu antes (*Vor*) na Natureza e no domínio finito da vida, assim também ela tem o seu depois (*Nach*), isto é, uma esfera que ultrapassa seu modo de apreensão e de apresentação (*Darstellungsweise*) do Absoluto[24].

Acrescentaremos que, semelhantemente à arte, a religião revelada, em que se dissolveu o mundo religioso pagão, também terá o seu depois no *frei Denken* da Filosofia, pela mediação do conceito da própria revelação, focalizada numa das últimas passagens da *Fenomenologia*. A revelação se cumpre como morte de Deus que humaniza o divino e diviniza o homem. Quem morre na cruz para salvação do gênero humano é a ideia abstrata de Deus; identificado porém à consciência de si, Deus morre concretizando historicamente a "universalidade do espírito que vive em sua comunidade e que nele morre e ressuscita cada dia"[25]. Essa lancinante passagem dialética no domínio do Espírito Absoluto opera o trânsito da Religião à Filosofia. A revelação transforma-se no conteúdo do pensamento racional, o que significa a secularização do cristianismo. Doravante o serviço divino será efetuado através do saber filosófico – a morte de Deus produzida no recesso do pensamento. Mas também nessa passagem a força do negativo com que anteriormente

---

23. *Ästhetik*, I, p. 23.
24. *Ästhetik*, I, p. 141.
25. *Phänomenologie des Geistes*, p. 431.

deparamos é simplesmente a morte, economizada por Hegel na *Estética*. Confirma-se, pois, o clássico comentário de Kojève, que destacou o caráter "antropogênico" da morte no sistema de Hegel, ao encontro da negatividade do Espírito. "A vida que carrega a morte e se mantém na morte é a vida do próprio Espírito", lemos no Prefácio da *Fenomenologia* hegeliana[26].

A terceira e última diretiva da Estética leva a morte, da qual está transida, ao devir histórico que responde pela identidade da arte.

III

Seria, de fato, incompatível com a Estética, que reproduz, conforme vimos, os fundamentos do sistema hegeliano do qual é uma ramificação, atribuir à arte uma identidade apenas genérica. Por certo, o belo artístico, a *sinnliche Scheinen der Idee* é o primeiro momento, o momento abstrato do conceito que passa à concretude da arte como obra, em que a ideia-conteúdo se particulariza e se individualiza, por meio de *qualia* sensíveis ou de matérias específicas numa forma configurada. Os elementos gerais da sensibilidade estética propriamente dita existiriam em função da obra, a qual existe numa configuração particular, particularizando-se a ideia, ingressa, enquanto ideal, na fenomenalidade histórica, por meio da Vontade (ação) que desencadeia conflitos como também de agentes que os conduzem ou suportam sempre que movidos pela paixão (*páthos*) – porém sob a dependência das condições favoráveis do espírito objetivo, do *estado geral do mundo* (*der allgemeine Weltzustande*), incluindo a sociedade civil, a ordem legal, o Estado. No entanto, o desenvolvimento da obra se realiza por intermédio das chamadas formas particulares (*besonderen Kunst*) – simbólica, clássica e romântica – em que se enquadra, segundo o específico teor do sensível que a vincula a uma das artes singulares (*einzelnen*) – plástica (*bildend*), sonora (*tonnend*) e verbal (*redende Kunst*), cada qual também se desenvolvendo numa linha (que lhe é própria).

....
26. *Phänomenologie des Geistes*, p. 29.

Antes de mais nada, porém, o devir do ideal, conjugando essas duas linhas de desenvolvimento que se entrecruzam, rege-se pelo seu encargo, que é de realizar a verdade na existência, de conferir significado à aparência sensível através da qual a Ideia infinita transluz ou manifesta-se na matéria finita. E essa verdade se realiza quanto mais o conteúdo e a forma se entrosam num só todo. É o que o ideal exige: a obra como individualidade viva a nós dirigindo, do alto do ser espiritual (*Geistigsein*) em que se posta, o fulgor de seu sentido, de sua iluminada aparência, que Hegel comparou a um olhar que nos olhasse: "... nós diremos da arte que ela tem por encargo fazer com que em todos os pontos de sua superfície o fenomenal se torne olho, sede da alma que torna visível o espírito"[27]. Chamemo-la de visibilidade do espírito ou de transcendência, o olhar que nos olha na obra é longínquo e fugidio. Mas é em torno dele, como ponto luminoso, como foco, com que nem sempre coincide, ora dele se aproximando ora dele se afastando, que se efetiva, na dependência de condições e situações determinadas, ético--políticas, o devir histórico da arte.

Mostra-o o ciclo evolutivo, dialeticamente encadeado, das três formas particulares antes mencionadas – simbólica, clássica e romântica. Nada mais do que visões do mundo, conforme anteriormente especificamos, essas formas particulares regem a evolução das artes propriamente ditas, cuja classificação proviera do ainda recente legado iluminista decantado na *Crítica do juízo* de Kant. Como o *a priori* histórico das possibilidades da *Darstellung* artística de que igualmente são as três fases sucessivas, essas formas sintetizam o nexo, por onde corre o regime de suas diferenças, da ideia com a forma, do conteúdo com a matéria sensível: frouxo, impreciso, na simbólica, relativa às grandes culturas orientais (Índia, Pérsia, Egito), adequado na clássica, correspondendo à cultura grega do século V a.C., e novamente laxo, vago, na romântica, abrangendo o mundo medieval e moderno sob a égide do cristianismo.

Claro está, por tudo quanto já foi dito, que não é formal o *a priori* histórico referido. Conteudística, a Estética admite a forma como concreção do conteúdo; este se verte na forma que lhe é necessária, ambos

---

27. *Ästhetik*, I, p. 203.

lavrados pelo mesmo Espírito atuante. Se, portanto, o nexo, nos dois casos extremos, as fases simbólica e romântica, é inadequado, seja por um excesso da primeira ou por um extravasamento da última, o *déficit* decorre do próprio regime de exteriorização ou de concreção do ideal. Incipiente, apenas esboçado na fase simbólica, que se realiza na Arquitetura, maduro na clássica, cujo centro é a Escultura, o ideal declina na romântica, ao longo da qual põe-se em vigor, escalonadamente, através da Pintura, da Música e da Poesia *lato sensu*. A terminologia organicista, em voga na época, entrecruza-se com a dialética: cada etapa abre-se por efeito de uma negação interna à seguinte na qual se dissolve e que a supera, mudando de uma para a outra, com a arte preponderante em cada uma, a respectiva visão do mundo, sujeita, portanto, como se de um processo de metamorfose se tratasse, a sucessivas mortes, até o final acabamento da arte. Mas isso sem que cada forma desapareça na seguinte: modificadas embora, a simbólica subsiste na clássica e a clássica na romântica. Do mesmo modo, em cada etapa, as artes não preponderantes ou já existem germinalmente, como a Poesia na primeira, dimensionada pela Arquitetura, ou existem gravitando em torno da preponderante – como o épico e o trágico em relação e a Música, na terceira, sob o primado da Poesia. Nenhuma desaparece, mesmo depois de deserdadas, *in articulo mortis*, pela religiosidade que os animara.

Já se pode perceber que estamos longe da perspectiva de Benedetto Croce sobre a total extinção da arte, resultado absurdo das razões lógico-sistemáticas do pensamento hegeliano. Mesmo um sistema de saber totalizado não funciona de maneira rigorosa, fosse perfeito engenho de derivação lógica, ainda mais quando a derivação reclama a figura reflexiva, dialética, da contradição real. Embora a Estética seja um ponto de convergência de diversas vertentes do sistema, algumas das quais já mencionadas, o travejamento das formas particulares, menos rigoroso do que parece, encobre soluções de conveniência *pro domo sua* entre conceitos polêmicos.

Não é preciso um demorado exame para surpreender a heterogeneidade terminológica da tríade há pouco focalizada: o termo simbólico e o histórico por clássico-romântico. Dos três, o mais polêmico foi, sem dúvida, o conceito de símbolo, no centro de importante discussão teórica da época, que ligou o classicismo de Weimar com o romantismo de Iena, nunca tão distantes entre si quanto este último esteve do classicismo francês. O universal apreendido no particular, de maneira viva, instantânea, indizível, ao contrário da *alegoria* em que o particular ilustra o universal conceptualizado, eis, em resumo, extensivo à poesia toda e conciliável com a noção de imagem a que termina por identificar-se, o símbolo para Goethe – apanhando-se os traços das várias formulações a que ele chegou.

Ao empregar o mesmo conceito, dir-se-ia que Hegel necessitasse da tosca ou falha relação entre o particular e o universal; em seu simbólico, a significação não se une à expressão; aquela é sempre mais ampla ou mais abstrata, incomensurável a qualquer forma sensível. Daí a dupla operação, que beneficiará o clássico, plenitude da adequação entre ideia e forma: proscrever o sublime, correlato a tal incomensurabilidade, a um estado pré-estético, a que se relega o símbolo em seu conteúdo laxo de signo, e transferir a imagem sem intermediários à beleza perfeita – não da forma simplesmente, mas da forma humana como tipo exemplar de conteúdo concreto. Para o extremo romântico, em que a inadequação já anteriormente registrada do simbólico retornaria, mas assinalando a inconformidade do conteúdo espiritual, interior, subjetivo, com a expressão sensível, é justificável que desloquemos a alegoria, já consoante a aplicação deste termo na *Filosofia da arte* de Schelling[28]. A posição temporal privilegiada do clássico que disso resulta contrasta com a precariedade do romântico, na Estética um conceito reflexivo, ao mesmo tempo crítico e de crise.

A perfeição da beleza na Escultura, pináculo do clássico, enquanto substancial e verdadeira *Darstellung* artística, configura os deuses da pólis, unindo o humano e o divino numa só forma sensível, e que ocupou, além do espaço do templo que a arquitetura antes provera, o da Cidade ocupada por homens livres. O ideal se realiza simultaneamente como Religião e arte, como religião estética, superando a religião natural da fase simbólica. Podemos, agora, sobrepor o esquema do devir histórico da arte ao anteriormente invocado da evolução religiosa, termo a termo:

28. Todorov, *Théories du Symbole*, p. 256.

o simbólico à religião natural, o clássico à religião estética e o romântico à religião revelada. Essa perspectiva elucida a reelaboração reflexiva por que passou, em Hegel, o romantismo dos românticos.

Já se mostrou como a ironia romântica foi criticada por Hegel. Agora é o movimento romântico que Hegel conceptualiza, elevando-lhe a tendência religiosa, de modo particular a confessa propensão ao cristianismo e o apregoado retorno à Idade Média que o acompanhou, à generalidade de sujeito histórico da espiritualidade cristã. Assim, por um lado, recuperaria a carência do Eu individual, universalizando a interiorização do conteúdo na poesia romântica propriamente dita, mas, por outro, incluindo o subjetivo no espiritual, condenaria à insuficiência qualquer forma sensível. Mas a conquista dessa generalidade de sujeito histórico para o romantismo, como concepção cristã do mundo entre o fim da Antiguidade e a Idade Moderna, compreendendo a pintura medieval e renascentista e a música barroca, inclusive operística, não teria sido possível sem a prévia assimilação de um dos mais insinuantes conceitos de teoria romântica de Schlegel: a poesia universal progressiva, união dos setores todos da poesia e desta com a filosofia, com a retórica, a prosa e o humor.

A poesia romântica na acepção hegeliana – do *epos* à lírica – é progressiva: leva ao auge a interiorização graças à fluidez da palavra; e é universal porque, suscetível de apresentar qualquer conteúdo, absorve, nesse meio de todos os meios, a palavra, as formas das outras artes. Não o chamou Hegel, por esse motivo, de arte geral, em cujo âmbito a Pintura e a Música se desvencilhariam de seus vínculos com a matéria sensível? Porém a arte geral que recapitula as demais artes, abre passagem, ironicamente, ao pensamento especulativo, ao *frei Denken* da Filosofia, para onde voará finalmente o espírito, aliando-se ao humor.

Mas destacando os aspectos que afrouxam o rigor lógico da Estética, não se pode esquecer a concordância da trajetória histórica que acabamos de percorrer com o esquema de desenvolvimento da Filosofia da História e da História da Filosofia de Hegel. Indo do simbólico ao clássico, o desenvolvimento da arte é paralelo ao da razão na Filosofia da História, indo do Oriente para o Ocidente, do despotismo oriental à consciência da liberdade nascida na Pólis. A fase romântica é medida pela Reforma protestante, que generaliza essa consciência no Estado germânico e aprofunda a subjetividade. A História da Filosofia reduplica essa trajetória; o pensamento livre, apenas esboçado nas concepções orientais, ganha a sua primeira identidade na Filosofia grega, quando a arte alcança o seu fastígio clássico, e completa-se entre o Medievo e o período moderno, no idealismo germânico, quando a espiritualidade livre manifesta-se na subjetividade romântica, que já é um momento precário de crise. Dessa forma, as peças todas do sistema parecem fechar-se em torno do devir artístico, reclamando a final dissolução da arte, cujo processo examinaremos a seguir.

Seria elucidativo, porém longo demais, examinarmos cada uma das duas mortes que antecederam a final dissolução da arte na etapa romântica e que se interligam como fases de uma só metamorfose, esse conceito familiar ao ilustre conhecido de Hegel, o conselheiro Goethe, que o aplicou em seu estudo sobre a evolução das plantas (1790-92). Limitamo-nos, por isso, a compará-las, ocupando-nos particularmente da terceira, que configura a morte final da arte.

Se podemos dizer que é a contradição interna entre a forma excessiva e a insuficiência do conteúdo, a razão da morte da concepção simbólica em proveito da vida nova e verdadeira da clássica, não assim a *causa mortis* dessa segunda, sacrificada por uma negação extra-artística, profunda do advento da nova religião; só o contraste com o cristianismo põe-lhe a descoberto a falta de interioridade de seu fundo antropomórfico e expõe-se à derrocada ao desabar o panteão dos antigos deuses que ela modelou, não sem antes produzir a sátira, prenúncio, no império romano em declínio, da concepção romântica.

Também não bastaria afirmar que essa terceira e última se dissolve no pensamento reflexivo da filosofia, quando se aguça a contradição congênita entre a subjetividade interna do conteúdo excessivo, exigindo a reflexão, e a forma insuficiente, imaterializada na Poesia, que, por sua vez, já o sabemos, é, como síntese da Pintura e da Música, o termo resolutivo da cadeia das artes iniciada pela Arquitetura. O aguçamento da contradição deve-se a condições desfavoráveis ou incompatíveis com o modo de apresentação artística. Antes de passarmos a estas, urge voltarmos às condições favoráveis, que no interesse da compreensão das transições de fase a fase deixamos de lado linhas atrás: aquelas, precisamente, que possibilitam, em cada uma, a realização do ideal, ou seja, o aparecer sensível da ideia, e que propiciam o reconhecimento comum da unidade entre forma e conteúdo, sobre a qual se apoia o poder coesivo, manifestante, da arte.

Depois de ter situado a arte em tão alto posto, como intuição do Absoluto, a qual, em sintonia com o *Volksgeist*, mobiliza a vontade e a subjetividade individuais, a Estética deverá descer aos estágios inferiores do Espírito, ali onde se concerta a liberdade do artista com a necessidade exterior e com a objetividade das exigências éticas, para circunscrever as mencionadas condições favoráveis à realização do ideal – realização que implica, de resto, uma idealização do real pelo sujeito. Enfim, dizendo-o de maneira negativa, são favoráveis aqueles momentos ainda fluidos do espírito comum, a meio caminho entre a liberdade individual idílica e a legalidade da sociedade civil, que não prejudicam essa idealização. Hegel estaria considerando analogicamente o devir histórico do ponto de vista das semelhanças que o tornam pensável como diferença na continuidade, pondo um forte acento sobre a epopeia.

Assim, um mesmo e diferente *estado geral do mundo*, que recorta, em tempos cronológicos distintos, mas igualmente elásticos, a Pólis, onde alguns homens, os cidadãos, são livres, e a Idade Média feudal, onde a legalidade é difusa, associa-se a um repetido surto do *epos*: naquela, a homérica, nesta última, a da legenda cristã misturada à Cavalaria, e em ambas um mesmo ciclo heroico. É óbvio que tanto a epopeia homérica quanto a cristã estão separadas por séculos dos feitos que contaram. Mas o que as tornou possíveis foi o "meio caminho" em que se achavam as respectivas culturas de origem, ocupando tanto uma como outra uma espécie de espaço intervalar, nem completamente anárquico nem completamente racionalizado, em que o objetivo não tolhe o subjetivo, e em que a liberdade, igualando a imaginação, "voa do presente ao passado". O passado pertence à lembrança (*Erinnerung*) e "a lembrança por si mesmo imprime aos caracteres, acontecimentos e ações um ar de generalidade..."[29] Sem o mínimo de ajuste entre o objetivo e o subjetivo,

---

29. *Ästhetik*, I, p. 24.

e sem recuo a um passado indefinido, heroico, pré-legal, não haveria nem epopeia nem tragédia.

Em resumidas contas, o espaço intervalar é o espaço de idealização, que permite o distanciamento ao imediato, mantendo sob indefinido horizonte mítico, através da lembrança, a relação entre presente e passado. "É aí que encontramos a razão pela qual a arte toma as suas figuras ideais à época mítica, a um passado longínquo."[30] O espaço de idealização é, então, por outras palavras, o espaço do imaginário e da memória, e as condições favoráveis à arte repousam nas latências poéticas de uma cultura. É como se, fazendo-nos andar em círculo, Hegel nos dissesse: a idealização do real não prospera se a realidade mesma já não é poética. Inversamente, quando ela é prosaica, as condições à *Darstellung* artística são desfavoráveis. Poesia e prosa polarizam positiva e negativamente o desenvolvimento da arte.

A prosa equivale à racionalização da linguagem e do pensamento: o posto da intuição e da síntese da imaginação. Prosaico será o estado de organização jurídica, moral e política que diminui o espaço para a liberdade do imaginário e, consequentemente, reduz o horizonte místico sob o império da reflexão. Maximamente prosaicas, portanto, com a sua trama de interesses, que sacrificam a independência individual e desviam o subjetivo, desajustado do espírito objetivo, para um permanente estado de interiorização, a sociedade civil, burguesa, e então incipiente civilização industrial aguçam a contradição da fase romântica, em via de dissolução no pensamento filosófico, através da Poesia.

Perguntemos agora: quando e como se passa essa última dissolução a que acabamos de chegar?

Ela ocorre no limiar de uma nova época *bei dem Standpunkt der neuesten Zeit* sob a perspectiva da cultura reflexiva, prosaica, da sociedade burguesa e do indivíduo na civilização industrial nascente, quando, com a dominância histórica do romantismo, a interiorização alcançando o apogeu, a subjetividade extrema-se como norma impositiva, que leva, por um lado, às flutuações de ânimo, à inconsistência do humor, e, por outro, à indiferenciação, à igual valência dos conteúdos.

---

30. *Ästhetik*, I, p. 2.

A generalidade das mesmas leis: dos mesmos deveres e direitos, condizente com o "complicado estado da vida burguesa e política" que a cultura reflexiva impõe, introduz na produção da arte exigências intelectuais que lhe são estranhas. Os imperativos dessa cultura extrapolam da expressão sensível com a qual são incompatíveis.

"O pensamento e a reflexão ultrapassaram as belas-artes."[31] Esse par tributário da ciência polariza a atividade intelectual; a ação dos pequenos interesses da individualidade, presa ao ciclo das leis e das necessidades econômicas que colidem com os altos interesses do Espírito transferidos ao domínio da Filosofia, ameaça de dissipação a seriedade da arte, depreciando o pendor intuitivo de onde provinha a necessidade de sua produção. Mas é pela interiorização romântica, contrária à suficiência do belo, na medida em que afeta a integridade da forma sensível, exterior, com a qual não se ajusta, e facilita a aliança do conteúdo com o mundo prosaico, que se consuma essa dissipação.

A arte então seculariza-se (*verweltlichen*), quer por força da imitação subjetiva que a tudo se aplica, quer, particularmente, por força do jogo de imaginação do humor, preponderando sobre as representações objetivas a que se entrega a individualidade soberana do artista, para o âmbito do qual se deslocaria o divino como verdadeiro conteúdo. Isoladamente porém, o movimento de secularização, próprio do Iluminismo que o pensamento hegeliano arrebata, apenas comportaria, como resultado, a humanização da arte. Mas, no quadro totalizador do pensamento hegeliano, esse movimento não é independente daquela secularização da religião revelada transitando para a Filosofia, em que tem sua contraparte dialética. Sob efeito de tal processo duplo, a arte se dessacraliza ao humanizar-se, no sentido de desvigoramento da visão cristã do mundo que antes apresentava. Com isso, esclarece Hegel, opera-se o retorno do homem a si mesmo. E o novo sagrado da arte (*Meue Heilige*) passa a ser o humano[32].

Até aqui vimos quando e de que maneira se passa a dissolução, mas não como ela se cumpre pela mediação das artes singulares – a come-

---

31. *Ästhetik*, I, p. 24.
32. *Ästhetik*, p. 237.

çar pela pintura, que se volta para o exterior, para a paisagem, tanto quanto para o interior, doméstico e subjetivo, a terminar pela poesia, que, sintetizando os dois extremos, o das artes plásticas e o da música, franqueia a passagem à reflexividade do pensamento filosófico pela adesão ao prosaico do *epos* e do drama.

Assim o *como* dessa dissolvência efetua-se por duas vertentes ao mesmo tempo: a do *romanesco*, em que o *epos* se rebaixa, redimensionado pela esfera dos acontecimentos prosaicos, e a do drama moderno, tragédia e comédia, em que a variedade das circunstâncias substitui a substancialidade dos fins da ação. O ponto de passagem ou de dissolvência da arte, que é, também, o momento de sua superação dialética, será, no entanto, proporcionado pelo humor do cômico, a realização por excelência da arte romântica, como expressão da subjetividade livre, refratária ao espírito objetivo. Dessa forma, a comédia moderna se qualificaria como o produto final do desenvolvimento artístico ou como o veículo da morte da arte em geral.

V

Chegados, pois, a tal limite extremo, é mais do que tempo de, reatando com a doutrina do caráter passado da arte, completarmos o trecho conclusivo da Introdução à *Estética* citado no início.

Os belos dias da arte grega e da idade de ouro da Idade Média avançada já findaram. As condições gerais do tempo presente não são mais favoráveis à arte. O próprio artista não somente está minado pelas reflexões que ouve formularem cada vez mais em torno de si, pelas opiniões e juízos correntes sobre a arte, mas toda nossa cultura espiritual se apresenta de tal maneira que lhe é impossível, mesmo por um esforço de vontade e de decisão, abstrair-se do mundo que se agita ao seu redor e das condições que o limitam, a menos que pudesse refazer sua educação e retirar-se desse mundo numa solidão em que encontrasse o seu paraíso perdido. Sob todas essas relações, a arte é e permanece para nós, quanto à sua suprema destinação, uma coisa do passado. De fato, ela perdeu para nós o que tinha de autêntica e verdadeiramente vivo, sua realidade e sua necessidade de outrora, e se encontra, doravante, relegada em nossa representação. O que uma obra de arte suscita em nós, hoje, é, ao mesmo tempo que uma fruição direta, um juízo que diz respeito tanto ao seu conteúdo quanto aos meios de expressão e o grau de adequação da expressão ao conteúdo.[33]

A inteligibilidade dessa explicação final sobre o caráter passado da arte, que completa o lapidar epitáfio hegeliano, e que nos permitirá ligar a *Vergangenheitslehre* às muitas linhas convergentes da *Estética* antes delineadas, nos é dada pela convergência das duas secularizações, que implicam uma dessacralização no sentido lato: ambas erodindo a concepção religiosa do mundo, atingem o espírito substancial dos povos, o *Volksgeist*, a vida ética concreta de uma comunidade.

Se a arte perdeu o que tinha "para nós de autenticamente vivo, sua realidade e sua necessidade de outrora", é porque desfalcada foi sua capacidade de envolvimento, de apelo coesivo determinante da participação de uma comunidade, que lhe advinham do entrosamento de suas intuições com o espírito comum, agregado em uma visão religiosa. Atingida esta, esboroa-se a participação, a aderência comum à *Darstellung* artística de que a comunidade era o suporte. Sem tal suporte do espírito comum, a *Darstellung* esvazia-se da presença da ideia, e a arte torna-se objeto de representação (*Vorstellung*). Sua realidade perdura apenas como eventual fruição individual, e a sua necessidade, agora, está na dependência dos juízos reflexivos de gosto estético. Condicionado pela reflexividade do que a partir de Schiller se chamaria estética, o artista ficará sempre aquém da intuição do Absoluto. A consciência do divino, a região da verdade substancial, deixava de ser a suprema destinação (*Bestimmung*) da arte. Os interesses superiores do espírito transferiram-se à Ciência e à Filosofia.

"De um modo geral, há muito que o pensamento destituiu a arte da função de representar o divino..."[34] Assim desconectado da produção

---

33. *Ästhetik*, p. 25.
34. *Ästhetik*, p. 141.

artística, o verdadeiro conteúdo, que deixa de ser atual, nele sobreviverá, com tudo o que lhe seja conexo, sob forma de lembrança.

Interpretando Hegel, invocamos antes a lembrança do passado que se atualizava, como obra épica, no espaço intervalar do presente, com o seu horizonte mítico. Desta vez, quando a realidade prosaica bloqueia as latências poéticas da cultura, ofuscando o horizonte mítico, o passado heroico não mais se atualiza como obra, só retornando enquanto lembrança histórica. Destituída, pois, da função de representar o divino, a arte, que deixa de ser experiência viva da idealização do real, nos alcançaria apenas no caráter de experiência perimida, pela mediação de sua história. Em sua expressão mais alta, ela só é aquilo que já foi e é pelo que foi, pela persistência histórica do verdadeiro conteúdo, que, seja de ontem ou de hoje, está condenada a arrastar consigo uma existência retrospectiva, passada.

Ironicamente observa Hegel que de nada adiantara aos românticos converterem-se ao catolicismo; a visão respectiva do mundo, esvaziada, forneceu-lhes uma nova provisão de imagens, sem restituir-lhes porém o substancial que se esvaíra. Diante delas não mais poderiam ajoelhar-se numa atitude de piedosa veneração. Mas Hegel também observa que nossa época não pode mais produzir um Homero, um Sófocles, um Dante, um Ariosto ou um Shakespeare. "[...] o que foi contado com tanta grandeza e expresso com tanta liberdade, o foi para sempre: está perimido o assunto e a maneira de tratá-lo. Somente o presente é vivo... (*Nur die Gegenwart ist frisch...*)"[35]. Ironia de Hegel ou da história? Pois se só o presente é vivo, vivas serão aquelas formas com ele compatíveis, como as da poesia dessa época que recorda as obras de Homero ou Shakespeare.

Se não é difícil discernir a ambiguidade da dessacralização, produzindo um novo sagrado humano a partir daqui sobressairá, diante dos juízos de Hegel sobre a produção artística do período, o que também há de ambíguo, se não de paradoxal, na doutrina do caráter passado da arte. Já alertáramos para o fato de que as artes não preponderantes existem ao lado das preponderantes em cada período de desenvolvimento artístico. Ora, o momento da dissolução da arte romântica, que reuniu todos elas, foi, também, a época dos cursos de Estética ministrados por

---

35. *Ästhetik*, II, p. 238.

Hegel, quando o filósofo se defrontou, como só um crítico é capaz de fazê-lo – clarividente para certas coisas e cego para outras – com a vida diferente da lírica, da épica e do drama de seu tempo.

O capítulo ainda a ser escrito sobre esse confronto assinalaria impreensíveis silêncios e escolhas, mas também lúcidos *insights*. Veja-se, por exemplo, no que concerne à lírica, a qual é a expressão do mais individual, salvo em Klopstock, preferentemente citado e no Goethe dos *Lieder* e do *Divã ocidental-oriental* (*West-osterlicher Divan*), quando, como em *Wiederfinden*, universaliza o seu sentimento amoroso. O mais curioso, porém, é que essas formas se beneficiam das condições desfavoráveis à arte, porquanto a lírica recebe da realidade adversa que circunda o poeta o estímulo vivificante para "transformar em poético o modo de expressão ordinária da consciência prosaica"[36]. Quanto ao *epos*, vêmo-lo realizar-se ali onde se rebaixa – fora da epopeia, no romance, exemplificado em *Hermann e Dorotheia*, "a obra-prima de Goethe" (*Goethes Meisterwerk*), sem que nenhuma menção seja feita ao *Wilhelm Meister*, que abalou a geração romântica, e ao *Afinidades eletivas*. No entanto, esse derivativo da epopeia, o romance, é tratado como formação viva: o novo gênero capaz de, girando na esfera dos acontecimentos privados, recuperar, como "epopeia burguesa" (*der modernen burgerlichen Epopöe*), através do conflito entre "a poesia do coração e a prosa das circunstâncias"[37], embora lhe falte o mundo poético primitivo, a totalidade unitária de uma obra épica. As frequentes invocações a Shakespeare, redescoberto pelos românticos, às comédias de Molière – carentes, como a comédia moderna em geral, da "alegria da conciliação" mas tão atuais, como o seu *ridículo sério*, quanto o sentimento de rebelião social do recente teatro de Schiller, legitimam o drama moderno, que assimila, transformado em fonte de conflitos, a variedade das circunstâncias da vida e das instituições na sociedade civil. Não obstante, ao contrário do que sucede no drama antigo, particularizarem-se os fins do indivíduo e a subjetividade impor-se através dos sentimentos e paixões, o conflito dramático na produção teatral da época pode

---

36. *Ästhetik*, III, p. 245.
37. *Ästhetik*, III, pp. 392-414.

ascender ao plano da conciliação trágica entre as potências objetivas, como "na tragédia filosófica absoluta, o *Fausto* de Goethe, por exemplo...". Nem o humor é de todo desvalorizado por Hegel. Ao lado do humor superficial, caprichoso, de um Tieck, reconheceu ele um outro, objetivo, superior, que, sob a aparência de frivolidade e arbitrariedade, alcança, como o de Stern, a mais alta elevação de pensamentos.

Esse fastígio no declínio da arte da palavra, que, como arte geral, canalizou a secularização ao domínio artístico todo, contrasta com a despontenciação das artes plásticas. Se não podemos mais venerar as imagens, ajoelhar-nos diante delas, isso significa que a dessacralização atingiu o valor cultural das obras desse tipo, inaturalizado agora como matéria de recordação histórica. Por isso, enquanto nelas se apagará daí por diante o fulgor do olhar, a visibilidade do espírito, a literatura, pois que Hegel está tomando as artes da palavra no sentido da poesia universal progressiva dos românticos ou da análoga literatura universal de Goethe, a literatura se dilata incorporando o novo conteúdo humano em que o divino se transformara. Mas essa mesma incorporação, que compatibilizou a literatura com o espírito da época, deverá levá-la, segundo a dialética do fim da arte romântica, a dissolver-se no pensamento reflexivo da Filosofia. Eis a postulação em que a superioridade da Filosofia, como sistema totalizador, se manifesta com excepcional força, à custa das artes singulares, cujo desenvolvimento, conforme advertimos, se entrecruza ao das formas particulares históricas, focalizadas na terceira parte deste estudo, e de que aquelas dependem.

A despeito de que cada uma das cinco espécies de arte – Arquitetura, Escultura, Pintura, Música e Poesia – se desenvolva, numa linha que lhe é própria, de acordo com determinada matéria ou *qualia*, como meio de exteriorização sensível do conteúdo, as cinco entretêm, partes constitutivas que são de um mesmo sistema ou de uma mesma totalidade, reclamados pelo ideal realizado através de todas, relações de derivação, oposição e complementação[38]. Elaborando a matéria pesada no espaço natural, a Arquitetura, exponencial na fase simbólica, complementa-se com o seu oposto – a forma viva, espiritual, da escultura, sob o vigor

---

38. *Ästhetik*, II, p. 246.

da fase clássica, que contrai o espaço no elemento corporal antes de, por insuficiência da forma, evoluir na direção da superfície pictórica, favorável à expressão da interioridade. Esse pendor associa a pintura ao seu oposto – à segunda arte romântica, a Música, cuja imponderável matéria sonora desloca a interiorização para o tempo, sua preliminar aliança com a Poesia, ratificada pela sonoridade e pela rítmica da palavra.

Por efeito dessas relações, as linhas de desenvolvimento de cada domínio artístico convergem num só movimento progressivo, que começa pela exterioridade material da Arquitetura e termina pela interioridade espiritual da Poesia, síntese das artes plásticas e da Música, mas complemento de todas, graças à capacidade universalizante da forma verbal, apta à apresentação livre e intuitiva de qualquer conteúdo[39]. No entanto, é também a palavra, inseparável da função generalizante do pensamento e, por esse motivo, arraigada ao conceito, que predispõe a Poesia a aproximar-se da reflexividade filosófica. Os românticos converteram essa aproximação num entrosamento, depois num parentesco e finalmente numa aliança do filosófico e do poético. Porém, por mais que reconhecesse a afinidade entre os dois campos, Hegel concebe a Filosofia, divergindo dos românticos, como superior à Poesia, e, portanto, por ela superada no processo de desenvolvimento do espírito de que são os momentos terminais. Mas, dessa forma, complementando o sistema das artes, o que quer dizer fechando-o enquanto totalidade, a dissolução final da Poesia na filosofia convalida o sistema geral do pensamento hegeliano. Desse ponto de vista, a morte da arte é a vitória da Filosofia.

Mas se nos satisfizermos com essa vitória, alcançada por uma exigência lógico-sistemática do saber filosófico, daríamos razão a Croce: e esquecendo o que tem de ambígua e paradoxal a Estética e sua doutrina do caráter passado da arte, perderíamos a sua fecunda atualidade. Assim reaberta a doutrina, sob o foco do nosso presente, reinterpretamo-la, por tudo quanto anteriormente expusemos, como a descrição teórica de complicado processo de metamorfose do domínio artístico, correlato a uma transformação do espírito ou da experiência humana iniciada com o advento do capitalismo industrial.

....
39. *Ästhetik*, III, p. 224.

Entretanto, poder-se-á objetar que essa doutrina nada mais exprime do que a consequência da posição privilegiada do clássico, pois que este centraliza, como a manifestação da individualidade viva, sob o primado da forma humana, a perfeição da beleza entre os gregos, no devir histórico da arte. E não é verdade que só nesse momento realizar-se-ia a plena adequação entre forma e conteúdo, do qual se aproximou a fase simbólica e se afastou a romântica? Para todo o sempre, os descendentes dos românticos que somos, guardaríamos a lembrança dessa plenitude passada que jamais se repetirá. Pesando sobre Hegel, a tradição clássica, mitificada desde Winckelmann, teve força, comenta Jean Clair, para transferir a perfeição do presente ao passado. Ao passado remeter-se-ia a própria experiência do artista, despreendido do presente. E assim a modernidade "poderá ser a constatação indefinida de que a arte morreu"[40].

Todavia, é só a partir do momento datado das *Preleções*, no limiar de um novo tempo, que desponta, à luz das condições refratárias à alta destinação que a arte teve no passado tomando em bloco, o conhecimento de sua existência retrospectiva, inatual, sem efeito sobre o presente. Se atentarmos para o teor racional dessas condições, mormente destacando-se a trama dos interesses e das necessidades econômicas reunidas no feixe causal do prosaico, não podemos deixar de concluir que, sob esse aspecto, os fatores desfavoráveis apontados por Hegel contêm um esboço da sociabilidade na moderna sociedade capitalista. Consequentemente, a dessacralização de que tratamos, à qual se integra a difusa causalidade do prosaico, antecipa o *desencantamento* (*Entzauberung*) weberiano do mundo, pelo qual a arte perde o seu efeito sobre a vida pública, sobrevivendo na esfera privada[41], ou, nos termos do pensamento hegeliano, desliga-se do suporte comum, coletivo, que garantiria a envolvência sobre os indivíduos, para ligar-se ao sentimento individual.

Não é de estranhar, portanto, que, em 1936, à mesma data em que Heidegger proferia a sua conferência sobre *A origem da obra de arte*,

---

40. Jean Clair, *Considerations sur les beaux-arts*, p. 45.
41. Rainer Rochlitz, *Le desenchantement de l'art*, p. 175.

o ensaio matricial de Walter Benjamin, *A obra de arte no tempo de sua reprodutibilidade técnica*, tivesse, elaborado que foi no sulco do mesmo desencantamento, entrevisto a irrupção, embora vaga, nas *Preleções*, da diferença entre valor cultual (*Kultwert*) e valor de exposição (*Austellungswert*)[42]. Vimos como, na pintura, a dessacralização atingiu a transcendência, a visibilidade do espírito no sensível, ou seja, o seu valor cultual. Estendendo essa visibilidade – como olhar longínquo e fugidio que nos olha – ao desenvolvimento artístico todo, a Estética de Hegel foi uma estética da aura. Prejudicada a aura pelo prosaico, o artístico padeceria de incurável irrelevância espiritual para a vida, apesar de as artes continuarem progredindo, em grande parte sob a dependência do juízo reflexivo estético.

Dá-se pois que a *Vergangenheitslehre*, até aqui uma doutrina negativa, pode também ser avaliada positivamente na medida em que efetua a gênese histórica da consciência estética moderna, como sensibilidade conectada com os juízos de gosto estético, e assim lhe proporciona um prazer desinteressado. Carregando o peso do isolamento social do artista desde o romantismo, a cultura estética que, com a respectiva autonomia da arte se implantaria em nosso tempo, como uma "terceira dimensão" entre a objetividade do conhecimento teórico e o interesse prático, carregaria também o lastro de uma religiosidade compensatória, na qual se refletiu a nostalgia da remota integridade perdida do homem a ser recuperada.

Ao falar na humanização como nova escala do sagrado, Hegel vislumbrou, apenas vislumbrou, essa religiosidade compensatória, que, do romantismo ao simbolismo, afluiria, recuando da religião revelada para as camadas mais primitivas da religião natural, na atividade artística. O culto da arte pela arte, que não tardaria a instaurar-se, é apenas um reflexo, como rito social, do que as obras modernas tendem a ser: "a continuação do sagrado por outros meios"[43]. Mas é a lírica, principalmente a partir de Baudelaire, que começa, para empregarmos as expressões de Max Weber, a "competir diretamente com a religião

....

42. Walter Benjamin, *Oeuvres Choisies*, p. 205.
43. Marcel Gauchet, *Le desenchantement du monde*, p. 297.

revelada"[44]. Quer isso dizer que, embora não tenha sido tão ostensiva como seu efeito nas artes plásticas, a perda da destinação suprema também não poupou a poesia, alcançando, de modo mais sutil, através do enraizamento da experiência individual na linguagem, o domínio à parte da lírica, beneficiado pelas próprias condições que desfavoreceram as outras artes. O lugar que a dessacralização nela marcou foi a "idealidade vazia" (*die leere Idealität*)[45] que, desde *Les Fleurs du Mal*, empurrou a experiência para o tempo vivido da recordação. A *Senhsucht* dos românticos, a sua sede de infinito, então resultou em fonte de melancolia.

Giulio Carlo Argan definiu a morte da arte aceitável, como o título de um problema histórico concreto – "uma crise simultânea de todas as técnicas artísticas, de seu sistema"[46], por oposição à morte de Deus, um problema abstrato de ordem filosófica. Mas não poderia haver crise de meios sem que os fins da atividade artística não se tivessem alterado, acompanhando a transformação da experiência humana no mundo desencantado. Pelo menos, a lírica alojará na "idealidade vazia", que mais proximamente a nós terá os seus prolongamentos e derivativos nas artes plásticas, do cubismo ao surrealismo e ao abstracionismo, a morte de deus hebraico-cristão, consumado na intimidade do pensamento especulativo por Hegel, e que, muito mais tarde, Nietzsche fincou no topo niilista de nossa cultura técnico-científica.

É, afinal, na atitude antitradicionalista das vanguardas artísticas do nosso século, tanto quanto na das vanguardas políticas que lhe são afins, ambas orientadas para o futuro como o tempo pleno de recuperação das artes, que a *Vergangenheiteslehre* encontra um dos seus últimos pontos de incidência histórica, em plena modernidade, portanto, quando já apropriada pelos marxistas em seu intercâmbio com a estética hegeliana. De modo geral, além de Walter Benjamin, Lukács, Ernest Bloch e Theodor Adorno, ao mesmo tempo intérpretes de Hegel e das vanguardas artísticas, com as quais se defrontam, localizaram a arte como a sociedade em termos de passado e de destino futuro. Assim como à

---

44. Max Weber, *Estudos de sociologia*, p. 39.
45. Hugo Friedrich, *Die Struktur der modernen Lyryk*, p. 35.
46. Giulio Carlo Argan, *Arte moderna*, p. 509.

sociedade capitalista, esbatida em contradições, abrem-se horizontes de uma transformação revolucionária, e, portanto, de um tempo futuro, que a tornava de antemão anacrônica, assim também, a cada momento, a arte produzida nessa sociedade se tornaria *passadista* na expectativa da verdadeira e autêntica arte ainda por vir.

Numa posição mais tópica, Lukács diagnosticaria a decadência da grande tradição artística burguesa, o realismo crítico no romance, enquanto Bloch, numa posição mais utópica, prognosticaria a realização da arte na vida, acompanhando, após a hibernação das potencialidades criadoras do homem no capitalismo, o movimento pletórico da práxis social liberada numa dadivosa sociedade socialista.

Da posição de Adorno, nem completamente tópica nem completamente utópica, a arte, que perdeu a sua evidência de outrora, se mantém viva pelo estado agônico que lhe impôs a sua própria autonomia reflexiva. Os fenômenos de desartialização (*Entkünstung*) que intensificam esse estado agônico, mediante a ação das vanguardas tardias, empenhadas, entre as solicitações do mercado artístico e as pressões da indústria cultural, na prática da mimese "do que se congelou e alineou"[47], contam como resistência suicida à barbárie. Mas a Estética não deve fazer do pensamento o coveiro da arte. "Hoje a Estética nada pode contra o fato de tornar-se o necrológio da arte, mas não lhe cabe o direito de exercer o papel de necrologista."[48]

Se a arte é ainda hoje um "acontecimento decisivo" para a nossa existência, eis a pergunta que o pensamento mesmo, incapaz de antecipar-se ao voo crepuscular da coruja de Minerva, ainda não pode responder.

Referências bibliográficas

Adorno, Theodor. *Ästhetische Theorie*. Frankfurt: Suhrkamp, 1973.
Argan, Giulio Carlo. *Arte moderna*. São Paulo: Companhia das Letras, 1992.
Benjamin, Walter. "L'oeuvre d'art au temps de ses techiniques de reproducion". In: *Oeuvres Choisies*. Paris: Julliard, 1959.

---

47. *Ästhetische Theorie*, p. 39.
48. *Ästhetische Theorie*, p. 13.

Bougnoux, Daniel. "Sur la mort annoncée de l'art et les moyens de parvenir". In: *Esprit*, 10 out. 1992.
Bloch, Ernst. *Le Principe Espérance*, I. Paris: Gallimard, 1976.
Croce, Benedetto. "La 'fine dell'arte' nel sistema hegeliano". In: *Ultimi saggi*. Bari: Laterza, 1963.
Fichte, J. G. *Die Bestimmung des Menschen*. Hamburgo: Felix Melner, 1954.
Gauchet, Marcel. *Le desenchantement du monde* (une histoire politique de la réligion). Paris: Gallimard, 1985.
Galard, Jean. *Mort des Beaux-arts*. Paris: Seuil, 1971.
Girardot, Rafael Gutierrez. *Modernismo*. Barcelona: Montesinos, 1983.
Guinsburg, J. (org.). *O romantismo*. São Paulo: Perspectiva, 1978.
Friedrich, Hugo. *Die Struktur der modernen Lyryk* (Von Baudelaire bis zur Gegenwart). Hamburgo: Rowohit, 1956.
Hartmann, Nicolai. *Hegel (Die Philosophie des deutschen Idealismus)*. Berlim: Leipzing Walter de Gruyter, 1939.
_____. *Ästhetik*. Berlim: Walter de Gruyter, 1953.
Hegel, G. W. F. *Vorlesungen uber die Ästhetik*. Frankfurt: Suhrkamp, 1970. 3 vols.
_____. *Phänomenologie des Geistes*. Frankfurt: Ullstein, 1970.
_____. *Philosophie der Geschichte*. Stuttgart: Phillip Reclam, 1961.
Heidegger, Martin. "Der Ursprung des Kunstwerk". In: *Holzwege*. Frankfurt: Vittorio Klostermann, 1972.
Kaminsky, Jack. *Hegel on art*. Nova York: State University of New York, 1962.
Kant, I. *Kritik der Praktischen Vernunft*. Stuttgart: Philipp Reclam, 1970.
_____. *Kritik der Urteilskraft*. Stuttgart: Philipp Reclam, 1966.
Koepsel, Werner. *Die Rezeption der Hegelschen Ästhetik im 20. Janrhundert*. Bonn: Bouvier Verlag Herbert Grundmann, 1975.
Lefebvre, Henri. *Introduction à la Modernité*. Paris: Les Éditions de Minuit, 1962.
Lukács. George. *Histoire et conscience de classe*. Paris: Les Éditions de Minuit, 1960.
_____. *Estetica*. Barcelona: Grijalbo, 1965. 3 vols.
_____. *La signification presente du realisme critique*. Paris: Gallimard, 1960.
Renan, Ernest. "Dialogues Philosophiques". In: *Oeuvres complètes*. Paris: Calman--Lèvy éditeurs, 1949, t. I.
Rochlitz, Rainer. *Le desenchantement de l'art* (La Philosophie de Walter Benjamin). Paris: Gallimard, 1992.
Schelling, F. W. "Systheme de l'idealisme transcendental". In: *Essais*. Paris: Aubier, 1946.
Todorov, Tzvetan. *Théories du Symbole*. Paris: Seuil, 1977.
Weber, Max. *Estudos de sociologia*. Rio de Janeiro: Zahar, 1971.

IV SARTRE

A crítica da razão dialética*

> "La connaissance dialectique de l'homme, après Hegel et Marx, exige une rationalité nouvelle. Faute de vouloir construire cette rationalité dans l'experience, je mets en fait qu'il ne se dit et ne s'écrit aujourd'hui sur nous et nos semblables, ni à l'est ni à l'ouest, pas une phrase, pas un mot qui ne soit une erreur grossière."
>
> Sartre, *Critique*, p. 74

Introdução

I

Em "Questions de Méthode" [Questões de método], parte introdutória de *La Critique de la Raison Dialectique*[1] [*Crítica da razão dialética*], Sartre, afirmando que o marxismo "é a filosofia insuperável do nosso tempo", procura integrar, nessa filosofia, a perspectiva da existência que ela desprezou. Não é, pois, como opositor crítico que Sartre debate o materialismo histórico. A partir de uma adesão preliminar a essa doutrina, que representa o único Saber (*Savoir*) da nossa época

---

* Suplemento dominical do *Jornal do Brasil*, 13 maio, 3, 10, 17 e 26 jun. 1961.
1. 1º vol.: *Théorie des Ensembles Pratiques*. Paris: Gallimard, 1960, p. 755.

(enquanto subsistirem as relações de produção que a caracterizam), ele se serve da filosofia da existência, que representa uma ideologia compensatória, para desembaraçar o materialismo histórico das deficiências teóricas e das interpretações desnaturadoras que se impuseram com a prática do socialismo. Sartre supera, portanto, o conflito entre essas duas formas de pensamento, tentando uni-las numa forma superior dialética em que a filosofia da existência se torne o subsolo do marxismo. Não nos deteremos na exposição minuciosa do balanço crítico levado a efeito em "Questions de Méthode", ensaio que, por sinal, foi publicado pela primeira vez, há muitos anos, na revista *Temps Modernes*, sob o título *Marxisme et Existentialisme* [*Marxismo e existencialismo*]. Mostraremos aqui, tão somente, com a finalidade de situar a problemática da *Crítica da razão dialética*, o método que Sartre propõe, para que seja possível a síntese entre duas doutrinas que parecem inconciliáveis quanto ao seu objeto e quanto aos seus fins.

O marxismo contemporâneo – ou o marxismo dos marxistas, como o filósofo prefere, às vezes, chamá-lo – padece de uma anemia teórica, que é produto da abstração excessiva. Em vez de seguirem o caminho que vai do *abstrato ao concreto*, conforme Marx aconselhava, os marxistas não conseguem passar do nível da abstração. Interpretam os fatos de maneira sumária, esquemática, artificiosa, e aplicam mecanicamente as categorias de materialismo histórico. Não ultrapassando o plano das generalidades, em nome de uma dialética enrijecida que se transformou num processo mecânico de enquadramento, encaixam os fatos, as obras e as atitudes humanas no esquema geral das forças produtivas, da luta de classes e da superestrutura ideológica. É claro que Sartre, aceitando o marxismo, que é, segundo ele diz, uma interpretação da história em sua totalidade, aceita, também, esse esquema, o qual assegura a inteligibilidade do processo histórico. Mas as categorias que o compõem, tendo resultado de uma síntese das condições materiais de existência do homem, não podem ser aplicadas abstratamente aos fatos humanos, que são particulares, sem uma prévia tomada de contato com as suas condições particulares e concretas. Assim, por exemplo, o que os indivíduos fazem e pensam num determinado momento não é pura e simplesmente a expressão direta dos clichês que definem os pensamentos e as atitudes da classe a que pertencem. Entre o indivíduo, que é o mais concreto, e a classe, que é o mais abstrato, intercalam-se as mediações que o marxismo desconhece ou faz por desconhecer: primeiro, a situação do indivíduo na família, durante a infância (tema da psicanálise); depois, a posição que ele ocupa dentro de um grupo definido, escola, partido político ou sindicato (tema da sociologia dos grupos). Essas mediações, que permitem subir do concreto ao abstrato, e voltar do abstrato ao concreto, religando um ao outro na trama ascendente e descendente de um só movimento dialético, aproximam a realidade existencial do nível objetivo das relações sociais e históricas. Sem as mediações, não compreenderemos que o homem faz a sua própria história. Ao contrário, seremos levados a conceber que o que ele faz decorre de um mecanismo transindividual, independente de seus fins e interesses, de sua atividade e de seu pensamento. Sacrificaremos a liberdade à necessidade, o individual ao universal, a existência às significações objetivas e transcendentes, a verdade humana à verdade inumana. Essas restrições de Sartre ao materialismo histórico podem parecer uma nova investida do idealismo camuflado em realismo da existência. Não se trata disso, porém. Se Sartre exige o respeito às *mediações*, é porque a falta de uma conexão entre a matéria concreta da experiência humana e o conteúdo sintético dos conceitos viria, em última análise, sacrificar a racionalidade da história que o marxista visa antes de tudo. Ora, sendo essa racionalidade fundamentalmente dialética, o recurso às mediações impõe-se para salvaguardar a verdade dialética.

O duplo movimento, de integração progressiva dos fatos nos conceitos que garantem a inteligibilidade do processo social-histórico, através da regressão aos dados constitutivos de uma situação existencial, constitui o método progressivo-regressivo, que será capaz de restituir à dialética a sua vitalidade. Os marxistas têm abusado da síntese progressiva: "La méthode marxiste est progressive parce qu'elle est le resultat, chez Marx, de longues analyses; aujourd'hui la progression synthétique est dangereuse: les marxistes paresseux s'en servent pour constituer le réel *a priori*, les politiques pour prouver que ce que s'est passé devait se passer ainsi; ils ne peuvent rien découvrir par cette méthode de pure exposition. La preuve c'est qu'ils savent d'avance ce qu'ils doivent trouver. Notre méthode est euristique, elle nous apprend du neuf, parce qu'elle est *regressive et progressive tout à la fois*" ("Questions de Méthode", p. 86).

O método progressivo-regressivo é dialético. A regressão e a progressão correspondem a duas dimensões diferentes, a individual e a social, de uma só totalidade sócio-histórica. O processo sintético, aplicado pelos marxistas, atinge apenas o momento social abstrato dessa totalidade. Não desce até a realidade individual concreta. Abandona, por irrelevantes, a singularidade da existência, a individualidade do fato histórico, o dinamismo dos grupos. Dentro dessa perspectiva simplificadora, o homem torna-se um reflexo da contradição existente entre as forças produtivas e as relações de produção, um produto da luta de classes, uma peça do mecanismo da história. É verdade que, faltando esses universais abstratos – os modos de produção, as classes, os antagonismos, a alienação, a reificação –, faltarão as chaves para estabelecer intelegibilidade da história: "Sans ces principes", diz Sartre, "pas de rationalité historique. Mais sans hommes vivants, pas d'histoire. L'objet de l'existentialisme – par la carence des marxistes – c'est l'homme singulier dans le champ social, dans sa classe au milieu d'objets collectifs et des autres hommes singuliers, c'est l'individu aliéné, réifié, mystifié, tel que l'on fait la division du travail et l'exploitation, mais luttant, contre l'alienation au moyen d'instruments faussés, et, en dépit de tout, gagnant patiement du terrain."

Pela carência dos marxistas, portanto, a ideologia da existência vem em auxílio do materialismo histórico, trazendo-lhe a compreensão da realidade humana concreta, através do método progressivo-regressivo. Esse método garante, ao mesmo tempo, a plena inteligibilidade da história e a total compreensão da existência. Por meio dele o marxismo e o existencialismo podem completar-se dialeticamente.

A filosofia da existência é compreensiva. Seu objeto (a realidade humana, o *Dasein*, a existência) não é suscetível de conhecimento positivo, uma vez que a existência, como ser-no-mundo, não é um conceito que se determine por outros conceitos. O existencialismo está longe de constituir um saber, uma ciência. O marxismo, ao contrário, é uma forma de saber, do conhecimento organizado, que tem por objeto a realidade social em transformação e considerada em sua totalidade. Nesse plano tudo é inteligível: os fatos podem ser explicados pelas categorias dialéticas, porque estas definem os aspectos mais gerais da realidade social em que os fatos se apresentam. A razão deles está no contexto dentro do qual aparecem. Para explicá-los basta determinar a posição que ocupam na totalidade que os engloba, pois, como observa Lukács, é a totalidade que *integra os diferentes fatos da vida social*, enquanto elementos do vir-a-ser histórico[2].

O marxismo constitui, desse modo, um conhecimento da história em sua totalidade. Mas é preciso não esquecer que esse conhecimento foi obtido pela análise reflexiva das condições materiais da existência humana, que são as suas condições reais e efetivas. Por isso ele contém, implicitamente, os elementos compreensivos que podem servir de base a uma antropologia estrutural e histórica, atualmente definida em suas grandes linhas pelo existencialismo de Sartre. Ao exigir que o materialismo histórico não rejeite a compreensão da existência, Sartre nada mais pede do que o desenvolvimento das possibilidades teóricas desde o início contidas no arcabouço doutrinário do próprio marxismo. Negando-se a desenvolver essas possibilidades, os marxistas contemporâneos comprometem a integridade dialética de sua filosofia, por um excesso de abstração, que se distancia sempre e cada vez mais dos aspectos concretos da existência. "A partir dessa carência", diz Sartre, "que deriva do advento e não dos princípios mesmos da doutrina, o existencialismo, no âmbito do marxismo, e partindo dos mesmos dados, do mesmo Saber, deve tentar, por sua vez – nem que seja só a título de experiência – *a decifração dialética da História*."

A compreensão da existência, que é um *não saber racional*, injetado no materialismo histórico, à revelia dos seus seguidores ortodoxos, virá proporcionar-lhe a recuperação de todas as suas possibilidades teóricas e a correção dialética de seus desvios e perversões doutrinárias. Assim, o existencialismo, que o marxismo rejeita e que dele deriva por

---

2. "Esta concepção dialética da totalidade que, aparentemente, se afasta tanto da realidade imediata e que constrói essa realidade de um modo aparentemente *não científico*, é, com efeito, o único método que pode apreender e reproduzir a realidade no plano do pensamento" (Georg Lukács, *Histoire et Conscience de Classe*. Trad. fr. K. Axelos e J. Bois. Paris: Ed. de Minuit, p. 28).

uma relação antagônica, colocará, em lugar do determinismo histórico, a compreensão da existência como fonte de racionalidade da história. A razão que se fundamenta na existência, e que se exterioriza na práxis constitutiva das relações humanas, materialmente estruturadas, é a razão dialética.

Vê-se, portanto, que o sentido último da conciliação do marxismo com o existencialismo é o restabelecimento da razão dialética, com fundamento na existência. Eis o objetivo de *La Critique de la Raison Dialectique*, obra gigantesca, complexa, ainda em fase de execução (o primeiro volume traz por subtítulo *Théorie des Ensembles Pratiques*), que tenta decifrar a história a partir do homem real, em cuja existência a razão e a história se fundamentam. *A crítica da razão dialética* une a razão histórica e a existência individual, a *liberdade* e a *necessidade*. Ela nos oferece a síntese que o marxismo foi incapaz de efetuar por si mesmo. Em resumo, essa obra, para definirmos o seu alcance com palavras de Sartre, "engendra, no quadro do marxismo, um verdadeiro conhecimento compreensivo, que reencontrará o homem no mundo social e o seguirá em suas práxis, ou, se preferirmos, no projeto que o lança na direção dos possíveis sociais a partir de uma situação definida". Essa definição indica a trajetória da razão dialética que passaremos a acompanhar.

II

O problema central do novo livro de Sartre, *La Critique de la Raison Dialectique*, é um problema de ordem crítica: a fundamentação da Dialética. Kant determinou o alcance da *razão pura* nos limites da experiência; Sartre, como que replicando a Kant, tenta estabelecer os limites e a validade da *razão dialética*. O seu objetivo é assegurar-lhe uma plena fundamentação crítica, mostrando *onde, como e por que* existe uma dialética[3].

---

3. "Ainsi faut-il reprendre le problème du début et se demander quelles sont les limites, la validité et l'étendue de la Raison dialectique. Et si l'on dit que cette raison dialectique ne peut être critiquée (au sens où Kant a pris le terme) que par la Raison dialectique elle-même, nous répondrons que cela est vrai, mais qu'il faut justement la laisser se fonder et se developper comme libre critique d'elle même en même temps que comme mouvement de l'Histoire et de la connaissance. C'est ce qu'on n'a pas fait jusqu'ici: on l'a bloquée dans ce dogmatisme" (*Critique*, p. 120).

Não é da Natureza que a razão dialética pode ser extraída. Eis o primeiro passo da Crítica, a primeira afirmação que contraria a dialética materialista. Sartre coloca-se em franca oposição a Engels. Não admite que as leis dialéticas pertençam à estrutura dos fenômenos e que deem forma aos processos naturais. Se essas leis – a mudança da quantidade em qualidade, a interpenetração dos contrários, a negação da negação – verificam-se no mundo orgânico, na história e no pensamento, como dizia Engels no *Anti-Dühring*, então pode-se concluir que a atividade humana está sujeita ao determinismo dos processos naturais, exteriores e imutáveis. Os marxistas dogmáticos, que nunca se preocuparam com os fundamentos da dialética, nada mais fizeram do que ratificar essa conclusão melancólica.

Foi, talvez, por necessidade polêmica, que Engels transferiu as relações dialéticas da Sociedade para a Natureza. Mas não podemos afirmar, de conformidade com o estado atual das ciências, que as leis da Natureza sejam dialéticas. Do ponto de vista científico, essas leis só expressam relações quantitativas entre os fenômenos. Por outro lado, se há uma dialética intrínseca, que atravessa todas as regiões do ser, desde o mundo inorgânico ao mundo histórico, essa dialética deixa de ser uma razão em movimento, porque se confunde com a estrutura do universo. Fundamentar a razão dialética na própria Natureza é um empreendimento contraditório: significa, simplesmente, subordinar a razão à pura irracionalidade dos fatos ou fenômenos. "Assim", observa Sartre, "substitui-se, em nome do monismo, a racionalidade prática do homem fazendo a História pela necessidade cega dos Antigos, o evidente pelo conjetural, a Verdade pela *Science-Fiction*" (p. 129).

O segundo passo crítico de Sartre, no sentido de fundamentar a Dialética, é desembaraçar-se do *empirismo* – que tudo quer compreender a partir da simples sucessão dos fatos – e do *idealismo,* que invoca princípios *a priori.* O conhecimento dos fatos, empiricamente considerados, nada impõe como necessário e racional: mas, por outro lado, a razão pura, dando-nos princípios *a priori,* afastar-nos-ia dos fatos que constituem a matéria da experiência.

"A única possibilidade para que exista a dialética é por si mesma dialética" (p. 131). É, então, a Dialética o seu próprio fundamento? Não estará Sartre incorrendo num círculo vicioso? Aparentemente sim. Pois a fundamentação da Dialética, não decorrendo nem da experiência no sentido empírico nem da razão no sentido idealista, é uma operação circular. Ela vai ao encontro da razão na própria experiência e depara com uma experiência que já é racional. Nesse entrelaçamento de dois aspectos contraditórios, da razão com a experiência, há, de fato, uma circularidade que constitui a forma da operação dialética.

Só há uma região do ser ou um setor ontológico que permite essa fundamentação circular da Dialética: a realidade humana. Sua estrutura possibilita a racionalidade dialética. Para compreendermos isso, relembremos as teses fundamentais de *L'Être et le Néant*.

Partindo da análise dos fenômenos. Sartre conclui, nessa obra, que o Ser comporta duas regiões ontológicas distintas: de um lado, o Ser-em-si (*en-soi*) dos fenômenos; de outro, o Ser-para-si da consciência (*pour-soi*). O primeiro é implicado pelo segundo, pois que, de acordo com o *princípio da intencionalidade*, reformulado por Brentano, e que serviu de base à filosofia fenomenológica de Husserl, a consciência é sempre consciência de algo. A consciência, portanto, revela um outro ser para o qual está permanentemente voltada e na direção do qual se transcende. "É o ser desta mesa, deste maço de cigarros, da lâmpada e, de um modo geral, o ser do mundo que é implicado pela consciência."[4] Mas tal espécie de ser, o *en-soi*, tem plena realidade objetiva, possui a integridade maciça das coisas ou fenômenos. Impossível reduzi-lo a uma série de aparições sem consistência, emergindo do âmago da subjetividade, porque os fenômenos que se apresentam à consciência aparecem transcendendo a própria subjetividade.

Desse modo, abre-se, no domínio do Ser, uma verdadeira exposição. O ser dos fenômenos é pleno, idêntico, *sans fissures*, dotado de perfeita coincidência consigo mesmo. Ao contrário, a consciência, que só existe referida a esse outro ser, padece de uma carência ontológica, de uma falta de identidade consigo mesma. Estranha combinação de ser e de não ser, a consciência (*pour-soi*), incompleta e inacabada (*ela é o que não é*), caracteriza-se por uma essencial negatividade.

---

4. Sartre, *L'Être et le Néant*. 14ª ed. Paris: Gallimard, p. 29.

É devido a essa carência do *pour-soi* que a *existência* precede a *essência*. O homem existe primeiro, para ser depois isto ou aquilo. Existir, para ele, é agir de acordo com certos fins, os quais exteriorizam as suas possibilidades originárias. O ato de existir confunde-se com a projeção dessas possibilidades. Daí dizer-se: a existência é *projeto*, o homem não está determinado, não possui uma *natureza*. Não é nunca tudo o que pode ser e é sempre um poder-ser. Esse predomínio do possível sobre o real contém o germe da negação. Os dois aspectos integrantes do projeto, a liberdade e a temporalização, mostram isso com mais clareza. A liberdade, inerente a um ser que existe projetando os seus fins, é constitutiva da existência. Nós somos livres, a liberdade é o que somos. O homem está *condenado* a ser livre, porque existe na forma de projeto interiorizando os condicionamentos e as resistências do mundo exterior. A cada instante o homem supera o que foi e *é* aquilo que poderá ser. Agindo na direção de seus fins, ele visa sempre um mais-além. Essa distensão do ser humano, que o leva para diante, num movimento prospectivo que envolve presente e passado, é a *temporalização*. Não sendo *hic et nunc* tudo o que pode ser, a atividade ou práxis do homem, que exterioriza os possíveis de sua existência, é também constitutiva de seu ser. Esse movimento autoformador da existência que se projeta no tempo é a *totalização do ser humano*. Sem a negatividade da consciência, do *pour-soi*, não haveria totalização. E sem totalização não pode haver dialética.

"Só há dialética", diz Sartre, na *Crítica da razão dialética*, "se existe ao menos num setor ontológico, uma totalização em curso acessível a um pensamento que se totaliza" (p. 137). Segundo vimos, o setor ontológico onde podemos entrever uma totalização em curso, é a realidade humana, a cuja estrutura pertence o poder de negar. É por intermédio do *pour-soi*, da consciência, da liberdade, que a negação se introduz no mundo, e que o Nada complementa o Ser. Assim, a lei fundamental da Dialética, a *negação da negação*, que Engels foi buscar na Natureza, deriva da totalização da existência.

Desse modo já sabemos *onde* buscar a dialética: na realidade humana que existe projetando-se, agindo, interiorizando a matéria (*en-soi*) e exteriorizando a ação, no fluxo da temporalidade que dela mesma se origina e no *fiori* da liberdade que nega (transcende) os obstáculos e as resistências. Essa realidade se apresenta como *totalização em curso*. De fato, não há interstício entre a existência e a práxis; os projetos originais na existência exteriorizam-se na práxis e, em movimento inverso, os produtos da atividade se interiorizam na existência. Interpenetrando o interno com o externo, o subjetivo com o objetivo, a existência, que nada é a princípio – pois que ela precede a essência –, realiza-se na distensão de si mesma, gerando o seu tempo próprio. *A existência temporalizando-se por meio da atividade (práxis) que dela emana é a totalização do ser humano, à qual corresponde a forma da racionalidade dialética.*

Assim, fomos buscar a dialética na existência e vimos que ela se apresenta como totalização em curso. Precisamos saber, depois disso, se essa totalização nos assegura uma racionalidade exaustiva.

Desde que a *existência* e a *práxis* formam um só todo, desde que pensamento e ação, inseparáveis, são aspectos parciais de uma mesma totalização em curso, a *razão dialética* deve impor-se como fonte asseguradora de toda inteligibilidade, através da *experiência* dessa totalização. Essa experiência é de caráter reflexivo. Tem o seu ponto de partida na consciência de si e o seu alcance crítico no conhecimento compreensivo do indivíduo e dos nexos inteligíveis entre ele e os demais indivíduos, e entre os indivíduos e os grupos. Quer isso dizer que o fundamento último da razão dialética pode ser encontrado na *experiência da própria totalização*. É dessa experiência que emergem as categorias compreensivas e os princípios que asseguram à razão dialética as suas universalidade e necessidade. Tais categorias e princípios aparecem no curso de uma experiência de totalização, a qual, por sua vez, é o prolongamento reflexivo do movimento totalizador.

A experiência invocada por Sartre é a experiência que o próprio dialeta faz de si mesmo, de seu ser objetivo "no mundo dos outros, enquanto este ser se totaliza desde o nascimento e se totalizará até à morte" (p. 142). Partindo da consciência apolítica de si, o dialeta, nesse caso experimentador também, sujeito e objeto do conhecimento, reconstruirá a própria totalização. Ele refará o movimento dialético, experimentando-o como necessidade racional, como uma explicitação inteligível de sua existência desde o plano individual até o plano da História. Sendo uma parte da totalização que se produziu e que está se produzindo, ele é capaz de reproduzi-la reflexivamente. Mas essa reprodução, à qual Sartre chama de *retotalização reflexiva*, não é obra do pensamento puro, "não pode ser uma apreensão contemplativa do movimento totalizador". Trata-se de uma experiência que é teórica e prática ao mesmo tempo, possibilitada pela união entre o *pensamento* e a *práxis*. É uma experiência *engagée*, participante, que se define como empreendimento a realizar. É, finalmente, uma fase de um movimento totalizador, cuja racionalidade dinâmica se impõe a cada momento e que, em cada momento, prepara a racionalidade do seguinte. Fundamentar a dialética é começar a fazê-la. É uma tarefa intelectual que nem se situa à margem da experiência nem se confunde com ela. Retorno à existência, projeto existencial, é um ato de reflexão contínua que procura reconstituir ou retotalizar, com o pensamento, os momentos da totalização em curso pela qual a existência humana, sempre em ato, se temporaliza.

A experiência reflexiva consiste num projeto compreensivo da própria existência, da realidade humana de que reflete, a busca de si mesmo e de sua dimensão histórica. "Numa palavra", explica Sartre, "o experimentador deve, se a unidade da História existe, apreender a sua própria vida como Todo e Parte, como a ligação das Partes ao Todo e como a relação das partes entre si, no movimento dialético de Unificação; deve poder saltar de sua vida singular à História, pela simples negação prática da negação que a determina" (p. 143).

A experiência crítica obedece, portanto, ao método regressivo. Desse ponto de vista, ela é o inverso do pensamento marxista. Enquanto este parte do objetivo para o subjetivo, o pensamento existencial, empreendendo a recuperação da dialética, caminha do subjetivo para o objetivo, da totalização para as totalidades, da razão constituinte para a constituída. "Ao contrário do movimento sintético da dialética como método (quer dizer, ao contrário do movimento do pensamento marxista que vai da produção e da relação de produção às estruturas dos grupos, depois às contradições internas desses últimos, aos meios e, por acaso, ao indivíduo), a experiência crítica partirá do imediato, isto é, do indivíduo em sua práxis abstrata, para encontrar, através de condicionamentos cada vez mais profundos, a totalidade de seus laços práticos com os outros e, através disso, as estruturas das diversas multiplicidades práticas, e alcançar, por meio das contradições e das lutas dessas últimas, o concreto absoluto: *o homem histórico* (p. 143).

Capítulo I
O prático-inerte

O movimento de totalização reconstituído pela experiência reflexivo-crítica deverá começar de imediato, do indivíduo, para chegar ao nível concreto da história. Essa a trajetória da razão dialética. Mas como é que o indivíduo se totaliza? Como é que da práxis individual se origina o movimento de totalização?

A experiência dialética sendo regressiva, partindo do imediato, tem como primeiro objeto a práxis individual. E esta não somente é a primeira via de acesso ao movimento de totalização, como também é o fundamento de qualquer forma de atividade. Qualquer espécie de ação, seja coletiva, seja grupal, encontra na práxis individual a sua origem ou o seu princípio. Mas já vimos que a *existência* e a *práxis* são dois lados de uma mesma realidade humana. A existência, como projeto, delineia a ação: a ação exterioriza as possibilidades íntimas da existência. Essa projeção da existência constitui a liberdade como modo de ser da realidade humana. A liberdade, portanto, como o mais peculiar da existência, é inerente à práxis. Toda práxis é originariamente livre e individual.

A possibilidade da dialética, como movimento de totalização, está contida na *função unificante e sintética* da práxis. Vivendo num mundo material, de objetos, de instrumentos, cada indivíduo não se relaciona com os outros por um simples nexo aditivo, segundo o qual as atividades individuais constituiriam as parcelas isoladas de uma atividade global e somatória. A ação de um circunscreve, descobre e interioriza a ação dos Outros, no meio material; enquanto agente, o indivíduo determina os Outros e é por eles determinado. É a práxis que unifica a *pluralidade exteriorizante dos organismos humanos* e que estabelece entre esses organismos um nexo de determinação dupla e cruzada: minha existência se descobre na de Outro, na medida em que a existência desse outro se descobre na minha, através da confluência de nossas atividades que operam e produzem. É a práxis que nos revela um ao outro, que estabelece entre nós um movimento de dupla determinação, de fluxo e de refluxo de liberdades que se defrontam num meio material por elas transformado. O nexo que liga os indivíduos entre si é um laço interior e sintético. As relações humanas, antes de serem associativas, são recíprocas, ou melhor, essas relações só adquirem caráter associativo na base da reciprocidade que as fundamenta. Dizendo isso de outro modo: a reciprocidade é a forma das relações humanas, o *a priori* formal abstrato do movimento dialético de totalização. "O fundamento da relação humana, como determinação imediata e perpétua de cada um pelo Outro e por todos, não é nem o estabelecimento de uma comunicação *a priori* por algum Grande Estandardista nem a indefinida repetição de comportamentos separados por essência. Esse laço sintético, que surge sempre para indivíduos determinados num momento determinado da História e na base de relações de produção já definidas e que, ao mesmo tempo, se desvendam como um *a priori*, é a própria práxis – quer dizer, a dialética como desenvolvimento da ação viva em cada indivíduo – enquanto pluralizada pela multiplicidade dos homens no interior de uma mesma residência material. Cada existente integra outro na totalização em curso, por isso mesmo – ainda quando não o perceba – esse existente se define – apesar dos obstáculos e das distâncias – em relação à totalização que o Outro está operando" (pp. 186-7).

A experiência dialética mostrará como é que a *alienação* e a *reificação* se produzem, alterando a reciprocidade, e como da práxis individual e livre do movimento dialético da ação se origina a trama obscura dos mecanismos sociais e históricos. Veremos que, para Sartre, a própria Necessidade histórica resulta da dialética da Liberdade e das condições materiais efetivas a que está sujeito o movimento de totalização.

As relações humanas, na base desse *a priori*, que é a reciprocidade, serão alteradas no curso da totalização. As alterações dependem do modo como a totalização se opera. Para compreendermos isso devemos considerar o campo material da práxis. A experiência dialética abordará, numa outra perspectiva, a matéria como *motor passivo da História*.

Vimos antes o movimento dialético a partir da ação recíproca dos indivíduos circunscrevendo um mundo material de objetos e de instrumentos. Eles se totalizam agindo sobre a matéria: em movimento reverso, a matéria determina a possibilidade dessa totalização. A práxis estabelece o nexo formal de reciprocidade entre os indivíduos; a matéria, enquanto objeto da ação transformadora do homem, condicionará a práxis, determinando uma certa ordem de efeitos que modificarão aquele nexo formal.

A totalização, nessa nova perspectiva, impondo-se ao homem por intermédio da matéria, resulta de um fato contingente, de uma circunstância que tem, até agora, se manifestado na história humana e que tornou possível essa história. Esse fato é a escassez (*rareté*). A práxis tem sido e continuará sendo, dadas as condições materiais concretas da existência, *une lutte acharné contre la rareté* [uma luta destinada contra a escassez] (p. 201). Falta de víveres e de suprimentos, produção insuficiente para o consumo ou insuficiência de consumo para uma produção excessiva, impossibilidade de produzir por motivos de ordem técnica ou geográfica, exaustão das fontes produtoras, dieta alimentar pobre, constituem diferentes exemplos de uma mesma circunstância – a escassez – universal e variável, diferente de lugar para lugar, de povo para povo, de período a período, mas sempre atuante como primeira relação dialética fundamental entre o homem e a matéria. Se a totalização que nos constituiu como homens, e que deu origem a essa história que vivemos, se realizasse num mundo de abundância, de plenitude alimentar e de fáceis recursos postos à disposição de todos, outro seria o desenvolvimento da práxis. Num mundo de abundância, em que a matéria não se opusesse ao elementar projeto humano de satisfação das necessidades orgânicas, a práxis teria dado origem a outra história ou a um *processo outro* que não esse que chamamos de História; os organismos humanos se totalizariam de outra forma e a sua humanidade seria diferente desta que emergiu da luta desses organismos contra a escassez. Assim, da contingência da *escassez* surgiu esse produto necessário, a totalização dos homens como História: necessário em sua própria contingência, enquanto motor passivo inicial e constante da aventura humana. Três quartos da população do globo, diz Sartre, depois de milênios de história, são subalimentados; "desse modo, malgrado a sua contingência, a escassez é uma relação humana fundamental (com a Natureza e com os homens)" (p. 201). Esse nível da experiência dialética nos permitirá compreender não só a totalização, abstratamente, mas também como a totalização se opera. Já sabemos que a reciprocidade resulta do efeito unificante da práxis, que as relações recíprocas são descobertas *no meio material e por intermédio dele*. Quer dizer então que a matéria efetua a mediação entre as diferentes práxis. Não há reciprocidade sem mediação da matéria. Ora, a matéria se impõe ao homem como *escassez*. Essa relação fundamental com a matéria, vivida como escassez, interferirá com a relação de reciprocidade. Ela não suprime a reciprocidade, mas vai afetá-la. Ou, como diz Sartre, é na base da matéria *enquanto mediação entre os homens* que a reciprocidade aparece: "o que significa que ela aparece sempre sobre uma base inerte de instituições e instrumentos, pela qual cada homem já se encontra definido e alienado" (p. 191).

Portanto, a totalização que se opera no meio da escassez, e que é um produto da práxis, é, também, produzida pela escassez. Eis o dado dialético que possibilita a leitura ambígua da História. Os homens fazem a História na medida em que ela também os faz. Se, por um lado, a práxis é originariamente livre, não desaparecendo jamais a liberdade como propriedade inalienável da existência que se temporaliza, ela é, por outro lado, atingida por uma série de distorções que lhe são impostas pela mediação da matéria. Vivendo a relação negativa da escassez, a existência humana incorpora essa negatividade: a reciprocidade básica se transforma em antagonismo; o projeto original da práxis, a satisfação das necessidades humanas, pela mediação da matéria, se inverte, produzindo uma série de efeitos reversivos que assumem o aspecto de um mecanismo necessitarista conduzindo inapelavelmente toda a História. Esse necessitarismo histórico não é, para Sartre, mais do que a liberdade obliterada pelas resistências e contraefeitos da matéria, a liberdade que se vive interiorizando a escassez e que se torna, nas condições concretas da totalização, liberdade contra os outros, instaurando a violência e o conflito. Todos os efeitos de retorno da liberdade constituem a *antipráxis*.

Mais um ponto em que Sartre se opõe aos marxistas. Para estes a práxis individual só é livre na medida em que reflete a Necessidade histórica, processo exterior e independente dos projetos humanos. De acordo com a *Crítica da razão dialética*, porém, a Necessidade deriva da práxis originariamente livre, mas distorcida e obstruída pela mediação da matéria. Ela é o reverso da práxis – *antipráxis* – e o reverso da finalidade – a *contrafinalidade*.

Desse ponto de vista, a totalização faz surgir, em seu movimento, a existência alienada do homem. O homem se aliena agindo sobre a matéria para transformá-la, porque a matéria transforma a ação do homem, convertendo-a numa potência estranha a ele, numa práxis diferente, objetiva. Essa forma de alienação condiciona todas as outras que aparecem no curso da totalização.

Sartre insiste sobre a metamorfose sofrida pela ação: "A História é muito mais complexa do que pensa um certo marxismo simplista, e o homem não tem que lutar só contra a Natureza, contra o meio social que o engendrou, contra os outros homens, mas também contra a sua própria ação, enquanto ela se torna *outra*. Esse tipo de alienação primitiva se exprime através de outras formas de alienação, mas ela é independente dessas, e é ela que lhes serve de fundamento. Dizendo isso de outro modo, descobriremos aí a *antipráxis* permanente como momento novo e necessário da *práxis*" (p. 202).

Os contraefeitos desencadeados pela *antipráxis*, as contrafinalidades postas em circulação ou, em síntese, as exigências objetivas que a partir da *antipráxis* comandam a ação, encadeando os interesses e os conflitos, constituem o processo de reitificação. As relações humanas, sujeitas à alienação determinada pela matéria e à reificação consequente, são, por assim dizer, relações entorpecidas. Desaparece a fluência da práxis criadora, substituída por um encadeamento inerte das liberdades rígidas. *As relações recíprocas são substituídas por uma alteridade numérica*, em que cada indivíduo se vê como um *Outro*, numa sequência interminável de outros indivíduos, que se relacionam entre si quantitativamente, como membros de uma série. Essa espécie de congelamento do movimento totalizador que faz parte da totalização, semeando nela blocos estáticos que, de certo modo, paralisam a ação, submetendo-a a um sistema mecânico de relações, dá origem ao *prático-inerte*.

O *prático-inerte é o domínio da antipráxis*, onde aparecem os coletivos ou objetos sociais, como as classes, a moeda, as mercadorias, determinando uma conduta social de alteridade numérica entre os indivíduos, que encontram nesses objetos uma simples *unidade de exterioridade*.

O prático-inerte pode ser conceituado, assim, como a estrutura dialética das relações humanas, enquanto estas, mediadas pela matéria, se totalizam no meio da escassez. É estrutura porque surge em todas as fases do movimento de totalização. O prático-inerte é uma possibilidade constante da práxis. Conjunto de totalidades constituídas, ele representa, ao mesmo tempo, um momento positivo e um momento negativo da razão dialética: negativo, na medida em que reduz a práxis a um mero produto; positivo, na medida em que é dentro dele que se polarizam as forças capazes de conduzi-la a um novo movimento fluente. Vencidas as inércias sociais, a ação humana retoma o seu *élan* criador até que o sistema inercial das relações humanas volta a predominar. A razão dialética engloba esses dois momentos, e a experiência respectiva, reconstituindo a totalização, mostra-nos quer o declínio da práxis, quer o seu restabelecimento original.

Não esqueçamos que a razão dialética foi antes definida como a razão constituinte e constituída das multiplicidades práticas (os coletivos, os grupos etc.). No movimento de totalização que estamos seguindo, a experiência da ação transformadora e compreensiva não pode ser separada da experiência da ação decaída e reificada.

A primeira relação do homem com a matéria, vivida como escassez, afeta, conforme já o dissemos, a reciprocidade básica, desencadeando os mecanismos da *antipráxis*. Falta-nos, porém, demonstrar como esse primeiro e essencial nexo com a materialidade estabelece o primeiro passo dialético no processo de totalização, e de que maneira efetiva a vivência da escassez perturba a reciprocidade, transformando-a na fonte dos antagonismos que têm impulsionado e que continuam impulsionando a história humana.

O projeto preliminar de satisfação da necessidade (*besoin*) orgânica, que se exterioriza na ação do homem sobre a matéria, é negado pela matéria, que se apresenta como escassez. Vivida na perspectiva desse projeto inicial do organismo que procura subsistir, a escassez é interiorizada como negação. A negação não pertence à matéria, mas ao homem. Uma das teses de *L'Être et le Néant* reaparece aqui para fundamentar a inteligibilidade dialética: a negação exsurge no Ser por intermédio do homem.

Compreendemos melhor, agora, porque a dialética não é lei da Natureza. As leis dialéticas – e entre elas a *negação da negação* que se aplicará nesse momento inicial do movimento totalizador – são universais concretos que a própria ação humana elabora e que determinam a gradual e completa inteligibilidade da ação[5].

A escassez é, pois, interiorizada e vivida como antítese do projeto de subsistência orgânica. Eis a primeira relação dialética, à qual se sobreporá uma segunda negação como síntese: o *trabalho* transforma a matéria em produto. É o momento sintético que restaura, modificando, o projeto inicial da práxis. Negação da negação, o *trabalho* supera a negatividade da matéria, mas aliena-se no produto (*matière ouvrée*). Esse momento dialético é que dá fundamento à tese do materialismo histórico segundo a qual o homem, como ser alienado, é produto de seu Produto, e é também aquele em que relações de reciprocidade se manifestam como antagonismo[6].

De fato, o trabalho, resposta à negação da escassez, é positivo para cada indivíduo, no sentido de que assegura a sobrevivência de cada um, e negativo para todos os outros. Exporemos isso em termos simples.

O trabalho de *A*, vencendo a escassez para si, é ameaça a *B* (diminuição de suprimentos, possibilidade de fome), cujo trabalho é, no

---

5. "Assim, conquanto inicialmente o universo material possa tornar a existência do homem impossível, é pelo homem que a negação se instaura para o homem e para a matéria. Com base nisso é que podemos compreender em sua inteligibilidade primitiva a famosa lei da *negação da negação*, que Engels comete o erro de considerar, no fundo, como um irracional abstrato das leis naturais" (pp. 163-9).

6. "Nesse nível aparecem fundamentos reais da alienação: a matéria aliena em si o ato pelo qual é trabalhada, não porque seja uma força ou porque seja inércia, mas porque a sua inércia lhe permite absorver e devolver contra cada qual a força do trabalho dos Outros. Sua escassez interiorizada faz aparecer, no momento da negação passiva, cada qual como Outro em face dos Outros. No momento do trabalho – quer dizer, no momento humano em que o homem se objetiva produzindo a sua vida – em virtude da inércia e da exterioridade material da objetivação, e quaisquer que possam ser as relações humanas – é o *produto* que designa os homens como Outros e que se constitui como Outra espécie, como contra-homem, e é nele que cada qual produz sua própria objetividade, que volta como inimiga e que o constitui como Outro. Para que a sociedade histórica se produza através das lutas de classe é necessário, precisamente, que a *práxis* objetivada retorne aos homens como realidade independente e hostil. Não somente no quadro do processo capitalista, mas em qualquer momento do processo histórico" (p. 224).

mesmo sentido, ameaça para *A*. Ambos são práxis que operam num meio material comum poluído pela falta de abundância. Cada um, efetivamente, conforme mostramos no começo deste capítulo – se compreende e se situa na perspectiva do trabalho desenvolvido pelo Outro. Mas, no meio da escassez, as relações recíprocas se transformam numa sequência de alteridades. *B* viverá a presença de *A* com um Outro que não ele, executando um trabalho-outro, que pode servir-se de sua pessoa como de um simples meio. A presença de *A*, como práxis negativa, torna-se ameaçadora para ele. *A* tem, por sua vez, em *B*, um Outro ameaçador, que pode usá-lo como meio. Essas relações de alteridade são antagônicas.

"Através da matéria socializada e da negação material como unidade inerte, o homem se constitui como um Outro, diferente do Homem. Para cada um, observa Sartre, o homem existe enquanto homem inumano ou, se preferimos, como *espécie estranha*. E isso não significa necessariamente que o conflito seja interiorizado e vivido já como forma de luta pela vida, mas somente que a simples existência de cada um é definida pela escassez como risco constante de não existência para um outro e para todos. Melhor ainda, não descubro esse risco constante de anulação de mim mesmo e de todos, somente nos Outros, mas eu represento esse risco, enquanto sou Outro, quer dizer, enquanto designado, com os Outros, como excedentário possível pela realidade material do meio" (p. 200).

O antagonismo introduzido na reciprocidade fundamental das relações humanas é fonte de perene violência. *Homo hominis lupus* [O homem é o lobo do homem]. Daí não ser a violência, no quadro material da escassez, uma força exterior que domina o homem, ou um desvio irracional de sua existência. *A violência*, nesse nível da experiência dialética – e nível constante, que reaparece em todos os outros momentos, como veremos a seguir – *é um elemento estrutural da ação*. Se outra fosse a possibilidade da história, se a escassez não se impusesse marcando a mediação da práxis pela matéria, o bom selvagem de Rousseau teria razão contra o lobo de Hobbes. E se a verdade humana for a vitória final sobre a escassez, se o homem puder superar a constante ameaça que pesa sobre a sua sobrevivência, poderemos ter uma história não violenta. Enquanto essa viragem da história não se produzir, o homem surgirá diante do próprio homem como a *fera* carniceira, invocada por Franz, em *Les Séquestrés d'Altona*[7] [*Os sequestrados de Altona*]. A reciprocidade não desaparece; ela é modificada. Sartre explica-nos bem isso, e convém insistir nesse ponto, porque, nos momentos subsequentes, invocaremos frequentes vezes os laços de alteridade no domínio do prático-inerte. Diz ele que a compreensão de cada um pela práxis do Outro perdura. Mas essa entidade, o Outro, como homem inumano, como membro de uma série indefinida de Outros, resulta da negação que cada homem faz de cada homem, enquanto vê em todos uma ameaça para si. Por essa negação, o indivíduo transforma os demais indivíduos em pura exterioridade. "Na reciprocidade pura, o Outro diferente de mim é também o *mesmo*. Na reciprocidade modificada pela escassez, esse mesmo nos surge como o contra-homem, enquanto esse mesmo homem aparece radicalmente como Outro (quer dizer, portador para mim de uma ameaça de morte)" (p. 208).

No prático-inerte já constituído pela práxis alienada e reificada, o homem não age diretamente em função daquela primeira necessidade afirmativa de subsistência. A sua ação estará sujeita às emergências dos produtos, dos coletivos, aos interesses desencadeados e mantidos pelas relações de produção, que constituem a trama material do prático-inerte, como infraestrutura das relações humanas. Os interesses objetivados comandam a ação, de acordo com a dialética da práxis alienada, que impõe o seu mecanismo a todos, estabelecendo uma perpétua equivalência e oposição entre os objetivos que os diferentes indivíduos têm em vista. Assim, se, como diz Sartre, "o interesse do fabricante não é nada mais do que a fábrica e suas máquinas", esse interesse oscilará ao sabor do mesmo interesse compartilhado por Outros. No prático-inerte, as relações humanas, que tiveram degradada a sua reciproci-

---

7. Franz, que fora, durante a guerra, dominado pela violência, acusa a sua época e condena o próprio homem: "le siècle eut éte bon si l'homme n'eut été gueté par son ennemi cruel, immemorial, par l'espèce carnassière qui avait juré sa perte, par la bête sans poil et maligne, *par l'homme*". Ele vive a sua violência passada como possibilidade irremediável e definitiva do homem. Aliena-se nela para fugir à responsabilidade. O temor de ser livre vai conduzi-lo ao suicídio. Esse é o drama de Franz, do ponto de vista da razão dialética, e o sentido histórico profundo de *Les Séquestrés d'Altona*, a última peça de Sartre.

dade, organizam-se em forma concorrencial. "O interesse é a vida negativa da coisa humana no mundo das coisas, enquanto o homem se reifica para servi-lo" (p. 266). O proprietário ou fabricante do exemplo de Sartre, que compra máquinas modernas para a sua fábrica, reduzindo, com isso, o número de seus operários, provoca, por uma reação serial em cadeia, o mesmo gesto nos outros capitalistas. A práxis de qualquer um deles é decorrência da práxis de qualquer outro.

Os interesses circulam como significações objetivadas e, junto com eles, as ideias que os representam agem sobre os indivíduos, infiltrando-se na inércia de suas práxis embotadas. "A ideia, nesse nível", observa Sartre, "é processo; sua força invisível decorre do fato de que não é pensada por quem quer que seja." Ela não se dirige ao indivíduo em particular, ao indivíduo na plena consciência de si e de sua liberdade, mas a uma série de Outros encadeados pelo anonimato a que os condenou a alienação primitiva. Fazendo parte de uma formação molecular, massificado, o indivíduo está reduzido à impotência; ele é um Outro numa cadeia infindável de Outros, mediados pelos coletivos.

Capítulo II
A práxis individual e a comum

O descongelamento do prático-inerte, que vai propiciar a formação do *grupo*, só pode resultar de um perigo comum, de uma ameaça que varia conforme as circunstâncias de cada caso[8]. A ameaça que pesa sobre todos, no estado maciço do prático-inerte, gera uma contradição básica que vai provocar um novo movimento dialético. É que o perigo, ameaçando a todos e a todos unificando sob forma de ameaça comum, aumenta a impotência em que se acham os indivíduos unidos entre si pela alteridade congestionante das relações seriais que caracterizam o prático-inerte. De um lado, portanto, um perigo a esconjurar e, de outro,

---
8. Sartre exemplifica essa passagem, abundantemente, com os episódios da arregimentação do povo de Paris durante a Revolução de 1789. Fica bem claro, nesse ponto, que a filosofia da razão dialética é filosofia da Revolução.

uma impotência aguda, que parece radical e incurável[9]. Essas contradições serão ultrapassadas pela *reconquista da práxis* e consequente recuperação da liberdade original. Interrompe-se a seriação. O indivíduo não é mais um Outro numa sequência anônima de Outros, *mas um terceiro mediador entre todos os outros* para a execução de uma livre atividade comum, que se revela urgente, e que só pode ser executada se ocorre a descompressão da práxis antes coletivizada. Dessa maneira, o indivíduo, ao contrário do que antes sucedia, no nível da experiência dialética correspondente ao prático-inerte, *torna-se um centro de ação que se liga a outros centros de ação*, na base de um empreendimento a realizar, de uma tarefa que necessita da mobilização das práxis individuais. A autodeterminação de cada um vai ao encontro do empreendimento comum.

A ação resultante dessa constelação de reciprocidades mediadas por terceiros que não são Outros anônimos, mas liberdades reconquistadas, é a práxis comum do grupo que se constitui (grupo em fusão, na terminologia do filósofo). A estrutura molecular do prático-inerte é revolvida e reduzida em sua extensão, dando margem a que apareça, no seio dos coletivos, um agrupamento dinâmico – o grupo em fusão – no qual os indivíduos, um a um, são unidades completas e irredutíveis, que venceram a inércia alienante: cada qual conserva o caráter particular de sua práxis e apoia a sua liberdade numa liberdade igual que lhe vem dos outros[10].

....

9. "A origem do abalo que transforma o coletivo pela irrupção de uma práxis comum é evidentemente uma transformação sintética e, por consequência material, que se passa no quadro da escassez e das estruturas existentes: o risco que correm os organismos, assim como o seu movimento prático e o seu sofrimento, residindo na necessidade (*besoin*), e o acontecimento-motor, é o perigo em todos os níveis da materialidade (seja a fome, seja a bancarrota, cujo sentido é a fome etc.), ou as transformações da instrumentalidade (as exigências de utensílios e sua escassez substituindo a escassez do objeto imediato da necessidade, as alterações do utensílios aprendidas em sua significação ascendente como alteração necessária do coletivo). Por outras palavras, sem a tensão original da necessidade como relação de interioridade com a natureza, a mudança não se daria e, reciprocamente, não existe práxis comum, qualquer que seja o nível em que ela se situe, cuja significação regressiva descendente não se refira direta ou indiretamente a essa tensão primeira. É preciso, então, conceber, antes de mais nada, que a origem em grupo é um fato complexo que se verifica ao mesmo tempo em todos os estágios da materialidade, mas que é ultrapassado em práxis organizadora no nível da unidade serial" (pp. 384-5).
10. "Desse momento em diante alguma coisa aparece que não é nem o grupo nem a série, mas o que Malraux chamou, em *L'Espoir*, o Apocalipse, isto é, a dissolução da série no grupo em

No grupo em fusão a práxis é uma convergência de ações livres, mediadas livremente pela ação de todos, ação criando um novo dinamismo na sociedade. Não quer isso dizer que a inércia coletiva seja eliminada. Sartre, nesse ponto, traz uma interessante contribuição à sociologia. Diz ele que toda sociedade está polarizada entre o campo do prático-inerte e o dinamismo dos grupos. A todo movimento de totalização corresponderá um retraimento dos coletivos em benefício da atividade livre desenvolvida pelos grupos. Assim, nas sociedades em processo de transformação, as mudanças levadas a efeito por uma equipe revolucionária (exemplo de grupo em fusão), cujos membros agem para alcançar um fim comum, operam-se com maior ou menor rapidez, com pequenos ou grandes atritos, conforme o grau de resistência dos que ficaram à margem do grupo dinâmico. O caso de Cuba ilustra bem essa dialética do prático-inerte e dos grupos. As resistências passivas da coletividade cubana ao projeto revolucionário em execução são mínimas, pois quase todos os trabalhadores das cidades e dos campos aderiram ao programa do governo de Fidel Castro. No país inteiro mantêm-se um clima de fervor e de ebulição humana, de ação concertada em torno de um objetivo comum, que mobilizou o poder de agir da maioria. As tentativas de contrarrevolução, puramente externas e dispersivas, não conseguiram, até hoje, formar um grupo compacto e opositor no seio de uma coletividade que perdeu, com a sua antiga estrutura econômica, as inércias que mantinham o regime anterior no âmbito do colonialismo.

Enquanto o grupo desenvolve uma *práxis comum* efervescente (que é, como no caso de Cuba, uma resposta à ameaça colonialista, externa e interna), enquanto as instituições não se definem e o próprio agrupamento revolucionário continua atuando *heroicamente* por não ter

....

fusão" (p. 391). "O grupo em fusão é a cidade", diz Sartre referindo-se ao levante da população parisiense em julho de 1789. A realidade histórica do grupo em fusão é inegável: "em certas circunstâncias um grupo efervescente (*groupe à chaud*) nasce e age onde havia somente agrupamentos e, através dessa formação efêmera e de superfície, cada qual pode entrever que novos e profundos estatutos vão ser criados (o Terceiro Estado como grupo sob o aspecto da nação, a classe como grupo enquanto produzindo seus aparelhos de unificação etc.)" (p. 491). "Mas o caráter essencial do grupo em fusão é a brusca ressurreição da liberdade" (p. 425). Trata-se de "uma nova relação das liberdades, porque em cada totalização dos grupos as liberdades se reconhecem como uma só e mesma liberdade" (p. 426).

alcançado o objetivo comum (a reforma agrária e a reforma urbana, em Cuba, são etapas necessárias de um projeto de radical transformação), enquanto, finalmente, a atividade comum vai temporalizando uma experiência que pertence a cada qual e a todos – os mecanismos inerciais reduzem a sua influência reificante ou deixam de funcionar. Pode acontecer, no entanto, que os coletivos – nunca inteiramente suprimidos – acabam absorvendo a ação dos grupos em fusão. É, como o anterior, um caso extremo. Tanto um como o outro – retraimento ou predomínio do prático-inerte – nos revelam a existência de dois setores distintos nos quais se polariza a sociedade. "Um campo social qualquer", observa Sartre, "está constituído, em grande parte, por conjuntos estruturados de agrupamentos que são, ao mesmo tempo, *práxis* e *prático--inerte*, apesar de que uma ou outra dessas características possam tender constantemente à anulação; só a experiência permite determinar a relação interna das estruturas no interior de um grupo determinado e como um momento preciso de sua dialética própria" (p. 307). Há uma dialética resultante da contradição que existe entre esses dois polos de uma sociedade – a práxis reativada pelo grupo em fusão e o prático-inerte, onde residem os coletivos. Esses últimos nunca desaparecerão por completo. São totalidades residuais que se formam no curso da práxis totalizante. Assim, a organização futura do grupo far-se-á graças "à ossatura inerte de organização", que foi surgindo no processo de gênese grupal.

A *organização* do grupo começa justamente quando ele, passando o perigo iminente que determinou a seu aparecimento e que o manteve em estado de fusão, quer preservar as suas aquisições e conjurar as ameaças futuras. Tem início um outro nível de integração dialética da práxis comum.

Para garantir o seu futuro e a sua permanência, o grupo que se organiza tem que obter da livre práxis de cada indivíduo um *compromisso retroativo*, limitando a liberdade de todos em função dos vínculos passados. A organização do grupo nasce quando essa necessidade de preservação se interioriza, sob a forma de *juramento* (*serment*), que é compromisso.

Esse compromisso não deve ser confundido com o acordo contratualista, nos termos da interpretação estritamente jurídica que tem sido dada ao contrato social de Rousseau. O *consentimento jurado* por todos e entre todos, para efeito da organização do grupo, talvez seja o sentido autêntico da ideia de *contrato social* à luz da razão dialética[11].

É verdade que Sartre, em sua *Crítica da razão dialética*, não incorpora só o pensamento de Rousseau. Ele também volta a Hobbes. Pois que esse compromisso, assumido entre todos, reintroduz a violência, que já verificamos ser um elemento da ação humana desenvolvida no meio da escassez.

A violência reaparece no seio do grupo organizado como Terror histórico (do qual o terror da Revolução Francesa é um exemplo concreto). O juramento, engajando a liberdade de cada indivíduo à liberdade dos outros, permite que todos adquiram um poder sobre todos. A liberdade de um ameaçando a liberdade do Outro propaga o Terror, isto é, a violência generalizada – "a primeira relação prática inventada entre homens ativos no seio de uma comunidade ativa" (p. 451). "C'est le commencement de l'humanité" [É o começo da humanidade].

O poder conferido à liberdades em concorrência – efeito do compromisso jurado – é a essência do *poder jurídico*. "A liberdade livremente limitada para sempre pelo seu ser-outro, é, explica Sartre, poder de cada um sobre todos, na medida em que ela é, em cada um, mutilação aceita. Não se poderia, com efeito, derivar o *poder jurídico* nem da liberdade individual, que não tem poder sobre a liberdade recíproca, nem de um contrato social unindo entidades, nem da pressão exercida por um órgão diferenciado sobre o grupo, nem dos costumes de uma comunidade, enquanto esses costumes constituem uma *exis*" (p. 456). O poder jurídico nasce, assim, no momento em que as liberdades em concorrência se

---

11. É claro que não cabe entender o compromisso como um nexo contratual que estaria na origem da sociedade. Sartre adverte: "O juramento é reciprocidade mediada. Todas as formas derivadas – o juramento jurídico das testemunhas, o juramento individual e sobre a Bíblia etc. – só tomam sentido na base desse juramento original. Mas é preciso não confundi-lo com um contrato social. Não se trata aqui de encontrar um fundamento qualquer para tal ou qual sociedade – mostraremos o absurdo dessa pretensão – e sim de mostrar a passagem necessária de uma forma imediata e ameaçada de dissolução a uma outra forma do grupo, reflexiva, mas permanente" (p. 439). Não resta dúvida, porém, de que, abstraindo a origem contratual da sociedade, a ideia de contrato social interpretada como delimitação recíproca das liberdades individuais em prol da liberdade comum encontra-se dialeticamente reformulada na ideia de *serment* como reciprocidade mediada.

autolimitam, dando origem ao poder de todos sobre todos. É quando o grupo *caminha* para a sua *forma estatutária*, sem ter alcançado, no entanto, a *fase* de institucionalização, que é imediatamente posterior.

O Terror, como violência prática e generalizada, é um momento da experiência das liberdades engajadas por um pacto que cada qual pode romper a qualquer momento. O grupo em fusão exorcizava a ameaça externa: o grupo organizado esconjura a ameaça de sua própria dissolução contida na práxis original e livre. "Neste sentido, a violência está em toda a parte, o Terror se impõe como o primeiro estatuto comum. Em todo caso, esse Terror, enquanto as circunstâncias não prejudicam a unidade, é Terror que une e não Terror que separa. Estes homens (que se ligam pelo juramento), com efeito, constituindo-se indivíduos comuns pelo juramento, encontram, cada qual em si e nos outros, o mesmo terror: eles vivem aqui e em toda parte a sua liberdade fundada (quer dizer limitada) como seu ser-no-grupo e seu ser-no-grupo como o ser de sua liberdade" (p. 451).

A práxis, no grupo organizado, passa a atuar num campo estruturado por *funções* que correspondem a uma nova camada inercial necessária para garantir o desempenho das tarefas que a organização impõe. Essas *funções* se articulam como se independessem da livre atividade dos indivíduos que as exercem. Não mais se verifica a reciprocidade *convergente* e *vivida*, como no grupo em fusão, mas a reciprocidade condicionada pela eficácia de cada membro do grupo, e que depende do dinamismo peculiar às funções que se objetivaram, a partir do momento em que as liberdades se autolimitaram pelo compromisso jurado.

As funções exigem dos indivíduos um tipo de atividade predeterminada que se apoia no ser comum do grupo. É que a razão dialética, no grupos organizados, é constituída e não constituinte. Ela se define por um conjunto de estruturas, de totalidades que parecem absorver a práxis individual. Foi sob esse aspecto, isto é, sob o aspecto da razão dialética constituída, que Durkheim considerou a sociedade, esquecendo que as funções estabilizadas nos fenômenos sociais em sua existência *objetiva*, *coletiva* e *coercitiva* representam um momento dialético que tende a ser superado. A sociedade de Durkheim absorve por completo os indivíduos. Dentro dela, eles são parcelas insignificantes de um todo transcendente, que pode mudar mas não transformar-se como se a totalização já se houvesse completado.

A verdade, porém, é que a totalização dos grupos não é plena. Ela se renova continuamente e não chega a completar-se, porque a irracionalidade dialética da práxis comum não transcende a "racionalidade dialética da práxis individual" (p. 532). O objetivo da ação comum não é o grupo, como dá a entender a sociologia durkheimiana, quando ensina que o valor da ação individual repousa no social em si. O grupo é um meio do conduzir a práxis – fundamentalmente individual – para a consecução de um objetivo comum. *Amplificador da* práxis, o grupo tem uma racionalidade secundária, por ser uma racionalidade constituída.

"Não há *práxis* ontologicamente comum: há indivíduos práticos que constroem a sua multiplicidade como objeto a partir do qual cada um cumprirá a sua tarefa na livre heterogeneidade consentida (e jurada) da função comum, isto é, objetivando-se no produto comum, como detalhe necessário da totalização em curso. Mas isso não significa que a inteligibilidade constituída exija a dissolução de toda práxis comum em ações individuais: essa dissolução implicaria, com efeito, que não há inteligibilidade fora da inteligibilidade constituinte; além disso, ela nos tornaria cegos para a metamorfose real de cada um por efeito do juramento e à relação *fraternidade-e-terror*, como fundamento de todas as diferenciações ulteriores" (p. 548).

Dizer que a práxis individual ou orgânica encerra a forma original da práxis e que, em última análise, a plena inteligibilidade à dialética só nela repousa não implica negar que a práxis comum seja inteligível. A razão dialética, lembramos mais uma vez, é a razão constituinte e constituída das multiplicidades práticas. Assim, ela deve dar razão não apenas de seu movimento, como também dos produtos e das totalidades que estão compreendidas na experiência dialética integral que começa no indivíduo para terminar na História. O fato é que, no interior dos grupos, tanto a práxis individual ou orgânica quanto a ação comum, que pode assumir a forma de *processus* objetivo, mantêm-se como duas unidades antagônicas, uma remetendo à outra. Trata-se, como diz o próprio Sartre, de um conflito circular e sem síntese, fonte de permanente mal-estar (*malaise*) em qualquer sociedade.

A ação comum encontra um limite insuperável na práxis individual e orgânica, "precisamente porque esta última a constitui e porque é, como dialética constituinte, esquema regulador e fronteira insuperável da dialética constituída. É neste nível", continua Sartre, "que se pode aprender o estranho conflito circular e sem síntese possível que representa a insuperável contradição da História: a oposição e a identidade do individual e do comum" (p. 549).

Ameaçado por esse conflito, que põe em risco sua sobrevivência, o grupo marcha para a institucionalização completa, por meio da qual regressará ao prático-inerte. A experiência dialética, demonstrando a sua circularidade, volta ao ponto de onde partiu.

Na fase do grupo organizado, que estamos acabando de descrever, é a eficácia da tarefa, de acordo com o objetivo comum que determina as *funções*. Na fase da *institucionalização*, que se vai iniciar, como o próximo estágio da experiência dialética, as funções antes sustentadas por um compromisso renovado que tem em vista o fim prático de todos, petrificam-se, passando a valer por si. Elas se transformam em *instituições*, relacionando-se com os indivíduos como as essências platônicas se relacionam com as coisas. Os indivíduos participam das instituições e são por elas incorporados. É o último grau da reificação, que coincide com a origem da autoridade e do Estado.

Capítulo III
A realidade histórica

Com esse último passo da dialética, que talvez suscite um maior interesse do leitor, por ser menos abstrato do que os anteriores momentos da totalização em curso, aproximamo-nos da realidade histórica, completando, assim, o ciclo que começou na existência individual para desembocar no processo histórico, em que se transmuda a práxis original e livre.

Veremos o quanto as teses de Sartre, nesse terreno, abalam, com mais força do que fez a crítica marxista, os postulados da Teoria do Estado. Enquanto essa crítica estabelece empiricamente que o Estado é o instrumento do poder da classe dominante, Sartre extrai esse mesmo conceito de um momento da experiência racional da totalização. A origem do Estado será racionalmente determinada no campo das relações dialéticas formais, levando-se em conta os aspectos antagonísticos da totalização do homem no meio material da escassez.

É preciso insistir sobre duas coisas, antes de prosseguirmos. Em primeiro lugar, os princípios que vêm sendo estabelecidos, no curso da experiência dialética, são formais; segundo: as condições de cada povo em seu meio geográfico próprio, e em face dos recursos disponíveis para a sua subsistência, de cada civilização com suas peculiaridades culturais, de cada fase característica de uma civilização com seus acontecimentos particulares, é que decidem o rumo e os aspectos qualitativos do processo histórico. As relações dialéticas, ao nível abstrato que estamos abordando, mostram-nos, em diferentes estágios, o modo de ser das relações humanas. Elas não suprimem a matéria concreta da História em cada caso, mas traduzem os nexos essenciais, nexos esses diferentemente vividos conforme as circunstâncias. Podemos entender o que aconteceu na História por intermédio dessas relações dialéticas. E, por outro lado, podemos reencontrar, através do conteúdo particular dos acontecimentos, essas mesmas relações, embora modificadas. Verifica-se aqui a circularidade dialética do método progressivo-regressivo, ao qual nos referimos no primeiro capítulo deste estudo. O grupo organizado, em que a práxis individual reencontra a sua liberdade na liberdade de todos, vai enrijecer-se sob nova ameaça. As *funções* se estabilizam e atuam como força inercial sobre a práxis individual. Mas, cumpre indagar, quando se fala em enrijecimento, estabilização, inércia, que limites atingiu a totalização do grupo para que tal mudança se produza. Atingiu precisamente os limites do conflito existente entre a práxis individual e a práxis comum. Conforme vimos antes, a contradição entre esses dois polos de uma mesma atividade totalizante manifestou-se na etapa da consolidação do grupo, como sendo o mal-estar permanente, que ameaça o grupo com o perigo da dissolução. O indivíduo que não está completamente integrado ao grupo, por ser transcendente ao mesmo grupo, e que também não está fora dele, por lhe ser imanente, constitui uma possibilidade de dissolução do todo, ameaçando o compromisso. "Contra esse risco permanente", diz Sartre, "que aparece no meio da organização, o grupo reage por meio de práticas novas: ele se produz sob a forma de *grupo institucionalizado*: isso significa que os *órgãos e poderes* vão transformar-se em *instituições*; que, no quadro das instituições, tentará chegar a um novo tipo de unidade, institucionalizando a sua soberania e que o indivíduo comum se transforma também em *indivíduo institucional*" (p. 573). A ameaça de dissolução vai ser interiorizada como necessidade de permanência. Surge, assim, a instituição. E esta, reinteriorizada, produz a Autoridade, "poder sobre todos os poderes"[12].

A dialética particular do Poder-Autoridade opõe-se ao poder do terceiro regulador no grupo em fusão.

No grupo em fusão os indivíduos, sobrepondo-se à alteridade serial (em que cada um é Outro para si mesmo e para os Outros), estabelecem relações de reciprocidade: a liberdade de cada qual é a liberdade de todos os demais, ou seja, os indivíduos se tornam um a um livres por intermédio da liberdade de todos. E, sendo livres, por esse elo de reciprocidade, os indivíduos, no grupo em fusão, detêm um poder que resulta do encontro mesmo das liberdades mediadas, uma servindo para revelar a outra, uma sendo poder junto com o poder de todas as outras liberdades. Desse modo, para exemplificar o que acontece no grupo em fusão posso dizer que, nele, eu sou poder na medida em que o outro o é também. Ele detém o poder que lhe pertence por meu intermédio; e é por intermédio dele que usufruo aquele poder que me pertence[13]. Isso tudo

---

12. "O sistema institucional, como exterioridade de inércia remete, necessariamente, à autoridade, que é a sua reinteriorização, e a autoridade, como poder sobre todos os poderes e sobre todos os terceiros através dos poderes é estabelecida pelo sistema, como garantia institucional das instituições" (p. 186).

13. "A reciprocidade mediada, no grupo em fusão da própria práxis como relação de convergência entre dois terceiros que se aproximam um do outro no movimento gerador do grupo: eu vejo chegar no outro, enquanto o outro se vê chegar em mim, e por esse movimento de reagrupação, cada qual se torna terceiro constituinte e terceiro constituído, simultaneamente" (p. 479). Devemos acrescentar aqui que as relações humanas, que têm na reciprocidade a sua forma essencial, são também ternárias. Dois indivíduos que realizam um trabalho em comum, cada qual interiorizando a práxis do outro, só constituem uma unidade sintética através da mediação de um terceiro. É o que diz Sartre: a unidade da díada só pode ser realizada na totalização operada por um terceiro. Vejam-se os exemplos das páginas 193-7. No grupo em formação o perigo comum que ameaça os indivíduos inertes libera a relação ternária: o indivíduo – Outro passa a terceiro, que é a mediação humana entrosando as liberdades recíprocas

como se fosse um espelhamento de liberdades que se defrontam, se reconhecem, se entrosam e tendem para um objetivo comum.

O grupo propriamente dito ainda não existe e a serialidade é mínima ou foi por momentos esconjurada. A práxis encontra aí, por assim dizer, o seu momento de essencial liberdade. O homem é, então, soberano. Toda soberania começa e acaba no indivíduo. O grupo ainda não se fechou em torno dele.

Quando, porém, o grupo se organiza, e com a sua organização surgem os momentos contíguos do *compromisso*, da *violência* e do *terror*, as liberdades passam a ser mediadas pelo objetivo comum que foi estatuído. Nessa nova fase, em vez de se interpenetrarem (reciprocidade direta), elas se separam – pois que a liberdade é a práxis original de cada um – e só se encontram por intermédio do objetivo comum (reciprocidade indireta). O objetivo comum se pluraliza em funções determinadas. Ora, com essa difração das liberdades, com o antagonismo entre a práxis individual e a comum gerada pelo objetivo de todos, com a institucionalização consequente, aumenta a inércia coletiva, acumulam-se as reações seriais.

Em consequência, o poder de cada indivíduo, no meio da institucionalização, não serve mais de regulador ao poder de todos os outros, tal como sucedia no grupo em fusão. Cada qual sendo um Outro está reduzido à impotência no meio anônimo dos Outros. O poder que o indivíduo possuía transforma-se no poder imóvel da Autoridade[14]. Daí ser a Autoridade poder sobre todos os poderes; o chefe é uma espécie de reencarnação individual do grupo, cuja soberania assegura "a mediação de todos os indivíduos". A soberania de Autoridade, assim compreendida, impõe-se como resultado dialético da impotência de todos. Quanto

---

na unidade do objeto comum (p. 398). Sendo as relações recíprocas e ternárias ao mesmo tempo, vamos encontrar "uma multiplicidade indefinida de terceiros", isto é, cada indivíduo é para os outros um terceiro em potencial, que se definirá como dirigente, líder ou chefe. O fenômeno da autoridade repousa nesse *a priori* das relações humanas.

14. "A partir do momento em que um terceiro regulador (ou um subgrupo de terceiros reguladores) é titular jurado da regulação como função organizada e quando esse mesmo terceiro recebe e concentra a violência interna do grupo como poder de impor a sua regulação, a quase soberania circulante de cada um se imobiliza e torna-se Autoridade como relação específica de um só a todos" (p. 587).

maior for a serialidade, quanto mais rígidas forem as instituições, mais forte será a Autoridade. "A Autoridade não se manifesta em seu desenvolvimento completo, comenta Sartre, se não ao nível das instituições; é preciso as instituições, quer dizer, um renascimento da serialidade e da impotência, para consagrar o poder e assegurar-lhe a sua permanência; por outras palavras, *a Autoridade repousa necessariamente na inércia e na serialidade, enquanto Poder constituído*; mas, inversamente, a sua eficácia real deve visar, pela força coercitiva de que dispõe, a aumentar a impotência e o número das instituições, como produtos da recorrência e da massificação e como a única arma comum eficaz para lutar contra os fatores de dispersões" (p. 587).

Essas novas contradições que despontam, e que são inerentes ao exercício da Autoridade produzida no decorrer da totalização partindo da escassez, permanecerão criando os antagonismos necessários não só ao aparecimento como à dissolução da entidade histórica chamada Estado.

As relações dialéticas que acabamos de expor resumidamente são intrincadas. Mas elas definem, conforme mostrarão as passagens seguintes, a racionalidade do poder constituído. Por um movimento autocorretivo, peculiar à dialética, essas relações se clarificam na medida em que formos compreendendo, por intermédio delas, a natureza da Soberania, a estrutura do Poder e a contradição que o Estado encerra.

A soberania política (como poder de mando, de chefia) não é uma síntese de vontades; muito menos é a expressão da maioria ou da coletividade. A soberania existe na medida em que o homem é soberano, mas o seu exercício, como *poder constituído*, advém da reinteriorização da práxis exteriorizada na forma da instituição. Sob esse aspecto, que nos interessa particularmente, ela tem por base a *reificação*.

De fato, aquele que exerce a soberania, como a Autoridade, dirige o poder sobre todos os Outros, em função da impotência característica das relações de alteridade. Ou melhor, esse exercício está condicionado pela impotência dos Outros, aumentando o poder na medida em que aumenta essa impotência. Inversamente, os indivíduos, que são Outros para a Autoridade constituída, graças à soberania institucionalizada, compreendem a Autoridade como poder estranho, que provém de Outrem.

Assim a Autoridade se apresenta como força exterior aos indivíduos e os indivíduos se apresentam exteriormente a ela. A única reciprocidade existente entre eles e o Poder é a reciprocidade de anulação: o soberano torna-se objeto para a coletividade e esta torna-se objeto para o soberano.

Para que a Soberania política se constitua é necessário, pois, que a sociedade se polarize: de um lado, o grupo (cujos interesses ou fins o poder constituído representa) e, de outro, as séries ou coletivos, que formam o domínio inercial das massas ou da coletividade não arregimentada. Nas condições em que a história humana vem se fazendo, o poder político não vem de baixo para cima, não sobe do coletivo ao Soberano. O Estado, entidade concreta, que detém a soberania, e cuja estrutura é a mesma do poder político, tem a sua origem num grupo. Numa sociedade dada, ele só pode aparecer como expressão de um grupo – de um grupo que age sobre uma serialidade inerte, assentando o seu poder na inércia dessa serialidade.

"O Estado é *primeiramente um grupo*, que se estrutura sem cessar, e modifica a sua composição por uma renovação parcial – contínua ou descontínua – de seus membros. No interior do grupo, a autoridade do soberano se baseia nas instituições e nas exigências, na necessidade de assegurar a unidade rigorosa do aparelhamento em face da dispersão das séries. Por outras palavras, esse grupo integrado atribuiu-se o fim de manipular os coletivos sem sair da serialidade e de assentar o seu poder sobre a heterogeneidade de seu ser e do ser da série" (p. 610)[15].

O Estado, que incorpora a práxis de um grupo que age sobre todos os outros situados fora do grupo, produz-se *no interior da classe dominante*. A classe dominada, participando do setor das séries coletivas, é exterior a ele. O ensinamento tradicional da *Teoria do Estado*, que diz ser o Estado o órgão conciliador entre os interesses individuais e os coletivos, cai por terra, dialeticamente. Expressão de um grupo, o Estado

---

15. "Esta heterogeneidade radical do Estado e dos agrupamentos inertes fornece a verdadeira inteligibilidade do desenvolvimento histórico da soberania. Se há classes (se a experiência prática e histórica nos faz tomar consciência delas), o Estado se institui com efeito, nessa luta, como órgão da classe (ou das classes) de exploração e mantém pela coerção o estatuto das classes oprimidas" (p. 610). "O Estado é uma determinação da classe dominante, e essa determinação está condicionada pela luta de classe" (pp. 611-2).

só pode conciliar os interesses que dividem esse grupo. Ele é, sim, mediador dos conflitos interiores à classe dominante que o produziu e que foi, também, por ele produzida. Radicado na impotência dos Outros – os quais são objeto para a sua atividade – ele perdura favorecido pela passividade dos coletivos. E são os coletivos que o sustentam contra a força dissolvente dos interesses das classes dominantes, quando esses interesses, que o Estado representa, lutam entre si. Desse modo, sacudido pelo conflito dos interesses de que se tornou órgão, o Estado arrima-se na passividade inercial das massas. Ele é, como diz Sartre, *caucionado pelos explorados*, impondo-se como *unidade soberana de todos*. "Imposto pelos exploradores como uma cobertura da exploração, ele é, ao mesmo tempo, caucionado pelos explorados. Essa autonomia de situação, essa heterogeneidade de estrutura, essas facilidades de manobra conduzem-no a se constituir como a própria *nação*." A contradição do Estado reside no fato de que, sendo um órgão de classe, que tem objetos e interesses de classe, manifesta-se também como *unidade soberana*.

O Estado submete os indivíduos não agrupados a um processo de massificação permanente, mantendo e estimulando a inércia que os une por diversos meios, que possuem a mesma natureza e que tendem para o mesmo fim. Assim, por exemplo, o dirigismo do consumo, o serviço militar, o racismo, o sistema eleitoral, são, entre outras, práticas inerciais de massificação ou de exterocondicionamento[16].

Nas últimas páginas da *Crítica*, Sartre descreve particularmente as técnicas de exterocondicionamento, o sentido da luta de classes, a situação do proletariado e de seu processo de totalização. As relações seriais aumentando com o emprego das técnicas de exterocondicionamento, a práxis individual, ao nível do Estado, tende a ser absorvida. Tais relações, nesse ponto, em que o poder se constitui ou se institucionaliza, representam um caso particular da razão dialética. É a *razão serial*, que resulta da práxis unificada do grupo, práxis esta condicio-

---

16. Com o Estado aparece um novo tipo de práxis cujo princípio é "utilizar a serialidade, levando-a ao extremo para que a própria recorrência produza resultados sintéticos (ou suscetíveis de síntese)" (p. 614). Veja o leitor os diferentes exemplos dados por Sartre: propaganda, agitação, publicidade etc. que definem a natureza do exterocondicionamento (pp. 614-24).

nada pela atividade exterior do prático-inerte e dos coletivos em geral. A atividade grupal estabiliza-se, formando um sistema unificado, que nada mais é do que uma pseudototalização.

É no sentido da mudança, das possibilidades de transformação, que devemos entrever o curso posterior da razão dialética. A totalização da classe operária se torna compreensível levando-se em conta a sua relação com a classe que lhe é antagônica. Mas a inteligibilidade da luta de classes não reside apenas na exploração econômica da classe dominada pela dominante. A opressão é o elemento constante que acompanha as formas de exploração econômica[17]. O antagonismo entre as classes, a luta entre dominantes e dominados, o conflito entre opressores e oprimidos, nos quadros da exploração econômica, pertencem ao conteúdo da experiência dialética e, portanto, à totalização em curso.

Capítulo IV
A verdade humana

Da práxis individual às relações grupais e institucionais, da existência aos coletivos, do homem à história – eis o percurso da totalização que a experiência crítica nos permitiu seguir em linhas esquemáticas. As reduções e as simplificações se impuseram nesta exposição. *La Critique de la Raison Dialectique* tem uma riqueza excessiva; é difícil esquematizar o seu pensamento denso e complexo, aliado a uma terminologia exuberante e indispensável. Sem as descrições minuciosas feitas a cada passo, reveladoras do sentido das relações abstratas e das etapas dialéticas aqui resumidas, sem os admiráveis exemplos de situações concretas que Satre sabe escolher e que não poderíamos repetir

---

17. A exploração econômica, processo objetivo, constitucional, que resulta das transformações do modo de produção, não basta, como pensava Engels, para assegurar a inteligibilidade dialética da luta de classes como luta. Desse ponto de vista, a oposição entre capitalistas e salariados "merece tanto o nome de luta quanto a oposição entre a janela batendo e a parede em que ela bate" (p. 669). Como luta, a relação inerente à exploração econômica é uma relação entre opressores e oprimidos. "O economismo é falso porque faz da exploração um certo resultado e apenas isso, quando esse resultado não pode se manter nem o processo do capital se desenvolver sem o projeto de explorar" (p. 687).

neste estudo, sem a mobilidade impressionante de seu pensamento que corrige as abstrações religando-as à realidade concreta, existencial – sem tudo isso, esta síntese só pode dar ao leitor uma ideia esmaecida do conteúdo de *La Critique de la Raison Dialectique*.

Gostaria, entretanto, que ao leitor não faltasse uma ideia bem nítida da importância filosófica da última grande obra de Sartre, que ultrapassa as limitações e o escopo do marxismo ortodoxo. A significação de *La Critique de la Raison Dialectique*, no contexto da filosofia atual, não poderia deixar de ser puramente dialética, num sentido preciso: as principais antinomias do pensamento contemporâneo são ultrapassadas nessa obra.

A primeira delas é a antinomia entre *razão* e *experiência*. Sartre mostrou que a razão, contida na experiência humana, é a práxis totalizante, em cujo movimento surgem os universais e as categorias que determinam a sua necessária inteligibilidade. A razão torna-se, desse modo, o prolongamento reflexivo da experiência e o nexo estruturador da atividade de um ser que interioriza a matéria e que na matéria exterioriza a sua existência. Mas essa razão totalizante ou constituinte, que podemos aproximar da *razão histórica* de Dilthey e da *razão vital* de Ortega, engloba também a razão analítica do pensamento positivo. Essa última constitui um movimento da primeira, o que importa em afirmar que a razão é essencialmente dialética. Vencer o positivismo, que não admite uma verdade humana em realização e que retalha a história em setores estáticos, independentemente do movimento totalizador, é um dos objetivos polêmicos de *La Critique de la Raison Dialectique*.

A segunda antinomia é a que opõe *existência* e *história*, práxis individual e *processo histórico*. Sartre dissolve essa oposição. Para ele a totalização nada mais é do que o modo pelo qual a existência se temporaliza no meio material da escassez. Os processos objetivos, que ultrapassam o âmbito da ação individual, não têm, como tivemos a oportunidade de verificar estudando a dialética dos grupos, uma inteligibilidade radical. "O único fundamento concreto da dialética histórica é a estrutura histórica da ação individual" (p. 279).

Finalmente resolve-se a contradição entre *liberdade* e *necessidade*. Contra-ação, contrafinaldade ou antipráxis, a *necessidade* se origina da própria liberdade. Dissolvendo dialeticamente essas três antinomias, Sartre pôde subir da práxis individual à compreensão dos conjuntos humanos. Foi só, porém, no curso da experiência de totalização, como recomposição reflexiva do movimento totalizador, que essas antinomias se diluíram. A razão dialética, completando o seu ciclo, revela-se como "razão constituinte e constituída das multiplicidades práticas". No movimento da práxis, os universais singulares e as categorias compreensivas exigidas pelo movimento totalizador da existência delinearam a razão constituinte, que é também lógica da liberdade.

Uma lógica da liberdade é possível em virtude da situação do ser humano. Material em sua existência, o homem, agindo sobre a matéria, exterioriza-se nela. É pela matéria, como mediação de todas as mediações, que o seu mundo histórico se estrutura. As significações provenientes do passado, as inércias, os processos impessoais, os conflitos, a violência, resultam dessa mediação. "Rien n'arrive aux hommes et aux objets que dans leur être materiel et par la matérialité de l'être." Não fosse assim, a história não estaria condicionada pela escassez, que permite estabelecer a primeira relação dialética. Esse *a priori* radical é necessário, uma vez que a História só acontece por intermédio dele, mas é também contingente, por ser a escassez uma circunstância de fato que possibilitou esta modalidade de totalização, a qual fez de nós "ces individus produisant cette histoire et que se définissent comme des hommes".

Vê-se, então, que o processo histórico reveste-se das mesmas características da existência. É fáctico e contingente. Não é dirigido por uma ideia exterior aos homens, por uma essência eterna que estabeleça os fins últimos ou por um Espírito absoluto em realização, como pensava Hegel. Aqui, também, no domínio da história, *a existência precede a essência*. O homem é vir-a-ser, é projeto.

A projeção de todos os indivíduos ligados entre si pela reciprocidade, vivendo no meio material da escassez, produzindo as suas condições materiais de existência e produzindo-se por intermédio delas – o entrecruzamento de todas as práxis individuais num só movimento de totalização, com seus suportes materiais e suas molas dialéticas –, forma o desenho temporal da ação humana transitando de horizonte para horizonte. O primeiro volume de *La Critique de la Raison Dialectique* termina justamente fazendo-nos entrever que, embora a totalização se opere sem totalizador, a história só poderá ser inteligível "se as diferentes práticas que podemos descobrir num momento da temporalização histórica apareçam, no final, como parcialmente totalizantes e como que reunidas e fundidas em suas oposições e suas diversidades por uma totalização inteligível e sem apelo" (p. 754).

Os conflitos e os antagonismos criados e superados pela atividade do homem não teriam sentido – escreve Sartre, no Prefácio – se através deles não houvesse um movimento totalizador, se a História e a Verdade não fossem totalizantes. O problema fundamental parece então residir na pergunta: haverá uma verdade do homem?

Ao fim de *La Critique de la Raison Dialectique*, obra que mantém, no quadro teórico do marxismo, as teses fundamentais de *L'Être et le Néant*, podemos responder que há uma verdade humana. Essa verdade, própria de um ser contingente, é a sua autocriação contínua. O homem é a verdade do homem, pois existimos num mundo "où il n'y a que des hommes" [onde não há senão homem].

Sendo a *razão histórica* a mesma *razão da existência*, a totalização envolve a responsabilidade de cada indivíduo perante os Outros, na medida em que é através da conjunção dos projetos que a verdade humana irrompe e se realiza historicamente. Pode-se afirmar, desse modo, que a razão dialética se harmoniza com a responsabilidade absoluta que o homem tem na criação ética de si mesmo.

Les Séquestrés d'Altona*

I

No debate público sobre a última peça de Jean-Paul Sartre, *Les Séquestrés d'Altona*, que se realizou à noite de 27 de janeiro passado[1], sob a presidência de Gabriel Marcel, no Centre Catholique des Intellectuels Français, predominou a opinião que vê nesse drama um ligeiro desvio das teses correntes do existencialismo sartriano a respeito da responsabilidade humana, como também uma indecisão comprometedora de seu conhecido ateísmo. Segundo essa corrente, que teve a simpatia de grande parte da assistência, *Les Séquestrés d'Altona* abre uma perspectiva, embora vaga, à renovação do pensamento de Sartre. Parece-nos, contudo, que o dramaturgo, longe de trair o filósofo, expressou os seus já tradicionais pontos de vista éticos, através da dialética viva desse drama em cinco atos, que dura três horas e meia de apresentação. São as mesmas ideias de *L'Être et le Néant*, confirmadas em *L'existencialisme est un humanisme* [*O existencialismo é um humanismo*], que explicam a maneira de sentir e de pensar dos personagens, a situação dramática em que eles se encontram e o desfecho trágico da peça.

....
* Suplemento literário do *Estado de S.Paulo*, 2 e 9 out. 1960.
1. Este texto foi publicado em 1960. [N. do Org.]

Les Séquestrés d'Altona pode ser considerada o drama da *conscience malheureuse*, naquele sentido hegeliano da consciência de si, enclausurada e incapaz de transcender a sua situação de isolamento. A solidão do tenente Frantz von Gerlach, o filho mais velho de um grande capitalista alemão, proprietário de estaleiros de construção naval, é voluntária. Há treze anos, depois do término da Segunda Guerra Mundial, da qual ele participou ativamente, combatendo na frente russa, vive encerrado num quarto da casa paterna, somente mantendo relações com Leni, a irmã solteira. Frantz deveria suceder o pai à testa da empresa, fortuna e glória da família. Mas cortou bruscamente as suas relações com o mundo e recusa-se até mesmo a receber o pai, que, prestes a morrer de um câncer na garganta, anseia vê-lo e falar-lhe pela última vez. O velho Von Gerlach, dominador e absorvente, espécie de super-homem decaído, reuniu o conselho da família e obrigou Werner, o filho caçula, advogado em Hamburgo, casado com a ex-atriz Johanna, a jurar que não abandonará a casa e a direção dos negócios após a sua morte. Diante da atitude do marido, que ama profundamente o pai, Johanna compreende que Von Gerlach está sacrificando Werner a Frantz. Com o intuito de salvar a própria independência e a de Werner, ela vai procurar saber os motivos da estranha reclusão de Frantz, que legalmente está morto, em virtude de uma certidão falsa tirada em Altona, na Argentina, onde ele deveria ter-se exilado, para escapar de um inquérito por agressão a dois soldados norte-americanos, que residiam com os Gerlach, na fase da ocupação da Alemanha. Leni, que ama o irmão mais velho e que se considera ligada ao destino dele, opor-se-á ao desígnio da cunhada. Von Gerlach, porém, calculadamente, sugere a Johanna que se aproxime do oficial solitário e tente conseguir, a troco da liberdade de Werner, a entrevista com a qual ele sonha há muito tempo, a que Leni se esforçará por impedir, para vingar-se do pai.

Todas as forças do drama convergem para Frantz, e os conflitos, que se delineiam no primeiro ato, resultam de sua posição e de sua influência emocional sobre os outros personagens. "Nous sommes quatre ici", diz o pai, "dont il est le destin sans même le savoir." Inversamente, os outros são responsáveis pelo destino de Frantz. Ele depende tanto do velho Von Gerlach, contra quem se rebelou, como de Leni, que partilha de suas obsessões cotidianas. Por sua vez, Johanna, que consegue seduzir Frantz, tentará chamá-lo à realidade e desfazer a magia do mundo imaginário, sem o qual ele não poderá mais viver.

Von Gerlach ganha a partida: pai e filho encontram-se afinal, e após um diálogo decisivo, que é o ponto alto da peça, resolvem suicidar-se juntos. Leni tomará o lugar de Frantz, isolando-se como ele, e Johanna, que seduzira e fora seduzida pela personalidade do cunhado, continuará ao lado de Werner, que ela deixou de amar.

A situação dramática, extremamente complexa, de *Les Séquestrés d'Altona*, abrangendo conflitos entrecruzados, repousa, portanto, em Frantz. Dominado por um profundo sentimento de culpa, que se exterioriza numa forma específica de loucura que poderíamos chamar a loucura da responsabilidade total, o herói de "consciência infeliz", envergando a sua farda de oficial, desbotada e rota, cujas condecorações servem de invólucro a bombons de chocolate, ocupa-se, na solidão do quarto transformado em cela, em defender a sua época perante uma assembleia fantástica de seres, "les habitants masqués du plafond" [os habitantes mascarados do telhado], que têm a natureza física dos caranguejos e um resto da nossa atual essência humana. Esses seres representam a humanidade futura. Constituem o gênero humano residual que povoará o mundo, depois de consumada a destruição total do homem pelo homem. São os nossos dejetos morais, secretados pelo mal que corrompe a época. Eles têm a carapaça dos caranguejos, mas herdaram dos homens o sistema nervoso e o olhar penetrante. Os "crabes", que descendem de nós, serão os nossos implacáveis juízes. E é perante o tribunal da humanidade calcária, encarapaçada, que nos espera daqui a um século, e que dificilmente poderá compreender e desculpar a humanidade atual, que Frantz profere os seus discursos em defesa da época e dos homens, registrando-os num gravador, para deixá-los como legado a essa posteridade sombria. "Ecoutez la plainte des hommes: 'Nous étions trahis par nos actes. Par nos paroles, par nos chiennes de vie.' "Décapodes, je témoigne qu'ils ne pensaient pas ce qu'ils disaient, et qu'ils ne faisaient ce qu'ils voulaient." Por vezes a sua apologia transforma-se num lamento patético: "Ne jetez pas mon siècle à la poubelle. Pas sans m'avoir entendu. Le Mal, Monsieur les magistrats, le Mal, c'était l'unique materiel. On le travaillait dans nos raffineries."

A improvisação de semelhantes peças de defesa é a única ocupação de Frantz, votado a cumprir uma vigília histórica infindável, que o coloca à margem do tempo, no ambiente apocalíptico que sua imaginação criou. Seus gestos, quase rituais e de significação ambígua, são expressivos, traduzindo um processo tumultuoso e contínuo de evasão que caracteriza, clinicamente, o seu desequilíbrio mental. A loucura de Frantz deriva, porém, de um ato consciente. Ela é voluntária por ser um refúgio à sua vida frustrada e inautêntica. O velho Gerlach sabe que ele não é um louco, e sim um infeliz que deseja escamotear o passado, e dissimular a sua consciência culposa por uma responsabilidade universal compacta, que possa absolvê-lo individualmente ou torná-lo irresponsável.

Conduta estranha a desse apologista da nossa época, que prepara a defesa futura do homem presente! Parece ter avocado para si todas as culpas e todos os males do tempo, mas com a reserva mental de que o destino do homem encontra-se encerrado; e que agora só lhe resta aguardar o julgamento definitivo. "L'homme est mort et je suis son témoin" [O homem morreu e eu sou sua testemunha]. Ele deseja inocentar a humanidade em bloco, e dando o seu testemunho a favor da espécie, desempenha, ao mesmo tempo, o papel de acusador e réu. A culpa que ele atribui a todos reside nele, reduzindo-se, por isso, a uma só culpa individual e intransferível que lhe pertence integralmente. Desse modo, a causa universal advogada perante o tribunal dos "crabes" não passa de uma autojustificação.

O que falta a Frantz é a coragem necessária para aceitar a sua responsabilidade no conjunto da responsabilidade humana generalizada, e ultrapassar o sentimento de culpa que o aflige. Durante treze anos, no meio de seu mundo mítico, onde o tempo suspendeu o seu curso, ele consegue dissimular essa responsabilidade e protelar a sentença sem apelação, que exige de si mesmo, mas que não tem forças para dar. A decisão final que toma, aderindo ao projeto de suicídio do pai, será a evasão definitiva, e mais um ato inautêntico acrescentado aos anteriores. De Frantz, que não foi capaz de vencer, de deixar uma obra e um nome perdurável, como fizera Von Gerlach, restará um último depoimento que o gravador reproduz na presença de Leni e de Werner, antes de cair o pano. Esse depoimento, mais real e verdadeiro do que o seu próprio autor, é uma afirmação desesperada de si mesmo contra o Absurdo de sua existência e o Nada que o espera para além da Morte: "Peut-être n'y aura-t-il plus de siècle aprés le nôtre. Peut-être qu'une bombe aura soufflé les lumières. Tout sera mort: les yeux, les juges, le temps. Nuit. Le tribunal de la Nuit, toi qui fus, qui seras, qui es, j'ai été. J'ai été. Moi, Frantz von Gerlach, ici, dans cette chambre, j'ai pris le siècle sur mes épaules et j'ai dit: j'en répondrai. Hein quoi?"

Assim termina *Les Séquestrés d'Altona*: a máquina falando pelo homem. Pode-se ver nisso um símbolo do que somos e do que seremos. Sartre não julga o personagem: deixa-o agir livremente. Mas ele nos mostra as razões de seu fracasso e de sua decisão final desesperada. E essas razões são as do humanismo sartriano, incapaz de julgar e de condenar, porque não admite uma instância moral superior ao homem.

II

O humanismo sartriano não julga os homens, mas exige que eles aceitem o estado de "abandono" da existência e que criem os valores da ação, escolhendo, de maneira absoluta, um caminho e inventando uma ética. A escolha autêntica é radical e originária. O indivíduo, responsável pela gênese e pelas consequências de seu ato, é também responsável pelos outros homens, na medida em que a decisão de um reflete-se na situação e na decisão de todos os outros.

O homem é absolutamente responsável por ser absolutamente livre. E, se Deus não existe, a responsabilidade adere à consciência do homem, implacavelmente, sem possibilidade de redenção. Nenhum julgamento poderá apagar os seus atos e nenhum castigo será capaz de esconjurá--los. Sendo a responsabilidade humana intransferível e irreversível, o sentimento de culpa, que deriva da ação tem que ser superado pela própria ação, e a vã persistência leva ao suicídio ético, à clausura da consciência em si mesma, tentando fixar-se desesperadamente no passado ou projetar-se no futuro, sem forças para continuar sendo livre e para inventar os seus próprios valores.

Frantz, presa dessa "consciência infeliz", culposo, evita a aceitação da própria responsabilidade e, em procedendo, age de má-fé. Daí a evasão da loucura ou a loucura da evasão que caracteriza o estado de agonia moral, que já constitui uma antecipação do suicídio. Ele diz a Johanna: "Déjà la folie se délabre, Johanna, c'était mon réfuge; que deviendrai-je quand je verrai le jour?"

Escamoteando a culpa que ele deveria reconhecer para superar, Frantz tenta transferi-la aos outros: aos Aliados, que arrasaram a Alemanha com as suas Cruzadas Democráticas; aos soldados alemães, que deveriam ter lutado mais e que não foram bastante cruéis, duros e inumanos com o inimigo. A Hitler também cabe a mesma culpa e, por trás de Hitler, cujo retrato ele alveja nos momentos de irritação com pedaços de conchas, há uma série de implicados da mesma estirpe, como Von Gerlach, o pai.

No entanto Frantz não pode repartir com ninguém a sua responsabilidade pessoal pela tortura de dois prisioneiros russos. Sob o pretexto de salvar a Alemanha da destruição, ele atentara contra o Homem, renegando a sua passada generosidade, que o fizera, certa vez, antes da guerra, esconder no seu próprio quarto um judeu polonês que se evadira do campo de concentração existente nos terrenos de Gerlach vendidos ao governo. "Il avait encore à la dignité humaine" [Ele acreditava ainda na dignidade humana]. Mas o sentimento de impotência diante da injustiça e da violência contra o refugiado, que o pai denunciara à polícia e que os SS mataram na sua frente, gerou em Frantz uma revolta diabólica. Revolta contra o pai, cujo poder se identificava, para ele, com o poder de Hitler. Esperou, então, vencer a violência com violência e superar o primeiro fracasso fazendo a experiência vertiginosa da força e do poder. "C'était un petit puritain, une victime de Luther, qui voulait payer de son sang les terrains que vous aviez vendus... il comprit qu'on lui pertencait tout parce qu'il comptait pour rien", diz Johanna a Von Gerlach.

A escolha de Frantz, engajando-se na luta, de corpo e alma, não era autêntica. Em vez de lutar em favor da causa, lutava contra a sua frustração. Identificar-se-ia, depois, com o destino histórico da Alemanha, cuja recuperação material ele não queria aceitar. A Alemanha, treze anos após a guerra, continuava sendo, aos seus olhos, uma montanha de escombros. As ruínas que subsistiam na sua imaginação absolviam-no da crueldade. "Les ruines me justifiaient: j'aimais nos maisons sacagées, nos enfants mutilés." "Il faut que l'Allemagne crève ce que je sois un criminel de droit commun."

Três aspectos da peça de Sartre parecem favoráveis à ideia de que algumas importantes teses sartrianas sofrem, em *Les Séquestrés d'Altona*, uma espécie de revisão discreta, de amolecimento doutrinário. O primeiro é que Frantz, tendo necessidade de um juiz imparcial para julgar os seus atos, não encontra esse juiz entre os homens. Então, quererá Sartre dizer-nos que somente Deus, se existisse, poderia julgar Frantz? Ou que Frantz está, sem o saber, à procura da justiça divina?

O segundo ponto é a comunhão afetiva entre pai e filho, os quais, no final do drama, suicidam-se juntos, como se Gerlach tivesse assumido a culpa de Frantz e se tornasse responsável pelos atos do outro. Finalmente, manifestar-se-ia em Gerlach a dúvida do ateísmo.

Efetivamente, Frantz quer ser julgado. Mas em nome de que moral? Sartre, de seu ponto de vista filosófico, só pode considerar essa necessidade de julgamento por outrem como escapatória, como fuga à aceitação da responsabilidade... Frantz não tem moral que possa julgá-lo, porque é incapaz de criar a sua própria. Necessitando que o julguem e que o condenem, é ainda ao pai, que possui a sua própria ética, que ele se dirige para obter o veredicto, mesmo negando-lhe o direito de pronunciá-lo. "Vous ne serez pas mon juge... Deux criminels: l'on condamne l'autre au nom des principes qu'ils ont tous les deux violés..." Essa busca de uma sanção moral fora do homem pode ser interpretada como um início obscuro de conversão religiosa. A loucura de Frantz seria, assim, como disse alguém na noite do debate da peça, no Centre Catholique des Intellectuels Français, "um delírio por falta de um Absoluto que pudesse julgá-lo". Ambos, pai e filho, encontram no suicídio uma saída desesperada para forçar a porta desse Absoluto. Para Sartre, no entanto, somente existe o desespero dos dois e, em lugar do Absoluto, o vazio em que eles tombam.

No final da peça, quando Frantz abandona o quarto, verificando a impossibilidade de continuar representando sua farsa, e se avista com Gerlach, parece que as duas consciências que se defrontam realizam entre si uma comunicação verdadeira, para além das palavras ásperas do diálogo, e que o pai aceita a responsabilidade pelas culpas do filho: "Dis à ton Tribunal de Crabes que je suis le seul coupable – et de tout." Depois de ter ouvido isso, Frantz aceita o suicídio, compreendendo que era isso que Gerlach espera dele: "Voilà ce que je voulais vous entendre dire. Alors j'accepte – Le Père: Quoi? – Frantz: Ce que vous attendez de moi, une seule condition: tous les deux, tout de suite."

Sartre admitiria, com esse desfecho, a transferência da responsabilidade, através de um nexo subjetivo profundo, interpessoal, fazendo do suicídio dos dois personagens um momento de comunicação verdadeira, em que recebe, por piedade ou amor, a culpa que só ao outro pertence. Mas não. Aí é que Sartre estende uma armadilha aos intérpretes. Não há comunicação entre Frantz e o pai, mas absorção de Frantz pelo pai. Só pode haver comunicação entre duas pessoas igualmente autônomas, livres, responsáveis. Entretanto, quem é Frantz senão um prolongamento do pai, um outro Gerlach, embora fracassado, sem gênio para comandar e para obedecer? A verdade é dita por ele: " Frantz, il n'y a jamais eu que moi." Revolta do filho, que replica – "C'est vite dit: prouve-le. Tant que nous vivrons, nous serons deux." A prova será o suicídio de Frantz: Le Père – "Je t'ai fait, je te déferai. Ma mort enveloppera la tienne et, finalement, je serai seul à mourir." É que dentro de Frantz estava o pai, que se repetia nele como dentro de um homem qualquer está sempre o Homem, "la bête carnassière", que nos espreita e inspira os nossos atos. "Un et un font un, voilà notre mystère. La bête se cachait, nous surprenions son regard, tout à coup dans les yeux intimes de nos prochains; alors nous frappions légitime défense préventive. J'ai surpris la bête, j'ai frappé, un homme est tombé, dans ses yeux mourants j'ai vu la bête, toujours vivante, moi. Un et un font un: quel malentendu."

Quanto ao terceiro e último aspecto, acho que não se pode descerrar em *Les Séquestrés d'Altona* nenhuma mudança, ainda que milimétrica, na posição de rigoroso ateísmo esposada por Sartre. O diálogo que se tomou por base, para denunciar essa perspectiva de reconsideração do problema, é o seguinte: Frantz: "Il n'y a pas de Dieu, non?" – Le Père: "Je crains qu'il n'y en ait pas: c'est même parfois bien embêtant."

A expressão desconsolada de que se reveste a resposta do Pai não é insólita no quadro característico do pensamento sartriano. Ela equivale perfeitamente a outra, que vamos encontrar em *L'Existencialisme est un humanisme*, quando Sartre, definindo a sua atitude, por oposição à dos radicalistas que não creem em Deus, e que não obstante, admitem valores éticos universais, observa: "L'existencialisme, au contraire, pense qu'il est *très génant que Dieu n'existe pas*, car avec lui disparait toute possibilité de trouver des valeurs dans un ciel intelligible..." É desagradável, é incômodo que Deus não exista. E isso é tudo quanto Sartre diz em *Les Séquestrés d'Altona* pela boca de Von Gerlach.

O pensamento sartriano não mudou de tom em *Les Séquestrés d'Altona*, drama que ilustra, como aliás todo o teatro de Sartre, esta afirmativa que constitui um resumo das teses do existencialismo ateu: "o homem oscila entre o Ser e o Nada, e fora de seu ato, que lhe dá o ser, ele nada é".

Do romance à razão dialética*

O estreito vínculo entre literatura e filosofia, que singulariza a obra de Jean-Paul Sartre (1905-80), não decorre apenas da dupla habilitação do autor, homem de letras e filósofo ao mesmo tempo. É certo que o homem de letras, como dramaturgo e romancista, e o filósofo, raciocinador e dialeta, se alternaram em Sartre. O que aliou essas duas díspares vertentes, a do romancista e dramaturgo à reflexão crítica do filósofo, foi a vocação exploratória premente de um consumado escritor, que já se manifestara nos *Carnets de la drôle de guerre*, seu diário do período entre novembro de 1939 a março de 1940, quando soldado das tropas francesas no início da Segunda Guerra Mundial, para circunscrever em conceitos abstratos os mais obscuros e mais inferiores meandros da experiência humana.

O primeiro livro de repercussão publicado por Sartre foi *La Nausée* (1937), novela na qual descreve, como parte culminante do enredo, essa experiência tanto corporal quanto psíquica de enjoo ou de nojo (náusea, *nausée*), em um dos personagens, o historiador Antoine Roquentin, autor fictício da narrativa, escrita sob a forma de diário desse personagem na cidade de Bouville, e que constituirá o núcleo emotivo

----
* Palestra proferida na seção "Os poderes da palavra: filosofia, literatura e ética", do Projeto "Sartre – as razões da liberdade". Brasília/São Paulo: Centro Cultural do Banco do Brasil, set.-out. 2005.

da filosofia sartreana, já esboçada nos *Carnets* antes citados e exposta, seis anos depois, num volumoso tratado – *L'Être et le Néant*, 1943 – em seguida abreviado e esclarecido, para o grande público, numa conferência aberta, denominadora do pequeno livro polêmico, *L'Existentialisme est un humanisme* (1946).

De inquietação a inquietação, da estranheza em relação ao que o cerca ao sentimento, prejudicial a um historiador, da inutilidade de seu interesse pelo passado, e deste sentimento à sensação de tédio e de vazio, Roquentin padece, de súbito, o grande abalo da descoberta nauseante da existência – descoberta que é ao mesmo tempo mal-estar, visão extraordinária e êxtase – ao contemplar, num jardim público de Bouville, a raiz de uma castanheira, despojada de seu aspecto familiar, agora repugnante "massa negra e nodosa". "J'ai envie de vomir – et tout d'un coup ça y est: la Nausée" [Tenho vontade de vomitar – e de um só golpe, aí ela está: a Náusea].

Mal-estar súbito e injustificável que do corpo se apodera e do corpo se transmite à consciência por uma espécie de captação mágica, emocional do mundo – Sartre já estudara essa emoção lado a lado com as imagens e o imaginário –, a náusea, mais primitiva do que a angústia e como esta esporádica, revela-nos, sob a forma de um fascínio da coisa, a contingência do sujeito humano e o absurdo do ser que o circunda. Emocionalmente, a náusea é "um êxtase horrível", "um deleite atroz". Nada separa Roquentin da existência que o penetrou, sufocando-o, entrando-lhe "pelos olhos, pelo nariz e pela boca...".

Essa penetração já é compreensão iluminadora da própria coisa desprendida das significações da linguagem verbal. "Les choses se sont delivrées de leur noms" [As coisas libertaram-se de seus nomes]. Iluminada desse modo pela mesma existência, a consciência experimenta ao mesmo tempo a sua contingência, a sua superfluidade e o caráter irredutível e injustificável do fato de existir – a sua facticidade, na terminologia filosófica. Nessa descrição da náusea, equivalente a uma intuição do fato de existir eu, e de existirem coisas diferentemente de mim, e portanto como um recorte, nem natural nem psíquico, da esfera ontológica, não predeterminada, entre dois modos distintos de ser – o *En-soi* (Em-si) e o *Pour-soi* (Para-si) –, está em botão toda a filosofia de Sartre.

O caminho ou método que o pensador francês, bolsista na Alemanha entre 1933 e 1934, seguiu para alcançá-la foi a fenomenologia de Edmund Husserl, professor em Freiburg em Breisgau: a descrição dos estados da consciência, não mais porém a título de conteúdos imanentes e reais da mesma consciência, e sim como atos vividos de caráter intencional. A intencionalidade, em que reside o cerne expansivo desse método, mereceria de Sartre já em 1939 um artigo entusiástico, consignando a "revolução copernicana" que desse princípio decorrera para além dos fatos psíquicos, na investigação filosófica do real. "Contra a filosofia digestiva do empírico-criticismo e do neokantismo, contra todo 'psicologismo', Husserl não se cansa de afirmar que não se pode dissolver as coisas na consciência". O entrelaçamento dos estados psíquicos no fluxo da consciência em um Bergson, a ideia de regulação da mesma experiência por meio de formas *a priori* no neokantismo, ou ainda o predomínio da diretiva psicologista, segundo a qual os aspectos lógico e ontológico de nossas vivências são de cunho psíquico, assim se identificando o real e o anímico, seriam casos exemplares da mesma tendência digestiva da filosofia apontada por Sartre. Desse ponto de vista, estaria a castanheira entrevista por Roquentin nas imagens e representações mentais existentes dentro dele. Mas, se a vivência é intencional, o personagem de *La Nausée* percebeu-a "na beira da estrada, no meio da poeira, só e torcida sob o calor, a vinte léguas da costa mediterrânea". Pois que não há um "dentro" para a consciência senão como um torvelinho de vivências que transcendem o material empírico delas constitutivo. É de uma simplicidade escolar ou escolástica a fórmula da intencionalidade por Husserl, em consonância com a Psicologia de Brentano, onde foi buscá-la: "Toda consciência é consciência de alguma coisa."

Porém Sartre subscreveria o encômio à intencionalidade de Husserl, filósofo lido durante sua permanência na Alemanha, onde comprou o tratado de Heidegger, *Sein und Zeit*, lido com dificuldade no original e que, de novo, em 1927, no auge da Idade da Ciência, reenfocava o ultra-arcaico e legitimamente grego problema do ser, fundo da filosofia medieval requalificado como matéria da metafísica geral ou ontologia, pela nomenclatura filosófica moderna. E ontológico é o peso interpretativo dado pelo jovem Sartre à fórmula husserliana da intencionalidade depois de ter lido a tradução de *Was ist die Metaphysique?* [*O que é a metafísica?*], de Henri Corbin – antes de arrostar com dificuldade a compreensão do original de *Ser e tempo*. Se a consciência é sempre consciência de alguma coisa, ela só existe "voltada para um ser que não é ela mesma", esclarece em suas primeiras páginas de *Ser e nada*, subintitulado "ensaio de ontologia fenomenológica". Ora, esse ser que não é o da consciência é o que para ela se manifesta ou aparece enquanto fenômeno. Mas a consciência mesma não é fenômeno; ela o transcende e é, portanto, transfenomenal. No entanto, nada, nem a reflexão, de que o cogito cartesiano nos dá testemunho, transcende a consciência.

O primado desta já se afirmara claramente nos estudos parciais fenomenológicos da autoria de Sartre, antes de *L'Être et le Néant*, *L'Imagination* [*A imaginação*] em 1936, *Esquisse d'une théorie des emotions* [*Esboço de uma teoria das emoções*] em 1939 e *L'Imaginaire (Psychologie phénomenologique de l'imagination)* [*O imaginário (Psicologia fenomenológica da imaginação)*] em 1940. A emoção, de que o organismo participa plenamente, é um ato e como ato de consciência uma forma de conduta do homem. Mas na conduta emocional a consciência é imediata e não reflexiva. Quando sinto medo, adoto uma conduta de retraimento ou de fuga. Nos dois casos minha ação pretende esconjurar o objeto do temor. Sem agir diretamente sobre o objeto, recorro à conduta arcaica de desvio, que o *Esquisse* chama de mágica. Agindo assim, não enfrento a ameaça do medo, visando a contorná-la; sem passar pela reflexão, minha consciência desviante consegue negar a ameaça. Tal negação não é posicional ou ética, assim como é a negação de uma proposição. Antes de traduzir uma relação cognoscitiva do sujeito com o objeto, envolve um nexo mais primitivo da consciência com o mundo, que não é o conhecimento propriamente dito. O conhecimento é apenas uma das formas possíveis de consciência. Antes do nexo do sujeito com o objeto, prepondera, até orientando esse nexo, o mundo já descoberto pela consciência com seus entes naturais e instrumentais. A imagem atribuída à faculdade de imaginação é também um certo tipo de consciência e, correlativamente, da conduta com relação ao que existe e, por conseguinte, com relação ao ser que nos circunda. "É preciso", escreve Sartre em *L'Imaginaire*, "para que uma consciência possa imaginar, que ela seja livre relativamente a toda realidade particular e esta liberdade deve poder definir-se por um 'ser-no-mundo', que é ao mesmo tempo constituição e nadificação do mundo; a situação concreta no mundo deve a cada instante servir de motivação regular à constituição do irreal."

A emoção atesta que a consciência imediata antecede a reflexiva; a imaginação comprova a função negadora da consciência, capaz de, a todo momento, poder desrealizar o existente. Diga-se, porém, que o alcance da intencionalidade husserliana em Sartre recai na órbita da ontologia fundamental de Heidegger delineada em *Ser e tempo*; remoldada porém dentro de um esquema cartesiano que ao pensador francês permitirá sobretudo manter o primado da consciência para a realidade humana (*realité humaine*), que é como ele traduz o *Dasein* heideggeriano.

Se a consciência é consciência de alguma coisa, ser consciente é ser no mundo, *in der Welt sein*, nos termos da ontologia fundamental estatuída por Heidegger naquele tratado de 1927 (*Sein und Zeit*). Por outro lado, a admissão do mundo prévio a toda experiência como horizonte da consciência e ainda o delineamento da liberdade enquanto poder de afastamento ou de anulação imaginária desse mundo provêm da mesma fonte germânica, e condizem com a noção de Nada, constante da *Ciência da lógica*, de Hegel, e admitida tanto em *O que é a metafísica*, quanto em *A essência do fundamento* (*Satz der Grund*), de Heidegger.

Ser de razão, mas verdadeira ficção racional para os Escolásticos, repelido por Bergson como a impensável abolição do existente, o Nada, para Hegel equivalente à ideia de ser em sua máxima generalidade, e, portanto, vazia e sem conteúdo, gerando por autocontradição o vir-a--ser, é, em Heidegger, o que o específico sentimento da angústia revela. Nascendo da liberdade ou de sua vertigem, a angústia põe-nos diante da nossa condição de ser-no-mundo, revelaria o Ser como Nada. Então, é o ser da consciência, abstraída por Heidegger mas que o cartesianismo de Sartre torna hegemônica, que se relaciona com o Nada. Seria então o Nada o que possibilita a já focalizada desrealização do mundo circundante no imaginário como negação do ser?

Sartre admite, entretanto, que não é a negação que produz o Nada. Muito pelo contrário é o Nada que é a origem da negação. Descartes não deixou de divisar o Nada ao escrever na Quarta Meditação que esse mesmo Nada, "une certaine idée negative du Rien" [certa ideia negativa do Nada], se apresenta ao meu pensamento lado a lado com a "perfeição divina". Seria, então, o Nada, conforme sugere Landgrebe, a intencionalidade da imaginação? De qualquer maneira o Nada impregna a consciência e chega ao mundo por intermédio dela.

No entanto, ser da consciência é presença a si. Aqui se verifica porém um diante de si que representa separação e portanto um certo grau de negatividade. Mas o que é que separa o sujeito de si mesmo? Resposta: nada. Nada é a "distância nula que o ser carrega em seu ser" (*L'Être et le Néant*, p. 120). Mas essa distância nula é que constitui o *Para-si* como modalidade de ser oposta ao *Em-si* dos entes idênticos a si mesmos. Também a liberdade que a angústia apreende é niilificadora. O *Para-si* é consciente de sua facticidade, ou seja, "ele tem o sentimento de sua inteira gratuidade, ele se apreende como estando aí para nada, como sendo excessivo (*comme étant de trop*). Em consequência, o *Para--si* é ontologicamente deficitário, pois falta-lhe ser e por isso mesmo gravita em torno dos valores para os quais tende mediante o desejo e que constituem os possíveis de sua ação. "A falta do *Para-si* é uma falta que ele é" (*L'Être et le Néant*, p. 145). Falta, falha, deficiência.

Por isso o Ego como sujeito da consciência reflexiva do Cogito, da identidade pessoal, não pode pertencer à consciência. No Eu da consciência espontânea os meus possíveis se refletem nela: eis o circuito da ipseidade abrangendo o mundo. "Sem mundo não há ipseidade, não há pessoa; sem a ipseidade, sem a pessoa, não há mundo" (*L'Être et le Néant*, p. 149). Daí a perpétua contingência da realidade humana – o seu teor de realidade fáctica – atraída pelo *Em-si* sem poder sê-lo, que é ao mesmo tempo a origem das condutas de má-fé e o suporte para o jogo de ser visando à conquista de uma identidade permanente que a toda hora intentamos, graças à nossa irrevogável e fundamental liberdade, focalizada por Sartre desde as notas dos *Carnets de la drôle de guerre*.

Os principais traços da ontologia fenomenológica de Sartre, que muito devem ao estatuto da imagem em Husserl, por este investigada em *Ideias I*, prolongam-se numa concepção do belo e da arte, da experiência e do trabalho artístico extraídos da dialética da liberdade, ou seja, da consciência intencional e do mundo que esta pressupõe. *L'Imaginaire*, que podemos considerar como a Introdução de *L'Être et le Néant*, descreverá a intuição da imagem nos termos de uma reformulação metafísica da consciência intencional a partir da imaginação.

A liberdade é "a aparição do Nada no mundo. Antes da liberdade o mundo é um pleno, que é o que ele é, uma grossa pasta, o *Em-si*. Depois da liberdade, há coisas diferenciadas porque a liberdade introduziu a negação. E a negação não pode ser introduzida pela liberdade no mundo senão porque a liberdade é inteiramente traspassada pelo Nada. Dizendo de outra maneira, a liberdade é o seu próprio Nada. E por isso o homem é aquele ser que nulifica sua facticidade. É pela liberdade que podemos imaginar, quer dizer nulificar e tematizar ao mesmo tempo, os objetos do mundo" (*Carnets de la drôle de guerre*, pp. 166-7).

Voltemos à correlação de literatura e filosofia pela qual começamos. Esse traço da fisionomia peculiar da obra de Sartre, que não surgiu por geração espontânea, foi uma diretiva tradicional do pensamento francês a partir do século XVIII, isto é, da fase iluminista. Voltaire e Diderot fizeram literatura e filosofia ao mesmo tempo, como Sartre e um pouco antes dele Paul Valéry. Mas Sartre aprofundou-se em contato com a leitura do livro de Heidegger, *Ser e tempo*, do qual tomou as noções de *ser-no-mundo* e *Dasein*, por ele traduzido como *realidade humana*. A predominante intuição da existência, que conduziria o pensamento teórico de Sartre, também comandaria a sua criação literária, que é sobretudo intuição da consciência, e que justificaria a denominação que o próprio Sartre atribuiu a essa filosofia. O existencialismo, termo com que o autor batizou sua teoria na conferência o *Existencialismo é um humanismo* (1945), e que verdadeira moda se tornou nos anos 1940, difundiu-se principalmente por intermédio dos ensaios, como os já citados, e dos romances e peças teatrais do filósofo (*As moscas, Os sequestrados de Altona, Huis Clos* etc.; *A idade da razão, Os caminhos da liberdade, Sursis, Com a morte na alma*; e a coletânea de contos, *Le Mur*).

O existencialismo é uma filosofia da consciência. Cartesiana sob esse aspecto, ela rompe com muita habilidade dialética, mas numa perspectiva fenomenológica, o dualismo corpo/alma do *Traité des Passions* de Descartes. O corpo não é estranho à consciência. Constitui para cada qual uma vivência intencional. Não existimos nem fora nem dentro do corpo. O corpo é tão sujeito quanto a existência. *A consciência*, escreve Sartre, forçando, como fará inúmeras vezes, a barra da lógica predicativa, *existe seu corpo*. E não posso concebê-lo como mero fornecedor de sensações. Para o outro que me olha, o meu corpo é instrumento e coisa sob seu domínio. Reciprocamente, o corpo do outro se instrumentaliza quando o meu olhar nele se detém. Por mais que meu corpo seja a fonte de minhas sensações, ele está para além do que eu sinto.

Os vínculos afetivos que me atam aos outros envolvem, de maneira conflitiva, as consciências, interligadas por antagonismo. No entanto, é o homem, presa de angústia quando escolhe, absolutamente livre. A liberdade é ao mesmo tempo limiar e fundamento ético da existência humana. Negar a liberdade seria negar a existência. Daí a estrutura dramática da existência humana, que é projeto – lançado ou jogado para a frente e assim temporal em sua consciência por onde o nada transita ao ser. Que é temporalidade para Sartre senão fluxo transcendente da existência em que o *Para-si* traspassa o *Em-si*? Os êxtases de que Heidegger trata em *Ser e tempo*, o presente, o passado e o futuro traduzem esse traspasse. O passado é o passado deste presente em que me situo e que não sou. Eu sou como aquele que já foi, no modo de ser passado, que é em si. Mas, como consciência livre, existo ultrapassando-me a cada momento. Dessa forma, o presente não é. E o futuro é a dimensão própria de um ser "fora de si, à frente e atrás".

Ser a realidade humana temporal significa, desse modo, que o homem existe em perpétuo inacabamento. Como ele é projeto, a existência precede a essência, segundo a expressão de *O existencialismo é um humanismo*. A realidade humana (*réalité humaine*), o *Dasein* de Heidegger, existe se fazendo, e se faz escolhendo-se a si mesmo. A mesma consciência que nos infunde, acima de tudo, a noção de liberdade também nos impõe a sua carência intrínseca, portadora do Nada.

Entre as consciências, há um antagonismo mortal; cada homem tende a comportar-se como escravo ou senhor de outro homem, em consequência da ilimitada responsabilidade pela liberdade de todos os demais que tem cada um de nós.

É da liberdade, de sua recusa e negação, que trata particularmente o teatro de Sartre, desde *As moscas*, peça encenada durante o período de ocupação alemã da França. Filosóficos na intenção, os dramas de Sartre são o prolongamento literário e cênico da estrutura dramática da existência humana. Essa estrutura repousa na tensão de uma escolha que comporta marcante aspecto lúdico. Na escolha se trava o jogo de ser que nos atribui fugidia identidade. Eu não sou professor, assim como no exemplo de Sartre em *Ser e nada*, o garçom de café não é garçom de café.

Ser professor é meu papel, como ser garçom de café é o papel do outro que me atende. O homem é aquilo que não é e não é o que é. Esse paradoxo confere ao jogo de ser um alcance teatral. Se ser é agir, somos à maneira dos atores. A conduta humana segue uma pauta dramática; somos comediantes sem querer. Sartre assimilou o projeto de existência próprio do *Pour-Soi*, como *Os paradoxos do comediante*, de Diderot. Que se passa em *O diabo e o bom Deus* ou em *Os sequestrados de Altona* é a escolha de nós mesmos, de nossas possibilidades ou a fuga da liberdade nas condutas de má-fé.

Do primado da consciência intencional na sua concepção, Sartre deduziu um ateísmo coerente, como o denominou – e que seria, na verdade, mais uma espécie de ideal do ser: o final da ruptura entre o *Em-si* e o *Para-si*. De modo que sendo o homem desejo de ser, ele é o desejo de ser Deus. Nada de antiteísmo ou de morte de Deus do *Assim falou Zaratustra*, de Nietzsche. É melhor dizermos que Sartre deduziu corretamente a consequência do ateísmo, repetindo a frase de um personagem de Dostoievski: "Se Deus não existe, tudo é permitido." Paradoxalmente, a falta de um absoluto, como princípio da essência ou da natureza humana, tornaria o homem, sem nada em que apoiar-se a não ser em si mesmo, "condenado a ser livre", responsável pelos seus próprios atos. Daí a estrutura dramática da existência humana de que falei: as consciências se opõem entre si num antagonismo mortal; cada homem comporta-se como escravo ou senhor de outro homem. A Dialética hegeliana do Senhor e do Escravo, exposta em *A fenomenologia do espírito*, passa a vigorar como regime das nossas relações com os outros.

O teatro de Sartre seria uma contínua exemplificação desse conflito, como *As moscas, O diabo e o bom Deus* e *Os sequestrados de Altona*. Os personagens dessas peças comportam-se refletindo sempre o mesmo jogo, a mesma alternativa entre a escolha da liberdade, a aceitação de si mesmo ou a fuga à responsabilidade nas condutas de má-fé, objeto da psicanálise existencial desenvolvida em *O ser e o nada*, e que não aceita a noção freudiana de inconsciente; o mecanismo da libido e o disfarce oblíquo do ato de escolha. "Quem tiver complexo de inferioridade dele só se livrará modificando radicalmente o seu projeto" (p. 554).

Em resumo, o homem se faz "escolhendo a sua moral e a pressão das circunstâncias é tamanha que ele não pode deixar de escolher uma...". Só definimos o homem em relação a um engajamento, isto é, considerando as circunstâncias adversas da escolha moral. O termo é marítimo e pascaliano. A tripulação de um barco é engajada por contrato e fica ao léu das adversidades do mar. *Nous sommes toujours engagés* [Nós somos sempre engajados].

Para que haja moral autêntica, não basta o reconhecimento, como princípio ético, da liberdade para nós e para todos os homens. Devemos ser livres e também querer que os outros o sejam. Nessa máxima, já de sentido social e político, reside a exigência do existencialismo sartreano como humanismo.

Mas como justificar esse humanismo se ao homem é negada a essência da humanidade? Heidegger escrevera que a essência do homem reside em sua existência (*liegt in seiner Existenz*). E contestou em sua *Carta sobre o humanismo* (*Briefe an der Humanismus*) a afirmação sartriana segundo a qual "Precisamente, nós estamos num plano onde há somente homens ("où il n'y a que des hommes"). Para Heidegger, "nós estamos num plano onde há, principalmente, o Ser". Entretanto, foi o humanismo o fermento prático da atividade participante do escritor Sartre. Marchando ao lado dos comunistas, a cujo Partido jamais se filiou, mas como eles defendendo a Paz internacional durante a década de 1950 ou a revolução cubana na década de 1960, protestando contra a invasão da Hungria e da Tchecoslováquia por tropas russas (embora o tivesse feito tardiamente pela longa e equivocada solidariedade com o PCF (Partido Comunista Francês) e o stalinismo) ou verberando os crimes de guerra no Vietnã ou a tortura na Argélia ocupada, Sartre honrou quase sempre – salvo na exceção de sua atitude favorável à URSS e no gravame de seu apoio ao terrorismo palestino – o humanismo militante que pregava. Mas não só.

Sartre teria sido também humanista quando em 1940, no campo de concentração onde esteve confinado, escreveu, a pedido de padres católicos que lá estavam e com os quais fez amizade, um auto de Natal que foi ali representado, *Barionna ou le fils du Tonerre*. Admitiu, então, a esperança. Teria ele praticado um ato de má-fé, por um vínculo de amizade?

Esse humanismo, afirmativo da soberania ontológica do homem, que absorve a Natureza e a humaniza, seria o termo de uma moral puramente humana. Uma moral em situação concreta, do homem como consciência nulificante, em oposição à história, e que Sartre buscou vivamente em *Cahiers pour une moral*, escrito em 1947 e 1948.

Essa oposição cessará na *Crítica da razão prática*, em que procura converter a existência individual em fonte da história, a liberdade situada e engajada numa situação em processo histórico, considerado surto original da dialética recomposta no pensamento e no próprio existir humano enquanto totalização do indivíduo e da sociedade.

É difícil dizer que tenha mantido incólume o seu humanismo nessa dialética da história ao final de sua polêmica com o marxismo. *Crítica da razão dialética* foi publicada em 1960, no mesmo ano em que, de novo aliando a criação filosófica à criação artística, trabalhou febrilmente, até perder a vista, no seu último livro, *O idiota da família*, monumental análise da obra de Gustave Flaubert, com quem o filósofo terminaria por identificar-se.

O escopo da *Crítica* é nada mais nada menos do que fundamentar a Dialética, inoculando na ideia marxista de práxis a dimensão da existência, porém situada esta no meio da escassez (*rareté*), isto é, da carência econômica. Em vez de movimento das coisas refletido na consciência humana, a dialética originar-se-ia da liberdade modificada pelo processo histórico que é o mesmo que dizer que sua origem se produziria no âmbito da atividade individual. Nessa perspectiva, aplicaria a dialética, como método à explicação da obra de Flaubert, fiel à verdade humana dessa mesma obra.

É pelo respeito à verdade humana – ética, social e histórica – que se distingue a obra filosófica e literária de Sartre. Impiedoso para consigo mesmo, essa espécie de Sócrates plebeu, que tinha a alma revolucionária de Rousseau e a coragem arrogante de Voltaire ("Deixem Sartre falar, Voltaire não pode ser preso", dizia De Gaulle), não hesitou em descobrir-se, descobrindo publicamente a sua própria verdade. Retirou, no livro autobiográfico *Les Mots* [*As palavras*], diante de nós, pessoa feito personagem do teatro do mundo, a sua máscara de escritor, misto de fragilidade e de força, de logro e de malogro: "É meu hábito além de ser meu ofício. Durante muito tempo tomei minha pena por uma espada e agora conheço nossa impotência. Não importa: escrevo e continuarei escrevendo livros; é necessário que faça, isso serve apesar de tudo. A cultura não salva nada e ninguém, ela não é uma justificativa. Mas é um produto do homem; aí ele se projeta e se reconhece; somente esse espelho crítico lhe oferece a sua imagem. De resto, esse velho edifício arruinado, minha impostura, é também o meu caráter: a gente se livra de uma neurose, mas ninguém pode ficar curado de si mesmo."

Qual é finalmente a importância de Sartre, cuja obra muito repercutiu entre nós, onde tem sido estudada e aprofundada desde a década de 1960, ano da revolução cubana, sobre a qual Sartre logo se manifestou em livro primeiramente publicado no Brasil (*Furacão sobre Cuba*)?

A união que nele se consumou entre homem de letras e filósofo projetou-se numa permanente ação pública de caráter ético, e político, que definiu a sua figura de filósofo, dando-lhe a força e a altitude de um mito libertário. Foi, afinal, o último filósofo que voluntariamente levou seu pensamento ao campo da ação prática no intuito de concretizá-lo.

Referências bibliográficas

Heidegger, Martin. *Sein und Zeit*. Tübingen: Max Niemeyer, 1957.
_____. *Über den 'Humanismus'* (Brief an Jean Beaufret). 2ª ed. Frankfurt: Vittorio Klostermann, 1951.
Sartre, Jean-Paul. *La critique de la raison dialectique* (precede de *Questions de méthode*), vol. 1: *Théorie des ensembles pratiques*. Paris: Gallimard, 1960.

Sartre, Jean-Paul. *La nausée*. Paris: Gallimard, 1938.
_____. *Les Mots*. Paris: Gallimard, 1964.
_____. *L'Être et le Néant*. Paris: Gallimard, 1943.
_____. *L'existencialisme est un humanisme*. Paris: Gallimard, 1971-72. 3 vols.
_____. *L'idiot de la famille*. Paris: Gallimard, 1938.
_____. *L'imaginaire*. Paris: Gallimard, 1940.
_____. *L'imagination*. Paris: Presses Universitaires de France, 1956.

V ESTRUTURALISMO

À margem do estruturalismo*

O método estruturalista adere ao universo da linguagem. Em qualquer domínio estudado – seja o das relações de parentesco ou dos mitos – depara o investigador com elementos que se ligam entre si, não por meio de causas naturais, e sim por força dessa causalidade livre, que, emprestando à natureza um significado, coloca o homem, já munido de linguagem, fora da natureza, como habitante da "floresta de símbolos" que ele próprio plantou.

O estruturalista vai buscar o homem nessa floresta, que tem caminhos, veredas e encruzilhadas. As árvores, isoladamente, não fazem sentido. Constituem signos do todo que as inclui, e cuja organização se produziu mediante um processo do qual os caminhos, as veredas e as encruzilhadas demarcam as linhas formadoras, redutíveis a regras, que traduzem modos de pensamento e de ação, objetivamente conhecidos.

Um desses caminhos, que passa pelas condições materiais da vida, diz respeito ao uso, consumo e preparação dos alimentos. Marx viu que os homens, no intuito de satisfazerem as suas necessidades de subsistência, contraem relações determinadas, por sua vez determinantes da maneira de pensar e de agir próprias à superestrutura da sociedade. A lição é aproveitada pelo estruturalismo, mas com uma correção im-

---
* Suplemento literário do *Estado de S.Paulo*, 6 jan. 1968.

portante, da qual decorrem, para além dos resultados positivos da investigação científica a esse método devidas, as direções filosóficas a que deu causa. Aceitando que a vida social, que tem as relações de produção por base, é uma totalidade, o método estruturalista, de Claude Lévi-Strauss, entende que, pelo menos nos grupos primitivos – nessas sociedades frias que não tiveram chance histórica –, o entrançamento de significados, a emergência do comum mecanismo da linguagem, que com a ação do pensamento se confunde, já se apresentam no nível da materialidade prática. Nesse sentido, as estruturas sociais, consequência imediata das relações de produção, trazem em seu bojo o desenho de superestruturas mais finas, sem o substrato ideológico daquelas que, nas sociedades civilizadas, acompanham o regime de propriedade.

Nas sociedades primitivas, a floresta de símbolos principia num domínio contíguo ao das relações de produção material da vida: o do consumo e preparo de alimentos, onde vigora a distinção entre o cru e o cozinhado (*le cru et le cuit*), movimentando enxame de significações, que obedecem a uma sintaxe, cujos princípios o estruturalista procura determinar. Mas como não há significações isoladas nem um sentido superior a que todas obedeçam, o valor interpretativo ou hermenêutico do cru e do cozinhado, que são signos, depende, em última análise, das formas sob as quais aparecem, das estruturas em que se situam. De onde se conclui que o estruturalista tem que começar pela sintaxe. Mais do que as árvores de sua floresta de símbolos, interessam-lhe os caminhos conjugados ou opostos, as veredas hierarquizadas, os pontos de encontro e de retorno a que a própria floresta dá origem. Há nisso um problema epistemológico, que podemos identificar acompanhando o pensamento de Claude Lévi-Strauss em "Le Triangle Culinaire", anotações insertas no número especial da revista *L'Arc*, dedicado ao estudo da obra do antropólogo francês[1].

O cru e o cozinhado exprimem a dualidade entre natureza e cultura. Podemos compreender essa dualidade, que também se expressa no par "não elaborado – elaborado", se, acrescentando novo termo – o

---
1. Claude Lévi-Strauss, *L'Arc*, 26.

podre (*le pourri*) – à relação inicial, compomos o triângulo semântico que é um sistema.

Forma da atividade alimentar, dentro da qual surgem, conforme a posição de cada membro, múltiplas relações, o triângulo semântico circunscreve e torna compreensível a variação dos fenômenos considerados. Não são esses fenômenos, na sua extrema diversidade, que interessam diretamente ao investigador. Da simples dualidade entre natureza e cultura passamos à transição de um a outro desses planos, que a associação, dentro do triângulo semântico, dos signos intermediários – assado (*rôti*), cozido (*bouilli*), defumado (*fumé*) – com o fogo e a água, simboliza e torna pensável. Novas aproximações e oposições se verificam na escala dos signos intermediários, que tomam posição na área delimitada triangularmente pelo cru, pelo cozinhado e pelo podre. Se o assado (*rôti*), que se obtém por contato direto com o fogo, está mais próximo da natureza, o cozido (*bouilli*), a que a água serve de mediação, e que exige recipiente, já está dentro da cultura.

Na maneira de cozinhar ocultam-se modos de pensamento e de conduta. O homem se exprime, a si e às contingências de sua vida social, não apenas pelo que diz mas também pelo que come. Animal simbólico, codifica-se e decifra-se a cada instante. É necessário que não percamos o menor sinal de sua linguagem – nem a palavra que pronuncia nem a comida que leve à boca. Assim, a diferença entre o assado e o cozido equivale a uma diferença de valor. São dois estilos diferentes, que marcam diferenças nas relações sociais: o primeiro enseja os repastos públicos, as festas, as comemorações; o segundo é forma alimentar íntima, fechada, para o recesso da família. Certas cerimônias religiosas, como a atribuição de nome a uma criança, demandam o cozido; outras, festivas e de grande participação coletiva, como o repasto antropofágico dos tupis, após a guerra, pedem o assado. O assado, que traduz um modo público de comer, também se avizinha, pelo modo de seu preparo, da natureza e do cru. Mas o cozido, que no plano da cultura se situa, e que passa por um processo de transformação análogo ao dos alimentos crus, quando em desagregação, relaciona-se com o podre, e, portanto, com a natureza. Inverte-se, de súbito, a direção do pensamento primitivo. É o mesmo paradoxo de defumado – que se aproxima do cru, embora seja dos mais elaborados e demorados processos culinários.

As relações do cru e do cozinhado, com as suas oposições e paradoxos, são relações sintáticas entre signos, por onde se articula a linguagem de um processo. "Correspondendo às exigências do corpo", explica Lévi-Strauss, "determinada, em seu modo, pela maneira particular em que se opera, aqui e ali, a inserção do homem no mundo, colocada entre a natureza e a cultura, a cozinha bem representa a articulação desses dois planos. Ela procede dos dois domínios e projeta semelhante desdobramento em cada uma das suas manifestações."

O triângulo semântico de que partimos pode transformar-se, com a introdução de novos signos, oriundos da prática de diversas sociedades, perdurando porém as constantes categorias que definem os sistemas. Esses sistemas, que são estruturas (ou superestruturas finas), as quais emprestam significado à produção material da vida e aos meios de subsistência, podem nos dar a conhecer a estrutura maior da sociedade a que se acham integrados. Pela incorporação de um grande número de outros elementos (temperos, tipos de alimento, gestos e atitudes) a esses sistemas culinários, assim transformados em constelações de símbolos de um mesmo gênero, "pode-se esperar descobrir", como acentua Lévi-Strauss, "para cada caso particular, de que modo a cozinha de uma sociedade é a linguagem na qual ela traduz inconscientemente sua estrutura, a menos que não se limite, sempre de maneira inconsciente, a revelar, por esse meio, as suas contradições".

Lévi-Strauss partiu da estrutura como hipótese e chegou à estrutura como resultado. Para qualquer campo de investigação dos fenômenos humanos, o estruturalista carrega a ideia de estrutura, que lhe serve de hipótese e de pressuposto; e descobre, à custa dessa ideia, nexos estruturais que lhe apresentam o recorte de uma linguagem, de antemão admitida. O conhecimento do cru e do cozinhado, como vimos, no exemplo descrito, fez-se *pari passu* com a progressiva descoberta de categorias e regras que legitimaram a fixação de um sistema. A descoberta exigiu elaboração e – por que não afirmá-lo? – a constituição de estruturas, através das quais as significações buscadas se nos apresentaram como partes de um conjunto semântico-sintático.

É preciso admitir-se, portanto, que o estruturalismo está *a priori* orientado por uma compreensão particular da realidade. Ele assume o *parti pris*, fértil por certo, quanto aos resultados científicos, de uma "estruturação universal". Mas eis aí o pressuposto, que é o ponto de ancoragem no mundo desse método. "O estruturalismo, como método, está, certamente, destinado, *a priori*, a estudar as estruturas, onde quer que elas se encontrem; mas, primeiramente, as estruturas não são exatamente objetos encontráveis; são sistemas de relações latentes, concebidas mais do que percebidas, que a análise constrói à medida que as extrai, arriscando-se, algumas vezes a inventá-las e a crer que as descobriu..."[2]

Esse problema epistemológico nos mostra que o estruturalismo também pode ser considerado uma concepção do mundo. Deriva daí a questão filosófica de seu sentido. Pois, enquanto concepção do mundo, legitima-se a colocação do estruturalismo na floresta de símbolos, do qual se tornou o intérprete, para que também seja, por sua vez, interpretado.

---

2. Gérard Genette, "Structuralisme et Critique Litteraire", *L'Arc*, 26, p. 42.

Gênese e estrutura*

Poucos os psicólogos como Jean Piaget, que têm sabido libertar-se, por via da aplicação consequente de um método, do confinamento acadêmico da Psicologia, disciplina sobre a qual ainda pesam reminiscências da escolástica e do realismo ingênuo. É em nome desse método que, nos seus estudos sobre a *inteligência*, o professor da Faculté des Sciences de Genebra mostra-nos que as estruturas lógico-formais emergem num momento da gênese das funções cognitivas. Recorrendo ao ponto de vista estrutural-genético, Piaget reconstitui as possibilidades de formalização inerentes ao desenvolvimento das funções intelectuais. Por outro lado, o reconhecimento de tais estruturas constitui uma exigência epistemológica. Sem elas, a gênese das formas mentais estaria comprometida pela intercorrência de fatores psíquicos isolados que nada explicam. É essa mesma complementariedade dialética entre gênese e estrutura, própria do *racionalismo aplicado* de que fala Bachelard em La Philosophie du Non [*A filosofia do não*], que Piaget mais uma vez põe em prática no pequeno volume *Le Structuralisme*[1], onde a exposição sistemática do estruturalismo vem acompanhada de sólida apreciação crítica, que incide nas questões metodológicas fundamentais, verdadeiras questões-limite que o desenvolvimento dessa corrente está nos propondo.

....
* Suplemento literário do *Estado de S.Paulo*, 20 set. 1968.
1. Jean Piaget, *Le Structuralisme*. Paris: PUF, 1968.

Mas Piaget não pode falar do estruturalismo como um observador estranho à causa. A prática científica no domínio da Psicologia, que a convivência com as noções aparentadas de forma e sistema lhe garante, induziu-o a distanciar-se do estruturalismo apenas o necessário para poder examinar o que é que ocorre com a ideia de *estrutura*. Que elementos conceptuais invariáveis nos autorizam a identificar, através das várias fisionomias do estruturalismo, uma mesma disposição teórica, uma só tendência metodológica, que já despontava na *Gestalttheorie*?

A *Gestalttheorie*, que combateu o atomismo psicológico, opôs à dispersão dos dados sensoriais, que se associam no ato perceptivo por força dos mecanismos da memória e da reflexão, a apreensão global e totalizante dos objetos. Tanto Kohler quanto Kafka admitiram a existência de totalidades, fenômenos primários correlativos à organização do sistema nervoso, como formas estáticas, como leis naturais fixas da percepção. O mesmo conceito de totalidade, resultante da consideração global dos fenômenos sociais, já tinha sido adotado por Durkheim, na Sociologia, sem que por isso pudesse o autor de *Les Régles de la Méthode Sociologique* [*As regras do método sociológico*] ser tomado por um estruturalista ao pé da letra.

Quando, todavia, a totalidade é uma correlação sistemática de elementos, entre os quais subsistem nexos constantes, aproximamo-nos da noção específica de estrutura. Pois é ainda necessário, para que a noção se precise, que esses nexos componham as leis de um sistema, *leis* que acompanham a dispersão e a diferenciação dos elementos, e demarcam o limite das possíveis transformações que eles comportam. Totalidade como sistema de transformações, a estrutura é limitante: tende a conservar-se por uma autorregulação contínua, redistribuindo, em novas formas de equilíbrio, que preservam o sistema, as modificações que um ou mais de um de seus componentes venham a sofrer.

Desse modo, a linha do estruturalismo passa por todos os domínios que circunscrevem sistemas de transformações autorreguláveis: pelas formas que se submetem ao cálculo operatório e ao tratamento axiomático na lógica; pelos "grupos" ou pelas "redes" e "treliças", que constituem formas redutíveis a outra forma geral, o protótipo de "ordem", nas matemáticas; pelos sistemas de transformação de que os objetos físicos são os elementos virtuais; pelas equilibrações várias e diversificadoras que articulam o equilíbrio geral do organismo segundo índices de um sistema de comunicações internas, na biologia. Todas essas particularidades de um mesmo conceito diferenciado apresentam-se cumulativamente nas estruturas sociais, que podem alcançar níveis de formalização elevada, ajustáveis aos princípios gerais da Teoria da Comunicação.

Finalmente, as estruturas que as ciências humanas descobrem nem são dados globais, coligidos por uma observação extensiva dos fenômenos, nem são formas gerais induzidas de casos particulares suficientemente enumerados. Instaurada pelo observador a partir de certos fatos bem estabelecidos e sempre relacionados entre si, a estrutura é o objeto referencial de um *modelo* teórico, que fixa o sistema de transformação em que esses e outros fenômenos da mesma ordem podem ser compreendidos.

Vê-se pois que a noção de estrutura obedece a um nítido registro epistemológico. Nela, o objeto e a forma do conhecimento ocorrem simultaneamente. E talvez não seja impropriedade de nossa parte recorrermos à terminologia de Kant para lembrar, a propósito de tal correlação, que o objeto não existe aí independentemente da forma de que o modelo é o equivalente epistêmico. Tampouco o modelo é uma forma transcendental, superordenando, num conhecimento *a priori*, a matéria da experiência. Só o confronto com a experiência que ele se destina a explicar, confronto que por sua vez constitui um tipo de experiência racional, assegurará a legitimidade do modelo. De sua maior ou menor abrangência relativamente aos fatos depende a existência da estrutura instaurada. Assim o modelo, que tem valor heurístico e instrumental, aponta para uma estrutura, resultante de um processo de descoberta e que é descoberta por meio do ato que assegura a instauração do modelo respectivo.

É esse o registro epistemológico da noção de estrutura na antropologia de Claude Lévi-Strauss, a qual merece, da parte de Jean Piaget, o exame atento e especial que se deve a um método que se tornou, pela capacidade de generalização e de irradiação de seus conceitos, um ponto de convergência das ciências humanas. Por isso, a crítica ao estruturalismo tem que ser, antes de tudo, crítica dirigida ao discurso científico de Lévi-Strauss, que une ao risco de radicalização dos princípios que o norteiam, e que lhe garantem uma comprovada fertilidade prática, o privilégio, também fértil, de concentrar a problemática dos estruturalismos todos, o que muito interessa ao debate filosófico na época presente.

As estruturas com que lida a antropologia de Lévi-Strauss tem o caráter de sistema, cujo modelo "pertence a um grupo de transformações"[2]. Elas descendem, em linha direta, das estruturas fonológicas estabelecidas por Troubetzekoy e das "redes" e "grupos" que os matemáticos A. Weil e Guilbaud desenvolveram com a participação do antropólogo. O alto nível de abstração e formalização que as distingue vem de um método que "apresenta caráter exemplar e constitui o modelo nem funcional, nem genético, nem histórico, porém o mais dedutivo que já tenha sido utilizado numa ciência humana empírica..."[3]. Em consequência desse refinamento, faltam às estruturas de Lévi-Strauss, no modo de ver de Jean Piaget, o processo de gênese, de formação, que é distintivo da realidade psico-orgânica. Se traduzimos claramente essa restrição discretamente formulada, o autor de *La Pensée Sauvage* oferecer-nos-ia, de acordo com o seu crítico, apenas um repertório de formas que explicam os tipos de parentesco e as famílias de mitos, mas cuja inteligibilidade, dispensando o processo genético, dependente de determinações funcionais, torna-se precária.

Examinemos porém, já levando em conta a restrição de Piaget, essas estruturas mais de perto. Onde é que elas têm origem? Subjacentes às relações sociais, elas se originam dos princípios operatórios com que o teorizador constrói os modelos da realidade, reconstituindo, de cada vez, em obediência às mesmas constantes, a *lógica do concreto* a que se ajusta o conteúdo variável e diversos da experiência social. Regidas por oposições e correlações semelhantes às da álgebra de Boole[4], situando-se entre as superestruturas que são modelos conscientes e reflexivos, e as infraestruturas como fundamento da vida social, as estruturas que

---

2. Claude Lévi-Strauss, *Anthropologie Structurale*. Paris: Plon, 1958, p. 306.
3. Piaget, op. cit., p. 90.
4. Lévi-Strauss, *Totemisme aujourd'hui*. Paris: PUF, p. 129.

Lévi-Strauss formula têm a sua razão de ser no espírito humano, "que é um lugar de experiência virtual"[5]. Aí é que se dá a intervenção do esquema conceptual como mediador. Pela operação deste, matéria e forma, "uma e outra desprovidas de existência independente, se realizam como estruturas, quer dizer, como seres ao mesmo tempo empíricos e inteligíveis[6].

Além de confirmar-se, por esse trecho de *La Pensée Sauvage*, o que dizíamos sobre o estatuto epistemológico das estruturas, define-se também outra questão, qual seja, o liame existente entre as estruturas assim concebidas e o espírito humano. Uma vez que a etnologia é, antes de tudo, psicologia, o social, que não prima sobre o intelecto, sempre se estrutura nos limites da experiência possível. "Mas", retruca então Piaget, "o problema não deixa de ser por isso mais agudo: qual é o modo de 'existência' do intelecto ou do espírito, se ele não é nem social, nem mental, nem orgânico?"

A objeção de Piaget a Lévi-Strauss vale-se precisamente da hipótese de complementariedade dialética entre gênese e estrutura, que o primeiro vem empregando em suas investigações psicológicas. Será preciso complementar o sistema pela atividade formativa ou operatória do sujeito, que deixou de ser transcendental para constituir-se em agente das operações formadoras de que se originam, satisfazendo as funções orgânicas de adaptação e de equilíbrio, as estruturas do comportamento. O ser das estruturas, conclui Piaget, é a sua estruturação.

Parece-nos, contudo, que os reparos críticos de Piaget, importantes porque se concentram em torno de um dos problemas maiores da Antropologia Estrutural, acham-se determinados mais por uma ideia fixa desse método que certas afirmativas de Lévi-Strauss talvez tenham favorecido do que pela compreensão de suas possibilidades efetivas. Piaget esqueceu-se, na dialética de complementariedade que o guia, de ligar a estrutura ao modelo. Esqueceu-se da ligação recíproca que o método criticado pressupõe entre a forma e o objeto do conhecimento. Inseparáveis, a forma e o objeto, o modelo e a estrutura, participam de idên-

---
5. Lévi-Strauss, op. cit., p. 147.
6. Lévi-Strauss, *La Pensée Sauvage*. Paris: Plon, 1962, p. 173.

tica instauração. Descobre-se a estrutura no modelo que se constrói, e a estrutura construída, interrompendo a sucessão empírica dos fatos observados, permite compreendê-los na base da experiência racional que o modelo proporciona. "Por fim, o modelo", diz Lévi-Strauss, "deve ser construído de tal modo que o seu funcionamento possa dar conta de todos os fatos observados."[7]

Ora, essa experiência racional que o cientista realiza, construindo modelos explicativos dos fenômenos, é uma explicitação dos princípios operatórios que fazem do espírito humano um campo de experiência virtual. O etnólogo, enquanto aplica o seu pensamento para compreender os fenômenos culturais, encontra-se nesse campo, onde convergem a sua atividade construtiva, que não é jamais atividade do Eu individual, e a atividade, também construtiva, de outros sujeitos, da qual irrompem, por efeito das mesmas operações, as estruturas inconscientes que o modelo elaborado pelo primeiro converterá em objeto de conhecimento. Foi o que muito bem compreendeu Andrea Bonomi, quando diz, na introdução crítica ao texto italiano de *Le Structuralisme*, de Jean Piaget, que os modelos teóricos, fixando os princípios invariantes que emergem da heterogeneidade dos dados, derivam dos mesmos princípios operatórios inconscientes que fundamentam a atividade do sujeito[8].

Nesse sentido, a experiência racional do etnólogo retoma o processo de formação ou de gênese, cujas virtualidades lhe pertencem tanto quanto pertencem aos sujeitos da outra cultura, que ele investiga e que lhe é estranha. O que condiciona a possibilidade de semelhante repetição da gênese da estrutura no ato que instaura o seu conhecimento é a atividade mesma do inconsciente, originariamente formadora e genética. Essa atividade é o termo mediador, o lugar da experiência virtual, em que se situam o observador da cultura e a cultura observada, o Eu que examina e os outros sujeitos da sociedade estranha. Ela é o campo comum que aproxima, como agente das mesmas operações mentais, o

---

7. Lévi-Strauss, *Anthropologie Structurale*, cit., p. 306.

8. Andrea Bonomi, *Le Structuralisme di Jean Piaget*. Introdução. Milão: Il saggiatore di Alberto Mondadori Editore, 1969.

observador e o observado, estabelecendo entre eles o nexo de uma intersubjetividade profunda, que não provém da comunicação entre consciências individuais, mas do inconsciente que as penetra e ao qual se abrem. "O inconsciente será assim o termo mediador entre Eu e outrém. Aprofundando seus dados, não mergulhamos, se assim podemos dizer, na direção de nós mesmos: encontramos um plano que não nos parece estranho, porque ele encerra nosso Eu mais secreto; e ainda (muito mais normalmente) porque, sem que tenhamos de sair de nós mesmos, ele nos faz coincidir com formas de atividade ao mesmo tempo nossas e diferentes de nós, e que condicionam as vidas mentais de todos os homens em todos os tempos."[9] Assim escrevendo, Lévi-Strauss corrobora a ideia de que uma mesma experiência virtual, condicionada pela mesma espécie de atividade do espírito humano, fundamenta a relação simétrica e inversa entre gênese e estrutura. A estrutura existente implica uma restituição consciente do processo genético, que o modelo repete operatoriamente num nível epistemológico. Quer isso dizer que a experiência virtual a que se refere Lévi-Strauss se atualiza duas vezes, uma enquanto estrutura, outra enquanto modelo, as operações comuns de que o espírito humano é o único agente, o único sujeito constitutivo.

---

9. Lévi-Strauss, "Introduction à l'oeuvre de Marcel Mauss", in *Sociologie et Anthropologie*. Paris: PUF, 1950.

VI HERMENÊUTICA

Nós somos um diálogo*

Depois dos anos 1960, publicou-se pelo menos um livro filosófico raro, daqueles que espelham na sua diversificada matéria, na sua exposição dubitativa e tortuosa, o embate do pensamento para dar forma à questão investigada: *Verdade e método*.

Desde a Antiguidade grega, sob a custódia do deus mensageiro Hermes, patrono-mor da interpretação de Homero na época helenística e depois do labor interpretativo das Escrituras hebraico-cristãs, a hermenêutica é, na acepção corrente e generalizada, a arte de extrair as mensagens implícita ou explicitamente contidas nos escritos literários, jurídicos ou religiosos. Sua incumbência consiste, portanto, na interpretação dos textos, mediante um trabalho de exegese. Como então passar dessa hermenêutica-arte, ou técnica, para a hermenêutica filosófica, de que *Verdade e método* traz o delineamento? A passagem talvez nos seja indicada pelo uso, mais dilatado do que se imagina, até fora do domínio da escrita, do ato de interpretar, pois que nos basta falar com alguém em nossa própria língua ou numa língua estrangeira para já estarmos interpretando e sendo interpretados, na medida em que compreendemos e nos fazemos compreender.

....
* Sobre o livro de H. Gadamer, *Verdade e método. Traços fundamentais de uma hermenêutica filosófica*. Trad. Paulo Meurer. Petrópolis: Vozes. Publicado na *Folha de S.Paulo*, 13 ago. 1998.

Ora, é precisamente desse fato curial da compreensão a relevante questão investigada no livro de Gadamer de que depende a arte ou a técnica da interpretação dos textos. A compreensão não vem depois da vida, mas a permeia em seus momentos todos. Compreendemos o outro quando com ele falamos; uma ferramenta quando a utilizamos; os acontecimentos cotidianos quando nos atingem; o ambiente ou o mundo em que vivemos. Compreender é uma atitude mais primária do que o exercício do conhecimento científico, a teoria no sentido estrito. Por ser primária, é curial, e por ser curial, inapercebida. Podemos compreender sem conhecer cientificamente, mas não podemos conhecer cientificamente sem antes termos compreendido a coisa de que se trata. Daí dizer-se que a compreensão é adesiva, envolvendo, como diz Gadamer, uma relação de pertença ao que nos rodeia.

No que chamamos de interpretação, a compreensão se expressa, se traduz, se explicita. Daí a afirmativa de Heidegger, no parágrafo 32 de *Ser e tempo* (um dos mais próximos e reconhecidos antecedentes de *Verdade e método*, que dele faz expressa menção), de que interpretar é desenvolver "as possibilidades projetadas na compreensão". Mais ainda, a interpretação não pode fazer-se sem pressuposto; e esse pressuposto é a prévia compreensão daquilo que se interpreta, ou seja, a adesão, a pertença a que antes nos referimos, e que se desdobra num nexo referencial (a situação na qual estamos), numa perspectiva que lhe é correlata (modo de ver) e nos conceitos em que se explicita (modo de conceber). Desse modo, o interpretar manifesta, antes de tudo, o compreender a que se acha aderido. Se assim é, os enunciados heideggerianos, que acabamos de registrar, implicam a admissão de uma intrínseca circularidade da interpretação.

Quer isso dizer que nesse círculo hermenêutico, traçado por Heidegger e adotado por Gadamer, e dentro do qual já nos encontramos, recai a mesma hermenêutica-arte, a partir de nosso enquadramento fáctico no mundo, como esse ente temporal, falante, capaz de discurso, que somos, com a dupla aptidão de compreender-se e interpretar-se – de compreender-se porque esse ente, o *Dasein*, existe projetando as suas possibilidades, e de interpretar-se, porque primeiramente se dá conta, segundo elas, de si mesmo, das coisas e dos objetos que se lhe apresentam, percebendo-se e percebendo-os "como" isso ou "como" aquilo. O *Dasein* está sempre nesse círculo de uma compreensão já atuante, abrindo-nos sempre ao mundo, na situação de intérpretes para os quais nada é indiferente e tudo adquire imediato sentido, e que é a matriz da experiência e de seu caráter antecipativo, como estrutura significativa que condiciona e possibilita a exegese dos textos, o conhecimento científico, o fazer artístico, as expectativas do futuro e as interrogações sobre o passado.

Interpreto os textos pelo mesmo movimento compreensor que me permite interpretar-me. A exegese de um escrito não constitui um mero ato de saber e de erudição; é um ato que me empenha, que me compromete, que me põe em causa como existente, mobilizando-me a condição temporal inserta entre "o presente das coisas presentes" e aquele outro presente, a mim disponível mediante testemunhos, sejam escritos sejam orais, das coisas passadas. Pelo laço de pertença, estaria a interpretação do lado da verdade originária do *Dasein*.

Por sua vez, o conhecimento científico, como possibilidade determinada do *Dasein*, tem no método o meio de acesso aos seus vários campos. O método é a via que lhe permite concretizar-se objetificando-os, isto é, convertendo-os em objetos de proposições coerentes, por sua vez fundamentadas nesse mesmo processo metodológico. Dá-se, porém, que a objetificação metodológica traz em si mesma uma atitude de distanciamento relativamente ao que se conhece, atitude essa que não só se opõe à anterior atitude de adesão, de pertença, correspondente à verdade situacional do *Dasein*, como também a desconecta, neutraliza ou abstrai, alienando-nos dela, onde quer que possa introduzir-se, no fazer artístico ou no conhecimento histórico, que responde às interrogações sobre o passado.

Restabelecer as conexões da verdade nesses domínios, recuperá-los, portanto, como um prolongamento daquela experiência matricial pré-científica, de que mesmo a ciência se origina, e que se trata de desalienar; soltar as amarras metodológicas do conhecimento histórico, que encontra sempre na interpretação dos textos-fontes o seu teste crucial; retirar da avaliação da arte a servidão moderna, mais schilleriana do que kantiana, ao juízo estético; firmar as condições do compreender –

a compreensão da compreensão; restaurar, enfim, o direito da interpretação em sua maior generalidade, circulando do texto para o mundo, lido como um texto que tem significações várias, sustentadas todas pela linguagem, que é o solo mesmo da nossa experiência (Gadamer chama à linguagem de "ser") e, ainda, levar essa generalidade reconquistada ao polo de uma reflexão das filosofias, todas dependendo de uma cadeia histórica de atos interpretativos – eis o movediço espectro da filosofia hermenêutica delineada em *Verdade e método*.

"A questão é de saber", propõe-nos Paul Ricoeur num comentário arguto, "até que ponto a obra de Gadamer merece denominar-se 'Verdade e Método'; talvez fosse preferível intitular-se 'Verdade ou Método'."

A verdade da experiência hermenêutica vai de encontro ao método nas duas grandes verificações feitas por Gadamer: primeiramente, sua crítica à cultura estética – cultura das aparências – pela qual começa seu livro, recapitulando a ascensão das noções de gosto e de vivência (*Erlebnis*), esta última posta em vigor, de diferentes maneiras, por Dilthey e Husserl – e, em seguida, na segunda parte toda ("A extensão da questão da verdade à compreensão nas ciências do espírito"), num esforço analítico de destrinçamento da consciência histórica, sua crítica à hermenêutica romântica de Schleiermacher, à *Aufklärung* (ilustração) e ao historicismo de Droysen, Ranke, Dilthey e Hegel.

A consciência estética, que legitima a obra de arte como objeto de juízo de gosto, enquanto produto da vivência do artista referendada pela vivência do receptor, é sempre, como observa Gadamer, num escrito de 1965 ("A universalidade do problema hermenêutico"), "uma consciência segunda, segunda relativamente à pretensão imediata à verdade que emana da obra de arte". Essa verdade consiste num modo lúdico de representação, que se elabora como um jogo e que opera como tal: um jogo de configuração, semelhante àquele levado a cabo pelo ator quando "imita" o seu personagem, isto é, quando interpreta-o. Rembrandt interpreta-se, configurando seus diversos autorretratos. Cézanne configura a "natureza-morta" das maçãs, interpretando-as de diferentes maneiras. A pintura não pode fugir a uma gestualística sacramental, que vem do porte religioso da imagem, a crédito do *status* ontológico do quadro. Quando o pintor pega no pincel, estaria trazendo para dentro do quadro, independentemente de sua vontade, com uma certa técnica, com um certo estilo, uma tradição invasora, por ele aceita ou contrariada. De qualquer forma, o que se lê no quadro não é a alma do pintor. Se fosse o contrário, Schleiermacher teria razão: interpretar a obra de um artista, de um poeta, seria determinar-lhe a intenção autoral; o exegeta a conheceria mais de perto do que o seu próprio autor. A ter Schleiermacher razão, conhecer o Evangelho de São João seria, antes de nada, conhecer São João. Gadamer rejeita esse postulado da escola romântica. O sentido de um texto literário ou religioso subsiste para além de seu autor e independentemente dele. O texto nos fala, nos diz algo e, por isso, é interpretável hoje, como será interpretável amanhã, de modo diferente.

"Vamos aos fatos", dir-nos-ia porém um representante da *Aufklärung*. "Este lê o texto joanino como protestante, aquele como católico, um terceiro como historiador da Palestina. Se varrêssemos todas essas pressuposições, talvez nas linhas escritas pudesse assomar um sentido prístino."

A resposta de Gadamer é que não há sentido prístino e que varrer as pressuposições implicaria, como se fosse possível sair do círculo hermenêutico, impedir as interpretações, uma vez que, como vimos anteriormente, estas não existem sem aquelas. O que a *Aufklärung* visava, ao encontro desse sentido prisco, era a interpretação não preconceituosa, que afastasse a tradição da autoridade e a autoridade da tradição, tal como defendida pelos românticos. Mas nisso os românticos estavam certos. A interpretação de um texto não começa no grau zero da escrita ou num patamar de sentido nulo a ser preenchido, pouco a pouco, pelo verdadeiro. Ela começa *in media res*, com certos referenciais, numa determinada perspectiva. O preconceito nada mais é do que o correspondente histórico da antecipação da experiência humana. Mas constitui a única entrada possível na matéria – entrada a que necessariamente não ficaremos presos. Podemos corrigir adiante o preconceito; mas, sem jamais rompermos inteiramente com as pressuposições, nossa interpretação avança segundo uma dialética peculiar, imposta pelo próprio texto, e que vale para toda consciência histórica.

Numa medida mais larga, o preconceito, como antecipação da experiência humana, atesta o vínculo com a tradição de que somos partícipes. É o que Gadamer chama de "consciência das histórias dos efeitos" (*Wirkungsgeschichtliches Bewusstsein*): consciência a meias, certamente, porque, segundo nos diz em outro de seus escritos, "determinada por um devir histórico real, de tal forma que ela não possui a liberdade de situar-se em face do passado". No entanto, é na direção do passado que avança o historiador, seguindo a pista, o vestígio, que lhe deixou uma fonte documental. E nisso cumpre a regra hermenêutica de chegar ao todo por meio da parte, ao universal por meio do particular. Mas como avança? Ainda aqui a iniciativa não vem por completo do historiador. Pois, se ele, historiador, interpela o texto, deve-se isso à capacidade do texto de propor-lhe as perguntas cujas respostas somente o que está escrito pode lhe dar, fazendo com que avance na direção do passado.

Mas não avançamos para dentro de uma época, de um período do passado, reconstituído com a precisão que os historicistas, os positivistas da história, esperariam alcançar. O tempo decorrido não é neutro: interpôs entre nós e a sociedade pretérita uma distância insuperável – o que não significa bloqueio, fechamento, mas a abertura, sobre essa sociedade outra, de uma perspectiva que só o nosso presente pode dar-nos. Compreendemos essa época distante, infamiliar, aproximando-a do presente, do familiar, onde nos situamos. Essa dialética da proximidade e da distância, completa-se pela apreensão da diferença entre as duas sociedades, a nossa e a pretérita, afastadas entre si pelo tempo. Uma não se identifica com a outra; são os contornos, os "horizontes" das duas que se fundem; e, por isso, ao compreendermos aquela em função da nossa, compreendêmo-la de modo diferente. É um problema semelhante ao da aplicação das leis do direito – redimensionadas pelas necessidades do presente. Para Gadamer, a hermenêutica jurídica é o guia prático da experiência hermenêutica, cujos limites e possibilidades estão circunscritos pela linguagem, assunto da terceira e última parte de *Verdade e método* ("A virada ontológica da hermenêutica no fio condutor da linguagem"), sobre a qual vou ser brevíssimo.

A linguagem que o filósofo considera é a que, como suporte da experiência humana, extravasa a ciência da linguagem, resvalando do método para a verdade da pertença ao mundo, ao tempo e à história. A experiência humana não é linguística e sim linguajeira (*spraclich*): o falar dos textos, das obras de arte, o entender-se e o desentender-se uns com os outros, a imensa, penetrante conversação humana e a sua tradutibilidade de universo linguístico para universo linguístico. Parece que estamos a ouvir a ressonância do ensinamento de Heidegger extraído de Hölderlin: nós somos um diálogo.

Por último, gostaria de ressaltar, diante das dificuldades extremas que oferece um texto tortuoso, labiríntico, como esse de Gadamer, a tarefa meritória que foi traduzir *Verdade e método*[*]. Mas a tradução incorre em inúmeras falhas. Erros de revisão? Não só. Nenhuma dúvida tenho acerca da competência do tradutor no manejo da língua alemã. Mas tantas são as impropriedades de expressão e os déficits sintáticos em nossa língua, que só poderíamos desejar, em defesa da "última flor do Lácio", que a obra traduzida viesse a ter logo uma segunda edição, rigorosamente revista e aportuguesada.

....

[*] O autor refere-se à primeira edição de Hans George Gadamer, *Verdade e método*. Trad. Paulo Meurer. Petrópolis: Vozes, 1998. Atualmente, este livro está em sua 10ª edição, de 2008. [N. do Org.]

Pluralismo e teoria social*

I

Sob o título *Pluralismo e teoria social* – Luiz Felipe Baêta Neves introduz sutilmente por três ângulos distintos, sem mencioná-lo uma só vez, o problema hermenêutico das ciências humanas.

A discussão do *pluralismo* assenta o vértice desse triângulo interpretativo que tem por base dois temas correlatos, a possibilidade de uma *topologia do saber* e o papel do *ensaio* como gênero privilegiado da interpretação.

Meu intuito é mostrar que o debate do pluralismo empenha tanto o domínio das ciências humanas quanto o das ciências da Natureza; que se trata de uma questão global relativa ao valor concorrente das formas de saber, e que essa mesma questão recai num plano extracientífico. A ideia de topologia do saber corresponde a um conceito distributivo e não hierarquizado das espécies de conhecimento, por oposição às classificações epistêmicas fechadas e normativas do século XIX. Não há topologia do conhecimento sem a tácita admissão de um situacionamento histórico-cultural que circunscreve e torna possível os *loci* das disciplinas.

---

* Comentário à fala de título homônimo de Luiz Felipe Baêta Neves no 2º colóquio UERJ. Publicado em Jayme Salomão (org.). *A interpretação*. Rio de Janeiro: Imago, 1990, pp. 77-99.

Portanto, ao debater o trabalho de Baêta Neves – suas primeiras notas de pesquisa como modestamente o intitulou –, não me limito a comentar e a tergiversar; proponho uma interpretação e levo as três questões nele delineadas para um terreno que talvez não seja da predileção do autor.

Deveria começar acompanhando a discussão do texto de Chaim Perelman, *La Philosophie du Pluralisme et la Nouvelle Rhétorique* [*A filosofia do pluralismo e a nova retórica*], que serviu de fio condutor a Baêta Neves. Mas as nossas considerações iniciais obrigam-nos a uma providência preliminar, introdutória: apresentar o que tem sido pensado como *pluralismo* – essa ideia fecunda, de valor heurístico, ameaçada de tornar-se hoje um novo *idola fori* – em domínios tão diversos onde tem ocorrido de maneira ostensiva porém diferenciada, como a *metafísica de Leibniz*, o *pragmatismo de William James*, a *epistemologia da Física em Bachelard* e a *metodológica da investigação científica de Popper e Feyerabend*. Trataremos, pois, de casos exemplares – capítulos, talvez, de uma história descontínua a reconstituir.

II

O plurissubstancialismo de Leibniz desempenha, dentro da metafísica moderna, um papel de contestação do dualismo e do monismo, as doutrinas cartesiana e espinosista da substância. Além da diversidade, as mônadas, autossuficientes, fechadas e sem janelas, cada qual porém refletindo internamente, como num espelho, o ponto de vista de todas as outras, também introduziram, contra a tese analítica de Descartes – a redução última do complexo ao simples –, a complexidade na composição do real. Por outro lado, no que tange à sua estrutura teórica, a doutrina de Leibniz, modernizando Aristóteles e aristotelizando Descartes, integrando a ação providencial à *mathesis* reformulada na ideia de *characteristica universalis*, é de intenção conciliatória.

Permitimo-nos essa simplificação do filósofo da Monadologia, cujo sentido completo exigiria que ligássemos o projeto de Lógica Simbólica, matemática, à *characteristica universalis*, ao critério de *adequação*, enquanto complemento corretivo da clareza e da distinção cartesianas, para destacarmos, sobre o fundo metafísico em que se recortam, os aspectos gerais da diversidade e da complexidade. Diversidade e complexidade do próprio real, uma vez que, *vérités de raison*, os enunciados do metafísico não pretendem ser juízos sobre a experiência, mas asserções a respeito daquilo que é ou que existe em sua totalidade. Contestando a substância única, infinita, ou a dupla substância, *res cogitans* e *res extensa*, a pluralidade das substâncias, alvo de conhecimento suprassensível, é princípio constitutivo do ser universal.

Quando o pluralismo reaparece entre os fins do século XIX e princípios do século XX, com o *pragmatismo*, é também, em parte, o resultado de uma contestação dos monismos, já incluindo o de Hegel. Contudo, essa contestação não tem o mesmo sentido e o mesmo alcance da anterior. O quadro metafísico das *vérités de raison* tornara-se a moldura ilustrativa do esforço do conhecimento humano para apropriar-se da realidade universal que só parceladamente é capaz de abranger. Como a substância, para o pragmatismo, é apenas um modo abstrato de ordenar a experiência, e como, ainda, a pedra de toque da verdade é a eficácia de cada doutrina, o monismo será considerado inferior, do ponto de vista da inteligibilidade das coisas, a qualquer concepção que valorize o diverso, o múltiplo, o complexo.

A filosofia pragmatista já não é uma via direta para o conhecimento das coisas, mas uma via transversa de reflexão sobre o conhecimento das coisas. Não tem que pronunciar-se sobre o real, mas sobre as teorias explicativas da realidade, cuja pretensão de verdade não pode ultrapassar os limites da avaliação empírica e do confronto das razões ajuizado pela medida prática do provável e do verossímil. Daí o sentido probabilístico e o alcance persuasivo, estribado na ordem da argumentação convincente, do princípio distributivo da realidade adotado por William James: a forma "cada" logicamente é mais aceitável e empiricamente mais provável do que a forma "todo" (W. James, *Philosophie de l'Experience* [*A filosofia da experiência*], p. 32). Não há, para dizê-lo na linguagem de D'Alembert, "un seul fait et une grande vérité" [um só fato e uma grande verdade]. A pluralidade sobrepõe-se à unidade e as verdades parciais primam sobre a verdade total. "O mundo está cheio de propósitos parciais, de pequenas histórias", acrescenta William James. Eis o pluralismo pragmaticista: diversidade e incompletude do real, parcialidade progressiva do conhecimento, setorialização da verdade, em correspondência com a ideia de "um universo inacabado, com portas e janelas abertas a possibilidades incontroladas de antemão" (W. James, *Problemas da filosofia*, p. 97).

Mas William James ainda ousa fazer afirmações a respeito do mundo mediadas pela análise das concepções metafísicas. Sem ser um metafísico, sua posição pluralista, ao mesmo tempo gnosiológica e ontológica, baseia-se numa decisão racional prática que escolhe a mais aceitável das doutrinas em conflito. De qualquer maneira, essa decisão resolve uma questão terminal e não inicial – uma questão de *topo*, que procede menos do arremate da investigação empírica do que da consideração de um universo de teses filosoficamente sedimentadas.

A posição pluralista também se apresenta como questão terminal para o racionalismo prático, aplicado, de Gaston Bachelard. No entanto, ela se tranferirá do plano gnosiológico e ontológico para o epistemológico: cumpre-lhe a tarefa de explicitar, acompanhando o processo de formação das teorias físicas modernas, a gênese de uma razão anticartesiana avessa à evidência, feita dogma, da substância simples (Gaston Bachelard, *Le Nouvel Esprit Scientifique*, p. 138). Por isso, a epistemologia bachelardiana recompõe a dialética do pensamento científico, aponta seus obstáculos, assinala suas descontinuidades e rupturas. Dessa dialética despontam os nexos fluidos, que a prática da investigação vai moldando, entre o empírico e o racional. Pois é certo que o cientista não pode ser mais racionalista ou realista à maneira dos filósofos que acreditavam poder colocar-se "de uma só vez diante do ser apreendido ou na sua prolixidade externa ou em sua unidade interna" (Gaston Bachelard, *Le Nouvel Esprit Scientifique*, p. 16). Segundo a orientação pragmática que assume, realismo e idealismo, empirismo e racionalismo, se alternam como momentos elucidativos da construção dos conceitos, possivelmente contraditórios, que se complementam. A epistemologia não somente dá conta do perfil que a razão operante recebe da construção teórica de cada novo domínio, não só retraça o equilíbrio alcançado no embate entre diferentes campos de teorização, como também se permite levantar, em função desse processo todo, o problema geral da "estrutura e da evolução do espírito" (Gaston Bachelard, *La Philosophie du Non*, p. 7). As soluções científicas não são alternativas e a validação das teorias físicas segue, no fundamental, os requisitos lógico-metodológicos galileanos da "experiência sensata" e da "demonstração necessária". Mas, para Bachelard, as bases lógicas de uma ciência não esgotam os fundamentos epistemológicos. E estes não podem ser esclarecidos, no caminho que vai da hipótese à teoria, do erro à correção do erro, sem a alternância de posições implícitas ao trabalho do cientista, que requer num momento o *a priori* do racionalismo e noutro o *a posteriori* do empirismo. Caberá, pois, afirmar que a epistemologia é uma filosofia diferencial do detalhe epistemológico. "Une connaissance particulière peut bien s'exposer dans une philosophie particulière, elle ne peut se *fonder* sur une philosophie unique: son progrés implique des aspects philosophiques variés" (Gaston Bachelard, *La Philosophie du Non*, p. 48).

É claro que esse pluralismo é heurístico e também provisório, por ser heurístico. O trabalho científico conclui, arremata, o que a filosofia deixou em suspenso. A gênese teórica é inteligível à luz de categorias controversas; mas o produto final, embora aberto a novas experiências que podem exigir a sua reformulação, decidiu, dialeticamente, a contenda.

"Nossa conclusão é portanto clara: uma filosofia das ciências, mesmo que se a limite ao exame de uma ciência particular, é necessariamente uma filosofia dispersada. Ela tem, no entanto, uma coesão: a de sua dialética, de seu progresso" (Gaston Bachelard, *La Philosophie du Non*, p. 50).

O essencial a destacar aqui, dado o plano genético da dispersão, é o sentido epistemológico do pluralismo bachelardiano. Ele não se situa ao nível dos métodos, como procedimento de descoberta ou de validação, mas ao nível da formação dos conceitos que garantem o alcance objetivo e a relevância racional de uma teoria.

É bem outra a posição de Paul Feyerabend, esse noviço rebelde da epistemologia popperiana. Não vamos detalhá-la. Certamente extremando a tese de Thomas Kuhn – o caráter "sociológico" do reconhecimento consensual de um novo corpo teórico, que fundamentará, por sua vez, a atividade da ciência normal –, Feyerabend responsabiliza a educação científica pela uniformização dos métodos de investigação e pelo seu insulamento do resto da História e da cultura. A violação das regras tem sido mais fecunda para a investigação do que o ajustamento das hipóteses novas a teorias confirmadas. Por outro lado, não há impedimento racional para a adoção de hipóteses em desacordo com fatos bem estabelecidos. Um vale-tudo metodológico é lícito nesse campo; o princípio que confirma a fecundidade desse *fais ce que voudras* no trabalho científico, sujeito assim a impactos revolucionários, é a inevitabilidade do constante progresso devido ao poder crítico", capaz de provocar a "proliferação teórica" (Paul Feyerabend, *Contra o método*, p. 45).

Nenhuma metodologia é inteiramente válida; e não há só uma, mesmo a mais óbvia, sem limitações, como mostra Feyerabend evocando exemplos históricos. Recorramos a tudo – a todas as ideias – até mesmo ao mito – e pratiquemos, com espírito lúdico e recreativo, a investigação científica, porque sem imaginação não descobriríamos, nem ao menos "os traços do mundo real que supomos habitar" (idem, p. 43). Estamos diante da regra de ouro do pluralismo (ou do superpluralismo?), da metodologia pluralista (ou superpluralista?), anárquica, de Feyerabend.

Contra o método é atordoante de entusiasmo panfletário. Mas há nesse livro páginas extremamente lúcidas – como as que dizem respeito ao imaginário, à "interpretação natural" do mundo, ao poder científico, à ideologia da ciência natural moderna, à procedência de uma análise antropológica do conhecimento científico – em contraste com proposições discutíveis, como as que se referem às garantias extracientíficas do plural assentes na decisão democrática, majoritária de todos os interessados.

No entanto, esse aspecto político não é estranho ao *racionalismo crítico* contra o qual Feyerabend se rebela. Assim, de um modo geral, sem extrapolar para a contraciência e para o assembleísmo decisório, o *realismo crítico* de Popper se compadece com a pluralidade dos métodos, dentro, porém, do respeito à *falseabilidade teórica*, compatível com a forma hipotético-dedutiva de prova. A falseabilidade pela experiência é generalizada como princípio de conhecimento aberto, progressivo, a salvo de dogmatismo, capaz de gerar consenso por meio da livre adesão racional que provoca. Desse modo, a liberdade dos métodos, compatibilizados pelo gênero de conhecimento a que dão acesso, asseguram o livre pensamento e o progresso das ciências. Nesse sentido, o pluralismo científico estaria em correspondência com o pluralismo político. A ciência é democrática, pondera Popper (Popper, *La miseria del historicismo*, p. 169).

Apesar disso, e aqui vai uma das tônicas da questão, qualquer outro gênero de conhecimento, insuscetível de ajustar-se ao modo hipotético-dedutivo de prova, e que seja, por conseguinte, refratário ao teste da falseabilidade, o qual possibilita substituir uma hipótese por outra, assim garantindo o progresso científico, é considerado irrelevante. O pluralismo popperiano, que exclui da teorização social a competência dos métodos compreensivos, interpretativos ou críticos, constitui, ao mesmo tempo, uma filosofia que nega a legitimidade das formas não positivas de saber. De índole positivista, essa filosofia defende, na verdade, um monismo cognoscitivo, que veda o reconhecimento de um pluralismo filosófico ou de uma filosofia pluralista, baseada, como a de Perelman, nas ciências humanas, e que serviu de motivo à reflexão de Baêta Neves.

Se essa filosofia implica o respeito à diversidade, o que exige uma "sensibilidade para todos os valores que se ápresentam", e assim a exclusão antecipada de regras precisas de avaliação, regras já consideradas como princípios redutores, revestidos de autoridade, e se constituindo, por isso, como instância decisória, inadmissível porque exterior e superior às teorias em contenda, o pluralismo perelmaniano é uma espécie de hiper-relativismo. O medo ao autoritarismo – à parcela de poder incluída em todo saber – deslocaria, finalmente, o processo de validação teórica ao plano idealizado, político, da decisão democrática, como modelo de escolha livre, consensual. O democratismo seria o complemento do hiper-relativismo, e ambos, talvez, pudessem ilustrar os mais novos componentes do que Bourdieu chama de "ideologia profissional dos intelectuais".

A argumentação é de Luiz Felipe: aqui só nos pertencem o grau de ênfase e alguns pequenos acréscimos expressionais. O mesmo se pode dizer da argumentação seguinte: posto que o pluralismo perelmaniano é metodológico, a persuasão dialogal, como critério de escolha dos métodos no confronto polêmico, não é suficiente. Será preciso remontar da pluralidade dos métodos ao caráter heterogêneo e diversificado do real.

A diversidade (ou pluralidade) da vida justificaria, em última instância, a partilha concordatária das disciplinas com base numa teoria retórica da argumentação, que substitui a certeza pelo provável e pelo plausível. Mas, talvez, pondera Luiz Felipe, possamos ver na Nova Retórica de Perelman o intento de considerar as teorias em função da prática histórica contenciosa que as produz, enquanto posições adversas entre as quais faríamos uma escolha razoável segundo as regras da argumentação dialética, no sentido aristotélico da expressão. Então, acrescentamos nós, o pluralismo perelmaniano, nisso cumprindo papel filosófico, resolveria a contenda sem eliminar os conflitos teóricos. A filosofia nunca foi instância decisória do conhecimento. Como a poesia, disse-o Wittgenstein, ela nada faz acontecer.

A vida e a morte das teorias, a substituição de um universo teórico por outro, a vigência da concepção nova e a inefetividade da que a precedeu, têm um dinamismo conflituoso; há rupturas, deslocamentos, "cortes epistemológicos ou quebras de paradigmas", mas não concordata ou acordo de cavalheiros em nome do auditório universal como sujeito destinatário da argumentação convincente.

O grau de persuasão alcançado dependeria das pressuposições comuns entre o filósofo e seu auditório, isto é, do estoque de ideias comuns do qual o primeiro apresenta a média razoável para o segundo. Não nos diz Perelman em *La Philosophie du Pluralisme et la Nouvelle Rhétorique* que o filósofo adepto do pluralismo, abdicando da ideia de verdade eterna, contenta-se em apresentar uma visão do homem, da sociedade e do mundo que, tentativa imperfeita mas perfectível, "inspira-se das aspirações e opiniões de seu meio na medida em que acredita serem universalizáveis..."? Mas o filósofo ilude-se; ele não controla o livre jogo de forças que construirá, em um dado momento da história do saber, esta "tentativa imperfeita". A filosofia pluralista de Perelman parece estar aquém da ressonância epistemológica do saber teórico organizado independentemente da consciência individual, com que nos acena Luiz Felipe. As glosas do comentador crítico cobram por vezes do texto analisado uma perspectiva bem mais ampla da que lhe é inerente.

De fato, *La Philosophie du Pluralisme et la Nouvelle Rhétorique* é por um lado muito geral e por outro muito restrito. Muito geral na medida em que aí se estabelece uma caracterização do pluralismo por antítese com os monismos, de que nos oferece a tipologia, compreendendo as variantes religiosa (monoteísmo), ontológica, metodológica e sociológica do sistema de pensamento apoiado num princípio único – Deus, a verdade absoluta, o primado da razão pela certeza matemática, o Estado como expressão do ser coletivo; muito restrito, na medida em que limita ao direito à moral e à política o campo eminente da flexão metodológica para o conhecimento do plausível e do provável, enquanto renuncia a "uma ordem perfeita, elaborada em função de um único critério". Identificando-se com a vida social e política de uma sociedade democrática, a filosofia perelmaniana atua pelo diálogo permanente – "a confrontação dos pontos de vista opostos" – com o fim de estabelecer "compromissos razoáveis".

"Contrariamente a Descartes que quis construir todo o saber baseado em evidências inabaláveis, é preciso mostrar, escreve Perelman em *L'Empire Rhétorique*, o que há de excepcional no acordo dos sábios em consequência de razões específicas. Em todos os outros domínios, trate-se de religião ou de filosofia, de moral ou de direito, o pluralismo é a regra. Esses domínios somente extremam a sua racionalidade do instrumento argumentativo, das boas razões que podemos apresentar a favor ou contra cada tese em debate" (p. 75).

Não o esqueçamos: o campo onde o pluralismo impõe a regra da flexão metodológica é o da racionalidade prática, que coincide com o objeto da Filosofia Prática nos termos da conexão aristotélica entre a Ética e a Política. Precisamos lembrar, ainda, a motivação teórica especial que levou Perelman à reconquista da Retórica como Teoria da Argumentação: a busca de uma lógica dos juízos de valor. Em vez de uma operatória formalizável, a análise das condições de pronunciamento desses juízos – justamente as aspirações e as opiniões comuns; como solo da experiência social – conduziram o filósofo belga, com a ajuda de Mme. L. Olbrechte Tyteca, à convicção de que a única lógica possível desses juízos é a teoria da argumentação provável ou dialética, que Aristóteles desenvolveu na Retórica, originariamente arte de persuadir e convencer, desincorporada da Filosofia em proveito do critério de evidência na Idade Moderna.

Ora, a Lógica argumentativa desse tipo arraiga-se à linguagem ordinária de que é inseparável, impregnando-se de sua ambiguidade, de seu teor metafórico e da "interpretação natural das coisas" que o discurso, como estrutura preliminar de compreensão do mundo, já encerra. A racionalidade prática em que se investe a Nova Retórica é a racionalidade da ação individual e coletiva, empenhada na escolha e no discernimento de valores, que não podem ter a seu favor o critério de certeza e a segurança da indubitabilidade.

É somente por esses viés, não estranho à praticidade histórica, que a racionalidade retórica de Perelman em discussão se estende ao teórico, alcançando-o na sua articulação com o todo da cultura em que as ciências desabrocham.

"A Nova Retórica", esclarece Perelman, "não se limita, por sinal, ao domínio prático, mas estará no coração dos problemas teóricos para aquele que está consciente do papel que exercem em nossas teorias as escolhas de definições, de modelos e de analogias, e, de um modo geral, a elaboração de uma linguagem adequada, adaptada ao campo de nossas investigações. É nesse sentido que se poderia ligar o papel da argumentação à razão prática..." (*L'Empire Rhétorique*, p. 22).

Assim os problemas teóricos de consideração prática mencionados não são os de gênese epistemológica, de constituição da teoria, mas aqueles que remontam a uma escolha possível, que reorganizou o campo da experiência; também não são os de estruturação lógico-formal, de instauração metodológica, de derivação conceptual, mas aqueles que, como a eleição de modelos e o uso da analogia, acusam a continuidade dos vínculos das ciências com a linguagem ordinária.

A racionalidade prática que aí está em jogo é a que demanda a compreensão das possibilidades de escolha e da perduração do vínculo com o discurso numa argumentação convincente. Do mesmo modo, as mudanças de sistema, pela reviravolta de paradigmas, exigem o entendimento de todo um processo cultural histórico extensivo, que interpreta os rumos e as propensões valorativas da transformação conceptual operada, isto é, que sonda os prováveis vetores das alterações – prováveis, plausíveis, verossímeis, não estritamente verdadeiros.

Os procedimentos da argumentação retórica integram a mobilidade do entendimento interpretativo. A Retórica inclina-se para a Hermenêutica; ambas lidam com a experiência da linguagem em que assentam; ambas são advogadas do provável e do verossímil (Gadamer, "On The Scope and Function of Hermeneutical Reflection", 1967, in *Philosophical Hermeneutics*, p. 24). Por certo que a Retórica, tal como a entende Perelman, distancia-se da epistemologia, mas para aproximar-se da dimensão hermenêutica do conhecimento científico.

À mesma dimensão hermenêutica pertence, creio eu, a topologia, a história diferencial do saber que se vislumbra como resposta ao pluralismo. Apenas esboçado, esse projeto não pode tomar corpo senão nos marcos de uma localização do saber: os *tópoi* que os situam uns em relação aos outros e ao próprio sujeito de conhecimento. Somos forçados então a tratar da Hermenêutica tão prejudicada pela sua vulgata de uso corrente.

III

Não há dúvida de que a Hermenêutica de Gadamer, em sua fonte polêmica, *Wahrheit und Methode* [*Verdade e método*], contribuiu para que se estabelecesse a sinonímia da tradição com a história – com uma "história imensa, total, espessa e opaca, que, poderosíssima, é sujeito e objeto de si mesma". É também verdade que a Hermenêutica paga o preço de sua origem: a *Kunstlehre* de Schleiermacher, como arte geral da interpretação dos textos para evitar a má compreensão, e o método das ciências humanas, as *Geistwissenschaften*, ao qual Dilthey a vinculou.

Pergunta-se: como evitar ou corrigir a má compreensão de um texto se já não tivermos, de qualquer forma, a ideia antecipada de um outro sentido mais adequado ou mais correto? E como poderia vingar o método naquelas ciências, assegurando o teor objetivo do conhecimento, se bem que preenchido por um tipo de legalidade – as conexões de sentido em vez das causas, então interpretadas segundo a Mecânica clássica – se esse conhecimento não consistisse em reconverter, por meio da empatia, às vivências do sujeito cognoscente a vida do espírito objetificada nos produtos da cultura?

No primeiro caso, dado que o novo sentido toma o lugar do incorreto que também o mediou, não seria possível interpretar para melhor entender, se não aderíssemos de antemão ao incorreto do qual o subsequente movimento interpretativo nos afastou. No segundo, a reconversão só se torna possível porque o sujeito já participa, mediante uma pré-compreensão, daquilo que o método alcança de uma forma ordenada, compreensiva.

Mais do que um procedimento analítico, mais do que uma crítica do método, a Hermenêutica de Gadamer é, antes, uma investigação (*Inquire, Untersuchen*) acerca dos pressupostos e do exercício da interpretação em geral.

O pressuposto nº 1, que se aplica aos dois exemplos anteriores, é a circularidade da compreensão. Interpretando, explicitamos o entendimento que nos liga à coisa interpretada dentro da situação que ocupamos, na qual estamos, por assim dizer, imersos.

O pressuposto nº 2, igualmente aplicável àqueles dois elos, é que essa pré-compreensão, de todo diferente da relação pontual entre sujeito e objeto da Teoria do Conhecimento, por ser uma relação de pertença e, assim, de caráter situacional, está sob os *efeitos da história* que integram a situação a partir da qual interpretamos. Gadamer denominou essa experiência Wirkungsgeschichte Bewusstsein (consciência do efeito da história), para distingui-la da consciência histórica alienada do historicismo na segunda metade do século XIX, que abstraiu, sob a presunção do real conhecimento dos fatos do passado, a intromissão da perspectiva do presente no trabalho do historiador. Infelizmente, ao identificar o efeito da história com a tradição, Gadamer, pelo menos em *Verdade e método*, interessado que estava em criticar a universalidade da Razão no Iluminismo, e em esclarecer a consagração romântica à autoridade do passado, não distinguiu entre a perduração das heranças culturais (*Erbe*), o peso inercial das várias tradições, e o tradicionalismo enquanto defesa do perimido (cf. Paul Ricoeur, *Temps et Récit*, III, p. 318).

Mas a pré-compreensão e, por via de consequência, a tradição partilham de um elemento comum que as constitui; e sem o qual a consciência histórica não se abriria tanto para o futuro quanto para o passado através do presente, e nem existiríamos compreendendo-nos e compreendendo o mundo: a linguagem, na verdade o pressuposto por excelência, no qual repousa a singular universalidade do processo hermenêutico, que vai além da interpretação dos "testemunhos humanos conservados pela escrita".

"Não é o emprego da escrita como tal que faz com que um pensamento tenha necessidade de interpretação, mas o seu caráter 'linguageiro' (*sprachlich*), quer dizer, a generalidade do sentido, que é o que torna possível, em consequência, sua fixação escrita" (Gadamer, *L'Art de Comprendre*, t. 1: *Herméneutique et Tradition Philosophique*, pp. 62-3).

A comunicabilidade da compreensão, o acordo, o confronto dialogal, a passagem do familiar ao estranho, a tradução como modelo da interpretação, a fusão de horizontes – todos esses temas da Hermenêutica gadameriana envolvem a linguagem, considerada "jogo de que todos somos parceiros, sem que nenhum de nós tenha precedência sobre os outros" (Gadamer, op. cit., p. 135). Jogo que torna a interpretação necessária e inevitável, enquanto desenvolvimento explicitativo da compreensão efetivada, pela linguagem, coextensiva ao círculo hermenêutico do compreender tomado a Heidegger. "A interpretação não é jamais a apreensão de algo sem pressuposto", escreve Heidegger em *Ser e tempo* (p. 150). Situacional, a pré-compreensão inclui um referencial (*Vorhabe*), um contorno ou perspectiva (*Vorsicht*) e um esboço conceptual (*Vorgriffen*), que prendem o intérprete nas malhas de um sentido antecipado. Essa pertença abre porém o processo de interpretação.

Sendo esse processo um jogo necessário e inevitável da linguagem, concretizado pela mediação dos signos e símbolos, a explicitação, em que consiste o ato de interpretar, se efetua como passagem das significações explícitas ao sentido implícito, seja partejando o não dito daquilo que é dito ou o não manifesto daquilo que é aparente.

Feita essa síntese – "ultraegipcíaca", roubando a expressão de Mario de Andrade – das condições da interpretação e do ato interpretativo – objeto da Hermenêutica filosófica, que convém separar da Filosofia Hermenêutica, essa ontologia da linguagem e do caráter dialogal da existência humana, com a qual se associa – cumpre-nos assinalar a interferência da dimensão hermenêutica no campo teórico, através da mesma vertente da racionalidade prática a que se entrosa a argumentação retórica.

Anteriormente referimo-nos à interpretação enquanto entendimento inerente a uma situação em que nos movemos. É a interpretação pré-teórica que Feyerabend chama de natural, a exemplo da percepção do deslocamento e da queda dos corpos, limiar de acesso à Mecânica de Galileu, que geometrizou o movimento físico no espaço puro, euclidiano. Essa abstração conceptual, que se entrosa à descoberta copernicana do movimento da Terra, às leis de Kepler, e que configurou uma nova ordem de objetos ajustados à operatória de um método, desqualificaria, sem revogá-la, a interpretação natural, que continua subsistindo na experiência perceptiva comum. "Afastemos todas as interpretações naturais (como queria Bacon), e teremos também eliminado a capacidade de pensar e de perceber. Em segundo lugar [...], é claro que uma pessoa, colocada diante de um campo de percepções, sem dispor de uma interpretação natural, estaria *completamente desorientada*, e nem saberia como começar o empreendimento da ciência." (Feyerabend, *Contra o método*, p. 11).

Mas o trabalho de interpretação também é inter e metateórico, preenchendo os espaços vazios do conhecimento científico – como o que vai de teoria a teoria (interteórico), ou o que excede o âmbito da teorização reconhecida num determinado período (metateórico). A dimensão hermenêutica a que me referia, e que tal como a do trabalho anterior de que é o prolongamento escapa à alçada dos métodos e é levada a cabo no âmbito da linguagem ordinária, realiza a permanente e aventurosa tarefa de recuperar a inserção social e cultural de cada sistema, de suprir a abstração de realidades disfarçadas ou ocultadas em cada domínio do saber constituído. Trata-se, enfim, da abordagem da ciência atenta à sua historicidade, isto é, ao seu vínculo com as possibilidades da existência como modo de conduta (*Verhalten*) do ser humano.

Nada tendo de *instauratio magna*, de *discurso do método*, o trabalho hermenêutico é tentativa de compreender o que da ciência não é científico e que a ela se acrescenta, tanto ao indagar-lhe as escolhas metodológicas e a reformulação de paradigmas quanto ao campo social de sua origem e de sua aplicabilidade, como um projeto de inteligibilidade histórica jamais totalizado, porque condicionado à *consciência dos efeitos da história*, medida temporal de nossa finitude.

Penso nas classificações das ciências elaboradas no século XIX – a de Comte e a de Spencer, por exemplo, apresentadas como decorrência de uma lei evolutiva do desenvolvimento do saber. Independentemente da justeza de certas correlações na classificação de Comte – Piaget assinala a da maior generalidade das estruturas matemáticas – a posição da Sociologia, colocada pela sua maior complexidade no último degrau dessa classificação, ratificava, para além do critério lógico invocado, o ideal de vigência do controle social enquanto aplicação de conhecimentos objetivos – os da Física e os da Biologia – que deveriam fundamentar as normas jurídicas e regular a ação política.

Mobilizada pelo interesse ideológico, a classificação comteana era antes uma interpretação do papel da ciência na vida social que identificava o sociólogo ao "engenheiro da vida social", encobrindo, conforme se dirá hoje, "o lugar" desse novo especialista gerado pela mesma sociedade cuja administração presidiria.

A crise atual de fundamentos das ciências humanas, que se desvencilham de seus paradigmas oitocentistas – a evolução global da natureza e do espírito humano e a organicidade da cultura, principalmente –, que se tornaram cautas, revisando o alcance objetivo de seus enunciados mediante o pressuposto do condicionamento ideológico e da intromissão dos valores da cultura do observador, que perderam a ilusão da unidade da História ou da História universal – essa crise, manifesta no discurso crítico dos métodos e teorias, propiciou não só a assimilação da *dimensão hermenêutica*, como também abriu caminho à distribuição topológica, não hierarquizada, dessas ciências.

IV

O primeiro grande projeto de topologia desse domínio do conhecimento, como história diferencial, delineia-se na *arqueologia* de Michel Foucault desde *Les Mots et les Choses*. O que possibilita as ciências humanas?, é a pergunta kantiana dessa obra pioneira. A resposta que ela dá é que tal possibilidade se encontra fora das disciplinas e da função do sujeito transcendental, num *a priori* histórico, a *epistéme* da época moderna, que articulou, abrindo espaço para a Biologia, a Economia e a Linguística, uma constelação de conceitos favoráveis ao estranho conhecimento do homem – estranho porque conhecimento de uma realidade privilegiada e invasora, capaz de originar o tipo de positividade fraca, anômala, persistente e desdobrável das ciências humanas. Conceptualizado e teorizado, o homem passou a existir como objeto de discurso. Hermenêutica complexa a "arqueologia" de Foucault, que transfere a filosofia crítica moderna, o pensamento de Kant, revisto por Husserl e Heidegger, à posição de interpretante! Pois que o homem, como objeto de discurso, funda, ao mesmo tempo sem reduzir-se a objeto empírico, na qualidade de sujeito transcendental, o conhecimento acerca de si mesmo. Dizendo isso de outra maneira, o campo das ciências humanas vem a flux junto com a finitude da condição humana, que se abre nessa figura dúplice, ser empírico e consciência transcendental, originário e distante de sua origem, temporal e limitado pelo tempo, condicionando o conhecimento da Biologia, da Linguística e da Economia, e condicionado pelas próprias realidades incontornáveis da vida, da linguagem e do trabalho que a consciência tenta em vão transcender.

L'Archeologie du Savoir precisou a descrição da *epistéme* como fatos de discurso, o *arkhé* da arqueologia torna-se o *arquivo*, "sistema geral das formações e transformações dos enunciados" (*L'Archeologie du Savoir*, p. 162), fora do conjunto de disciplinas ou dos textos que a História das Ciências e a História da Ideias tratam a título de documentos. Sistema situado entre sistemas – entre o código da língua e o *corpus* de conhecimentos organizados (*L'Archeologie du Savoir*, p. 125), o arquivo assinala os limites da dizibilidade, daquilo que é possível dizer ou enunciar em cada época. Posteriormente, retomando as implicações do estudo sobre a loucura, Foucault acentuaria que o domínio de emergência dos enunciados – as descrições médicas, as medidas discriminatórias, as ordens repressivas, os tratamentos, as práticas codificadas ("Réponse au Cercle Epistemologique", *Cahiers pour l'Analyse*, 9, 1968), onde a loucura é nosologicamente identificada, traduz-se numa prática discursiva, num regime de exclusões. O saber médico, psiquiátrico – que se torna modelar –, adquire, por força do modo factual de sua existência, a que se agregam suportes institucionais e procedimentos de controle, o caráter de uma produção histórica.

A consciência de serem produções históricas como práticas discursivas caracteriza, parece-me, o estado atual de autorreflexividade das ciências humanas, principalmente daquelas que batizadas por Foucault de *ciências errantes* – a História, a Etnologia e a Psicanálise – são inseparáveis da dimensão hermenêutica que lhes impõe uma demarcação topológica. Vou referir-me, para evitar maiores delongas, às duas primeiras.

A História, que se pluraliza em Histórias, circunscreve mentalidades passadas ou constrói séries temporais graças ao tratamento sistemático de uma documentação variada, do ponto de vista do presente, que é o seu *tópos*. A Antropologia, que também se quer interpretativa do "fluxo do discurso social" (Clifford Geertz), sabe que o seu lugar é o do mútuo confronto – um "entre-dois" – pelo qual o antropólogo tanto interpreta a sua sociedade quanto a do outro na base de um mútuo espelhamento; e que, enfim, o lugar do sociológico, para um Peter Winch, na medida em que empreende a investigação da interação humana como um "comportamento significativo, ou que faz sentido" (*A ideia de uma ciência social*, p. 51), não difere da do tradutor de uma língua estrangeira. Assim, esses saberes são topologicamente condicionados pela situação hermenêutica que os delimita, inculcando-lhes um coeficiente de contingências (institucionais, técnicas, valorativas) e subtraindo-os à pretensão de elaborarem uma síntese totalizadora.

A História, as Histórias não podem suprimir a sua localização temporal, porque "il n'y a pas d'interprétation historique innocente, et l'histoire qui s'écrit est encore dans l'histoire, de l'histoire, produit d'un rapport par définition instable entre le present et le passé, croisement entre les particularités de l'esprit et l'immense champ de ses enracinements possibles dans le passé" (François Furet, *Penser la Révolution Française*, p. 14).

Também a Antropologia, social e historicamente situada, principalmente em sua modalidade etnográfica, cujo dever teórico "é fornecer um vocabulário no qual possa ser expresso o que o ato simbólico tem a dizer sobre ele mesmo – sobre o papel da cultura na vida humana" (Clifford Geertz, *A interpretação das culturas*, p. 38), não pode abstrair o embate da cultura do antropólogo com a que lhe é estranha, *atopon*.

Em resumo, a localização dessas disciplinas como discursos interpretativos, passa pela posição de quem interpreta dados que são símbolos, linguagem e forma de ação, mediante uma pré-compreensão que lhe dá acesso à Teoria, ora como um leitor dos múltiplos vestígios que o passado deixou no presente, ora, no caso da etnografia, como um locutor em presença de outros locutores, cujo testemunho transporta para o plano coerente da escrita que o generaliza teoricamente. Ao fim e ao cabo, a história diferencial do saber nesse domínio, sem jamais chegar a uma forma sistemática, é uma história diferencial de situações interpretativas que sempre imprime ao conhecimento o selo do inacabamento e da incerteza. A Hermenêutica é então apenas o reconhecimento do caráter problemático de todo saber, da relativa propriedade de cada método e da falta de fundamentação última, definitiva, das teorias.

Por outro lado, não sendo o pesquisador social um puro sujeito de conhecimento, como não o é também o cientista propriamente dito, ele pode modalizar, mais do que este, pela consciência de ser, acima de tudo, um intérprete, o índice pessoal do trabalho teórico que se chama de estilo.

V

Foucault deslocou a História da Ciência, como estudo da formação de conceitos, do âmbito das disciplinas para o nível arqueológico das práticas discursivas, enquanto sistemas de enunciados constituindo um *corpus*, identificáveis no conjunto de textos que atestam a gênese e asseguram a vigência de determinado saber. Esse aspecto *textual* da organização e da vigência histórica do conhecimento integra a *topologia*, atenta à "ordem do discurso", à força prescritiva, ao poder de controle e de discriminação da linguagem escrita.

Mas outro ponto nada irrelevante que decorre do aspecto textual assinalado não só para a validade e a transmissão do conhecimento como também para o processo da formação de conceitos, e logo, também, para a gênese mesma do teórico, é a própria forma do discurso. No domínio das ciências humanas, sobretudo, a *topologia* tende a ser uma *topografia*, menos devido ao fato de que as variações formais da escrita, segundo os procedimentos retóricos dos gêneros em que se enquadram, diversificam a apresentação das teorias, do que à interferência da forma do discurso na constituição do objeto de conhecimento.

É certo que nas teorias científicas de um modo geral a *topografia* nunca está de todo ausente, como nos revela o aparato retórico dos gêneros tradicionais, sedimentados, da escrita que as expõe, aprecia e divulga: os tratados, os manuais, os relatórios, as teses e as comunicações. Mesmo nas ciências exatas, independentemente da forma discursiva escrita, há variações formais de apresentação que singularizam o objeto de conhecimento. Essa singularização contraria o ponto de vista corrente segundo o qual o texto teórico é aquele que nada fica a dever à experiência individual do seu autor. Pois se a teoria elabora-se como hipótese explicativa e, ainda, como sistema conceptual, se a sua comprovação depende de prova empírica ou de demonstração, ela demanda todo um trabalho intelectual, que é tão autônomo em seus procedimentos adequados de controle metodológico que lhe garantem credibilidade quanto independente da individualidade de seu autor. E assim esse trabalho impessoalizado produziria um conteúdo autossuficiente, qualquer que fosse a forma eventual de sua apresentação. A forma do texto cumpriria dupla função instrumental, como meio de expor o resultado e as razões de labor teórico ao julgamento da comunidade dos sábios e de obter o público reconhecimento de sua autoria.

Mas, desse ponto de vista, o reconhecimento da autoria apenas define o contributo do indivíduo à ciência. No plano epistemológico é que se pode perguntar se desse contributo não participa também a individualidade do autor. Trata-se, enfim, de levar em conta a interferência do individual no caráter genérico da teoria, interferência que se dá pela forma de concepção. Pode-se admitir então que as variações de forma sejam inerentes à concretização do pensamento teórico?

Aceitar essa interferência como parte intrínseca do trabalho teórico implica aceitar também que em toda produção conceptual entre sempre, através da *forma individuada*, um elemento de diferenciação estilística. Consequentemente, dando-se à palavra *estilo* sua acepção própria, a forma individuada equivaleria a um *princípio de modalização estética das teorias*.

Num livro fecundo, *Filosofia do estilo*, Gilles-Gaston Granger defende a ideia da individuação da forma na ciência, considerando a teoria como obra e, portanto, como produto do trabalho naquilo em que este representa a função mais geral da prática: concretizar a relação entre forma e conteúdo. Esses dois aspectos "coexistem em todo trabalho no sentido generalizado, trabalho que se dá, pois, ao mesmo tempo, como estruturação e aplicação, podendo um dos aspectos dominar e mascarar o outro. E estes dois aspectos constituem dois movimentos complementares de determinação prática do individual" (Gilles-Gaston Granger, *Filosofia do estilo*, p. 16).

A coexistência entre forma e conteúdo por efeito do trabalho generalizado tem o caráter de *obra*. E acrescente-se que sendo a obra um *érgon* na acepção aristotélica do termo, em correspondência com a *tékhne*, faculdade do fazer, a obra pode ser considerada como categoria prático-poética. Também produto do trabalho, a obra de arte realiza a determinação prática do individual – a relação entre forma e conteúdo. Mas realiza-a esteticamente, em contraposição ao pensamento teórico, para recuperar na forma o "individual vivido" que esse pensamento tende a reduzir ou a eliminar.

Para Gilles-Gaston Granger arte e ciência se aproximam esteticamente do ponto de vista do estilo. Naquela a experiência individuada fica em primeiro plano, na última essa experiência é o momento estético de individuação da teoria, momento oposto às estruturas, mas a elas integrado no exercício de uma prática. "Toda prática comporta um estilo e o estilo é inseparável de uma prática" (op. cit., p. 20). Portanto, a tarefa de uma *filosofia do estilo* consiste em procurar "as condições mais gerais da inserção das estruturas numa prática individual" (op. cit., p. 21), seja até mesmo no domínio do cálculo e da demonstração matemática. Há estilos do pensamento matemático, e é uma diferença estilística que separa o cálculo das fluxões newtonianas e a análise infinitesimal de Leibniz (cf. op. cit., p. 340).

Uma primeira conclusão se impõe: conforme a noção de *estilo*, o aspecto topográfico do conhecimento decorrerá menos da utilização de procedimentos retóricos do que da modalização estética do pensamento conceptual. Essa modalização consiste na variação de estilos ou de formas do pensamento, o que não significa para as ciências físico-matemáticas a variabilidade de modelos teóricos de um mesmo objeto.

No entanto, quando lidamos nas ciências humanas com uma experiência mais concreta e mais complexa, para a qual nenhuma estrutura é plenamente adequada, as variações de estilo traduzem "modelos possíveis" de conhecimento que precisam ser interpretados. "Cada teoria, pois, será associada a um tipo de redução determinado que definirá o seu estilo, e o reconhecimento explícito das modalidades dessa redução do fenômeno em objeto pode somente permitir interpretar o conhecimento que ela formula" (op. cit., p. 342).

Nas ciências humanas a forma do discurso é já um *efeito de estilo*, interferindo na constituição do objeto de conhecimento. Será tanto maior essa interferência quanto mais o trabalho teórico tem por alvo reduzir a modelos a experiência histórica de épocas ou períodos. Assim o historiador, por mais que tenha em vista a determinação de estruturas econômicas e culturais, não poderá abandonar de todo a ordem dos *acontecimentos* a que, em última instância, se reportam os modelos que pode construir. Os estudos dos *efeitos de estilo* tornam-se parte essencial da epistemologia da História.

Contudo, é no trabalho filosófico que a consideração desses efeitos passou a representar indispensável exigência na discussão e compreensão dos problemas, depois que a filosofia, desvinculando-se do primado da Teoria da Ciência, oriunda do neokantismo, e abandonando todo sistematismo, afirmou-se como reflexão ambígua, dividida entre o empenho de compreensão totalizadora e o reconhecimento de condições pré-reflexivas que delimitam o exercício da razão. A antiga unidade dos sistemas foi substituída pela unidade das condições históricas, sociais e culturais da vida que o pensador focaliza e entre as quais está situado. Os problemas, quaisquer que sejam, remetem sempre o pensamento filosófico ao mesmo problema de seu situacionamento e da *forma* específica que decorre das condições sob quais se concretiza. Ferdinand Fellmann chama de *Filosofia vivida* (*gelebte Philosophie*) a filosofia exercida dessa maneira, a partir da consciência não sistemática do pensamento (Ferdinand Fellmann, "Stile gelebter Philosophie und ihre Geschichte", in *Stil*, pp. 574-89).

Foi principalmente com o movimento fenomenológico que sobreveio essa mudança da qual resultou a necessidade do estilo. Mas a "Filosofia vivida" não é, como explica Fellmann, um ramo do filosofar ao lado de outros. Trata-se da referência à *vida* (*Lebensbezug*) – primeiramente realçada pelas *Lebensphilosophie* (filosofias da vida) – incluída, como temática própria, em todo pensar filosófico.

Do alargamento do discurso cognoscitivo que se deve a esse referencial resultaram duas consequências correlatas: separando-se cada vez mais das ciências, a filosofia aproximou-se cada vez mais da literatura. Nas ontologias que derivaram da diretiva fenomenológica, os limites entre literatura e filosofia já não podem ser traçados com nitidez. Como nos mostram as correntes de inspiração sartreana ou heideggeriana, o ingresso do discurso filosófico na "era do estilo" reflete-se no primado da tendência hermenêutica. A filosofia interpreta o mundo e interpreta-se a si mesma. A "hermeneutização" (*Hermeneutisierung*) de tudo revela-nos também que a linguagem é a principal mediadora da *referência à vida* na filosofia. Tal mediação ainda mais estreita os laços entre o filosófico e o literário.

No trabalho filosófico, portanto, a modalização estética é relevante não só em decorrência da personalização do pensamento, mas também pelo fato de que em filosofia o pensamento se delimita, como assinalava Wittgenstein pelas *formas de vida* (*Lebensform*) que se traduzem em jogos de linguagem. No seu empenho de compreensão totalizadora, a obra filosófica emaranha-se nesses jogos.

É tempo de voltarmos às ciências humanas. Agora já sabemos por que nesse domínio a *topologia* tende a ser também uma *topografia*. A interferência do *estilo* enquanto princípio de modalização estética e, portanto, da forma do discurso, das variações formais da escrita, estabelece o nível hermenêutico, interpretativo, do próprio conhecimento que o texto apresenta. Por força do *estilo* requerido pelo campo de experiência ao qual se aplicam conceitos teóricos sempre parciais e redutores nas ciências humanas, os textos podem desempenhar mais do que o papel de simples veiculadores de um conhecimento já elaborado. Uma vez que a formação teórica é aqui completada pela interpretação, o texto que se individua como obra, produto do trabalho generalizado, também participa da gênese do objeto teórico.

Essa ideia da *função genética* do texto em teoria social é porém uma ideia-limite da topologia do saber. E isso por dois motivos que se contrapõem: de um lado, uma tal função da escrita coaduna-se com as condições limitadoras da teoria social e pode mesmo ser considerada uma virtualidade epistemológica desta em qualquer gênero tradicional de exposição científica; mas, de outro, o alcance genético ocorre, com frequência, na singularidade extragenérica da escrita *ensaística*, em que a modalização estética do estilo emparelha a forma do texto à perspectiva autoformadora de uma obra literária. Retomemos assim o tema simétrico ao da topologia do saber – o papel do *ensaio* como gênero privilegiado da interpretação – que está na base do triângulo interpretativo traçado por Baêta Neves.

Da singularidade extragenérica do ensaio como forma trataram Lukács em *A alma e as formas* (A propósito da essência e da forma do ensaio) e Adorno em *Notas de literatura* (O ensaio como forma), o primeiro sob o foco de uma concepção neo-hegeliana que se prolongou em sua *Teoria do romance*, e o segundo sob o foco da usura teórica na sociedade de massas do capitalismo avançado, mas também estimulado pela força exemplar dos escritos ensaísticos de Walter Benjamin.

Lukács pensou na questão ao indagar a respeito da unidade dos seus próprios ensaios reunidos em *A alma e as formas*: "... sou guiado pelo sentimento único segundo o qual o ensaio tem uma forma que o distingue com o rigor definitivo de uma lei de todas as outras formas de arte. Se tento isolá-lo da maneira mais clara possível é precisamente porque o caracterizo como uma forma de arte" ("A propos de l'essence et de la forme de l'essai", in *L'Âme et les Formes*, p. 13). Mas o que Lukács chama de forma de arte é a relativa autonomia estética dessa espécie dúctil de escrita, em que a "espontaneidade da fantasia subjetiva"

– a liberdade de *imaginação* – ajusta-se, como observou Adorno, aos conceitos que tem por meio e à verdade que tem por fim.

Não se poderia caracterizar melhor a natureza mista e ambígua do *ensaio* como espécie intermediária, oscilando entre ciência e arte, entre abstração e teoria, que tende a unificar conceptualmente um campo fenomênico e o estilo que individualiza esse campo, pessoalizando-o, que o diversifica pluralizando-lhe o entendimento segundo múltiplas perspectivas que o particularizam. A proposição de conhecimento recebe da obra em que se concretiza sua forma plausível, convincente, verossímil.

Daí ser o ensaio o *locus* privilegiado da interpretação, aquele em que se tenta a proeza das sínteses ousadas, das formulações compreensivas de conjunto, sempre falhas mas sempre inevitáveis, visando o todo da História, da sociedade, da cultura, e que a ciência social rotineira olha com desconfiança. Combinando a liberdade de imaginação e a ordem dos conceitos, esse arrojo hermenêutico solicita a utilização convergente, interdisciplinar, das ciências sociais dispersas na forma individuada, estética, de um discurso favorável à hipótese fecunda e arriscada, às ideias prospectivas, às apreciações valorativas, à discussão de questões emergentes não confinadas a uma única disciplina e às soluções problemáticas.

Vale considerar, em abono dos traços "fisiognômicos" anteriormente esboçados, o mais recente exemplo dessa família topográfica do saber social, a que pertencem os escritos dos contemporâneos fundadores do conhecimento da sociedade brasileira: *Casa-grande e senzala*, de Gilberto Freire, *Raízes do Brasil*, de Sérgio Buarque de Holanda, e *Formação econômica do Brasil*, de Caio Prado Júnior.

Refiro-me ao ensaio de Richard Morse, "O espelho de Próspero", que aplica, com o manejo eficaz da argumentação retórica e o à-vontade de uma erudição visceral, várias modalidades disciplinares, inclusive a História das Ideias e a História da Filosofia, e diversos instrumentos metodológicos, como a "análise espectral" inspirada na Teoria Crítica, no plano de uma interpretação axiológica do desenvolvimento histórico para retraçar a carta da identidade cultural da civilização ibero-americana a partir do estudo de suas raízes e em confronto com a civilização dos Estados Unidos, que o autor prefere chamar de anglo-americana.

Visada sintética, intelectualmente arrojada, de heranças culturais distintas, o ensaio de Morse reabre a discussão de questão emergente – o desenvolvimento "frustrado" da América do Sul diante da próspera democracia norte-americana (o espelho de um Próspero shakespereano que reflete a outra), para enquadrá-la em nova chave interpretativa, que se baseia num retrospecto e encerra uma ideia prospectiva.

Tendo tido raízes comuns que remontam a um período muito anterior ao século da colonização, a pré-história europeia entre os séculos XII e XVII, quando "orquestram-se" os grandes motivos da civilização ocidental, as duas culturas se diversificaram em consequência de uma opção histórica.

Não vamos examinar as particularidades meândricas dessa opção efetivada no século XVII pela qual o mundo ibérico se deteve no escolasticismo consolidado no século XIII, e a Inglaterra escolheu acompanhar até suas últimas consequências, as revoluções científica, religiosa e política. Mas tais escolhas teriam condicionado os rumos valorativos – equivalentes a projetos históricos – das civilizações "filiais", herdeira que foi a *anglo-americana* do método empírico, de "uma racionalidade dessacralizada e utilitária" e de "uma base individualizada ou 'atomista' para a construção do corpo político" (cf. p. 63), enquanto a hispânica assinalou o espírito da monarquia barroca, que ligou o exercício da liberdade segundo a doutrina católica do livre-arbítrio e do bem comum ao Estado conservador. Analisada em vários domínios – da vida política à vida universitária – esses rumos valorativos que separam hoje as duas expressões do "programa ocidental" – a democracia do Norte individualista, mas sob a dominância massificadora da racionalidade produtiva e as sociedades oscilantes, politicamente indefinidas da América hispânica, não constituindo ainda sistemas fechados – justificariam o prognóstico, a ideia prospectiva de que esta última, não exaurida pelo desencantamento do mundo, teria "alguma mensagem para o nosso mundo moderno".

Claro está que o desenvolvimento analítico, que leva a tal conclusão problemática, não pode ser separado nem da forma de apresentação dos conceitos e da argumentação, nem das perspectivas múltiplas que particularizam as diferenças, por meio de comparações e exemplos descritivos. Esses efeitos de estilo – o elemento estético da forma do discurso – alcançam o porte dos conceitos mais gerais – como "opção" e "projeto" histórico, que solicitam a imaginação do leitor, exigindo da parte dele um preenchimento interpretativo. Mas relevantes proposições de conhecimento, a exemplo da ideia de um matiz axiológico e não evolucionista do desenvolvimento histórico, além de uma história voltada para a "força do possível", resultam do jogo hermenêutico desse ensaio, que confirma a vocação pluralista das ciências humanas. E é ao *pluralismo* que devemos retornar antes da conclusão.

Pelo que anteriormente foi exposto, a primeira conclusão é de que o conceito de pluralismo tem uma pluralidade de significações possíveis. Se, conforme observa Margherita v. Brentano ("Wissenschaftspluralismus Zur Funktion, Genese und Kritik eines Kampfbegriffs", in *Methodologische Probleme der Sozialwissenschaften*, pp. 329-52), concebemos o pluralismo como pluralidade de métodos – o fato de que as ciências têm diferentes metodologias – isso banalizaria o conceito. Se o utilizamos como abreviatura da constatação de que não há teorias privilegiadas e de que todas as teorias são em princípio falseáveis, arriscamo-nos a transformar esse conceito num paliativo de conflitos teóricos e metodológicos que são em geral fecundos. Mas, nesse caso, o pluralismo seria a gestão de uma contenda, na qual seria forçoso reconhecer ao fim e ao cabo o melhor direito de um dos concorrentes, que passaria, facilmente, da posição de administrador da possível concórdia a juiz competente para decidir, fosse em nome da certeza matemática, fosse em nome do método hipotético-dedutivo, pela unificação dos métodos, das teorias e das formas de conhecimento.

Uma passagem do já citado livro de Morse a respeito das tendências relativas à apreciação do conhecimento no século XIII, suscitadas pelo Ocamismo, pode ajudar-nos a esclarecer a função e o sentido do pluralismo. A importância que se deu ao pensamento conjectural nesse período revela-se nas duas concepções então aceitas, que eram a estratégia *ficcionalista* da hipótese, que reconhecia os fenômenos, e a estratégia *probabilista*, favorável, no caso de incerteza, à adoção de opiniões prováveis. "A reação dos filósofos e cientistas 'revolucionários' dos séculos XVI e XVII não foi contra o dogmatismo, o primitivismo teológico e o obscurantismo da época precedente, e sim contra o espírito pluralista e não concludente em que eram mantidos os fenômenos observados ou experimentados" (p. 35).

É esse espírito pluralista que para nós resume o cerne da questão. O pluralismo é menos o direito à pluralidade teórica do que a orientação diversificada de um regime de saber que, com base na incerteza, seja capaz de acolher múltiplas formas cognoscitivas de igual validade, em diferentes níveis, tanto nas ciências humanas quanto nas ciências físico-matemáticas.

Esse regime despontaria hoje nas ciências físico-matemáticas, em cujo domínio o ficcionalismo foi desbancado pelo probabilismo. Por outro lado, o recuo da ideia de *ciência unificada*, por efeito da crise de fundamentos e pela "epistemologização" do próprio trabalho científico, favorece o regime pluralista, também exigido pela questão atual *da complexidade* dos fenômenos. "Or, le problème de la complexité n'est pas celui de completude mais de l'incompletude de la connaissance" (Edgard Morin, "Sur la Definition de la Complexité", in *Science et Pratique de la Complexité. Actes du Colloque de Montpelier*, maio 1984. *La Docummentation Française*).

Incompletude, incerteza, complexidade foram os temas que se destacaram da recapitulação histórica anterior, e que nos permitem vislumbrar a fisionomia do pluralismo em geral: pragmatista, não metafísica e espitemológica.

Nas ciências sociais, particularmente, em seu atual estado de autorreflexão, o regime pluralista, quase uma vocação, é corroborado pelo reconhecimento do que elas devem à prática e à linguagem.

Por onde se vê que, ocupando um plano extracientífico, o pluralismo, também uma noção interpretativa, metateórica, é uma questão hermenêutica.

Referências bibliográficas

Acham, K. (org.). *Methodologische Probleme der Sozialwissenschaften*. Darmstadt: Wege der Forschung, Wissenschaftliche Buchgesellschaft, s. d.
Adorno, T. W. *Notas de literatura*. Barcelona: Ediciones Ariel, 1962.
Bachelard, G. *Le Nouvel Esprit Scientifique*. Paris: PUF, 1958.

Bachelard, G. *La Philosophie du Non* (Essai d'une Philosophie de l'esprit scientifique). Paris: PUF, 1966.
Bourdieu, P. *Questions de Sociologie*. Paris: Les Éditions de Minuit, 1980.
Feyerabend, P. *Contra o método* (Esboço de uma teoria anárquica do conhecimento). Rio de Janeiro: Francisco Alves, 1977.
Foucault, M. *Les Mots et les Choses*. Paris: Gallimard, 1966.
_____. *Cahiers pour l'Analyse*, 9, Genéalogie des Sciences, 1968.
_____. *L'Archéologie du savoir*. Paris: Gallimard, 1969.
Furet, F. *Penser la Révolution Française*. Paris: Gallimard, 1978.
Gadamer, G. *Wahrheit und Methode*. 3ª ed. Tübingen: J. C. B. Mohr (Paul Siebeck), 1972.
_____. *L'Art de Comprendre* (Herméneutique et Tradition Philosophique). Paris: Aubier, 1982.
_____. *Philosophical Hermeneutics*. Berkeley: University of California Press, 1977.
Geertz, C. *A interpretação das culturas*. São Paulo: Zahar, 1978.
Granger, G.-G. *Filosofia do estilo*. São Paulo: Perspectiva, 1974.
Gumbrecht, H. U.; Pfeiffer, K. L. (ed.). Stil-Geschichten und Funktionen eines Kulturwissenschaflichen Diskuselements. Frankfurt: Suhrkamp taschenbuch Wissenschaft, 1986.
Heidegger, M. *Sein und Zeit*. Achte unveränderte Auflage. Tübingen: Max Niemeyer, 1957.
James, W. *Philosophie de l'Expérience*. Paris: Ernest Flammarion, 1917.
_____. *Problemas de la filosofia*. Buenos Aires: Yerba, 1944.
Kuhn, T. *A estrutura das revoluções científicas*. São Paulo: Editora Perspectiva, 1975.
Lukács, G. *L'Ame et les Formes*. Paris: Gallimard, 1974.
Morse, R. *O espelho de Próspero*; cultura e ideias nas Américas. São Paulo: Companhia das Letras, 1988.
Perelman, C. "La Philosophie du Pluralisme et la Nouvelle Rhétorique". *Revue Internationale de Philosophie*, 1979.
_____. *L'Empire Rhétorique* (Rhétorique et Argumentation). Paris: Librarie Philosophique J. Vrin, 1977.
Piaget, J. *Problemas gerais da investigação interdisciplinar e mecanismos comuns*. Lisboa: Livraria Bertrand, 1973.
Popper, K. *La Miseria del Historicismo*. Madri: Alianza Taurus, 1961.
Ricoeur, P. *Temps et Récit*, III. Paris: Seuil, 1985.
Winch, P. *A ideia de uma ciência social*. São Paulo: Nacional, 1994.

VII TEMPO

Narrativa histórica e narrativa ficcional*

> *"Entendo bem... que o próprio conceito de verdade objetiva, especialmente no tocante ao passado histórico, é problemático; também que a arte narrativa, particularmente da variedade mitopaica ou pelo menos mitográfica, tem estruturas e ritmos, valores e exigências que não são os mesmos daqueles da reportagem ou historiografia"*
> John Barth, *Quimera*

> *"Bien souvent une découverte a commencé par une métaphore. La lumière de la pensée ne peut guère se projeter dans une direction nouvelle et éclairer des angles obscurs qu'à condition d'y être renvoyée par des surfaces déjà lumineuses."*
> J. M. Guyau, *La Genèse de l'Idée de Temps*

Capítulo I
Contraponto (1)

As diferenças entre narrativa histórica e narrativa ficcional sobressaem em contraste com o velho parentesco que as une ao mito. No Medievo a História não deixava de ser *história* (*story*)[1], como crônica de

---
* Conferência proferida no 1º colóquio UERJ. Publicado em Dirce Côrtes Riedel (org.). *Narrativa, ficção e história*. Rio de Janeiro: Imago, 1988, pp. 9-35.

1. C. S. Lewis, *La Imagen del Mundo*. Barcelona: Antoni Bosch, 1980, p. 136.

fatos que também podiam ser feitos legendários. Os autores desses feitos memoráveis, membros de uma mesma linhagem de gigantes, sobre cujos ombros, segundo a imagem de Bernard de Chartres, os anões do período poderiam enxergar mais longe, chamavam-se Carlos Magno e Heitor, Príamo e Salomão, homens de um passado remoto mas indistinto da época na qual o cronista os rememorava. É o que a História Profana não diferenciava ainda, qualitativamente, as etapas do passado[2], cujo sentido a História Sagrada deslindava.

A essa primeira dicotomia da História – Profana e Sagrada – seguiu-se, no século XVII, depois que os humanistas do Renascimento situaram os estudos históricos na vizinhança da Retórica, o delineamento de uma segunda bifurcação: a *História-arte* e a *História-ciência*, a narração e a pesquisa, definidas e separadas no século XIX. Privilegiando a narração, um Macauley e um Michelet competiriam com os grandes romancistas da época, Walter Scott e Balzac, por sua vez atraídos pela História. Basta lembrar, em abono dessa atração, o fundo histórico nacional da novelística do primeiro e o projeto da obra balzaquiana. Na Comédia Humana, pintura de costumes, os personagens deveriam formar a cadeia das gerações no presente, para que, em continuação à obra do ficcionista inglês, o romance pudesse elevar-se "ao valor filosófico da História"[3].

A *História-arte* é sobretudo uma narrativa de acontecimentos, que os recria como se fossem presentes. Fazendo do historiador "um contemporâneo sintético e fictício"[4] do que ocorreu, fornece-nos imagens do passado, recuperado, tornado visível. Ela não se exime, portanto, do esforço da imaginação projetiva, que acusa a vivência particular do historiador, parente próximo do artista.

No século XIX, Leopold Ranke personificou o ideal oposto, da *História-ciência*, fundada na pesquisa das fontes. Entre o Quentin Durward de Walter Scott e as crônicas da época, enquanto testemunhos a respeito de Luís XI e Carlos, o Temerário, o historiador alemão preferiu a ver-

---

2. C. S. Lewis, op. cit., p. 136.
3. Balzac, *Prólogo à Comédia Humana*, jul. 1842.
4. K. Pomian, *L'Ordre du Temps*. Paris: Gallimard, 1984, p. 21.

dade histórica, "mais bela e em todo caso mais interessante do que toda a ficção novelesca. Desviei-me desta e resolvi evitar toda invenção e fabricação nas minhas obras e apegar-me aos fatos"[5]. Para Ranke, tanto quanto para Burke, a narrativa como relação de acontecimentos concatenados seria a etapa preparatória da generalização indutiva, caminho do verdadeiro conhecimento histórico, firmado em leis explicativas. "Entretanto, na prática", escreve Pomian, "salvo raras exceções, os historiadores, que representavam essa tendência, se dedicavam sobretudo a pesquisas cujos resultados tomavam a forma de uma narrativa de acontecimentos, quando não fosse a da edição crítica de fontes."[6] Mas a *História-pesquisa*, possibilitada pela "ideia de uma não coincidência do conhecimento e da percepção, conquista, no que tem de essencial, da revolução científica dos séculos XVI e XVII", é antes de tudo uma *História da História*, uma História do acesso ao passado, de que não oferece senão um conhecimento mediato, indireto, e portanto fora da esfera do visível, mediante traços ou vestígios (documentos, monumentos) visíveis e presentes. Conhecimento mediato incorporando o processo crítico das fontes que o valida é ao mesmo tempo justificação do alcance de seus próprios meios, empregados numa reconstrução conceptual do passado. Aqui a imaginação projetiva parece ausentar-se, a vivência particular do historiador substituída pela ordem das razões, como garantia da objetividade de sua reconstrução[7].

Essas duas espécies bifurcadas de uma mesma disciplina assinalam, pelo menos, segundo Pomian, a ambiguidade cognoscitiva da história oscilando entre duas epistemologias não coincidentes – a "implícita do historiador escritor, e aquela, algumas vezes explicitada, do historiador pesquisador..."[8]. Tal dualidade epistemológica teria favorecido a passagem da História ao âmbito das Ciências Sociais, que alargaram para os fatos presentes, reconstruídos, o alcance do conhecimento mediato. A prática institucionalizada do conhecimento histórico, assimilando a

....

5. Cassirer, *Antropologia filosófica*. México: Fondo de Cultura Económica, p. 242.
6. K. Pomian, op. cit., p. 12.
7. Id., ibid., p. 20.
8. Id., ibid., p. 22.

desconfiança das Ciências Sociais aos acontecimentos, acabaria, em consequência, por abandonar a narrativa.

Parte de um debate teórico nascido ontem, a questão da diferença entre narrativa histórica e narrativa ficcional redunda talvez no confronto entre as duas epistemologias mencionadas. Mas é certo que não se pode discuti-la hoje independentemente do problema mais geral das relações entre forma de pensamento e forma de linguagem, que enquadram os conceitos de Narrativa, Ficção e Ciência.

Em princípio, a História e a Ficção se entrosam como formas de linguagem. Ambas são sintéticas e recapitulativas; ambas têm por objeto a atividade humana. "Como o romance, a História seleciona, simplifica e organiza, resume um século numa página."[9] Seleção e organização pressupõem o que Collingwood chamou de imaginação *a priori*, comum ao historiador e ao novelista. "Enquanto obras de imaginação, não diferem os trabalhos do historiador e do novelista. Diferem enquanto a imaginação do historiador pretende ser verdadeira."[10]

O mesmo veio da Imaginação e da linguagem que aproxima História e Ficção fecunda a elaboração das teorias científicas enquanto modelos da realidade. Assim, o sentido dos modelos físicos, a exemplo dos propostos pelas teorias ondulatória e corpuscular da matéria, não é apenas feito com o que enunciamos literalmente, "mas também por aquilo que dizemos metaforicamente"[11]. Expressão imprópria, deslocada, a metáfora é um meio exploratório, uma *ficção heurística*[12]. Desse modo, ordinariamente tomada como sinônimo de irreal, a ficção indicia o que há de invenção, de fatura do mundo (*worldmaking*), em todo o processo de conhecimento. Já como "recriação artística dos fatos, tecnicamente concretizada no drama e no romance", ela permeia o conhecimento histórico.

Na Introdução, hoje esquecida, de seu *Um estudo da história*, de onde procede aquela última afirmativa, Toynbee vê na Ficção, na Ciência e na

---

9. Paul Veyne, *Commeent on écrit l'Histoire*. Paris: Seuil, 1978, p. 14.
10. Collingwood, *Idea de la Historia*. México: Fondo de Cultura, 1952, p. 283.
11. Goodmann, *Ways of Worldmaking*. Indianápolis: The Harvest Press, p. 18.
12. Max Black, *Models and Metaphors*. Ithaca: Cornell University Press, p. 228.

História, colocadas lado a lado, três métodos diferentes "para visualizar e apresentar os objetos do nosso pensamento, e entre eles os fenômenos da vida humana"[13]. Sem serem estanques, cada uma dessas três técnicas interfere nas demais. A História, investigação e registro de fatos sociais das civilizações, recorre a leis gerais, que são próprias à ciência, e também utiliza a ficção; a ciência pode limitar-se ao registro de fatos, e a Ficção, por intermédio do romance, do drama, alcança, honrando a observação aristotélica de que a poesia é "mais filosófica do que a história", um nível de generalidade semelhante ao do pensamento científico.

Se é aceitável a função extensiva da Ficção nas teorias científicas da Natureza, se podemos admitir igualmente a interferência da primeira com a História, a distinção metodológica de Toynbee falha quando aparta a História do âmbito da Ciência, e quando esquece de considerar o elemento narrativo que une aquela à Ficção. O caráter de ciência, conquistado pelo conhecimento histórico, não suprime a base narrativa, que mantém o seu nexo com o ficcional.

Em *Temps et Récit*[14], publicado entre 1984 e 1986, Paul Ricoeur definiu esse nexo em função da natureza temporal da narrativa. Oriundos de um mesmo tronco, a História e a Ficção entrecruzariam os seus ramos diferentes na medida da temporalidade que elaboram.

Como entra o tempo na Teoria da narrativa? Como entra a narrativa na Teoria da História? Como História e Ficção se interpenetram? São as respostas de Ricoeur a essas indagações que exporemos e comentaremos a seguir.

Capítulo II
Narrativa, discurso e tempo

Em *Métaphore Vive* (1975), Paul Ricoeur deslocou o eixo interpretativo da teoria tradicional da metáfora – a transferência de sentido do

---
13. Toynbee, *Um estudo de história*. Introdução, 4. História, Ciência e Ficção (edição condensada), São Paulo: W. M. Jackson, 1953, vol. 1, p. 88.
14. Paul Ricoeur, *Temps et Récit*. Paris: Seuil, 1983, 1984 e 1985.

nome para o plano da predicação. A predicação impertinente, em que se baseia a metáfora, fundaria uma nova referencialidade sobre a "ruína do sentido literal"[15], atribuindo-se esse duplo efeito à *mímesis*, interpretada como ato de transfusão poética da realidade. Se bem que respaldado em correntes da filosofia moderna da linguagem, aquele deslocamento teórico inspirava-se numa leitura da Poética de Aristóteles.

Continuação dessa leitura, *Temps et Récit* vê no *enredo*, como "organização dos fatos em sistema" (*sustasis*), a principal forma da transfusão poética da realidade. Não é a Poética, segundo diz o próprio Aristóteles, a arte de compor enredos? A *sustasis*, comum à epopeia e ao drama, apenas separados por uma diferença modal, absorve-os num só grande gênero – a narrativa – termo essencial da *mímesis* enquanto imitação ou representação da ação (*mímesis práxeon*).

Para Ricoeur, fenomenólogo de origem, todo sistema, sendo unidade sintética portadora de sentido, remonta a uma atividade organizadora, configurante; como princípio de inteligibilidade ou compreensão, o enredo (*mise en intrigue*), que participa do caráter de ato da *mímesis*, é uma operação de configuração: integra fatos dispersos na totalidade de uma história, liga num só conjunto fatos heterogêneos, e ainda – terceira função mediadora – sintetiza a dimensão episódica dos fatos com a dimensão da história como um todo. Desse último aspecto, inseparável dos demais, do enredo aristotélico, que foi transformado em modelo extensivo, abrangente dos elementos formadores e funcionais da tragédia – caráter ou personagem, dicção, pensamento, mudança de fortuna e catarse –, sobressai, de dois modos, o vetor temporal da narrativa.

Na dimensão episódica, que é cronológica, o tempo é relativo à sucessão dos fatos ou acontecimentos da história, que tem princípio, meio e fim: dado o começo, ela se desenvolve de maneira a exigir, de acordo com a *aptidão da história para ser seguida*[16], uma conclusão. Mas esta já cabe na dimensão do todo, que é a da unidade da história, alçada à ge-

---

15. Paul Ricoeur, *Métaphore Vive*. Paris: Seuil, 1975, p. 289.
16. Correspondente ao conceito de *followability* de S. B. Gallie em "Philosophy and the Historical Understanding". Cf. *Temps et Récit*, I, cit., p. 104.

neralidade de um tema, e que, não cronológica, encadeando o fim ao começo e o começo ao fim, corresponde a uma *totalidade temporal*. A síntese, que restitui a atividade configuradora, preenche, completando a *aptidão da história para ser seguida*, a compreensão narrativa. Nas duas dimensões, o tempo é inerente a essa compreensão.

"Tudo o que se conta acontece no tempo, toma tempo, desenvolve--se temporalmente, e o que se desenvolve no tempo pode ser contado. Talvez mesmo todo processo temporal só seja reconhecido como tal na medida em que pode ser narrado de certa forma. Esta suposta reciprocidade entre narratividade e temporalidade é o tema de *Temps et Récit*[17].

Em razão dela, aplicar-se-á o modelo aristotélico à História e à Ficção, depois de longo e complexo trabalho interpretativo, que levará em conta, entre outros pressupostos, o nexo preliminar da *compreensão narrativa* com o nível linguístico do enredo como forma de discurso. Vale um tópico a respeito desse ponto.

Iniciada por Emile Benveniste, a reabilitação do discurso, primeiro passo na direção de uma *linguística da fala (parole)*, foi o cerne da crítica de Ricoeur ao estruturalismo. Em oposição à linguagem enquanto sistema, o discurso atualiza em frases – é mesmo um complexo mais extenso do que a frase – as significações virtuais de um repertório finito. O sistema é intemporal. O discurso, que tem a natureza de acontecimento, é temporal; ato do sujeito como interlocutor, que se comunica com outrem a respeito de alguma coisa, combina sentido e referência[18]. Essa função transitiva subsiste modificadamente ao se objetificar na escrita, convertendo-se em texto, prioritariamente tratado como obra literária – individualizada pelo estilo e condicionada aos padrões históricos dos gêneros[19]. Por um lado, a escrita interrompe o aqui e agora da interlocução; por outro, a *mímesis* abala o nexo referencial do discurso.

---

17. Paul Ricoeur, "De l'Interprétation", in *Du Texte à l'Action, Essais Herméneutiques*, II. Paris: Seuil, 1986, p. 12.
18. Paul Ricoeur, "A estrutura, a palavra e o acontecimento", in *O conflito das interpretações*. Rio de Janeiro: Imago, 1978, pp. 75 ss.; "La Fonction Herméneutique de la Distanciation", in *Du Texte à l'Action*, cit., pp. 164 ss.
19. Paul Ricoeur, *Métaphore Vive*, cit., p. 277, "La Fonction Herméneutique de la Distanciation", cit., p. 107.

Nessas condições, a significação do texto não pode corresponder mais à intenção do autor nem à referência às coisas e aos objetos que a linguagem ordinária descreve. A significação autônoma e a perturbação do senso do real introduzem no discurso a brecha da ficção, por onde se configura o mundo da obra[20] através do enredo. Esse plano da *configuração* é também o das estruturas formais e do sentido imanente ao texto.

Mas já então, para Ricoeur, a primeira incumbência da Fenomenologia, por ele enxertada à Hermenêutica, é "procurar no próprio texto, de um lado a dinâmica interna que presida a estrutura da obra, e de outro lado a capacidade da obra de se projetar fora de si mesma, engendrando um mundo que seria verdadeiramente a *coisa do texto*"[21]. Como produtos da cultura, atalhando a *hýbris* reflexiva da fenomenologia, os textos não proporcionariam somente a mediação do conhecimento de si mesmo. Proporcionariam, também, em última instância, o conhecimento do mundo por meio do mundo da obra. A *coisa* do texto é a sua saída para o real pelo próprio plano da *configuração*, que lhe garantiria o potencial de uma nova referencialidade.

Podemos, depois disso, reconsiderar a relação entre *narratividade* e *temporalidade*. Tudo o que se conta acontece no tempo, toma tempo, sobre o fundo discursivo da compreensão narrativa que já é temporal. Portanto aquilo que se desenrola no tempo pode ser contado, ou antes pode ser reconhecido como temporal na medida em que é suscetível de articular-se na forma discursiva do enredo. Integrando fatos dispersos, ligando num só conjunto fatos heterogêneos, essa articulação aparenta-se à operação do juízo reflexivo kantiano. À forma discursiva, configurante do enredo, atribuir-se-á função análoga à da imaginação transcendental, intuitiva e genérica, que elabora os esquemas do entendimento. Nesse sentido, a narrativa pertenceria à família das formas simbólicas. A universalidade do gênero autorizaria Ricoeur a afirmar que em todas as culturas a narrativa provê a forma da experiência do tempo. "Contando histórias, os homens articulam sua experiência do tempo, orien-

---

20. "... nous ne nous contentons pas de la structure de l'oeuvre, nous supposons un monde de l'oeuvre" (*Métaphore Vive*, cit., p. 278.

21. "De l'Interprétation", in *Du Texte à l'Action*, cit., p. 32.

tam-se no caos das modalidades potenciais de desenvolvimento, marcam com enredos e desenlaces o curso muito complicado das ações reais dos homens. Deste modo, o homem narrador torna inteligível para si mesmo a inconstância das coisas humanas, que tantos sábios, pertencendo a diversas culturas, opuseram à ordem imutável dos astros."[22]

A ordem imutável dos astros, em seus movimentos regulares, suscitou a primeira ideia do tempo natural e de sua medida. Mas a experiência que a narrativa "marca, articula e clarifica"[23], relativa ao curso complicado das ações e à inconstância das coisas humanas, é a experiência do tempo humano, do tempo vivido, que Santo Agostinho investigou dramaticamente no Livro XI das *Confissões*. Primeiro capítulo de *Temps et Récit*, o comentário a esse livro precedeu e condicionou a interpretação da Poética[24]. A ideia do nexo entre tempo e narrativa teria germinado do confronto da concepção mimética de Aristóteles com os resultados da investigação agostiniana.

Capítulo III
Tempo, ação e mímesis

Os resultados da investigação dramática de Santo Agostinho no Livro XI das *Confissões*, guiada pelo senso da inconsistência ontológica do tempo, são contraditórios. Desdobrando-se no passado – que deixou de ser – no presente – que passa – e no futuro – que ainda não existe –, como medir o tempo, sem admitir a *intentio* da alma que abrange os três, o primeiro pela *memória*, o segundo pela *atenção* e o terceiro pela *expectativa*? Mas, como não se pode dizer com propriedade que há três tempos, a *intentio* deverá condensá-los num único momento: o presente do presente, o presente do passado e o presente do futuro. Eis o primeiro paradoxo.

....

22. Paul Ricoeur, "Introduction", in *Le Temps et les Philosophies*. Estudos preparados para a Unesco. Paris: Payot, 1978, p. 16.
23. "De l'Interprétation", in *Du Texte à l'Action*, cit., p. 13.
24. Ver "Les Apories de l'Expérience du Temps (Le Livre XI des *Confessions* de Saint Augustin)", in *Temps et Récit*, I, cit., pp. 19-53.

Esse presente triplicado concentraria a alma num só ponto, o *presente do presente*, por onde o tempo passa e pelo qual pode ser medido, de modo que o futuro vai se tornando passado à medida que se abrevia a expectativa e alonga-se a memória. Origina-se daí o segundo paradoxo que o conceito de *distentio* resolveria.

A *distentio* confere extensão ao próprio espírito através da *memória*, da *atenção* e da *expectativa*, tomadas como atos de uma só intenção. Assim, sem possuir extensão – terceiro paradoxo –, o tempo se espacializaria. O exercício da memória, que conserva as impressões do que passou, e o da atenção que permite medi-lo acrescentam, com o quarto paradoxo, um elemento de passividade à atividade do espírito.

Finalmente, do imutável presente (*nunc stans*) da existência divina, que para o Santo Doutor solucionaria o enigma da existência temporal, surge o contraste maior entre *tempo e eternidade*.

Esses cinco paradoxos imprimem à *distentio animi* o cunho de *discordância na concordância*, numa dialética interna análoga mas inversa à da narrativa, segundo o modelo aristotélico de enredo que, organizando fatos heterogêneos, dando unidade à sucessão de episódios – sem excluir a mudança de fortuna dos personagens para o prazer do espectador e o efeito catártico equilibrador de suas paixões extremas –, compõe a "harmonia de forças contrárias" da *concordância na discordância*[25]. Ao ocupar-se do enredo, Aristóteles, que apenas tratou exteriormente do tempo, como duração da tragédia – a qual não deve exceder ao período de um dia[26] –, também lidou, sem que o soubesse, com uma forma de experiência temporal. E, ao investigar o tempo no curso de uma narrativa autobiográfica, Santo Agostinho, sem aperceber-se disso, descreveu como um enredo a experiência do tempo vivido. Uma vez isolada reflexivamente, essa experiência desbarata o esforço de apreensão intuitiva, ordenando-se conceptualmente ao preço do caráter aporético dos enunciados que a traduzem. Por esse motivo, a relação recíproca entre narratividade e temporalidade, que germinou da trilha aberta nos

---

25. *Temps et Récit*, I, cit., pp. 65-84.
26. Aristóteles, *La Poétique*, 49 b 9. Texto, trad. fr. e notas Roselyne Dupont-Roc e Jean Lallot. Paris: Seuil, 1980, p. 49.

dois escritos, como dialética *da concordância e da discordância*, completar-se-ia pela ideia de que a narrativa, harmonizando o que se apresenta como desarmonia à reflexão, tem a função específica de resolver poeticamente as aporias filosóficas do tempo. Nelas se enredou a Fenomenologia, que reatou com a linha vivencial e intuitivista da investigação agostiniana.

Husserl descreveu o tempo imanente à consciência (*Zeitbewusstsein*), em função do fluxo das vivências intencionais, como um *continuum*, constitutivo do "tempo objetivo e cosmológico", colocado entre parênteses, fora de circuito. Feita essa neutralização fenomenológica, que exclui o "tempo do mundo", produzir-se-ia "uma consciência-tempo (a língua alemã exprime perfeitamente, por meio de um substantivo composto – *Zeitbewusstsein* – a ausência de intervalo entre consciência e tempo")[27].

Heidegger tentou contornar o subjetivismo da posição husserliana. A noção de *temporalidade*, como tempo originário infinito, não é bem subjetiva nem objetiva, mas extensiva ao ser-no-mundo: a unidade recíproca, extática, do passado-presente sob o foco do futuro, que de certa maneira reformula a *distentio* do Livro XI das *Confissões*. Estrutura fundamental do *Dasein*, que explicita o sentido do Cuidado (*Sorge*) – a constituição projetiva do existente humano transcendendo as coisas singulares, sempre adiante de si mesmo, mas finito em sua incompletude de ser-no-mundo (*Dasein*), sujeito à morte –, a *temporalidade* é, do ponto de vista do prolongamento da existência entre nascimento e morte, e sob a perspectiva do ser-em-comum, a *condição histórica* (*historicidade*) do *Dasein*. Suas formas derivadas são o "tempo vulgar", impróprio, que desfaz a unidade extática, estabelecendo a dominância do "presente" ou de uma sucessão de instantes "alinhados uns em relação aos outros", e o *intratemporal* (*innerzeitlich*) – o tempo dentro do qual estamos e com o qual nos preocupamos: correlativo ao intercurso cotidiano com os outros e ao trato com as coisas do mundo que servem de instrumento à nossa atividade prática, opera como instrumentador dos movimentos da Natureza, fixando, à custa deles, os divisores tem-

---

27. *Temps et Récit*, III, cit., p. 38.

porais da existência (relógios) e os referenciais significativos (datações) da existência, comuns a todos e anonimamente regulativos[28].

Mas, apesar desses seus achados, a Analítica heideggeriana reforçou a aporia entre o tempo humano vivido e o tempo natural. Embora esse último funcione como pressuposto também da descrição de Husserl, não há passagem racional do tempo fenomenológico para o tempo natural ou cósmico. Inversamente, do tempo natural – analisado por Aristóteles na *Física* – nivelado por Heidegger ao tempo "vulgar" – e que, como tempo objetivo, é segundo Kant "a pressuposição da determinação de todo objeto" – e a esse título não visível – não se pode aceder ao tempo vivido, intuitivo, da fenomenologia[29]. O afastamento conceptual infranqueável entre os dois vem da descoincidência do presente desse último com o instante igual a todos os outros instantes do primeiro[30].

É claro que a narrativa não resolve as aporias do tempo no sentido estrito de solução filosófica, especulativa, a um problema da Razão. Executado na clave aporética de categorias mutuamente irredutíveis – *instante e momento presente, tempo vivido e tempo natural, tempo e eternidade* – o trabalho que compete tanto à narrativa histórica quanto à narrativa ficcional é um trabalho de harmonização e de concordância dos contrários. Porém a elucidação do laço recíproco entre narratividade e temporalidade, que se apoia principalmente no resultado desse trabalho, depende do alcance da *mímesis*.

A *mímesis*, que não se esgota na *configuração*, é primeiramente *imitatio*, no sentido de que começa no âmbito da ação e da cultura, carreando para a obra a pré-compreensão de uma e a armação simbólica da outra. Aquela inculca à narrativa a estrutura intencional da ação:

....

28. É ambígua a relação do *intratemporal* com a *temporalidade* em *Ser e tempo*.
29. "Da mesma forma que nos pareceu impossível engendrar o Tempo da Natureza a partir do Tempo fenomenológico, também parece-nos agora impossível proceder no sentido inverso e de incluir o Tempo fenomenológico no Tempo da Natureza, trate-se do tempo quântico, do tempo da termodinâmica, do das transformações galáticas ou o da evolução das espécies" (*Temps et Récit*, III, cit., p. 136).
30. "... quaisquer que sejam as interferências entre o tempo com o presente e o tempo sem o presente, elas pressupõem a diferença de princípio entre um instante qualquer e o presente qualificado pela instância do discurso que o designa reflexivamente" (*Temps et Récit*, III, cit., p. 137).

reconhecimento antecipado de fins, motivações dos agentes condicionadas a circunstâncias, interação participativa ou conflitiva, e consequências – felicidade ou desdita – independentemente dos fins visados. Mas levando-se em conta que a antecipação dos fins é uma projeção do futuro, que as motivações dos agentes implicam uma experiência retrospectiva (passado) e as circunstâncias condicionais à execução de atas num dado momento (presente), é lícito concluir que essa estrutura inteligível da prática tem por base uma pré-compreensão temporal.

A despeito da forma do discurso, que distingue a frase narrativa da *frase de ação*, não há como fugir nem ao parentesco da compreensão narrativa com a compreensão prática nem ao sentido temporal desta última. Mas, além da discursividade que o diferencia teoricamente da linguagem da ação, cuja inteligibilidade assimila, o enredo, gozando da propriedade que lhe garante a função sintética, de unir a generalidade de um tema, "o 'pensamento' da história contada e a apresentação intuitiva das circunstâncias, dos caracteres, dos episódios e das mudanças de fortuna que constituem o desenlace"[31], funciona como um *esquema* da imaginação, historicamente formado e historicamente transformável, segundo o "jogo de inovação e sedimentação" que constitui uma *tradição*[32], feita da alternância entre regras estatuídas e desvios.

Seria um equívoco ver no enredo um modelo puramente formal. Recondicionam-no os *tipos*, resultantes das obras singulares, e os *gêneros*. Enquanto paradigmas, *formas*, *gêneros* e *tipos*, produzem efeitos cumulativos reguladores – a sedimentação – sob o fundo da qual se concretiza o desvio das inovações, fonte de outras regras, suscetíveis de se tradicionalizarem. De acordo com essa alternância entre sedimentação e inovação, o enredo, se lhe dermos a acepção ampla que a Poética de Aristóteles autoriza – incluindo o *caráter* e o *pensamento*, além dos episódios e acidentes – não abandonará a cena literária.

Ele passa por sucessivas metamorfoses, como as que se efetuaram no romance moderno. Mesmo quando a narrativa não realista volta-se para a vida interior dos personagens, o traçado da ação subsiste no

---

31. *Temps et Récit*, I, cit., p. 106.
32. *Temps et Récit*, I, cit., p. 106.

curso "das sensações, das emoções, eventualmente no nível menos organizado, menos consciente que a introspecção pode atingir"[33]. O jogo de sedimentação e inovação tem a ver com o destino histórico da obra no trânsito crítico e interpretativo que a leva do autor ao leitor.

Assim, a atividade de *configuração*, que se liga retroativamente ao real pelo simbolismo da cultura e pelas estruturas práticas da ação, religa-se, também, prospectivamente a ele, continuando para além da obra no efeito da sua leitura. *Imitatio* antes de configurar-se em obra, a *mímesis* é, agora, nesse terceiro momento que a completa, projeção do mundo da obra pelo leitor[34].

Posto que o texto narrativo é "um convite para ver a nossa *práxis* como é ordenada por tal ou qual enredo articulado em nossa literatura"[35], essa projeção se dá quando a inteligibilidade prática, subjacente à compreensão narrativa, despertando no leitor o entendimento de sua própria ação, leva-o a retomar o mundo da obra no mundo histórico, efetivo, em que está situado.

Com essa retomada, afirma-se o inteiro poder da leitura; efetuando o balanço entre *sedimentação e inovação*, ela é capaz de refigurar a realidade, inclusive e principalmente sob o aspecto temporal. Mas assim como a realidade refigurada passa pela inteligibilidade prática que a obra absorveu, assim também o tempo em particular, articulado pelo enredo, traz a marca da *intratemporalidade* que é inerente à ação.

Ao aplicar o modelo aristotélico do enredo, congenitalmente poético, quer à Ficção – nisso indo de encontro às Teorias Semióticas da narrativa – quer à História – nisso indo de encontro à epistemologia antinarrativista do conhecimento histórico –, Ricoeur o faz apostando na temporalidade de ambas, elaborada a partir da pré-compreensão da intencionalidade da ação.

---

33. *Temps et Récit*, II, cit., p. 21.
34. A *configuração* (Mímesis II) ocupa o centro do processo. Mímesis I (*imitatio*) e Mímesis III (*projeção*) estão, nas belas imagens de Ricoeur, *en amont* (a montante) e *en aval* (a jusante), respectivamente, de Mímesis II.
35. *Temps et Récit*, I, cit., p. 124.

Capítulo IV
Tempo e ficção

A cartada teórica de Ricoeur se coaduna com a redução que a Fenomenologia hermenêutica sempre pratica, dos conceitos e categorias às formas elementares da experiência vivida, à trama do *mundo-da-vida* (*Lebenswelt*), solo comum da poesia e das construções científicas. Esse recuo interpretativo alcançará, por um lado, as estruturas linguísticas e as funções lógicas da narrativa ficcional, e, por outro, o arcabouço teórico da narrativa histórica, reduzidas ambas à *compreensão temporal da história contada*, que as religa, através da ação, ao *mundo-da-vida* em que se enraízam. Comprometida com o tema heideggeriano do olvido, do esquecimento ontológico das raízes existenciais da *epistéme*, do conhecimento fundamentado, a investigação hermenêutica se destinará a recuperar a origem comum de ambas, recoberta e encoberta pela racionalidade científica – semiótica no caso da Ficção, e nomológica e estrutural no caso da História.

Apenas rejeitando o primado da Semiótica, sem retirar-lhe a razão como teoria capaz de reforçar e não de substituir a compreensão narrativa – que é o pressuposto das análises funcionais ou semânticas –, compreensão implícita até mesmo à logicização do enredo como tentativa para "*descronologizar* e *relogificar*" a narrativa[36], Ricoeur aceita a diferença linguística entre *enunciação* e *enunciado*. Interpreta-a porém, em decorrência da função sintética do enredo, como reflexividade própria da narrativa, que, relacionando os fatos entre si (enunciado), também se reporta à sua própria operação de narrar (enunciação). A dualidade temporal, reconhecida pela Teoria da Literatura, que daí se origina – o *tempo do narrado* e o *tempo do narrar* –, segundo a distinção inaugurada por Günther Müller[37], e que reaparece, com diferente terminologia, em outros autores, tem mais do que um alcance semântico como "sistema de transformações temporais"[38].

....

36. Segundo Roland Barthes, "Introduction à l'Analyse Structurale des récits", *Communication* (8), apud Paul Ricoeur, *Temps et Récit*, II. Paris: Seuil, 1960, p. 12.
37. Tempo do narrar (*Erzählzeit*) e Tempo do narrado (*Erzählte Zeit*).
38. A narrativa é "antes de tudo um sistema de transformações temporais", porque uma de suas funções é cambiar (*monnayer*) um tempo por outro. Christian Metz, "Remarques pour une phénomenologie du narratif", *Revue d'Esthétique*, nº 3-4, jul.-set. 1966, p. 335.

O sistema de interdependências das variações prospectivas ou retrospectivas (anacronias), "enquanto formas de discordância entre as duas ordens temporais"[39] por um lado, e das variações quanto à *duração*, que vai dos acontecimentos imaginários ao discurso que os narra, por outro, seria, como jogo entre os tempos[40], uma *experiência temporal fictícia*, favorecida por outras molas da arte de narrar, como o *ponto de vista* e a *voz*. Aquele obriga o leitor a "dirigir seu olhar no mesmo sentido que o autor ou o personagem"[41]; a última, correspondendo ao ato de narrar[42], assinala o presente da narração a partir do qual o mundo do texto é apresentado ao leitor.

Da *voz* decorre a peculiaridade, teoricamente embaraçosa da obra narrativa, que consiste em apresentar esse mundo no passado à custa do uso do verbo no tempo pretérito. Trata-se, ainda, de um jogo, mas agora entre os tempos verbais – o dos enunciados da história em contraste com o presente da voz narrativa. Para a compreensão do leitor, a história contada entra sempre como posterior a esse presente da voz em ato; e é por isso que recai invariavelmente no passado.

Contestando, desse modo, a conhecida tese de Harald Weinrich, segundo a qual os tempos dos verbos, em vez de indicarem as dimensões do tempo (presente, passado e futuro), situariam o leitor ou o ouvinte no processo comunicacional da linguagem[43], Ricoeur devolve ao pretérito épico a sua função temporal, exercida porém no nível do efeito de distanciamento estético. Dentro da experiência fictícia, o irreal e o passado se equivalem.

Essa equivalência rege o pacto ficcional entre autor e leitor. Ler um conto, uma novela ou um romance inclui a "crença de que os acontecimentos reportados pela voz narrativa pertencem ao passado dessa

---

39. Gérard Genette, *Discours du Récit*. Essai, Figures III. Paris: Seuil, 1972, p. 82.
40. Ver *Temps et Récit*, II, cit., pp. 92-149.
41. *Temps et Récit*, II, cit., p. 149.
42. A narração propriamente dita, tomada como a *voz* de quem conta a *história*, que da *história* se distingue, assim como esta se distingue do *discurso* enquanto sequência de enunciados interligados (cf. Genette, *Discours du Récit*, cit. Paris: Seuil, 1971, p. 71).
43. Cf. Harold Weinrich, *Tempus*. Stuttgart: W. Kohlhammer Verlag, 1964 [ed. esp. *Estructura y Función de los Tiempos en el lenguage*. Madri: Gredos, 1974].

voz"⁴⁴. Por conseguinte, o passado afiança a crença que garante a leitura da ficção como ficção. É, nesse caso, comparado com o passado real da História, um *quase-passado*. Ainda resta muita coisa para dizer a respeito dessa questão.

Voltemos à *experiência fictícia do tempo*, que, de imediato, assume aparência paradoxal. Ela se realizaria através do jogo entre os tempos, como parte principal da refiguração da realidade na retomada da obra pelo leitor. Se assim for, ou a experiência fictícia do tempo é a experiência de um tempo fictício que nada é, e que nada sendo escapa ao real, ou a ficção tem o poder de articular a experiência real do tempo, o que é um paradoxo diante da ideia de ficção como algo fingido ou inventado. Resumimos em duas as postulações básicas, constantes dos escritos hermenêuticos de Ricoeur, que resolveriam esse dilema: *a realidade sui generis da ficção* e o *alcance redescritivo da experiência fictícia do tempo*.

A primeira postulação firma-se no quadro conceptual já nosso conhecido, da metáfora como predicação impertinente, que restabelece a vigência da noção de *imagem* enquanto uso semanticamente inovador da linguagem, sob o pressuposto da equivalência entre *mímesis* e *poíesis*. O primeiro efeito da *imagem* semanticamente inovadora, integrada ao discurso feito obra, e que decorre da *mímesis*, é a suspensão da referência pelo próprio mundo que a obra fabricou ou *fingiu*. Mas a suspensão da referência como desligamento do real para a narrativa, "só pode ser um momento intermediário entre a pré-compreensão do mundo da ação e a transfiguração da realidade cotidiana operada pela própria ficção..."⁴⁵. Esse momento é "apenas a condição negativa para que seja liberada uma força referencial de segundo grau"⁴⁶. A imagem neutraliza os enunciados descritivos da linguagem ordinária e a leitura libera essa função "dissimulada" do discurso: o "poder de redescrição metafórica"⁴⁷, paralelo à função mimética, e que religa o discurso à realidade.

....
44. *Temps et Récit*, III, cit., p. 276.
45. "De l'Interprétation", in *Du Texte à l'Action*, cit., pp. 17-8.
46. "L'Imagination dans le Discours et dans l'Action", in *Du Texte à l'Action*, cit., p. 22.
47. "De l'Interprétation", in *Du Texte à l'Action*, cit., p. 24.

Desse modo, impõe-se concluir que a irrealidade do que chamamos ficção é uma forma de redescrição do real – tomando-se porém essa última palavra não mais no sentido de realidade empírica. Ampliando a conclusão, diremos que a ficção está para o discurso poético assim como a força heurística dos modelos está para a teoria científica.

Isso posto, a experiência fictícia do tempo articulada pelo enredo no mundo da obra, e que se concretiza na ação dos personagens, redescreve modalidades do tempo humano. Levada a cabo principalmente pela forma romanesca, essa redescrição, em romances como os de Proust, Thomas Mann e Virginia Wolf, examinados por Paul Ricoeur[48] – mas em tantos outros da nossa época que à semelhança daqueles também *tematizam o tempo*[49] –, concretiza-se por meio de *variações imaginativas*, que solucionam poeticamente os paradoxos agostinianos e as aporias fenomenológicas.

Limitemo-nos, por uma questão de brevidade, a apontar algumas das variações imaginativas, que são *tópoi* da temática do tempo na ficção romanesca: o enlace do tempo vivido com o tempo público dos relógios, em *Mrs. Dalloway* de Virginia Woolf, do tempo vivido com o tempo natural ou cosmológico, em *A montanha mágica* de Thomas Mann, e do tempo com a eternidade, em *À La Recherche du Temps Perdu* de Proust. Em última instância, variações imaginativas em torno da experiência temporal do mito. Levada, então, aos "confins entre fábula e mito"[50], a arte de narrar alcançaria um de seus limites: o tempo repetitivo do mito, que parece anular o *quase-passado* da Ficção.

De tudo isso resulta que nada constrange o tempo ficcional a não ser a própria estrutura da narrativa que o articula; as *anacronias* interrompem e invertem o tempo cronológico, deslocando presente, passado e futuro; e a sucessão pode contrair-se num momento único,

---

48. "L'experience temporelle fictive", in *Temps et Récit*, II, cit., pp. 150-225.
49. A essa tematização do tempo referiu-se Mendilow distinguindo entre "tales of time" e "tales about time" (*Time and Novel*. Londres/Nova York: Peter Neville, p. 16), como propõe o narrador de *A montanha mágica*: "Embora seja exagero afirmar que se pode narrar o tempo, não constitui certamente empresa tão absurda, como nos parecia de início, a de querer narrar coisas do *Tempo*" (Thomas Mann, *A montanha mágica*, 3ª ed. Rio de Janeiro: Nova Fronteira, p. 602).
50. *Temps et Récit*, III, cit., p. 388.

acrônico e intemporal[51]. Essas modalidades de experiência temporal estão vedadas à História, sobre a qual pesa o constrangimento do tempo cronológico. À irrealidade *sui generis* da Ficção com o seu *quase-passado*, opõe-se o passado real da História.

Capítulo V
Tempo e história

Para a História, o movimento regressivo da investigação hermenêutica, feito de encontro à rica floração teórica dessa disciplina, vai da explicação à compreensão, da conexão causal dos fatos à forma do enredo, da trama das estruturas sociais aos acontecimentos, e das entidades abstratas, impessoais, a agentes concretos. De maneira inversa, esses passos do recuo interpretativo, à custa do desbaste crítico do positivismo nomológico e do ramo frondoso da *École des Annales*, que rejeita a narratividade da História, e, bem como das ousadas posições narrativistas mais recentes que lhe restringem ou negam o caráter científico, permitem derivar do enredo, e por intermédio deste, da prática, os conceitos e categorias do conhecimento histórico.

Já nasce enfraquecida a transferência, para a História, do tipo nomológico da explicação científica, ambicionada por Burke e Ranke e tal como pretende Hempel[52]. O nexo dedutivo dos acontecimentos a leis gerais preditivas que os subsumissem só se aplica ao domínio histórico complementado por uma interpretação contextual ou pela especificação das causas. Corrigir-se-ia, pois, o modelo hipotético-dedutivo pela explicação causalista. Mas esta, cada vez mais específica, delimitada pela estrutura narrativa da frase, que impõe aos acontecimentos o cunho de descrição retrospectiva[53], acaba tomando a forma de uma *explicação*

---

51. Como na descrição proustiana do *Temps retrouvé*, o momento de êxtase que suspende a dominância do Tempo cronológico: nem presente nem passado, mas algo que "comum ao presente e ao passado é mais essencial do que ambos" (Marcel Proust, "Le Temps Retrouvé", in *À la Recherche du Temps Perdu*. Paris: Gallimard, 1945, vol. XVI, p. 15).
52. *Temps et Récit*, I, cit., p. 162.
53. *Temps et Récit*, I, cit., p. 208.

narrativa, mediante a sequência ordenada que constitui o enredo, sujeita à *aptidão da história para ser seguida* (*followability*). Assim, a história (*story*) seria como que o *a priori* configurante da História. Dependente da organização do heterogêneo, e portanto do enredo, o conhecimento histórico, segundo Hayden White, essencialmente historiográfico, comportando diversos estilos de escrita – o romanesco, o cômico, o trágico e o satírico – passaria do estado de ciência ao estado de criação literária[54].

Essa mudança de *status* não consegue porém levar a narrativa ao cerne da fecunda *École des Annales*, que orienta a pesquisa histórica para o "fato social total" em lugar dos acontecimentos – os quais privilegiam a ação do indivíduo – e para o *tempo longo* da "conjuntura, da estrutura, da tendência, do ciclo, do crescimento e da crise"[55], desligado da vivência temporal da prática. Fernand Braudel resumiu essa orientação defendendo uma "história anônima, profunda e silenciosa", com *tempos curtos e longos, rápidos e lentos*, como em sua obra mestra, *La Méditerranée et le Monde Méditerranéen à l'époque de Philippe II*[56].

Será necessário um enorme rodeio para recuperar, por trás das entidades, o perfil dramático de *personagens*, e por trás das estruturas, o traçado da narrativa. Primeiramente, a especificação das causas como *imputação causal singular* – a razão de agir enquanto inferência prática[57] que conecta explicação e compreensão – é um *quase-enredo*. As estruturas sociais e econômicas, os tipos de mentalidades, só são fatos historiográficos, religados a sociedades particulares – a povos e nações – que assumem o caráter de *quase-personagens* como objetos transacionais para a ação dos indivíduos que delas participam[58]. O *quase*, já

---

54. Para Hayden White, a História, intrinsecamente *historiográfica*, obedece a uma tipologia do enredo (*plot*), extraída do *Anatomy of Criticism*, de Northrop Frye, e que se completa por uma *tropologia* (metáfora, metonímia, sinédoque e ironia). Ver *Temps et Récit*, I, cit., pp. 228-37, e *Temps et Récit*, III, cit., pp. 220 ss.
55. *Temps et Récit*, I, cit., p. 147.
56. Para a interpretação dessa obra, ver *Temps et Récit*, I, cit., pp. 290-304.
57. Decorre da imputação causal singular, baseada no modelo de Von Wright (*Explanation and Understanding*), que permite conjugar a explicação causal à inferência teleológica (motivacional) para os fatos relativos à ação. Cf. *Temps et Récit*, I, cit., pp. 187 e 256.
58. *Temps et Récit*, I, cit., p. 275.

encontrado qualificando o passado da ficção, que se associa ao uso do pretérito, mantém agora a diferença da cientificidade que separa da Ficção a História, como investigação do passado das sociedades humanas.

Um último recuo se efetuará do tempo histórico à temporalidade da narrativa por intermédio da noção de *acontecimento*, implícita às mudanças socioeconômicas e ideológicas, uma vez retificadas as pressuposições epistemológicas – inclusive a visibilidade – que lhe defere o significado estrito de singularidade não recorrente. Como partes de um enredo, os acontecimentos se universalizam, adquirem um teor de necessidade, e, como na ficção, submetida ao jogo de sedimentação e inovação, admitem tanto o desvio do singular quanto a regularidade repetitiva. Com esse porte, não deixam de investir por dentro as estruturas "que sofrem crises e transformações"[59].

Assim, o êxito financeiro do capitalismo a partir da segunda metade do século XIX, recuperando-se do fracasso que experimentou no século XVIII, depois do brilhante sucesso do mercado de crédito de Amsterdam no século XVII, dependeu, apesar da essência conjuntural do sistema, de sucessivas mudanças, análogas às *mudanças de fortuna*, que condicionam o desenvolvimento do enredo à interferência de um evento: o "coup de théâtre", a *peripécia* aristotélica. O acontecimento está para as estruturas assim como a *peripécia* está para o enredo. Permitindo manter o laço analógico "entre o tempo dos indivíduos e o tempo das civilizações"[60], nem completamente singular, nem inteligível apenas como ato do indivíduo, porque integra a rede dos efeitos involuntários e impessoais da ação, o fato histórico recebe o perfil analógico de um *quase-acontecimento*, que o emparelha com o *quase-enredo* e com o *quase-personagem*.

São essas três amarras, *quase-enredo*, *quase-personagem* e *quase--acontecimento*, que mantém a História ligada à narrativa, com a qual não pode romper inteiramente "porque não pode romper com a ação, que implica agentes, fins, circunstâncias, interações e resultados voluntários e involuntários[61]. Configurando, pelo trabalho da imaginação, os

---

59. *Temps et Récit*, I, cit., p. 303.
60. *Temps et Récit*, I, cit., p. 312.
61. "De l'Interprétation", in *Du Texte à l'Action*, cit., p. 15.

fatos passados na forma de um mundo recomposto, reconstituído, a História também configura o seu tempo próprio. A fisionomia narrativa do *tempo histórico*, que conjuga *tempo cósmico* e *tempo vivido*, replica, poeticamente, à semelhança da Ficção, uma aporia da temporalidade.

O constrangimento do tempo cronológico que pesa sobre a História, e que falta à ficção, é decorrência do encadeamento do passado real com os processos de mudança da natureza; a rede espaçotemporal, que entrelaça épocas e períodos, por medidas intervalares de duração variável, continua para trás na linha indefinidamente prolongada do tempo cósmico, até os antecedentes pré-históricos (idades arqueológicas) e geológicos do tempo cronológico. Mas como a demarcação cronológica de períodos e épocas depende da datação, e que esta, ao contrário de uma pura unidade intervalar cronométrica, assinala uma sucessão regulada por um eixo referencial significativo, o tempo histórico inclui o tempo vivido. Ele é na verdade um terceiro tempo, ponte entre o tempo vivido e o tempo cósmico – astronômico e biológico – mediados pela invenção de conectores que efetuam a *mímesis* de ambos.

O primeiro conector é o calendário, base da datação, que em princípio entrosa a sucessão cíclica dos movimentos astronômicos a um eixo referencial da atividade humana por acontecimentos significativos – rituais, festas ou fatos comemorativos. Enquanto pela primeira todos os instantes recortados sobre a sucessão dos fenômenos naturais são equivalentes, pelo segundo cada instante se divide em presente, passado e futuro.

O segundo conector, que une o tempo biológico das gerações à relação entre contemporâneos, antecessores e pósteros, levar-nos-á de volta ao *intratemporal* com o auxílio da fenomenologia do social de Alfred Schutz. A experiência de meus contemporâneos implica um processo de reconhecimento anônimo, a de meus predecessores se dá como memória do passado "através de registros e de monumentos"[62], e a de meus sucessores tem a indeterminação do futuro. A memória individual não alcançaria o passado histórico se não a enriquecessem tradi-

---

62. Alfred Schutz, "O mundo das relações sociais", in H. Wagner (org.), *Fenomenologia e relações sociais: textos escolhidos de Alfred Schutz*. Rio de Janeiro: Zahar, p. 227.

ções recolhidas dos antepassados "como tempo dos mortos e tempo anterior ao meu nascimento"[63]. Mas a tradição, que é um "sortimento de memórias", por isso instaurando uma relação com o passado em termos de *nós, escapa à órbita exclusiva da* temporalidade como unidade estática, restrita à existência individual, para firmar-se no tempo público. Pela mediação desse é que o passado, o presente e o futuro se vinculam à tríade dos antecessores, dos contemporâneos e dos pósteros. Mas essa junção da temporalidade, que explicita o sentido do Cuidado, como estrutura de um ente finito, sujeito à morte, com o intratemporal, introduz "o lugar da morte na escrita da história"[64].

Na cadeia das gerações, não somente os antepassados, mas também os pósteros, formam, acima da mortalidade dos indivíduos, a continuidade da espécie – o sujeito imorredouro da *História universal* para Kant. Há, por conseguinte, uma "vertente simbólica" da relação dos antecessores e sucessores; por estes se fixa a ideia de humanidade futura, inesgotável; por aqueles, a comunidade dos mortos que deixaram no presente as marcas de seu passamento. O passado inscrito no presente, que nele calcou a sua impressão reconhecível – eis em que consiste a natureza relacional do *vestígio*, último conector do tempo e condição de possibilidade da prática de investigação histórica.

Do fato de ser o vestígio um efeito-signo do passado – como uma pegada, cuja significação é indiciar o sujeito que a deixou –, do fato de ser *coisa do passado*, inclusive datável, depende a identificação das fontes, o apelo ao testemunho, a busca de documentos, a organização dos arquivos. Afinal, o derradeiro nexo da elaboração poética do tempo histórico, como capacidade de resposta às aporias do pensamento reflexivo às voltas com o tempo, desemboca no passado real, confirmando a dissimetria com a irrealidade *sui generis* da ficção.

---

63. *Temps et Récit*, III, cit., p. 168.
64. *Temps et Récit*, III, cit., p. 169.

Capítulo VI
Contraponto (2)

Através da pesquisa e da crítica dos documentos, a História visa a conhecer o passado real. "Uma convicção robusta anima aqui o historiador: o que quer que se diga do caráter seletivo da escolha, da conservação e da consulta dos documentos, de sua relação com as questões que a respeito deles o historiador formula, e afinal das implicações ideológicas de todas essas manobras, o recurso aos documentos assinala uma linha divisória entre história e ficção; diferindo do romance, as construções do historiador pretendem ser reconstruções do passado."[65]

Mas essa linha divisória, que acentua a dissimetria entre a narrativa histórica e a narrativa ficcional, anula-se pela natureza desse *passado reconstruído*, quando se dá à expressão o seu peso ontológico de reconstrução de uma realidade que não mais existe, que já deixou de ser[66]. Desse ponto de vista, a "realidade histórica" é tão *sui generis* quanto a "irrealidade" da Ficção. Nesta, os acontecimentos inventados, formando um mundo fictício, escapam a qualquer espécie de confirmação empírica. Naquela, os dados empíricos (documentos), signos de um mundo que foi real, remetem a acontecimentos passados, conhecidos por inferência, e que só se confirmam, fora de toda comprovação empírica, pela reconstrução desse mesmo mundo.

Assim, como já notara Collingwood, o conhecimento histórico extrapola do nexo cognitivo de *representação*, em que o sujeito apreende um objeto que com ele se defronta. Entre sujeito e objeto, no processo de História, intercala uma *distância temporal* que impõe aos acontecimentos o perfil da alteridade. Não podemos eliminar essa distância por uma imagem coerente – a tese de Collingwood – que nos tornasse contemporâneos do passado, nem manter a permanente separação de alteridade, seja invocando-se, à maneira de Dilthey, a coincidência, por transporte

---

65. *Temps et Récit*, III, cit., p. 204.
66. Vale lembrar a reflexão de Raymond Aron: "La connaissance historique n'a valeur scientifique qu'a condition de fonder ses affirmations sur des données. Le passé vécu n'est plus et ne sera jamais plus; ce qui est present ce sont des traces, des expressions ou de monuments à jamais disparues" (*Dimensions de la conscience historique*. Paris: Plon, 1961, p. 94).

empático, do sujeito com o objeto, que é sempre outro, seja que o conhecimento histórico se esgote na constatação das *diferenças*, no sentido de Paul Veyne, como o oposto da individuação dos acontecimentos[67].

De qualquer forma, a distância temporal interferente alerta-nos sobre o equívoco do conceito de *representação* nesse domínio. Aplicá-lo seria pressupor que o historiador reconstrói uma realidade original dada. Ora, entre o historiador e a realidade não mais existente, que deixou de ser, a relação, nem de completo distanciamento nem de coincidência, só pode ser analógica, de caráter metafórico, o que é compatível com o plano configurativo da narrativa[68]. Não se pode conhecer o que já foi, através de documentos, senão solicitando da imaginação os seus recursos tropológicos. Mediante esses recursos, o historiador conhece reconstruindo, mas a sua reconstrução é uma *figuração*. Desse modo, reaparece na verdade histórica o elemento ficcional, que Leopold Ranke pretendeu abolir.

Ao obrigar-se a honrar o passado, a descrevê-lo tal como foi – *wie es eigentlich gewesen* –, o historiador alemão submetia-se ao apelo do não mais existente que o constrangia a figurá-lo[69]. A esse respeito, Ricoeur entende, como Michelet, que essa submissão é "uma dívida para com o passado, uma dívida de reconhecimento para com os mortos, que faz dele (o historiador) um devedor insolvável"[70].

Mas, sujeito à economia da morte na escrita da História, o historiador não estará menos comprometido, membro que é da cadeia de gerações, e partícipe, por conseguinte, da "vertente simbólica" dos contemporâneos, dos antecessores e dos pósteros, com o destino da humanidade. A submissão ao passado, pagamento de uma dívida em

....

67. Paul Veyne, *Comment on écrit l'Histoire*, p. 17.
68. Paul Ricoeur chama-a de *représentance*. Ver *Temps et Récit*, III, cit.
69. "Através do documento, e por meio da prova documentária, o historiador está submetido ao que existiu algum dia" (*Temps et Récit*, III, cit., p. 204).
70. *Temps et Récit*, III, cit., p. 204. Ricoeur não cita o que Michelet escreveu sobre a posição do historiador como "administrateur des biens des décédés" – que foi a de Camões na Índia. "L'histoire accueille et renouvelle ces gloires déshéritées; elle done vie à ces morts, les ressuscite [...] Ils vivent maintenant avec nous qui nos sentons leurs parents, leurs amis. Ainsi se fait une faille, une cité commune entre les vivants et les morts" (Histoire du XIX Siècle, in Roland Barthes, *Michelet*. Paris: Seuil, p. 91).

relação aos mortos, é também preocupação com o futuro, instigada pela "força do presente" da qual Nietzsche falou. Respondendo por aquilo que "existiu algum dia", constrangido a recriar o passado que a narrativa traz de novo ao presente, ele fica junto do ficcionista – também submetido a uma espécie de *mandato* – como diria Clarice Lispector – ou a uma necessidade instintiva – como a *vocação* de Proust para escrever *La Recherche* – que o força a configurar o mundo próprio da obra, apto a reconfigurar-se, por efeito da leitura, numa visão sintética do mundo real, histórico, das ações humanas.

A dinâmica da leitura, como *interação do texto e do leitor*, segundo a concepção de W. Iser[71], possibilita que essa visão seja catártica: ela abre os olhos do leitor, revela-o a si mesmo, à sua verdade e à verdade do mundo. "Os efeitos da ficção, efeitos de revelação e de transformação, são efeitos de leitura. É através da leitura que a literatura retoma à vida, quer dizer, ao campo prático e *pathico* da existência."[72]

Assim, em paralelo ao efeito da figuração do passado "irreal" na História, alinha-se a capacidade da Ficção para atuar sobre o presente real.

Considero esse paralelismo na ordem dos efeitos e, ainda, o trabalho em ambas da imaginação produtiva, não apenas na seleção e organização dos fatos, mas também na articulação da experiência do tempo, a relação assimétrica, que anteriormente referimos, é compensada pela confluência entre narrativa histórica e narrativa ficcional.

Narrar é contar uma história, e contar uma história é desenrolar a experiência humana do tempo. A narrativa ficcional pode fazê-lo alterando o tempo cronológico por intermédio das variações imaginativas que a estrutura autorreflexiva de seu discurso lhe possibilita, dada a diferença entre o plano do enunciado e o plano da enunciação. A narrativa histórica desenrola-o por força da *mímesis*, em que implica a elaboração do tempo histórico, ligando o tempo natural ao cronológico.

Cabe agora responder às perguntas com que finalizamos o primeiro contraponto: Como entra o tempo na Teoria da Narrativa?

---

71. Cf. Wolfang Iser, *Der Akt des Lesen* (Theorie ästheticher Wirkung). Munique: Wilhelm Fink Verlag.

72. *Temps et Récit*, III, cit., p. 149.

Como entra a narrativa na Teoria da História? Como História e Ficção se interpenetram?

O tempo entra na Teoria da Narrativa pela porta larga do discurso e aí se elabora de acordo com a dinâmica do enredo. Mas como essa dinâmica está condicionada à *compreensão narrativa*, por sua vez condicionada à inteligibilidade prática, o tempo entra por aquela porta do discurso, que é também a dos atos de linguagem, vindo da dimensão *intratemporal* da existência humana, conforme atesta a pré-compreensão da ação que a *mímesis* carreia para a obra. Daí a natureza circular do nexo recíproco entre *narratividade* e *temporalidade*: a articulação narrativa do tempo depende de uma experiência temporal prévia.

Respondendo à segunda questão, diremos que a narrativa entra na Teoria da História pela porta da inteligibilidade da *história (story)* – sua *aptidão para ser seguida*, que remonta, em última análise, à *pré-compreensão* da ação. Dessa maneira, estamos sempre dentro do mesmo círculo hermenêutico que circunscreve a temporalidade da História e da Ficção. Pois se o tempo de ambas é narrado (*temps raconté*), e assim configurado, essa articulação da experiência temporal já se encontra esboçada no *mundo-da-vida*, onde as duas espécies narrativas se enraízam.

O círculo se romperia – ou se agravaria? – com a *refiguração* do tempo pelo ato da leitura, extensivo à História. Ao ler uma obra historiográfica, as potências imaginativas da *figuração* tornam visível o passado. A imaginação se faz visionária: "o passado é o que eu teria visto, aquilo de que eu teria sido a testemunha ocular, se tivesse estado lá, tal como o outro lado das coisas é aquele que eu veria se as percebesse de onde você as considera"[73]. A leitura, portanto, *ficcionaliza* a História. Em contrapartida, a leitura historiciza a Ficção, na medida em que a voz narrativa situa no passado o mundo da obra.

É, pois, na refiguração do tempo que a narrativa histórica e a narrativa ficcional se interpenetram, sem se confundirem[74]. Respondida

---

73. *Temps et Récit*, III, cit., p. 270.
74. "Si cette hypothèse tient, on peut dire que la fiction est quasi historique, tout autant que l'histoire est quasi fictive. L'histoire est quasi fictive, dès lors que la quasi-présence des événements placés "sous les yeux" du lecteur par un récit animé supplée, par son intuitivité, sa vivacité, au caractère élusif de la passéité du passé, que les paradoxes de la représentance illustrent. Le récit

assim a terceira pergunta, pode-se concluir que as duas epistemologias, a da História-Ciência e a da História-Arte, referidas no início deste trabalho, se complementam na base do tronco narrativo comum que também une, como formas simbólicas similares do pensamento, História e Ficção.

---

de fiction est quasi historique dans la mesure où les événements irréels qu'il rapporte sont des faits passés pour la voix narrative qui s'adresse au lecteur; e'est ainsi qu'ils ressemblent à des événements passés et que la fiction ressemble à l'histoire" (*Temps et Récit*, III, cit., pp. 276-7).

O tempo na Literatura*

Preliminares

A introdução das categorias do espaço e do tempo no estudo da Literatura e das Artes em geral data do período de ascensão da Estética no século XVIII, enquanto disciplina da experiência sensível e do Belo (Baumgarten, *Asthetik*, 1750). Na Antiguidade grega, a Poética de Aristóteles silencia a respeito do espaço, e apenas uma vez, para reforçar a distinção entre epopeia e tragédia, refere-se expressamente ao tempo. A epopeia, lemos aí, tem duração ilimitada, enquanto a tragédia limita-se, tanto quanto possível, ao período de um dia – a uma única revolução solar – porém, conforme acrescentou um intérprete da Poética, no curso de um espetáculo, "que não deve passar de três até quatro horas"[1]. Uma das bases da chamada *regra das três unidades* (lugar, tempo e ação) adotada pelo Classicismo, essa distinção entre o tempo do espetáculo e o tempo da ação "imitada", objeto de *mímesis*, muito aproxima Aristóteles do nosso atual interesse teórico pela determinação do tempo na Literatura.

....

* Em José Jobim (org.), *Palavras da crítica. Tendências e conceitos no estudo da literatura*. Rio de Janeiro: Imago, 1992, pp. 343-65.

1. Pedro José da Fonseca, *Elementos da poética*. Lisboa: Tipografia Rollandiana, 1791, p. 68.

No século XVIII, Goethe e Schiller reinterpretaram os anteriores preceitos aristotélicos. Visando a diferençar aqueles dois gêneros, relacionaram a duração ilimitada da epopeia com a mobilidade do poeta, que pode atrasar, adiantar ou deter a narração dentro do foco do passado sob o qual ela recai, o poeta dramático permanecendo imóvel diante da ação, que nos é apresentada sob o foco do presente. Lessing, contemporâneo dos dois, acentuaria em seu *Laocoonte*, que o desenvolvimento de uma ação, comum ao dramático e ao épico, impõe a esses gêneros um vínculo material com o tempo, que lhes condiciona os meios (sons articulados), possibilitando-lhes uma ordem própria de representações de todo diferente da alcançada na Pintura, ainda quando entre essa última e aqueles pudesse haver intersecção temática, garantida pelo princípio de semelhança – *ut pictura poesis* – tomado a um verso da *Ars Poetica* de Horácio.

A intersecção temática discutida por Lessing naquele escrito teve por base não uma obra pictórica, mas o grupo escultórico do século I a.C., réplica da descrição da morte do sacerdote troiano Laocoonte, junto com os filhos, enlaçados por gigantesca serpente, no canto II da *Eneida*. Se o escultor traduziu a dor física e o esforço das vítimas no relevo dos músculos e na tensão das pernas e dos braços – a figura central do sacerdote tem a boca levemente aberta – omitindo, no entanto, na expressão facial dele, os sinais dos "clamores horrendos" que profere, segundo verso famoso de Virgílio, não o terá feito por eventual infidelidade ao modelo ou por incapacidade para transpô-lo. Culminância de uma ação progressiva descrita no poema de Virgílio, a ênfase do grito suprida foi na escultura, que só pôde figurar um momento único da mesma cena pela proporção dos corpos e pelo seu equilíbrio volumétrico. A transposição do motivo comum de uma a outra arte ateve-se às condições que lhes delimitam os meios: o tempo para os sons articulados na Poesia e o espaço para as cores e volumes na Pintura e na Escultura. Assim o tempo possibilitou na Poesia a figuração que o espaço vedou na Escultura.

Publicada depois do *Laocoonte* (1776), a *Crítica da razão pura* (1781), de Kant, consignou, em sua primeira parte – Estética Transcendental –, a função do espaço e do tempo enquanto condições *a priori* da sensibilidade, que possibilitam, como intuições puras, a organização da experiência cognoscitiva, mas com ascendência do segundo sobre o primeiro, uma vez que o tempo organiza numa ordem interna, sucessiva, percepções quaisquer, mesmo as já estruturadas pelo espaço numa ordem exterior e coextensiva. Dado o extensivo alcance da Estética Transcendental, aplicável à sensibilidade em geral, pode-se extrapolá-lo ao domínio da Estética do Belo, afirmando-se que as mesmas condições, o espaço e o tempo, dos dados sensíveis que nos afetam, também impõem sua forma às representações artísticas. A proeza de Lessing não terá consistido exclusivamente em delinear a dicotomia, ratificada por Max Déssoir no princípio do século (*Asthetik und Allgemein Kunstwissenschaft*, 1906), entre artes espaciais e temporais – estas últimas juntando, como os antigos gregos, a Poesia *lato sensus* à Música – não completamente separadas, conforme reconheceria o autor do *Laocoonte*. Para M. Bakhtin[2], o feito maior de Lessing terá sido a antecipação do princípio da *cronotopicidade,* isto é, do caráter temporal de imagem literária. No entanto, a Teoria dos Gêneros, proveniente da Poética de Aristóteles, sempre tendeu a reconhecer esse caráter na Épica e no Drama, em ambos uma decorrência do nexo que entretêm com os acontecimentos, posto serem duas modalidades de *mímesis* da ação, a primeira narrando-a simplesmente, como se já transcorrida fosse, e a segunda apresentando-a em decurso conflitante – por meio de agentes, acrescentaria Aristóteles. A Lírica teria um regime temporal indeciso ou excepcional. Sendo expressão vivencial, atribui-se-lhe a imedialidade de que resultaria a preponderância do presente, mas não de "uma atualidade que se processa e distende através do tempo (como na Dramática), mas de um momento *eterno*"[3]. Porém, na interpretação de Emil Staiger, a Lírica, posta, consoante a Filosofia de Martin Heidegger (*Ser e tempo*, 1927), que o autor adota, sob a dependência do *Stimmung* (estado de ânimo), será a instância da Recordação (um nome para o recolhimento não distanciado da experiência), sem que, por isso, se vin-

....

2. M. Bakhtin, "Forms of Time and Chronotope in the Novel, 1937-1938", in *The Dialogic Imagination*. Austin: University of Texas Press, 1981.

3. Anatol Rosenfeld, *O teatro épico*. São Paulo: Desa, 1965, p. 10.

cule exclusivamente ao passado. "Fatos presentes, passados e até futuros podem ser recordados na criação lírica."[4] Na verdade, porém, o que tem sido teoricamente mais adentrado é o estudo do tempo como forma de articulação dos eventos na obra literária, particularmente nas de feição narrativa, em que esse papel é mais saliente.

Como, então, o tempo, que é uma categoria da realidade, articula os eventos na obra literária? Ou, formulando-se a mesma questão de outra maneira: como é que a obra assimila, em sua transação com o real, essa categoria? Por outro lado, o tempo em literatura, de modo particular na narrativa, está em conexão com o espaço. "Chamamos de cronotopo (literalmente, 'tempo espaço'), diz Bakhtin, a intrínseca conexão das relações espaciais e temporais que são artisticamente expressas na literatura."[5] No entanto, muito embora a unidade temporoespacial da Teoria da Relatividade, que Bakhtin tomou por modelo, se espelhe nesse termo, o tempo é, no *cronotopo*, tal como na Estética Transcendental de Kant, a categoria dominante, sob a dependência da qual o espaço se concretiza. A *cronotopicidade*, ou seja, a ocorrência de diferentes espécies ou figuras de conexão dos eventos, marca o caráter temporal da narrativa.

Assim, podemos admitir, repetindo a afirmação mais geral do narrador de *A montanha mágica*, de Thomas Mann, que o tempo "é o elemento da narrativa, assim como é o elemento da vida; está inseparavelmente ligado a ela como aos corpos no espaço; é também o elemento da música...". Aproximando a narrativa da vida, o tempo também a ligaria à Música. Veremos que não é descabido esse nexo analógico, depois de uma rápida reflexão sobre o tempo.

Do tempo

Como o espaço, o tempo é uma noção difusa, mas de tal modo entranhado à nossa atividade, que todo o mundo parece saber em que con-

---

4. Emil Staiger, *Conceitos fundamentais da poética*. Rio de Janeiro: Tempo Brasileiro, 1969, pp. 59-60.
5. Bakhtin, "Forms of Time", cit., p. 84.

siste antes de tentar conceituá-lo. "Que é, por conseguinte, o tempo?" pergunta Santo Agostinho no Livro XI de suas *Confissões*. "Se ninguém me perguntar, eu o sei; se eu quiser explicá-lo, a quem me fizer essa pergunta, já não saberei dizê-lo." Essa declaração paradoxal equivale à admissão de que se tem acerca do tempo um saber espontâneo, não reflexivo, mas prático, que se torna extremamente difícil traduzir em conceitos. Medimos o tempo e pelo tempo regulamos nossas tarefas cotidianas. Sabemos dele para agirmos e enquanto agimos, como testemunham as frases comuns da linguagem de todos os dias: preciso de mais tempo amanhã, hoje não me sobra mais tempo para ler, agora é tempo de semear, amanhã será tempo de colher etc. Preocupamo-nos com ele, consultando relógios, que são os vários instrumentos – ampulhetas, clepsidras, relógios de sol, relógios mecânicos – usados para medi-lo, tomando sempre por base um movimento periódico, repetitivo, de intervalos iguais (cronometria).

Essa dupla experiência, contar com o tempo quando agimos e medi-lo em proveito de nossos quefazeres, não só precede, como guia a sua conceptualização. Filosoficamente, os primeiros conceitos de tempo provieram da consideração astronômica do aparecimento recorrente dos corpos celestes. Assim Platão nos dirá no diálogo *Timeu* que o tempo nasceu com o Céu. Depois disso, Aristóteles poderia escrever na sua *Física*, generalizando esse nexo, que o tempo é a medida, o número do movimento como relação entre o anterior e o posterior. No século XVII, o físico Newton considerou parcial esse conceito: Aristóteles definira o tempo relativo, "aparente e vulgar", que pressupõe um tempo verdadeiro, uniforme e infinito, comparável a um relógio universal único. Mas, tanto para Aristóteles quanto para Newton, o tempo é uma categoria, ou seja, uma determinação do real, independente da consciência do sujeito. De passagem, mencionamos anteriormente a concepção de Kant. Embora diferisse de Newton, porque enquanto condição *a priori* da sensibilidade o tempo está vinculado à estrutura do sujeito de conhecimento, Kant, no entanto, preenche o conceito respectivo com o mesmo conteúdo que lhe emprestou o físico inglês: a sucessão uniforme.

Mas, independentemente das diferenças que as separam, as concepções de Aristóteles, Newton e Kant concordam quando, na base da ideia de sucessão uniforme, tomam o tempo como um processo natural, objetivo, regular, irreversível e quantitativo, expresso mediante grandezas, que se divide em *intervalos* cada qual correspondendo, segundo dizia Descartes em seus *Princípios*, à *duração* de cada coisa. Os *Intervalos* variam e a *duração* de uma coisa difere da de outra quanto à grandeza ou à quantidade. Desse ponto de vista, cabe razão a Kant, quando afirma que tempos diferentes são partes do mesmo tempo, esquecendo-se, porém, de considerar a *simultaneidade*, em que espaço e tempo interdependem. Essa interdependência nos acontecimentos simultâneos, entre os quais não existe uma relação espacial absoluta ou um relação temporal absoluta, estampa-se na Teoria da Relatividade de Einstein, do século XX.

Passamos a uma outra ordem de ideias, saltando do quantitativo ao qualitativo, quando tentamos descrever, tal como o fez Santo Agostinho no mesmo Livro XI de suas *Confissões*, a experiência vivida do tempo, que se desdobra em presente, passado e futuro. Este ainda não existe, o segundo já deixou de existir e o primeiro existe tornando-se passado. O Santo Doutor, à busca de algo permanente que pudesse dissipar essa ilusão de três distinos tempos, encontrou na atividade da alma, criada por Deus, ser eterno e intemporal, o movimento que os une num tríplice presente: o do passado, através da Memória, o do futuro, através da expectativa, e o do presente, por meio da atenção. Mas sob essa união, que ele denominou *distensio animi*, alteram-se os anteriores parâmetros. Pois que se me refiro à Memória, o passado é recordado, se me refiro à atenção, o presente é o atual estado do sujeito, e se me refiro à expectativa, o futuro é antecipado. Em vez do mensurável decurso de uma sucessão, temos agora, em cada caso, uma vivência do tempo ou o tempo como estado vivido. Em vez da duração de uma coisa exterior, apresenta-se-nos a duração interior: o fluxo da consciência, no qual, diria Bergson muitos séculos depois, os estados vividos não se adicionam simplesmente, mas se interpenetram.

Não se precisará insistir, como primeiro traço desse tempo vivido ou psicológico, na sua descoincidência com as medidas temporais objetivas. Qualitativo, ele é também subjetivo. E, embora também irreversível, separa-se do anterior, natural, como *tempo humano*, do qual é uma das expressões eminentes. Mas o tempo dominante, socialmente falando, o tempo com o qual contamos, integrando aquele saber espontâneo, referido linhas atrás, não é nem o psicológico nem o natural; é, sim, o cronológico[6], que acrescenta à repetitiva uniformidade do segundo a diferenciação qualitativa das datas, firmadas num acontecimento que lhe serve de eixo referencial (nascimento de Cristo, Égira etc.), anterior ou posteriormente ao qual outros acontecimentos se situam. Trata-se de um tempo socializado ou "público": sequência sem lacuna, contínua e infinita, tanto na direção do futuro quanto na do passado, à qual se engrena o *tempo histórico*.

Duas acepções cruzam-se no *tempo histórico*: a restrita, de duração curta dos acontecimentos singulares (guerras, revoluções, movimentos religiosos ou sucessos políticos) ou da duração longa de processos (formação da Cidade grega ou advento do capitalismo, por exemplo), e a larga, aplicável nos limites de uma cultura, e que pressupõe tanto a continuidade quanto a mudança de padrões de conduta, atitudes valorativas e formas de pensamento. Na cultura ocidental, é inseparável da persistência do passado no presente, com base numa tradição, e também de um "horizonte de expectativa" em relação ao futuro. Muito embora não possamos ter do tempo um conceito único, e por mais que o tempo seja conceitualmente multíplice, suas modalidades – físico ou natural, psicológico, cronológico, histórico –, que acabamos de distinguir, admitem noções comuns: ordem (sucessão, simultaneidade), duração e direção.

Tempo e narrativa

O que possibilita discernirmos a inseparável ligação do tempo com a narrativa não é o estudo desta do ponto de vista de suas estruturas, que nos deu os motivos ou constantes de Vladimir Propp (*Morphologie du Conte*, 1970) ou as funções indiciais focalizadas por Roland Barthes ("Introduction à l'Analyse structurale des Récits", 1966), mas a sua fenomenologia: a descrição dos traços essenciais que lhe constituem a

---

6. Émile Benveniste, *Problèmes de Linguistique Générale*. Paris: Gallimard, 1974, p. 46.

identidade própria e sem os quais ela não seria concebível. Assim, um primeiro traço é a disposição dos acontecimentos entre um começo e um fim (Christian Metz, "Remarques pour une Phénoménologie du Narratif", 1966). Mesmo as narrativas inacabadas ou interrompidas se desenvolvem criando a expectativa de um fim, numa sequência temporal. Implícito à disposição entre começo e fim está o ato de narrar, e portanto – segundo traço – um discurso seguido, que articula os acontecimentos que nos são apresentados.

Mas o discurso, oral ou escrito, é uma sequência de frases e de palavras, que tomam o tempo quer do narrador quer do ouvinte ou do leitor. Novamente encontramos nessa sequência de palavras e frases encadeadas uma escala temporal. Aqui, porém, o narrador contando e o ouvinte escutando, se a narrativa for oral, o escritor escrevendo e o leitor lendo, se a narrativa for escrita, despendem um tempo que pode ser avaliado pelos ponteiros do relógio.

Esse tempo real do discurso já difere do tempo dos acontecimentos – da dimensão episódica da narrativa ou de sua história. Dado que provoca a defecção do agora e do aqui, do *nunc* e do *hic*[7], mesmo quando verídica, a narrativa nunca é um registro puro do imediato; ela introduz, a partir do tempo do discurso em que se apoia e que toca à realidade, um outro tempo, imaginário, não mensurável pelos ponteiros do relógio. E, se o que narramos é *mímesis praxeos*, uma "imitação" ou apresentação ficcional da ação humana, o discurso entra, por meio do enredo ou intriga, que reconfigura os acontecimentos, na "unidade de uma totalidade temporal"[8], na órbita do *tempo fictício* da obra literária, capaz de durar Mil e Uma Noites.

O *tempo imaginário* da ficção, condicionado pela linguagem, liga momentos que o tempo real separa, inverte a sua ordem, perturba a distinção entre eles, comprime-os, dilata-os, retarda-os e acelera-os. Deve-se essa "infinita ductilidade" do tempo da narrativa ficcional como obra literária à sua duplicidade, pois que ele se articula nos dois

---

7. Christian Metz, "Remarques pour une Phénoménologie du Narratif", *Révue d'Esthétique*, 3-4, 1966.

8. Paul Ricoeur, *Temps et Récit*, I. Paris: Seuil, 1983.

planos, nem sempre paralelos, da história e do discurso. Dizendo-se de outra maneira: a dupla articulação desse tempo decorre do desdobramento da narrativa ficcional nos dois planos: o do discurso – por meio do qual a narrativa se configura como um todo significativo – e o da história, que impõe aos acontecimentos, tradutíveis num resumo, uma inteligibilidade cronológica (sucessão) e lógica (relação de causa e efeito). "O tempo do discurso é, num certo sentido, um tempo linear, enquanto o tempo da história é pluridimensional. Na história muitos eventos podem desenrolar-se ao mesmo tempo. Mas o discurso deve obrigatoriamente colocá-los um em seguida a outro; uma figura complexa se encontra projetada sobre uma linha reta."[9]

A história permite retrocessos e antecipações. O discurso, que não pode ordenar senão sucessivamente as representações, mesmo simultâneas, põe o tempo na dependência do ato de leitura através do qual se realiza. Mas é nesse plano, atravessado pelo leitor, e onde o tempo é unidirecional e rígido, sucessivo, que se concentram os procedimentos de técnica narrativa que possibilitam o seu ajuste com o tempo pluridimensional da história. No entanto, segundo o narrador de *A montanha mágica*, antes citado, é esse tempo do discurso que é o próprio da narrativa – "o tempo efetivo, igual ao da música, o tempo que lhe determina o curso e a existência...". Nele inscrever-se-ia, como por sobre a pauta de uma duração musical, de um *andamento*, a que é análogo, o tempo do conteúdo da narrativa, que é apresentado sob uma determinada perspectiva, e isso de forma tão variável, que o tempo imaginário da narração tanto pode coincidir inteiramente com o seu tempo musical quanto dele diferir infinitamente.

No entanto, o tempo da narrativa, como obra ficcional, varia conforme a relação entre os dois tempos – o efetivo do discurso e o imaginário da história, ou, conforme a terminologia de Günther Müller, em sua *Morfologia poética*[10], do narrar (*Erzählzeit*) e do narrado (*erzählte Zeit*), respectivamente. Exercendo função estruturante, essas variações,

---

9. Tzvetan Todorov, "Les Catégories du Récit Littéraire", in *Communications* (8). Paris: Seuil, 1966, p. 139.

10. Cf. Paul Ricoeur, *Temps et Récit*, II, cit., pp. 113 ss.

como modalidades de relacionamento e de ajuste entre os acontecimentos na escala da *ordem* e da *duração* do discurso e da história, são de dois tipos: *anacronias* e *anisocronias*. Estabelecidas por um confronto entre a ordem dos acontecimentos no discurso e a ordem dos mesmos acontecimentos na história, as primeiras, que alteram a sucessão, chamam-se assim – *anacronias* – em razão do pressuposto ideal de "um estado de perfeita coincidência temporal entre discurso e história"[11].

É uma *anacronia* o começo *in media res*, um dos frequentes recursos da epopeia clássica (começo num momento avançado da ação principal, como nos poemas homéricos), que se prolongou na técnica do romance (*O guarani*, de José de Alencar, começa narrando eventos anteriores de um ano à data da ação principal). Comumente, esta é interrompida numa exposição separada, seja que recue a momentos anteriores, seja que avance pela antecipação de posteriores: evocação ou retrospecção (*analepse*) e prospecção (*prolepse*), respectivamente, as quais podem diferir, em cada caso concreto, quanto ao *alcance* (intervalo que ocupam) e à *amplitude* (duração do evento introduzido). A narrativa moderna abandona a exposição separada: ora intercala sequências retrospectivas ou prospectivas, sem quebra de continuidade do discurso, como em *Os sinos da agonia*, de Autran Dourado, ou em *Cem anos de solidão*, de Gabriel Garcia Marquez; ora, desenvolvendo-se em ordem inversa à cronológica, completa sequências deixadas em aberto, por um movimento para trás, tal como em *Nostromo*, de Joseph Conrad. *Analepses* e *prolepses* podem chegar a uma escala microscópica, as primeiras envolvendo as segundas: é o que se dá, em correlação com o seu foco narrativo em primeira pessoa, criando a *ubiquidade temporal* dessa obra, no *Em busca do tempo perdido*, de Marcel Proust.

Na escala da duração, as variações entre o tempo dos acontecimentos e o tempo despendido para narrá-los são diferenças de velocidade – também consideradas desvios – *anisocronias* – relativamente ao parâmetro abstrato de uma narrativa em que a duração da história e o comprimento do discurso se equivalessem. É difícil, porém, imaginar um texto narrativo sem tal sorte de variações: um tempo imaginário breve

---

11. Gérard Genette, *Discours du Récit*, cit., p. 78.

pode combinar-se com um discurso longo, graças à rapidez deste, e um tempo imaginário longo com um discurso breve, desde que lento na seleção dos acontecimentos narrados. A celeridade ou a lentidão, imprimindo distintos *andamentos* ao discurso, levam-nos de volta ao paralelo com a Música. Assim, as duas primeiras figuras da duração, o *sumário* e o *alongamento*, seriam como o *allegro* e o *andante* da forma sonata: pelo primeiro, recurso comum do romance tradicional, romântico ou realista, que abrevia os acontecimentos num tempo menor do que o de sua suposta duração na história, a narrativa ganha em rapidez[12]; pelo segundo, em geral à custa de digressões, os acontecimentos se desenrolam em câmera lenta[13]. A *cena*, terceira figura, coloca-se entre as duas: o discurso segue o ritmo dos acontecimentos[14]. Porém as duas últimas variações, que escapam à analogia musical, consistem ou no bloqueio do tempo da história – enquanto o do discurso prossegue (*pausa*) – ou no bloqueio do discurso – enquanto o da história prossegue (*elipse*)[15].

Registre-se, ainda, num plano distinto da ordem e da duração, mas aspecto essencial da temporalidade da narrativa, a *frequência*, correspondente à repetição, enquanto dado da experiência comum do tempo, e que relacionada está com o emprego das formas verbais durativas, aptas a traduzir o iterativo da ação humana, como o imperfeito do indicativo na cena de abertura de *Em busca do tempo perdido*[16] marcando o prolongamento de um estado. Também divisamos aí, por intermédio do pretérito, utilizado quando narramos, uma ação transcorrida, e portanto, passada. De acordo com o nexo gramatical estabelecido entre os tempos verbais e as fases do próprio tempo, o pretérito seria a marca do

---

12. Como na parte final de *Eugênia Grandet*, de Balzac: "Como anos se passaram sem que surgisse uma novidade na existência monótona de Eugênia e seu pai. Sempre os mesmos atos conscientemente realizados com a singularidade cronométrica dos movimentos da velha pêndula."
13. As passagens em câmera lenta contrastam com as aceleradas em *Grande sertão: veredas*.
14. Leia-se o início do conto de Machado de Assis, "A causa secreta".
15. A pausa corresponde à descrição. Em *A marquesa d'O*, de Kleist, a elisão de parte de um episódio é a chave do enredo.
16. "Durante muito tempo costumava deitar-me cedo. Às vezes mal apagava a vela, meus olhos se fechavam tão depressa que eu nem tinha tempo de pensar: adormeço" ("No caminho de Swann", in *Em busca do tempo perdido*, p. 2).

recuo ao passado de toda narrativa. Essa tese tornou-se problemática. Contra a interpretação gramatical arguem Kate Hamburguer[17] – o pretérito indica não o passado e sim o desligamento da ficção com o real – e Harald Weinrich[18] – o pretérito, com o qual podem escrever-se ficções sobre o futuro, indica uma situação de locução narrativa. Se, no entanto, como assinala Ricoeur[19], a forma gramatical se mantém, mantendo o privilégio do passado, isso se deve à voz *narrativa*, que situa os acontecimentos, para o leitor a quem se dirige, num momento anterior a ela. É o leitor que atualiza essa voz como um quase-passado. Tal crença entra no pacto da ficção estabelecido entre o autor e o leitor.

Entretanto, pode ocorrer que o pacto, neutralizando semelhante crença, silenciada a voz ou abstraída pelo narrador a diferença entre presente e passado, dê-nos a narrativa ficcional *acrônica*, a qual abole a mobilidade do tempo imaginário. Acrônica é a narrativa de Kafka, de andamento vagaroso, com raras sequências retrospectivas e carecendo de especificações cronológicas. Os romances de Alain Robbe-Grillet, a exemplo de *A espreita* e *No labirinto*, distinguem-se pelas *anacronias fortes*: apresentam sequências sem índices retrospectivos, embaralhando a distinção entre presente e passado no tempo da história.

Do tempo no romance

A questão do tempo é sempre colossal e está sempre presente para o romancista, como escreveu Henry James (*Roderick Hudson*), não só por causa dos problemas de *andamento* e de *ordem*, bem mais amplos do que no conto ou na novela, mas antes de tudo porque o romance é uma forma originariamente comprometida com o tempo. Independentemente das variações dos dois tempos, que lhe proporcionam, como a toda narrativa, o lastro formal de recursos poéticos e retóricos avalizadores da ficção e de seus efeitos estéticos, no romance – conclui

---

17. *A lógica da criação literária*. São Paulo: Perspectiva, 1975, p. 59.
18. *Tempus, Estructura y Función de los Tiempos en el Lenguaje*. Madri: Gredos, 1974.
19. *Temps et Récit*, II, cit., p. 147; III, p. 276.

Lukács – "o tempo se encontra ligado à forma"[20]. Antes mesmo que fosse a "épica moderna da burguesia"[21], ou seja, a epopeia tornada prosaica, e como tal a trajetória de um herói problemático em conflito com o mundo e sob a compressão do tempo desconhecida dos heróis trágico e épico (Nestor é sempre velho, Helena é sempre bela, Ulisses é sempre astucioso, observa o mesmo Lukács), a forma do romance, desde a sua pré-história na Antiguidade grega e latina, acha-se, conforme nos mostra Bakhtin, em estreita conexão com o tempo, através de, pelo menos, três *cronotopos*: 1 – o tempo da aventura do romance de provação (II a VI século d.C.), a exemplo do *Daphne e Cloé*, de Longus; 2 – o tempo misto do romance de aventura da vida diária, antecedente do romance picaresco, como *O asno de ouro*, de Apuleio, e o *Satiricon*, de Petrônio; 3 – o tempo exterior, público, no diálogo platônico e no *encomium* (discurso cívico fúnebre), enquanto formas germinais da narrativa biográfica ou autobiográfica.

Nos três casos, o *cronotopo*, configuração do tempo em correlação com o espaço, responde pela forma da narrativa e pela visão do mundo e do homem inerente à obra. Para o tipo de história correspondente a 1 – a separação por obstáculos de toda sorte, entre raptos, fugas, proibições, viagens em terras diferentes, de dois jovens amantes apaixonados, até final união – o tempo, sem maturação, que não afeta a idade dos heróis nem lhes dá identidade histórica, é segmentado por várias sequências e diversos percursos, os acontecimentos sujeitos a uma lógica da contingência (acaso) de acordo com os reiterados motivos do encontro/desencontro, busca/descoberta, perda/aquisição. Nesse tempo, que se liga mecanicamente ao espaço, dividido em porções equivalentes, segundo se alternam distância e proximidade, liberdade e cativeiro, apoiar-se-á o esquema do romance de aventura e de viagens. O *cronotopo* 2, que aparece numa história de conversão espiritual, como *O asno de ouro*, cujo enredo, comportando um processo de metamorfose (passagem a uma condição extra-humana por culpa do herói) e o desenrolar de uma viagem, toma corpo através de momentos extraordinários da

---

20. Georg Lukács, *Théorie du Roman*. Paris: Gonthier, 1963, p. 121.
21. Hegel, *Estética*. Lisboa: Guimarães, s. d., vol. 7, p. 254.

vida humana. Mesmo assim, ao contrário do anterior, o tempo deixa a sua marca no herói culposo, redimido afinal depois da punição. Esse tempo, circuito isolado da temporalidade histórica, articula-se espacialmente pela *estrada*, que antecedeu o caminho da vida no Romance de Cavalaria. Muito diferente é o tempo de 3: o *cronotopo* da vida exterior, pública, em face da qual, tanto no diálogo platônico quanto no *encomium*, toma forma, na superfície do discurso, quando homem interior ainda não havia, a narrativa biográfica ou autobiográfica, impregnada de eventos históricos.

Uma forma específica de experiência do tempo, polarizada por eventos da vida coletiva, tenso em relação ao futuro, e que preenche, por oposição ao tempo estático do conceito medieval de História, o *cronotopo* do *Gargântua e Pantagruel*, de Rabelais (tempo folclórico), precede e prepara, sem que se possam estabelecer elos de transição, a absorção, no romance propriamente dito, impensável fora do primado do homem interior e da vida individual, do contorno temporal e histórico da ação humana. No romance do século XIX predominaria, em consonância com o surgimento da História moderna, e com o início da "relogificação" da vida social, a temporalidade cronológica que os textos de Balzac ilustram. Mas, em virtude de sua *cronomorfia*, de sua vocação temporal, o romance, que se entroncou à narrativa histórica, e cuja ascensão coincidirá com a relevância tomada pelo *tempo humano* na Filosofia, abrangerá, no século XX, a simultaneidade além da sucessão. Campo de confronto das diversas espécies de tempo, sua desenvoltura, como forma híbrida e "onicompreensiva", corre a par de sua versatilidade temporal, atestada, a partir do final do século XVIII, pela linha mais fecunda da produção romanesca, mediante os aspectos realçados a seguir:

A mistura lúdica – Encontraremo-la no autobiográfico *Vida e opiniões de Tristam Shandy*, de Laurence Sterne. Zombando "das convenções de enredo, com as suas exigências especiais e arbitrárias do começo, meio, fim; da sequência cronológica da ação que coibia a fórmula artística em conjunto..."[22], esse romance, que integrou à criação fic-

---

22. A. A. Mendilow, *O tempo e o romance*. Porto Alegre: Globo, 1972, p. 189.

cional os atos de sua escrita e leitura, responde com humor ao próprio desafio do tempo, que atinge a história narrada, o narrador que a escreve e o leitor. Escrevendo-a, o narrador, que retarda o episódio de seu nascimento, ainda não completado no volume IV da obra, já está mais velho desde que começou a escrevê-lo; e assim, "como neste passo, viverei mais depressa do que escrevo... quanto mais vossas senhorias lerem, mais vossas senhorias terão de ler". Fugidio como o tempo cronológico da história, que dá saltos, sem preenchimentos dos períodos vazios, é o tempo vivido, que contrasta com o tempo do ato de escrita, este contrastando com o presente da narração, o qual vai de encontro à temporalidade do leitor. De tudo resulta o efeito humorístico da trama temporal de uma narrativa "digressiva e progressiva", que, sem ter propriamente um enredo, enreda, conjuntamente, narrador e leitor com as fintas de seu discurso divagatório. Como Sterne, Machado de Assis não só ousou fintar a fugacidade do tempo, driblando-o em mais extensivos lances, a exemplo daquele de *Memórias póstumas de Brás Cubas* – onde se conta uma história a partir do fim, isto é, da morte do narrador para trás – e do movimento de vaivém que leva a sobressaltada memória do narrador em *Dom Casmurro* a recompor o passado; transformou-o, também, nessas e em outras passagens de sua obra, num tema de reflexão.

Cronotopo do fluxo – A centralização da *mímesis* na consciência individual, no ciclo das mudanças que o romance experimentou nas duas primeiras décadas do século XX, aliviando o enredo da sujeição ao princípio da causalidade, vigente na tradição do realismo naturalista, levou a um novo *cronotopo*, articulador da experiência interna. Encadeada esta no curso de uma introspecção, através da qual as situações externas e objetivas se ordenam, o enredo subsiste na trama de sensações e emoções e, portanto, na trama de momentos imprecisos do *fluxo da consciência – the stream of consciousness*, na expressão de William James – que, expandidos na direção do passado ou projetados na direção do futuro, à custa de sinuoso discurso, constituem o curso temporal da duração interior (*la durée*), tal como Henri Bergson o descreveu em *Os dados imediatos da consciência* (*Les Données Immédiates de la Cons-*

cience)²³. Sucessão, pura, interior, comparável à unidade multíplice de uma melodia, o *cronotopo* do fluxo diversifica-se nas obras romancescas de Marcel Proust e Virginia Woolf.

Cronotopo da simultaneidade – De alcance extraliterário porque extensivo ao dinamismo temporoespacial do cubismo e ao movimento da imagem cinematográfica, esse *cronotopo* desponta nas técnicas de *suspense* da narrativa, com a passagem de um a outro episódio entrelaçando diversas linhas de ação. Uma das conexões do romance com a pintura cubista e com o cinema, seja através da narração do tipo *estereoscópico*, harmonizando diferentes versões de um mesmo evento, segundo a visão de cada personagem, como em *Contraponto*, de Aldous Huxley, ou, ainda, de acordo com as variações de foco e modos de apresentação, como em *Os moedeiros falsos* de André Gide, seja pelo "camera eye", de John dos Passos em *Paralelo 42*, utilizando processo análogo ao da montagem cinematográfica para construir um painel social, ou, ainda, pela *sincronização* que daí derivou, no *A morte na alma*, de Jean-Paul Sartre, a ilusão da simultaneidade, com as técnicas que possibilitam, pressupõe a maleabilidade da estrutura romancesca, aberta pelo tempo vivido ao qual o anterior *cronotopo* se vincula.

Tematização do tempo – Culminância da versatilidade temporal, a integração reflexiva do tempo à matéria do romance, principalmente através do *cronotopo* do fluxo, mas numa linha temática, vai ao encontro do tratamento privilegiado que essa categoria recebe das filosofias mais próximas da Literatura, como as de Bergson e Heidegger. Ao contrário do tempo bergsoniano, que é psíquico, e do tempo newtoniano, físico, de Kant, o de Heidegger, expressamente formulado como *temporalidade*, limite conceptual da compreensão do homem enquanto ser-no-mundo e fundamento ontológico das estruturas que o constituem em sua existência, não é nem subjetivo nem objetivo. Nesse sentido, o ser humano não está *no tempo*. Ele é temporal e sua existência um movimento de *temporalização*, comportando, por isso, uma perpétua con-

---

23. "A duração completamente pura é a forma que a sucessão dos nossos estados de consciência toma quando o nosso Eu se deixa viver, quando ele se abstém de estabelecer uma separação entre o estado presente e os estados anteriores" (*Les Données Immédiates de la Conscience*. Paris: PUF, 1958, pp. 74-5).

cordância discordante entre presente, passado e futuro, nos planos individual e histórico da vida humana. Nessa dialética da *temporalização* incide, mediante diversos recursos, a tematização do tempo, principalmente nas obras romancescas de Marcel Proust, Virginia Woolf e James Joyce.

Assumindo a posição do Eu que se deixa viver, o narrador de *Em busca do tempo perdido*, levado de recordação a recordação, da cena de seu despertar ao "paraíso perdido" de sua infância, reencontrará o tempo quando descobre a lembrança espontânea, desencadeada por uma sensação viva, trazendo-lhe de volta, como se o presentificasse, com o espaço que o contornava, um trecho de seu passado. Essa revivescência interrompe o fluxo da *durée*, detendo-se no presente, momento de êxtase, sem passado e sem futuro. "Nada mais do que um momento do passado? Muito mais do que isso, talvez; alguma coisa que, comum ao passado e ao presente, é mais essencial que eles."[24] Tem-se razão em dizer que a partir daí "o *momento* toma no romanesco uma importância psicológica, filosófica e estética fundamental"[25]. Através de um foco narrativo diferente do de Proust, nas novelas de Virginia Woolf, principalmente *Mrs. Dalloway* e *Viagem ao farol*, alternam-se, numa forma de "representação pluripessoal da consciência"[26], as vivências recônditas de vários personagens, que escapam do conflito entre o tempo cronológico e o tempo vivido pela fresta do presente imóvel, intemporal.

O *monólogo interior*, que sintoniza a palavra com o pensamento fluente, espontâneo, reflexivamente encadeado, do personagem, ou de maneira intelectual e lógica, ou de maneira afetiva e ilógica, também serviu de conduto à tematização do tempo desde o pioneiro *Os loureiros estão cortados*, de Edouard Dujardin. Nesse texto, que apontou o caminho a Joyce, o *monólogo interior* une a história e o discurso numa só pauta textual, de *andamento* invariável em relação ao conteúdo, a consciência do personagem-narrador ajustada à consciência do leitor. Depois que James Joyce empregou, variando a forma do *monólogo interior*, o encadeamento afetivo lógico, por associação de ideias em ritmo con-

---

24. Proust, "Le Temps Retrouvé", in *A la Recherche du Temps Perdu*, p. 14 (trad. do autor).
25. Michel Zeraffa, *La Révolution du Romanesque*. Paris: UGE, 10/18, 1972, p. 239.
26. Erich Auerbach, *Mimesis*. México: Fondo de Cultura Económica, 1956, p. 514.

tínuo, na última parte do *Ulisses* (a fala de Molly), Willian Faulkner utilizou-o em *Som e fúria* para aguçar a absorção do presente pelo passado em Jason e Quentin. Mas é por meio do monólogo, tal como se pode constatar na novelística de Clarice Lispector, que a narrativa pode chegar a um de seus extremos limites, quando trata com o tempo.

Em *Perto da coração selvagem*, Clarice Lispector utilizaria, parcimoniosamente, o monólogo interior, combinado com o estilo direto livre. Porém em *A paixão segundo G. H.*, essa escritora levou ao extremo a polarização subjetiva do romance: aí a narrativa, toda monologal, tende a "fundir o tempo da história ou da ficção com o tempo da escrita ou da narração, e se não fosse impossível, com o tempo da leitura"[27]. Concentrado na súbita iluminação de uma epifania, o tempo se contrai na instantaneidade de uma experiência que invalida o ato de narrar, problematizando a escrita narrativa.

Outro limite temporal da arte de narrar no romance é alcançado, quando, como sucede em *José e seus irmãos*, de Thomas Mann, e no *Ulisses*, de Joyce, o enredo alcança o plano do mito, ou quando, como em *A morte de Virgílio*, de Hermann Broch, entretém intencional vinculação com a Música. O mito, história sagrada do cosmo e do homem, abole a sucessão temporal. Assim, aprofundando as nascentes bíblicas do povo hebreu, a tetralogia do romancista alemão sai da órbita da História para a do mito, encontrando as ideias arquetípicas, ancestrais, que estendem o passado individual de José ao insondável, "poço dos tempos", à memória da alma coletiva. Assim, também o *Ulisses*, de Joyce, romance exemplar de uma época, narrando a aventura do cotidiano, enquadra os feitos de Stephan Dedalus, Leopold Bloom e Molly, enxertados no tempo vivido, numa moldura mítica: os dezoito episódios que compõem o itinerário desses heróis urbanos, historicamente situados em Dublin, repetem as etapas da viagem do Ulisses homérico.

O emprego, como *leitmotive*, de temas homéricos ao longo do itinerário dublinense dos personagens, confere uma linha musical, sinfônica, de articulação, ao enredo de *Ulisses*. Musical também é, pela estrutura ritmada, poética, de seu discurso, o romance de Hermann

---

27. Olga de Sá, *A escritura de Clarice Lispector*. Petrópolis: Vozes, 1979, p. 96.

Broch. *A morte de Virgílio*, que narra as dezoito últimas horas da vida do poeta mantuano na forma de um monólogo lírico.

Por fim, a tematização do tempo adquire na ficção contemporânea uma propensão nitidamente lúdica.

A propensão lúdica – Como que retomando o lúdico empenho de Sterne, a ficção contemporânea não só reúne as várias espécies de tempo num jogo de oposições e contrastes, como também altera a ordem temporal ou converte-a na oposta figuração da eternidade. Jorge Luis Borges refuta o tempo em sua *Historia de la Eternidad*. Em *Tadeo Isidoro da Cruz*, resume o sentido de uma vida num momento instantâneo. Em *El Aleph* converte a sucessão em simultaneidade[28]. Alejo Carpentier recorta temporalidades cíclicas dentro do tempo histórico retilíneo em *Semelhante à noite* e *Concerto barroco* ou contraria a irreversibilidade do tempo natural, acompanhando o seu herói, já velho, do leito de morte ao ventre materno, em *Volta à semente*. Nos dois casos, a lúdica manipulação alcança o tempo fictício da obra, com alterações de *duração* em Borges e de *ordem* em Alejo Carpentier (anacronias). Mas o jogo visará igualmente à relação dos dois tempos – o da história e do discurso como tema principal da narrativa: veja-se *O emprego do tempo*, de Michel Butor, com caráter de *diário íntimo*.

Duas obras igualmente complexas, *O doutor Fausto*, de Thomas Mann, e *Grande sertão: veredas*, de Guimarães Rosa, entrosam tempos diferentes: a primeira, que narra, na época da Segunda Guerra Mundial, a vida do compositor Adrian Leverkuhn, morto em 1941, efetua "um cruzamento de épocas muito singular, destinado [...] a recortar-se com um terceiro período, quando o leitor quiser colher o meu relato, que se liga, por isso, a um registro em três tempos: o seu próprio, o do cronista e o tempo histórico"; a segunda, que tem permanentemente em vista o seu leitor futuro – o *senhor*, a quem se dirige a narrativa do jagunço Riobaldo – liga o tempo vivido, numa espécie de busca proustiana, ao tempo do mito – o Diabo – com quem o protagonista teria feito um pacto, tal como o de Fausto, retomado no romance de Thomas

---

28. "O que meus olhos viram foi simultâneo; o que transcrevo, sucessivo, porque a linguagem o é" (*Obras completas*. Buenos Aires: Emecé, 1971, p. 625).

Mann – e que encontra na perigosa travessia do Sertão o seu correspondente espacial. Ambas apontam-nos para a dimensão complementar do nosso assunto: a temporalidade do leitor, que é extratextual, já dependente de circunstâncias contextuais, e, portanto, conectadas ao tempo histórico real que condiciona a transmissão e a recepção da obra literária. É, porém, através do ato de leitura, que a narrativa se atualiza, e é também por seu intermédio que o tempo do texto – o tempo ficcional – como um todo, incorpora-se à temporalidade própria do leitor.

Leitor e espectador

Assim, portanto, o tempo da narrativa entrama-se, mediante o ato de leitura – que é uma travessia espaçotemporal do texto – ao tempo, próprio, subjetivo, do leitor. Este não é simples receptor passivo, mas um atualizador do mundo imaginário que a ficção lhe proporciona. É de uma outra posição que o espectador atualiza o drama cenarizado que presencia. Aristóteles terá percebido, na passagem de seu Poética citada no início, que o tempo do drama propriamente dito – o resultado, como texto, da *mímesis praxeos* – situa-se em distinto nível daquele do espetáculo. Diz Mukarovsky que a "ação da obra dramática tem lugar no tempo presente do espectador, mesmo quando o tempo da obra se localiza no passado (caso do drama histórico)"[29]. Realizada cenicamente, a ação dramática tem duração equivalente à do espetáculo. A duração deste fica no mesmo nível do tempo despendido pelo espectador para acompanhá-lo. Mas, apesar de condicionado à percepção física, o espetáculo abre "um espaço imaginário, fictício"[30]. Pois também fictício é o tempo da encenação, que corre paralelamente ao tempo do espectador.

Esse paralelismo não se aplica ao texto lido, seja dramático ou narrativo, cujos tempos são isolados do tempo real de quem lê. É, no en-

---

29. Jan Mukarovsky, "O tempo no cinema", in *Escritos sobre estética e semiótica da arte*. Lisboa: Nova, 1984, p. 211.
30. Hamburger, *A lógica da criação literária*, cit., p. 141.

tanto, esse isolamento que possibilita a interferência do leitor, a quem cabe suprir as lacunas temporais da ação e preencher as variações retrospectivas e prospectivas das *anacronias*. Acrescente-se que é por meio desse dinamismo, graças ao qual, também, preenchidos os dêiticos e locuções do tempo verbal propriamente linguístico, a leitura se concretiza, que o tempo vivido, extratextual do leitor, com a suma de sua experiência cultural e social, se entrosa ao mundo da obra que reconfigura o real, ajustando num só tempo fictício o texto, os tempos do discurso e da história.

A mesma dinâmica vige, em princípio, para a recepção do poema lírico, que não é temporalmente neutro. Inseparavelmente ligado à narrativa pela "fluidez da corrente de ação", tanto no dramático quanto no épico, o tempo se entranha à lírica através do discurso, mesmo quando a lírica, eventualmente, alie o raconto de uma história à sua dominante tônica expressiva. No discurso, o ritmo e o timbre das palavras, junto com a inovação semântica (imagem), integram a enunciação, que confere sentido à tônica expressiva. Posto isso, distinguiríamos um primeiro tempo, o da *totalidade afetiva ou disposição de ânimo* (*Stimmung*), com o qual se entrosam as imagens; e um segundo, o da *cadência rítmica e do melos* que naquele se funda. Enquanto este dá a base cantante do poema – condição original da lírica do Ocidente –, o primeiro introduz o nexo entre o poeta e o mundo (temporalidade), que tanto pode deter-se no presente quanto retroceder ao passado e projetar-se no futuro.

É através de sua temporalidade própria, extratextual, que o leitor vai ao encontro do poema, por ela ajustando, no curso da leitura solitária a que se entrega, os dois referidos tempos, mantido porém, sem que se unifiquem num tempo fictício, o movimento de um no outro. Ao tematizar o tempo – invocando-o ou evocando-o – o poeta torna explícito esse movimento que sustenta o discurso poético.

Referências bibliográficas

Aristóteles. *Poética*. Trad., pref., intr., com. e apêndices Eudoro de Sousa. Porto Alegre: Globo, 1966.

——. *La Poétique*. Trad. fr. e notas R. D. Roc & J. Lallot. Paris: Seuil, 1980.

Auerbach, Erich. *Mimesis*: la Realidad en la Cultura Ocidental. México: Fondo de Cultura Económica, 1956.

Bakhtin, M. "Forms of Time and Chronotope in the Novel, 1937-1938". In: *The Dialogic Imagination*: Four Essays. Austin: University of Texas Press, 1981.

Bal, Mieke. *Narratologie*: les Instances du Récit. Paris: Klincksieck, 1977.

Balzac, H. de. *Eugênia Grandet*. Trad. Gomes da Silveira. Ed. Paulo Rónai. Rio de Janeiro: Nova Fronteira, 1989.

Barquero Coyanes, Mariano. *Estructuras de la Novela Actual*. Barcelona: Planeta, 1970.

Barthes, Roland. "Introduction à l'Analyse Structurale des Récits". In: *Communications* (8). Paris: Seuil, 1966.

Benveniste, E. "Le Langage et l'Expérience Humaine". In: *Problèmes de Linguistique Générale*. Paris: Gallimard, 1974, vol. 2.

Bergson, Henri. *Les Données Immédiates de la Conscience*. Paris: PUF, 1958.

Borges, Jorge Luis. "El Alep". In: *Obras completas*. Buenos Aires: Emecé, 1974.

Broch, Hermann. "Joyce et le Temps Present". In: *Création Littéraire et Connaissance*. Paris: Gallimard, 1965.

Déssoir, Max. *Aesthetics and Theorie of Art*. Trad. ing. Stephen Emery. Ohio: Wayne State University Press, 1970.

Dubois. J. et alii. *Rhétorique Générale*. Paris: Larousse, 1970.

Ducrot, O. & Todorov, T. *Dictionnaire Encyclopédique des Sciences du Langage*. Paris: Seuil, 1972.

Fonseca, Pedro José da. *Elementoš da poética, tirados de Aristóteles, de Horácio e dos mais célebres modernos*. Lisboa: Tipografia Rollandiana, 1791.

Forster, E. M. *Aspectos do romance*. Porto Alegre: Globo, 1969.

Génette, G. "Discours du Récit; Essais de Méthode." In: *Figures III*. Paris: Seuil, 1972.

Goethe, J. W. *Ecrits sur l'Art*. Apres. T. Todorov. Paris: Klincksieck, 1983.

Goodman, Theodore. *The Writing of Fiction*: an Analysis of Creative Writing. Nova York: Collier Book, 1961.

Hamburger, Kate. *A lógica da criação literária*. São Paulo: Perspectiva, 1975.

Hegel, F. *Estética*. Lisboa: Guimarães, s. d., vol. 7 (Poesia).

Heidegger, M. *Ser e tempo*. Trad. Márcia de Sá Cavalcante. Petrópolis: Vozes, 1988--89. 2 vols.

Ingarden, Roman. *A obra de arte literária*. Lisboa: Fundação Calouste Gulbenkian, 1973.

James, Henry. *Roderick Hudson*. Pref. do autor. Nova York: The Chiltern Library, 1947.

Kant, I. *Crítica da razão pura*. Trad. Valério Rohden & Ugo Baldur Moosburger. São Paulo: Nova Cultural, 1987.

Lessing, G. E. *Laocoonte ou Sobre os limites da pintura e da poesia*. Buenos Aires: Argos, 1916.

Lima, Luís Costa (sel., introd. e rev. técnica). *Teoria da literatura em suas fontes*. Rio de Janeiro: Francisco Alves, 1983. 2 vols.
Lukács, Georg. *Théorie du Roman*. Paris: Gonthier, 1963.
Magny, Claude-Edmonde. *L'Age du Roman Americain*. Paris: Seuil, 1918.
Mann, Thomas. *Le Docteur Faustus*: la Vie du Compositeur Allemand Adrian Leverkhun, raconté par un ami. Paris: Albin Michel, 1950.
——. *A montanha mágica*. Trad. Herbert Caro. Rio de Janeiro: Nova Fronteira, 1980.
Mendilow, A. A. *O tempo e o romance*. Porto Alegre: Globo, 1972.
Metz, C. "Remarques pour une Phénoménologie du Narrratif". *Révue d'Ésthétique*, 3-4, 1966.
Mukarovsky, Jan. "O tempo no cinema". In: *Escritos sobre estética e semiótica da arte*. Lisboa: Nova, 1981.
Pomian, K. *L'Ordre du Temps*. Paris: Gallimard, 1981.
Pouillon, Jean. *O tempo no romance*. São Paulo: Cultrix, 1974.
Poulet, Georges. *Etudes sur le Temps Humain*. Paris: Rocher, 1952-58. 4 vols.
Propp, Vladimir. *Morphologie du Conte*. Paris: Seuil, 1970.
Proust, Marcel. "No caminho de Swann". In: *Em busca do tempo perdido*. Porto Alegre: Globo, 1918.
——. *A la Recherche du Temps Perdu*: Le Temps Retrouvé. Paris: Gallimard, 1945.
Ricardou, Jean. "Divers Aspects du Temps dans le Roman Contemporain". In: Poirier, René et Jeanne. *Entretiens sur le Temps*. Paris: Mouton, 1967.
Ricoeur, Paul. *Temps et Récit*. Paris: Seuil, 1983-85. 3 vols.
Riedel, Dirce Cortes. *O tempo no romance machadiano*. Rio de Janeiro: São José, 1959.
Robbe-Grillet, Alain. "Temps et Description dans le Récit d'Aujourd'hui". In: *Pour un Nouveau Roman*. Paris: Gallimard, 1963.
Rosenfeld, Anatol. *O teatro épico*. São Paulo: Desa, 1965.
——. "Reflexões sobre o romance moderno". In: *Texto/Contexto*. São Paulo: Perspectiva, 1969.
Sá, Olga de. *A escritura de Clarice Lispector*. Petrópolis: Vozes, 1979.
Santo Agostinho. *Confissões*. Porto: Porto Ed., 1948.
Sartre, Jean-Paul. "A Propos de John dos Passos". In: *Situations I*. Paris: Gallimard, 1917.
——. "La Temporalité chez Faulkner". In: *Situations I*. Paris: Gallimard, 1947.
Segre, Cesare. *As estruturas e o tempo*. São Paulo: Perspectiva, 1986.
Shatman, Seymour. *Story and Discourse*: Narrative Structure in Fiction and Film. Ithaca: Cornell University Press, 1978.
Staiger, Emil. *Conceitos fundamentais da poética*. Rio de Janeiro: Tempo Brasileiro, 1969.
Sterne, L. *A vida e opiniões de Tristam Shandy*. Rio de Janeiro: Nova Fronteira, 1984.
Todorov, T. "Les Catégories du Récit Littéraire". In: *Communiccations* (8). Paris: Seuil, 1966.

Toro, Afonso del. "Estructura Narrativa e Temporal en *Cien Años de Soledad*". *Revista Ibero-Americana*, vol. 1, pp. 128-9.

Weinrich, Harald. *Tempus, Estructura y Función de los Tiempos en el Lenguaje*. Madri: Gredos, 1974.

Zeraffa, Michel. *La Révolution Romanesque*. Paris: Ed. 10/18, 1972.

APÊNDICE
A voz inaudível de Deus*

Viajante incansável, que visitou a Rússia ainda quando Lênin vivia e que praticou a meditação espiritual nos mosteiros do monte Athos, em sua própria terra, o escritor grego Nikos Kazantzákis (1883-1957), colaborador do governo liberal de Venizelos, estudante de filosofia em Paris no começo do século e a quem se deve a continuação da *Odisseia*, de Homero, em mais de 33 mil versos, além dos conhecidos romances *Alexis Zorba*, *O pobre de Assis*, *O Cristo recrucificado* e *A última tentação*, foi bem um "místico sem Igreja", segundo o definiu José Paulo Paes no esclarecedor prefácio para a sua tradução do poético texto desse cretense, *Ascese – os salvadores de Deus*. Na tradição monoteísta do cristianismo e do Islã, os místicos, reconhecidamente aqueles que buscam, pela mortificação (ascese), a união com Deus, sempre estiveram ligados a uma igreja, ao sistema de doutrina e culto respeitado por uma comunidade histórica de fiéis, sob a vigilância sancionadora da autoridade religiosa.

São João da Cruz e Santa Teresa d'Ávila viveram essa experiência contemplativa e extática, preparatória da união com a divindade – concebida em sua transcendência ao mundo como um ser pessoal, máxima realidade em toda parte presente – dentro da Igreja Católica, da mesma forma que os místicos sufis, se ainda hoje existem, vivem-na dentro da pura fé maometana. Também há místicos especulativos; sem se entregarem exclusivamente à experiência contemplativa e extática, identificam-se como pensadores em alerta para o divino, por eles considerado

---

* Sobre o livro *Ascese*, de Nikos Kazantzákis. Introd. e trad. José Paulo Paes. São Paulo: Ática, 1997. *Folha de S.Paulo*, 30 mar.1997.

essência e sentido da realidade natural e do mundo, na direção da qual os homens já caminham em vida. No Ocidente moderno, a expressão "místico sem Igreja" significaria aquele místico dissidente não só de uma fé religiosa, mas de qualquer espécie de religião organizada, mesmo daquelas não cristãs, como o bramanismo, o budismo e o taoísmo, insitamente místicas, pródigas nas técnicas de ascese. Mais do que num ato de conhecimento à distância (contemplação), o encontro dos místicos católicos e maometanos com Deus se daria num ato de participação, saindo de si mesmos (êxtase) para anularem-se pessoalmente no ser divino a que aderem. O "místico sem Igreja" poderia alcançar esse estado sem aprovação da comunidade religiosa à qual se ligasse ou de que ficasse à margem.

Sempre houve, na cultura ocidental, com o predomínio das autoritárias religiões de salvação, um vínculo muito estreito, senão entre misticismo e dissidência aberta ou camuflada, entre misticismo e heterodoxia, que o Extremo Oriente desconheceu. A ortodoxia de São João da Cruz e de Santa Tereza d'Ávila, seguidores, pelo seu particular relacionamento com Deus, de uma excepcional via de salvação, sempre esteve sob a suspeita das autoridades eclesiásticas.

Mestre Eckardt, da vertente especulativa do misticismo, foi condenado *post-mortem* à vista de quarenta e tantas proposições heréticas extraídas, pelos censores inquisitoriais, de seus esplêndidos sermões. Mais livres, mesmo quando, a exemplo de um Radhakrishna, prestam observância a deuses locais, os místicos orientais compartilham de uma concepção imanente da divindade, que lhes permite praticar a ascese como libertação do homem; o êxtase, em seu auge, indicaria que se libertam os indivíduos, libertada a divindade a eles inerente. Em qualquer caso, porém, tanto na tradição monoteísta quanto na imanentista, a divindade é algo real, atual e presente, de que o ser humano participaria.

Nascido membro da Igreja Ortodoxa do Oriente – da qual cedo se desligou, e que lhe recusaria enterro cristão –, Kazantzákis não foi nem dissidente nem heterodoxo. "Místico sem Igreja", no caso particular desse escritor, significa um místico sem religião: o Deus que ele encontrou, fora de qualquer crença religiosa, e de que terá tido o vislumbre contemplativo descrito em *Ascese – os salvadores de Deus*, não é nem atual nem presente. Potencial e futuro, não salva, não redime nem possui a plena e imóvel identidade, que uma só experiência extática pudesse abranger. É uma voz inaudível, como um secreto apelo que nos movesse.

Nisso semelhante à mística oriental, a ascese, que essa voz mobiliza, proporciona o meio de libertação de Deus por intermédio dos indivíduos. São os homens que salvam Deus antes que Deus os salve, numa permanente luta contra si mesmos e contra suas próprias ilusões, prolongando a originária pugna do espírito contra a matéria. "Não é Deus que nos irá salvar; nós é que o salvaremos, lutando, criando, transfigurando a matéria em espírito" (p. 119). A mística, que pode se dissociar das igrejas, também pode, como aqui, associar-se à filosofia.

O pressuposto filosófico desse novo salvacionismo é, por certo, a hegeliana reconciliação da natureza divina e da natureza humana: a humanização de Deus e a deificação do homem, cujas sementes, no idealismo germânico, os ousados místicos especulativos plantaram. Os homens precisam de Deus, mas Deus também precisa dos homens, dissera Mestre Eckardt numa de suas proposições censuradas. "Nada me parece elevado; eu sou o alto cimo. Pois até Deus, sem mim, por si mesmo, não representa grande coisa", proclamou Ângelus Silesius no aforismo 240 de seu "Peregrino Querubínico".

Para Kazantzákis, a voz de Deus, que surde em mim, tal como admitiriam esses dois místicos heterodoxos, transmite, em vez de apelo ou ordem, um grito de socorro, ressoando como impulso libertário. Atendê-lo é atender ao clamor da liberdade e lutar por ela. Lutando pela liberdade, liberamos Deus; libertá-lo é fazer com que ascenda numa grande marcha do espírito humano.

Quando o fazemos ascender, nós também subimos e nos libertamos; homem e Deus tornam-se companheiros de batalha; ninguém pode se salvar, se antes não o salva, lutando por ele e ao lado dele. "A vida é o serviço militar de Deus. Querendo ou não, partimos em cruzada para libertar não o Santo Sepulcro, mas o Deus sepultado na matéria e em nossa alma" (p. 119). Não há cruzada sem adversário; um exército luminoso combate outro, obscuro. São recorrentes, no vocabulário de Kazantzákis, os termos opositivos; os exércitos inimigos, o da sombra e o da luz, são também forças antagônicas – corpo e alma, matéria e espírito, cujo embate favorece a libertação do divino, tanto no homem como no cosmo todo, da gota d'água às galáxias. Não seria despropositado aventarmos, depois das ligações indiretas do pensamento de Kazantzákis com Eckardt, Ângelus Silesius e Hegel, a subsistência nele de um profundo veio gnóstico, abastecido pelo maniqueísmo.

Gnóstico pela visão de uma recíproca gênese do humano e do divino, Kazantzákis retoma a pugna, que os maniqueus admiram, entre um princípio material obscuro e um princípio espiritual luminoso, como um conflito cósmico, de que o homem é o decisivo intermediário. No maniqueísmo, conforme sobejamente nos mostram os até agora insuperados estudos de Henri-Charles Puech, a divindade, uma vez libertada como espírito aprisionado no corpo, põe-se no mesmo plano ascensional que o homem. Mas esse plano ascensional é suportado por uma relação positiva dualista: o princípio obscuro, a matéria, que sem a ascese obstruiria a subida do espírito, é a este inferior, enquanto substância de baixa origem (uma força diabólica, demiúrgica, contrária ao Deus Uno, e que os gnósticos, sem exceção, identificaram ao Jeová bíblico).

Tal estrutura de pensamento, peculiar à gnose, recebeu-a o escritor não das fontes sincréticas do século 2 d.C., e sim da doutrina de Bergson (Kazantzákis foi o tradutor de *O riso*), sobretudo da síntese do dualismo com o evolucionismo de *A evolução criadora*, que foi, talvez, uma das últimas formas do gnosticismo em nossa época.

Em *Ascese – os salvadores de Deus*, o espírito se confunde com o bergsoniano "*élan* original", criador, força cósmica violenta, obstado e desviado pela matéria inercial, e que pode, depois de atravessar plantas e animais até chegar ao homem, abrir, precisamente com o apoio dos místicos, por Bergson denominados "adjutores Dei", um novo caminho evolutivo, superador dos indivíduos, de acordo com o ensinamento da obra tardia do filósofo, *As duas fontes da moral e da religião*.

Sob o ângulo desse evolucionismo, o desenvolvimento humano, ritmado pela Natureza, em que a destruição se alterna com a criação, se ajustaria, dando a tônica supraética do misticismo, ao preceito do Tao Te King: "Céu e terra não são bondosos/ Para eles os homens são como cães de palha destinados ao sacrifício." Dessa forma, a luta pela liberdade, atendendo ao grito de socorro da recôndita divindade, flagela os participantes de uma inclemente batalha amorosa. "Um amor violento trespassa o universo" (p. 124). Sem violência, sacrificando os indivíduos, não haveria ascensão.

O sacrifício dos indivíduos, em proveito da evolução espiritual da espécie, sintoniza, por mais que Kazantzákis a tivesse desconhecido, com a concepção idealista de Ernest Renan, a qual aceitaria que os místicos formassem, junto com artistas, filósofos e cientistas, no "mais belo emprego do gênio", o serem "cúmplices de Deus", a corrente condutora da flama do ideal, sobreposta à inércia da matéria e ao mecanismo causalista da Natureza. "Nós trabalhamos a serviço de um deus, tal como a abelha, sem sabê-lo, faz seu mel para o homem", escreve Renan num de seus "Dialogues Philosophiques". Para Kazantzákis, porém, o trabalho, que Renan qualificou de *évolution déifique* (evolução deífica), faz o doce-amargo mel da ação, sujeita somente a duas regras de conduta, acima das limitações dos sistemas morais: a aceitação do sacrifício e a total responsabilidade pelos nossos atos.

Supraético, o misticismo do nosso autor-poeta é ativo, até mesmo revolucionário e não contemplativo; o ascensional processo da mútua salvação de Deus e do homem, que puxa a Natureza para cima, ao lado da cultura, se concretiza historicamente. "Sinto profundamente", registraria Kazantzákis em *Carta a El Greco*, sua autobiografia – postumamente publicada na década de 1960 e assentando, como todos os dramas e romances, na lição do prematuro *Ascese*, concluído em 1926 –, "que um homem que luta sobe da matéria bruta às plantas, depois aos animais, dos animais ao homem e combate pela liberdade. Em cada época crítica, o homem que luta assume uma nova fisionomia; hoje ele é o chefe da classe operária que sobe". Já o seu romance *Toda-Raba* (1929), pouco conhecido, considerava a Revolução Soviética como "a aparição invisível da revolução cósmica que se prepara em nossos corações". Lênin seria, então, um dos salvadores de Deus, ao lado de Cristo e Buda.

Desse ponto de vista histórico, a ascese toma o vulto de uma contraditória depuração pessoal em prol do impessoal: mortifica a inteligência, aceitando-lhe os limites e rebelando-se contra eles; confia nos impulsos irrefreáveis do coração e apaga toda esperança, antes de libertar-se o indivíduo do Eu em proveito do povo ou da raça, em seguida superados pela humanidade. E dela também deverá libertar-se, identificando-se afinal com "o homem inteiro, universal, que luta", na incerteza da vitória.

"Somente isto constitui a dignidade humana: viver e morrer corajosamente, sem aceitar nenhuma recompensa", confessa Kazantzákis no penúltimo capítulo de sua autobiografia. Assim o êxtase desse místico ativo, sem igreja, se dá, na paragem da ação, contemplando o abismo de encontro ao qual a dignidade humana se equilibra, agônica, numa trágica dança de resistência à sedução do além-mundo – também dança sacrificial de aceitação da vida –, que o *Assim falava Zaratustra*, por ele traduzido, lhe ensinou a heroicamente dançar.

Só se pode compreender que Nietzsche, o grande contestador da tradição ascética, tenha influído sobre o autor de *Ascese*, sabendo-se, de antemão, que este, um iconoclasta do pecado, um subversor do desprezo monacal do corpo, também quebrou as tábuas da moral hebraico-cristã e substituiu, tal como fez o outro, em nome de um conceito aristocrático do espírito – que não alijava, porém, "os esfomeados, os inquietos e os vagabundos" –, o amor ao próximo pelo amor ao remoto.

"O homem é uma corda estendida entre o animal e o super-homem – uma corda por sobre um abismo", assim começa a primeira pregação do Zaratustra de Nietzsche. Mas o abismo do poeta grego já é, em consonância com a primeira teologia negativa – que foi helenística –, um dos nomes de Deus. E o super-homem, nem extra-humano, nem acima do humano, seria, na visão transindividual de Kazantzákis, herdada de Nietzsche, em vez do homem em sua generalidade, objeto do humanismo tradicional, a sofrida paixão que o devora, exaltada por um Saint-Exupéry depois de Gide.

No combate pela salvação de Deus, "o Combatente não se interessa pelo homem, mas pela chama que o consome", finalmente brilhante em Odisseu, a última encarnação dos "salvadores Dei". Humanizando Deus e divinizando o homem, a luta desse herói trágico incorporaria a simbologia da viagem intérmina, tema da continuação da *Odisseia* de Homero, em milhares de versos.

Sob essa derradeira luz, a Odisseia de Kazantzákis, outro ramal poético de *Ascese*, também é teodiceia – justificação do homem a partir da justificação de Deus.

TRADUÇÕES

Poesia e filosofia: uma transa

Pág. 9

"Confusão (Vigny, etc.). É confundir um pintor de marinhas com um capitão de navio (Lucrécio é uma notável exceção)."

Pág. 12

"Há homens, dizia meu mestre, que vão da Poética à Filosofia; outros que vão da Filosofia à Poética. O inevitável, nisso como em tudo, é ir de um termo a outro (Juan de Mairena – sentenças, apontamentos e recordação de um professor apócrifo)."

Vertentes

Pág. 68

"Indaga-se ao autor da História da Loucura, perguntou a Foucault o Centro Epistemológico da Escola Normal Superior, como ele definiria o ponto de onde poderia levantar a terra epistêmica."

Introdução à *República* de Platão

Pág. 94, nota 23

"Quem diz *theoria* diz vista. Esta vista tem por objeto o inteligível, o *noetón*. Ela exige, então, um órgão apropriado que apreenda esse objeto. A própria ideia de contemplação inclui em sua essência um olho espiritual, um 'nous'."

Pág. 100, nota 36

... "fator necessário da criação e da conservação de uma cidade *concebida* como um sistema que tem, na sua essência e na sua função, uma verdade eterna" (p. 52); a organização do Estado "ingressa inevitavelmente na esfera da técnica superior da alma..." (p. 105).

Pág. 111, nota 60

"No final das contas, a utopia é o resíduo da teoria política antiga, quando a leitura deixa escapar a história das instituições e a filosofia das constituições."

Pág. 113, nota 64

"Isso é justamente o que é significado na filosofia Cristã pelo *ens realissimum* e é acertadamente divisado como distinto de e transcendente ao inteiro sistema de seus efeitos ou manifestações."

A crítica da razão dialética

Pág. 197, epígrafe

"O conhecimento dialético do homem, depois de Hegel e Marx, exige uma racionalidade nova. Em vez de se construir essa racionalidade na experiência, torna-se evidente que não se diz e não se escreve hoje sobre nós e nossos semelhantes nem a oeste nem a leste uma só frase, uma só palavra, que não seja um erro grosseiro."

Págs. 199-200

"O método marxista é progressivo porque é o resultado, em Marx, de análises demoradas; hoje a progressão sintética é perigosa: os marxistas preguiçosos servem-se dela para construir o real *a priori*, os políticos para provar que o que aconteceu devia assim acontecer; eles nada podem descobrir por esse método de pura exposição. A prova é que eles não sabem de antemão o que devem encontrar. Nosso método é heurístico, ele nos ensina o que é novo, porque é regressivo e progressivo ao mesmo tempo."

"Sem esses princípios", diz Sartre, "não há racionalidade histórica. O objeto do existencialismo – devido à carência dos marxistas – é o homem singular no campo social, na sua classe, no meio de objetos coletivos e dos outros homens singulares, é o indivíduo alienado, reificado, mistificado, tal como o fizeram a divisão do trabalho e a exploração, mas lutando contra a alienação por meio de instrumentos falseados e, a despeito de tudo, ganhando terreno pacientemente."

Pág. 202, nota 3
"Então deve-se retomar o problema do início e se questionar quais são os limites, a validade e o alcance da Razão dialética. E se se diz que essa Razão dialética não pode ser criticada (no sentido em que Kant tomou o termo) senão pela Razão dialética ela mesma, nós responderemos que isso é verdade, mas que se deve justamente deixá-la fundar-se e desenvolver-se como livre crítica dela mesma ao mesmo tempo que como o movimento da História e do conhecimento. É o que não se fez até agora: nós a bloqueamos nesse dogmatismo."

Pág. 216, nota 7
"o século teria sido bom se o homem não tivesse sido espionado pelo seu inimigo cruel, imemorial, pela espécie carniceira que tinha jurado a sua perda, pela besta sem pelo e maligna, *pelo homem*".

Pág. 233
"Nada acontece aos homens e aos objetos senão em seu ser material e pela materialidade do ser."

"esses indivíduos que produzem essa história e que se definem como homens".

Les Séquestrés d'Altona
Pág. 236
"Nós somos quatro aqui, diz o pai, de que ele é o destino sem o saber."

Pág. 237
"Escutai o lamento dos homens: 'Nós fomos traídos por nossos atos. Por nossas palavras, por nossas vidas de cadela'. "Decápodes, eu testemunho que eles não pensavam o que diziam e que não faziam o que queriam."

"Não jogueis meu século na lata do lixo. Sem antes me terem ouvido. O Mal, senhores magistrados, o Mal é o único material. Nossas refinarias o trabalham."

Pág. 239
"Talvez não haja mais século depois do nosso. Talvez uma bomba terá soprado as luzes. Tudo será morto: os olhos, os juízes, o tempo. Noite. O tribunal da noite, tu que foste, que serás, que és, eu fui. Eu fui. Eu, Frantz von Gerlach, aqui, neste quarto, eu coloquei o século nos meus ombros e eu disse: eu responderei por ele. Hein, o quê?"

Pág. 240
"Já a loucura se corrompe, Joana, era meu refúgio; em que me tornarei quando vier o dia?"

"Era um puritanozinho, uma vítima de Lutero, que queria pagar com o seu sangue os terrenos que haveis vendido... ele compreendeu que tudo lhe pertencia porque de nada valia."

"As ruínas me justificavam; eu amava nossas casas depredadas, nossas crianças mutiladas." "É preciso que a Alemanha arrebente e que eu seja um criminoso de direito comum."

Pág. 241
"Vós não sereis meu juiz... Dois criminosos: um condena o outro em nome dos princípios que ambos violaram..."

Págs. 241-2
"Diz a teu tribunal de Caranguejo que eu sou o único culpado – e de tudo."

Pág. 242
"Eis o que eu queria ouvir-vos dizer. Então eu aceito – O Pai: O quê? – Frantz: O que vós esperais de mim, uma só condição: os dois, logo em seguida."

"Frantz, nunca houve senão eu." "É fácil dizer isso: prove-o. Enquanto vivermos, seremos dois." "O Pai: Eu te fiz e te desfaço. Minha morte envolverá a tua e, finalmente, eu serei o único a morrer." "Um e um dá um, eis nosso mistério. A besta se escondia, nós surpreendíamos o seu olhar, de imediato nos olhos íntimos de nossos próximos: então nós batíamos numa defesa preventiva legítima. Eu surpreendi a vítima, eu golpeei, um caiu, nos seus olhos agônicos eu vi a besta sempre viva, eu. Um e um dá um: que mal-entendido." "Frantz: 'Pois que Deus não existe?' – O Pai: 'Eu creio que não existe; por vezes é bem desconcertante'."

Pág. 243
"O existencialismo, ao contrário, pensa que é muito incômodo que Deus não exista, pois com ele desaparece toda possibilidade de encontrar valores num céu inteligível."

Pluralismo e teoria social
Pág. 280
"Um conhecimento particular pode bem se expor em uma filosofia particular, ele não pode se fundar sobre uma filosofia única: seu progresso implica aspectos filosóficos variados."

Pág. 292
... "não há interpretação histórica inocente, e a história que se escreve está ainda na história, produto de uma relação por definição instável entre o presente e o passado, cruzamento entre as particularidades do espírito e o imenso campo de seus enraizamentos possíveis no passado."

Pág. 302
"Ora, o problema da complexidade não é o da completude mas da incompletude do conhecimento."

Narrativa histórica e narrativa ficcional

Pág. 305, epígrafe
"Muitas vezes uma descoberta começou por uma metáfora. A luz do pensamento jamais pode projetar-se numa direção nova e esclarecer ângulos obscuros senão sob a condição de ser para aí reenviada por superfícies já luminosas."

Pág. 328, nota 66
"O conhecimento histórico não tem valor científico senão sob a condição de fundar as suas afirmações sobre os dados; o passado vivido não é mais e nem será nunca mais; o que está presente são traços, expressões ou monumentos jamais desaparecidos."

Pág. 329, nota 70
"A história acolhe e renova essas glórias deserdadas; ela dá vida aos mortos, ressuscita-os; eles vivem agora como nós que nos sentimos como os seus parentes, seus amigos. Assim se faz uma falha, uma cidade comum entre os vivos e os mortos."

Págs. 331-2, nota 74
"Se essa hipótese procede, pode-se dizer que a ficção é quase histórica, bem como a história é quase fictícia. A história é quase fictícia desde que a quase presença dos eventos colocados 'sob os olhos' do leitor por um relato animado supre, por sua intuitividade, sua vivacidade, ao caráter elusivo da passeidade do passado, que os paradoxos da representabilidade ilustram. O relato de ficção é quase histórico na medida em que os eventos irreais que ele narra são fatos passados pela voz narrativa que se endereça ao leitor; é assim que eles se assemelham aos eventos passados e que a ficção se assemelha à história."

SOBRE O AUTOR

Benedito Nunes nasceu em 21 de novembro de 1929, em Belém do Pará, onde vive até hoje. Em 1952, graduou-se na Faculdade de Direito do Pará e, entre 1949 e 1960, lecionou Filosofia e História em diversos colégios locais. Foi um dos fundadores da Faculdade de Filosofia do estado, onde ensinou Ética e História da Filosofia, de 1954 a 1960. No ano seguinte, foi contratado pela Universidade Federal do Pará, para a qual elaborou o projeto de criação do Curso de Filosofia, inaugurado em 1975, e na qual aposentou-se em 1992 como professor titular, tendo recebido o título de Professor Emérito em 1998.

Escrevendo e publicando desde a adolescência, Benedito Nunes colaborou, em sua cidade, para o Suplemento Literário do jornal *A Folha do Norte* (entre 1946 e 1951), dirigido por Haroldo Maranhão, e para o Suplemento Artes e Letras do jornal *A Província do Pará* (entre 1956 e 1957); dirigiu as revistas literárias *Encontro* (1948), com Mário Faustino e Haroldo Maranhão, e *Norte* (1952), com Max Martins e Orlando Costa. No âmbito nacional, publicou ensaios de filosofia e crítica literária nos seguintes órgãos de imprensa: *Jornal do Brasil* (entre 1956 e 1961), *O Estado de S.Paulo* (entre 1959 e 1982), *Estado de Minas Gerais* (entre 1963 e 1974) e *Folha de S.Paulo* (entre 1971 e 2006). Colaborou também para inúmeras revistas acadêmicas, principalmente para a portuguesa *Colóquio Letras* (entre 1971 e 2000).

Em 1957, ao lado da esposa, Maria Sylvia Nunes, e da cunhada Angelita Silva, criou e dirigiu o grupo de teatro amador Norte Teatro Escola do Pará, experiência que resultaria, em 1963, na fundação da Escola de Teatro da Universidade Federal do Pará. Em 1960, frequentou os cursos de Paul Ricoeur e de Maurice Merleau-Ponty no *Collége de France*, em Paris. Entre 1967 e 1969, realizou estudos de pós-graduação no Instituto de Estudos Portugueses e Brasileiros da Sorbonne, em Paris, sob a orientação do professor Leon Bourdon, pesquisando o modernismo brasileiro, uma de suas áreas de interesse.

Como professor convidado, Benedito Nunes ministrou cursos e conferências nas principais universidades brasileiras e em diversas estrangeiras, entre as quais se destacam as universidades de Rennes, na França, Porto, em Portugal, Austin, Vanderbilt, Berkeley, Stanford e Yale, nos Estados Unidos.

Entre os prêmios e distinções concedidos ao autor, contam-se: o Prêmio Jabuti na categoria de Estudos Literários em 1987, pela obra *Passagem para o poético: poesia e filosofia em Heidegger* (Ática, 1986); o Prêmio Multicultural Estadão (1998), o Prêmio Ministério da Cultura/ Funarte (1999), a Comenda Ordem do Cruzeiro do Sul do Ministério das Relações Exteriores (2003), a Ordem do Mérito Cultural do Ministério da Cultura (2004), o Prêmio da Associação Paulista de Críticos de Arte (2005), o Prêmio Machado de Assis da Academia Brasileira de Letras (2010).

BIBLIOGRAFIA

Livros

O mundo de Clarice Lispector. Manaus: Ed. Governo do Estado do Amazonas, 1966.
A filosofia contemporânea: trajetos iniciais. Rio de Janeiro: Ao Livro Técnico, 1967 (Col. Buriti, vol. 18); 3ª ed. rev. e ampl. São Paulo: Ática, 1991 (Série Fundamentos, 79); ed. rev. e atual. Belém: Editora da Universidade Federal do Pará, 2004.
Introdução à filosofia da arte. São Paulo: Desa, 1967 (Col. Buriti, vol. 7); 5ª ed. São Paulo: Ática, 2000.
O dorso do tigre. São Paulo: Perspectiva, 1969 (Col. Debates, vol. 17); 2ª ed. 1976; 3ª ed. São Paulo: Editora 34, 2009.
João Cabral de Mello Neto. Rio de Janeiro: Vozes, 1971 (Col. Poetas Modernos do Brasil, vol. 1); 2ª ed. 1974.

Leitura de Clarice Lispector. São Paulo: Quíron, 1973 (Col. Escritores de Hoje).
Oswald canibal. São Paulo: Perspectiva, 1979 (Col. Elos, 26).
O tempo na narrativa. São Paulo: Ática, 1988; 2ª ed. 1995.
O drama da linguagem: uma leitura de Clarice Lispector. São Paulo: Ática, 1989; 2ª ed. 1995.
Passagem para o poético: filosofia e poesia em Heidegger. São Paulo: Ática, 1986 (Ensaios, 122); 2ª ed. 1992.
No tempo do niilismo e outros ensaios. São Paulo: Ática, 1993 (Série Temas, 35).
O crivo de papel. São Paulo: Ática, 1998 (Série Temas, vol. 67. Literatura e Filosofia); 3ª ed. 1999.
Hermenêutica e poesia: o pensamento poético. Organização e apresentação Maria José Campos. Belo Horizonte: Ed. da UFMG, 1999.
O Nietzsche de Heidegger. Prefácio Ernani Chaves. São Paulo: Pazulin, 2000 (Col. Ágora).
Dois ensaios e duas lembranças. Belém: Secult/Unama, 2000.
Heidegger e Ser e tempo. Rio de Janeiro: Zahar, 2002.
Crônica de duas cidades: Belém e Manaus (com Milton Hatoum). Prefácio Aldrin Moura de Figueiredo. Belém: Secult, 2006.
João Cabral: a máquina do poema. Organização e prefácio Adalberto Müller. Brasília: UnB, 2007 (Col. Letras e Ideias).
A clave do poético. Organização e apresentação Victor Sales Pinheiro. Prefácio Leyla Perrone-Moisés. São Paulo: Companhia das Letras, 2009.
A Rosa o que é de Rosa. Literatura e filosofia. Organização e apresentação Victor Sales Pinheiro. Prefácio João Adolfo Hansen. Rio de Janeiro: Difel (no prelo).
Heidegger. Organização e apresentação Victor Sales Pinheiro. São Paulo: WMF Martins Fontes (no prelo).
Do Marajó ao arquivo: breve panorama da cultura no Pará. Organização e apresentação Victor Sales Pinheiro. Belém: Ed. da UFPA (no prelo).
Modernismo, estética e cultura. Organização e apresentação Victor Sales Pinheiro. São Paulo: Editora 34 (no prelo).

Organização de livros

Mário Faustino. *Poesia de Mário Faustino*. Organização Benedito Nunes. Rio de Janeiro: Civilização Brasileira, 1966.
Farias Brito. *Trechos escolhidos*. Organização Benedito Nunes. Rio de Janeiro: Agir, 1967 (Col. Nossos Clássicos, vol. 92).
Mário Faustino. *Poesia-experiência*. Organização Benedito Nunes. São Paulo: Perspectiva, 1977.
——. *Poesia completa. Poesia traduzida*. Organização Benedito Nunes. São Paulo: Max Limonad, 1985.

Mário Faustino. *Evolução da poesia brasileira*. Organização Benedito Nunes. Salvador: Fundação Casa de Jorge Amado, 1993.

Benedito Nunes (org.). *A crise do pensamento*. Belém: Ed. da UFPA, 1994.

Clarice Lispector. *A paixão segundo G. H*. Edição crítica organizada por Benedito Nunes. Paris: Association Archives; Brasília: CNPq, 1998.

Benedito Nunes (org.). *O amigo Chico fazedor de poetas*. Belém: Secult, 2001.

——; Soraya R. Pereira e Ruy Pereira (orgs.). *Dalcídio Jurandir: romancista da Amazônia*. Literatura e Memória. Belém: Secult; Rio de Janeiro: Fundação Casa Rui Barbosa/Instituto Dalcídio Jurandir, 2006.

Tradução

Saint-John Perse. *Crônica – Chronique*. Edição bilíngue. Trad. Benedito Nunes e Michel Riaudel. Belém: Cejup, 1992.

IMPRESSÃO E ACABAMENTO

YANGRAF
GRÁFICA E EDITORA LTDA.
WWW.YANGRAF.COM.BR
(11) 2095-7722